질 들뢰즈의 저작 I: 1953~1969

The Works of Gilles Deleuze I: 1953~1969

by Jon Roffe

Copyright ⓒ re.press 2020
Korean Translation Copyright ⓒ b Books, 2023

Published by arrangement with re.press through Guy Hong Agency. All rights reserved.

이 책의 한국어판 저작권은 기홍에이전시를 통해 re.press와의 독점 계약으로 도서출판 b에 있습니다. 저작권법에 의해 한국 내에서 보호를 받는 저작물이므로 무단전재와 무단복제를 금합니다.

질 들뢰즈의 저작 I: 1953~1969

존 로페 지음 | 박인성 옮김

도서출판 b

| 일러두기 |

1. 이 책은 *The Works of Gilles Deleuze I : 1953~1969* by Jon Roffe(2020)를 옮긴 것이다.
2. 외국 인명, 지명 등은 현행 외래어 표기법을 기준으로 표기하는 것을 원칙으로 하였으나, 표기 원칙이 정해지지 않은 것은 일반적으로 통용되고 있거나 굳어진 표현을 사용하였다.
3. 원서의 이탤릭체는 고딕체로, 대문자는 볼드체로 표기하였다.
4. 기호의 쓰임은 다음과 같다.
   「 」: 논문 제목
   『 』: 책 제목 및 잡지명
   〈 〉: 그림, 영화, 시, 노래, 일간지 등의 제목
   (=): 역자의 표기
5. 각주는 역자가 작성한 것이다.
6. 인명, 중요한 용어나 어구 중 일부는 원어를 병기하였다.

철학의 용도는 슬프게 하는 데에 있다. 아무도 슬프게 하지 않는 철학은, 아무도 괴롭히지 않는 철학은 철학이 아니다. 철학은 어리석음에 해를 입히기 위하여, 어리석음을 부끄러운 어떤 것으로 바꾸게 하기 위하여 유용하다.

—질 들뢰즈, 『니체와 철학』

| 차례 |

약호

감사의 말

이 책은 내가 멜버른 대륙철학학교Melbourne School of Continental Philosophy에서 이제까지 10여 년이 흐르는 동안 열었던 들뢰즈 세미나에서 비롯되었습니다. 따라서 나는 나와 더불어 연구에 임했던 모든 학생들에게, 그리고 또한 이 세미나를 가능하게 했던 이 학과의 다른 성원들, 특히 AJ 바틀렛Bartlett, 브라이언 쿡Bryan Cooke, 제임스 가렛James Garret에게 감사를 표하고 싶습니다. 이 책은 re.press의 폴 애쉬톤Paul Ashton과 저스틴 클레멘스Justin Clemens, 그리고 내 역량을 믿어준 그들의 격려가 없었다면 가능하지 않았을 것입니다.

이러한 노고의 성과를 이루는 데 도움을 주었던, 들뢰즈를 탐구하는 모든 학자들을 열거하는 것은 가능하지 않겠지만, 그들 중 가장 중요한 분들을 소환하지 않는다는 생각은 마찬가지로 상상도 할 수 없습니다. 그분들은 론 보그Ron Bogue, 그래그 플랙스먼Gregg Flaxman, 진 홀랜드Gene Holland, 크리스찬 커슬레이크Christian Kerslake, 안 소바냐르그Anne Sauvagnargues, 대니얼 스미스Daniel W. Smith, 제임스 윌리엄스James Williams입니다.

나는 또한 이 책을 위해 한 개의 생물학 도표(339쪽), 한 개의 위상학 도표(411쪽), 이렇게 두 개의 훌륭한 도표를 그려준 마그 호웰Marg Horwell에

13

게도 감사의 말을 전하고 싶습니다. 존 클리어리John Cleary, 저스틴 클레멘스 Justin Clemens, 브라이언 쿡Bryan Cooke, 사이먼 럼스덴Simon Lumsden, 크레이그 런디Craig Lundy, 메이어리드 필립스Mairead Phillips는 이 책의 부분들을 읽고 논평을 해서, 나를 많은 오류로부터 벗어나게 해주었습니다. 그레이엄 존스Graham Jones는 원고 전체를 읽어주었고, 또 이 모든 일에 앞서 몇 년 전에 나에게 마이몬 철학을 소개해주었으며, 그렇게 하면서 나의 좁은 리좀주의를 들뢰즈의 사상 그 자체로 나아갈 수 있도록 활짝 열어주었습니다. re.press를 위한 텍스트 논평자들은 다행히도 더 이상 나에게 귀속되지 않을 많은 당혹스러운 오류들을 지적해주었습니다. 아직 남아 있는 오류는 나 자신의 비타협적 태도 때문에 생긴 것입니다.

많은 다른 이유 때문에, 알렉스Alex, 바틀렛Barlett, 벨라Bella, 벤Ben, 캣Cat, 샬롯Charlotte, 딘Dean, 조지아Georgia, 이자벨Isabelle, 잭Jack, 제임스James, 조Joe, 조어리Joeri, 마크Mark, 마틸다Mathilda, 마그Marg, 네이선Nathan, 스티브Steve, 소피Sophie, 버지니아Virginia를 감사하는 마음으로 다시 떠올리고 싶습니다.

서론

　이 책은 질 들뢰즈의 '철학'이나 '저작'에 관한 입문서가 아니라 그의 각 개별적 저작에 관한 입문서이다.

　수많은 일반 입문서들이 이미 존재한다. 그러나 이러한 입문서들이 채택하는 경향이 있는 개요적 접근법은, 특히 들뢰즈의 경우에, 강력한 위험을 담고 있는 가정을 펴고 있다. 요컨대 이러한 입문서들은 검토 중인 일군의 저작들이 근본적으로 동질적이라고 가정한다.

　물론 종합적 방식의 요약이 때로 통찰력 있고 심지어 과감하기까지 한 들뢰즈의 초상들을 생기게 한다는 것은 사실이다. 하지만 더 빈번하게 이러한 방식의 요약은 부정확하고 도움이 되지 않는 회화들의 생산을 가져왔다. 어떤 요약들은 들뢰즈 사상의 어떤 측면들에 관해 정확한 데 반해, 다른 어떤 측면들을 경시하거나 무시한다. 또 어떤 요약들은 이러한 개념들을 통하여 또 이러한 개념들의 어렵고 종종 모호한 연관들을 통하여 체계적으로 사유하려고 노력하지 않고 있다. 또 어떤 요약들은 저자가 투여하는 이미지 속에서 너무 무겁게 형성되어 있다. 들뢰즈의 저작에는 단순하고 명백한 통일이 결코 존재하지 않는다는 점을 감안하면, 개요적 시각은 너무나 쉽게 자신의 대상을 이런저런 방식으로 왜곡시킨다. 즉,

해석적 가정은 프로크루스테스의 침대가 되어, 쉽게 들어맞지 않는 어떤 부분들은 잘라내고, 남아 있는 것들은 부풀리는 일을 초래한다.

이런 까닭에 본서의 목적은 들뢰즈에 대한 입문서가 되고자 하는 데 있는 것이 아니라, 들뢰즈의 책들 각각의 고유한 내용에 대한 입문서가 되고자 하는 데 있다. 이처럼 나는 검토 중인 개별적인 저작에서 들뢰즈의 전 저작의 수준으로 올라가려는 충동에 저항함으로써 개요적 접근법의 ― 종종 당혹감으로 인해 유발된 ― 위험들을 피하기를 희망한다. 나는 단순히 들뢰즈가 그의 각 책의 지면들에서 말하는 것을 요약하고자 할 따름이다. 우리는 적어도 처음에는 들뢰즈를 그가 『차이와 반복』에서 소환하는 도스토옙스키의 백치처럼 읽어야만 한다는 것이 내 확신이다. 우리는 들뢰즈에 관해 "모든 사람이 이미 알고 있는 것"을 너무나 재빨리 주장하기보다, 우리 앞에 있는 지면 위에 무엇이 있는지 살펴볼 만큼 충분히 오랫동안 기꺼이 무지의 위치를 유지하지 않으면 안 된다.

들뢰즈 저작의 세 가지 형식적 상수들

이제, 들뢰즈 저작들의 내용은 수많은 방식으로 다르지만, 약간의 형식적 불변량들을 갖고 있다. 이는, 들뢰즈가 말하는 내용은 어느 정도 다르긴 하지만 그가 그 내용에 대해 말하는 방식은 대체로 계속 일관된다는 점을 뜻하는 것이다. 이러한 중요한 형식적 상수들이 세 가지 존재한다. 즉, 어떤 사례들에서는 많은 들뢰즈의 독자들이 거의 간과할 만큼 아주 흔한 구조적 특징들이 존재한다. 이 상수들은 중요하기 때문에 염두에 두고 있지 않으면 안 된다. 이 상수들은 불변적이기 때문에 본서의 고유한 내용 바깥에 있다. 따라서 나는 여기서 이 상수들을 간략하게 열거하고자 한다.

첫 번째 상수는 모든 들뢰즈의 책은 다른 사상가들과 복잡다단한 대화를 통해 전개된다는 진부해 보이는 그 사실이다. 들뢰즈의 어떤 책도 진공 속에서 주장을 펴지 않는다. 다른 사상가들이 거의 지겹도록 언급되어 있기 때문에, 들뢰즈에게 있어서 저자의 위치를 정확하게 부여한다는 것은 종종 어려운 일이다. 즉, 그는 니체에 관해 쓰고 있는가? 그 자신의 입장을 니체의 입장과 통합하려는 목적을 가지고? 니체의 이름은 그저 들뢰즈 자신의 철학을 위한 가면에 불과한가? 그리고 등등. 이 물음들은 때로 해결될 수 있지만, 종종 대답하기가 불가능한 것으로 나타난다. 예를 들어, 서양 철학의 대표 문헌에 나오는 거의 모든 잘 알려진 철학자는 물론이고 수많은 더 모호한 인물들과 접촉하는 『차이와 반복』을 생각해보라. 그러므로 들뢰즈 자신의 입장은 매우 다양한 이 상이한 옷감들을 재봉하여 만든 옷이라는 점에 주목하는 것이 필수적이다. 들뢰즈는 자신이 행하는 방식대로 이 계기들을 합하는 사람이지만, 그 산물은 이 계기들을 참조하지 않고는 이해 불가능할 것이다. 그러므로 들뢰즈의 다양한 저작들을 독해하는 데 연루되는 많은 것들은, 들뢰즈 그 자신의 기저에 놓여 있으면서 들뢰즈 그 자신에게 정보를 제공하고 그를 인도하는 다른 이들의 저작을 독해하는 일이다.

둘째로, 들뢰즈의 저작들은 처음부터 끝까지 형식과 야망에 있어서 체계적이다. 들뢰즈는 체계 그 자체를 이루는 것에 대해 일련의 중요한 성찰을 행하는 일에 열중하지만, 그의 저작들은 논의 중인 자료에 대한 체계적으로 일관된 시각을 상술하려는 영속적인 충동을 나타내 보인다. 들뢰즈를 반-체계적인 사상가로 보게 하는 『천 개의 고원』에 나오는 리좀 개념에 대한 맹종적인 독해를 기초로 하여 아마도 일어났으리라 여겨지는, 들뢰즈에 대한 어떤 독단적인 시각이 존재한다. 하지만 들뢰즈가 이와는 반대 방향으로 움직인다는 것은 그 자신의 담론의 수준에서 매우 분명하다. 그 자신이 이 점을 말하고 있다. 즉, "오늘날 체계들이 붕괴되었다

고 말들 하지만, 변화한 것은 오직 체계 개념일 따름이다."(WP 9)

예를 들어, 니체에 대한 들뢰즈의 독해 그 자체는, 금언적인 형식이 사유 안의 체계성을 붕괴시키기 위해 기능한다는, 니체가 일종의 시적인 난해한 작가라는 널리 퍼진 견해에 반하는 것이다. 들뢰즈에게, 그러한 견해는 전혀 사실이 아니다. 마찬가지로, 그리고 이것이 아무리 이상하게 보일지라도, 들뢰즈는 『의미의 논리』에서 ― 이 책에서 심지어 험프티 덤프티조차 언어철학자로서 제시되어 있다 ― 루이스 캐럴의 소설을 체계적인 탐구에 의거해서, 아르토에 대한 이와 상이하지만 유사한 독해와 더불어, 제시한다. 다른 곳에서, 모리스 블랑쇼, 프란시스 베이컨, 그리고 할리우드 뮤지컬들이 같은 방식으로 고려되어 있다. 설사 들뢰즈의 체계 이론 혹은 구조 이론이 단연코 비정통적이라 할지라도, 우리가 들뢰즈의 말을 곧이곧대로 받아들여야만 하고 또 그를 고전적 철학자로 읽어야만 하는 진정한 이유는 바로 체계화하고자 하는 이러한 충동이다. 이로 인해서 들뢰즈가 다른 사상가들을 독해하는 방식은 어떤 해체적인 독해관을 가지는 철학자의 반대를 이룬다. 후자에게 목적은 다른 사상가들의 증후적 약점과 공백을 체계적 수준에서 발견하는 데 ― 예를 들어, 에드문트 후설의 엄격하고 복잡하게 구조화된 현상학이 자기 현전self-presence이라는 거부되는 특권 부여에 의존한다는 것을 보여주는 데 ― 있다. 한때 그레이엄 존스가 기억할 만하게 말했듯이, 들뢰즈에게 목적은 이와 반대되는 쪽에 있다. 즉, 위대한 사상가들의 저작들은, 아무리 단편적으로 보일지라도, 언제나 탄생하려고 하는 체계성을 나타내 보인다는 점을 보여주는 데 있다.

세 번째로, 들뢰즈의 체계적 시각은 본성상 형이상학적이다. 언제나 그의 노력은 플라톤과 소크라테스 이전의 초창기부터 철학을 실행하기를 결코 그치지 않았던 근본적 물음들의 근거들에 관한 자신의 주제에 집중하는 데 있다. 따라서, 그의 손에서, 프란시스 베이컨의 미술은 실존주의적 관심이나 정신분석학적 설명을 기초로 해서도 아니고, 언어적 분석의 형식(기표로 간주된 회화의 요소들)을 기초로 해서도 취급되지 않는다. 색깔, 선, 심지어 미술 그 자체가 강력한 형이상학적 용어들로 이해된다. 같은 것이 악명 높은 맞짝 개념 자본주의와 분열증에도 해당한다. 즉, 결국, 이 개념들은 『안티-오이디푸스』에서 사회적이거나 경제적이거나 또는 심리학적인 용어들이 아니라, 존재 그 자체에 대해 말하는 형이상학적 범주들이다. 『프루스트와 기호들』은 그 한가운데에서 본질의 범주, 그 원형적인 형이상학적 범주를 소환한다. 또, 들뢰즈 형이상학의 정확한 내용은 다양한 방식으로 변하고, 어떤 것은 매우 근본적이긴 하지만, 그의 모든 탐구들의 형식은 근본적인 탐구의 지위를 가진다. 마찬가지로 이런 이유로 우리는, 문제의 그 책들이 전통적 의미의 철학으로부터 매우 멀리 벗어나 있는 것으로 보일지라도, 언제나 그의 저작의 철학적 권역을 상기하지 않으면 안 된다. 그것은 모두 철학이며, 또 "철학이라는 단어의 전통적 의미에서 철학에 지나지 않는다."(TRM 176)

이 책에 관하여

내가 채택한 접근법으로 인하여, 다음에 오는 각 장은 들뢰즈의 저서들 하나하나에 대한 요약적 설명에 할애되고 있기에 독립적인 성격을 띠고 있다.

나는 모든 것을 포괄하려는 시도를 하지 않았다. 들뢰즈 저작은 단 한 저작도 누구든 완전히 이해하지 못한다는 사실 — 독자들 쪽에서 볼 때는 골칫거리이지만 그럼에도 그 못지않게 모든 훌륭한 철학 저작의 긍정적 특징인 어떤 것 — 외에도, 얼마 안 되는 지면으로 그의 책을 공정하게 평가하려는 시도 또한 모두 실패할 운명에 처할 것이다. 그렇긴 하지만, 나는 그럼에도 들뢰즈의 저작들에 대해 **확정적인 설명**을 제시하려고 노력했다. 다음에 오는 각 장은 문제가 되는 책의 척추와 주요한 구조적 **뼈대들**을 기술하면서 개략적인 윤곽을 제공할 것이다. 그러고 나면 더 미세한 골격, 근육 조직들, 그리고 다른 미세 구조들이 적합하게 제자리에 들어설 수 있을 것이다.

확정적인 설명을 제시하려고 노력한다는 것이 반드시 그것을 실행에 옮겼다는 것이 아니라는 점은 말할 나위 없을 것이다. 나는 설사 이 일이 심지어 가능하다 하더라도, 들뢰즈의 책들을 그 총체성 속에서 파악하게 될 사람은 아니다. 하지만 리좀에 너무나 많은 기대를 걸었던 일부 사람이 옹호하는 견해와는 달리, 들뢰즈 저작에 대한 내 해명과 설명은 값진 노력으로 여전히 남아 있다.

목차 면을 훑어볼 때 여러분은 들뢰즈의 부 학위 논문『스피노자와 표현의 문제*Expressionism in Philosophy: Spinoza*』가 논의되지 않았다는 사실을 알아차렸을지 모르겠다. 많은 들뢰즈의 저작들이 다른 철학자들에 관한 연구서이고, 그래서 요약하고자 하는 모든 노력에 때때로 불편한 제3의 성격을 부여하는데, 이 책은 그 극단적인 경우이다(칸트에 관한 책은 이 책에 버금간다). 들뢰즈 독해의 참신한 면을 설명하기 위해서는 스피노자의 사상에 대한 매우 많은 해설이 요구되기 때문에 골격적인 요약의 목적이 불가능하게 되었을 뿐이다. 만약 여러분이 스피노자에 대한 들뢰즈의 독해에 대한 요약을 찾아 현재 유포되고 있는 책에 다가가고, 또 이미 스피노자의 저작에 대한 이해를 지니고 있다면, 그렇다면 나는 이렇게 말하고 싶을 따름이다. 들뢰즈의 책 그 자체를 읽으시오.

관련된 이야기인데, 나는『대담*Negotiations*』, 그리고 사후에 나온 두 권의 책, 곧『무인도, 그리고 그 밖의 텍스트들*Desert Islands and Other Texts*』,『두 유형의 광기*Two Regimes of Madness*』를 오직 지나가듯 잠깐만, 그리고 오직 들뢰즈가 말하거나 쓰면서 논의 중인 책을 직접 성찰하는 곳에서만 사용한 바 있다.

내가 들뢰즈의 텍스트들을 언급하고자 사용하는 약호들은 나와 있는 그대로이다. 목록은 본서 앞에서 발견될 수 있다. 학술적인 출판 산업의 자본주의적 활력 덕분에, 현재 들뢰즈의 각 저서에는 두 판본, 많으면 다섯 판본이 존재하는데, 이것이 명백히 페이지를 표기하는 일을 점점 어렵게 만들고 있다. 우리는 그의 저작의 제대로 된 비판적 판본을 기다리고 있다. 본서에서 나는 간행된 영어 텍스트의 제1판을 선택해서 인용했다.

나는 현존하는 번역본을 종종 수정했지만, 들뢰즈의 주장에 담긴 내용과 관련될 때만 그 책을 문제 삼을 것이다. 대부분 현존하는 번역본들의 오역은 들뢰즈가 작업하고 있는 지적 맥락에 대한 그들의 파악을 넘어서는 책을 내겠다는 번역자의 열의에서 생긴 결과이다. 이와는 달리 나는 인용할 때 통상적으로 행해지는 많은 학술적인 날붙이들을 없앴다. 여기에는, 약간 망설이다가 프랑스어 원본의 페이지 표시를 뺀 것이 포함된다.

내가 다른 저작들을 인용할 때, 그것은 거의 배타적으로 들뢰즈 주장의 근원을 밝히려고 하는 데 목적이 있다. 이 경우들에서, 나는 오직 그 책들의 제목과 적절한 페이지 참조 표시의 형식을 사용한다. 즉, 예를 들어, 칸트의 『순수이성비판』의 두 판본(가령, A297/B354)에 대한 참조 표시, 혹은 니체의 『도덕의 계보』의 논문 번호와 절. 인용된 모든 저작들의 완전한 참고 문헌 세부 사항은 본서 말미에서 발견될 수 있다.

들뢰즈에 관한 2차 문헌 참고 자료 역시 많이 나와 있는데, 그것은 항상 늘어나고 점차로 처리하기 힘든 집성체를 이루고 있다. 나는 이 모든 자료가 무의미하다거나 혹은 본서가 그것들을 대체한다고 주장하고자 하는 것이 아니다. 나는 단지 들뢰즈 저작의 독자들에게 가능한 한 적게 외부 자료들에 의존하는—이 외부 자료를 설명할 때, 만약 그것을 이해하고자 하는 나의 끝없는 노동이 없었다면, 언제나 많은 우수한 이차 저작들이 필요했을—고려된 시점을 제시하는 데 관심이 있을 따름이다.

제1장

경험론과 주체성

『경험론과 주체성: 흄의 인간 본성론에 관한 시론』은 대략 석사 학위 정도에 해당하는 들뢰즈의 **고등교육 수료증**diplôme d'études supérieures인데, 1953년 간행되기 한 해 전에 제출되었고, 위대한 헤겔 철학자인 장 이폴리트Jean Hyppolite가 심사를 했다. 들뢰즈의 친구인 미셸 투르니에Michel Tournier가 이 논문의 원문을 타이핑했다. 들뢰즈는 "미셸에게. 이 친구가 타이핑을 했고 비평을 했고, 가차 없이 이의를 제기했으며, 그리고 내가 더 긴 논문이라고 믿고 있었기 때문인지 심지어 축약했을지도 모르는 책"이라는 말을 자신이 갖고 있던 책에 기입해 놓았다(Dosse, *Intersecting Lives*, 111).

들뢰즈는 흄의 사상과 경험론에 많은 방식으로 더 넓게 접촉하게 되었다. 그는 1946~47학년도에 (그가 『경험론과 주체성』을 헌정한) 이폴리트가 주최한 흄에 관한 강좌에 참석했었다. 하지만 더 중요한 영향을 미친 사람은 분명 장 발Jean Wahl이었다. 발 자신의 주 박사 학위 논문은 제목이 *Les Philosophies pluralists d'Angleterre et d'Amérique*[영국과 미국의 다원주의 철학자들]이었는데, 그가 소르본느대학에서 1944년과 1948년 사이에 강의한 주제에 의거하여 작성된 것이었다. 들뢰즈는 이 수업들에 참석했다. 발 그 자신은 흄의 철학에 공을 덜 들이고 있었지만, 들뢰즈가 흄의 사상에 매진하는 데에 그가 영감을 주었다는 것은 거의 확실해 보인다.

들뢰즈는, 친구 앙드레 크레송André Cresson과 더불어, 『경험론과 주체성』이 출간되기 전해에 흄에 관한 또 다른 텍스트를 간행했었다는 점 또한 주목할 만하다. *David Hume, sa Vie, son Oeuvre avec un Exposé de sa Philosophie*[『데이비드 흄, 그의 일생과 사상, 그리고 그의 철학에 관한 해설』]는 전기, 그리고 그의 사상에 대한 전반적인 요약과 더불어, 흄 저술의 선집으로 구성되어 있다. 비록 공동 서명으로 되어 있긴 하지만, 이 책은 흄에 대한 들뢰즈 자신의 견해의 모든 특징들을 간직하고 있다. 그는 의심할 여지 없이 이 텍스트의 저자이다.

두 명의 흄, 두 종류의 경험론

흄에 대한 들뢰즈의 독해를 소개하는 가장 좋은 방법은 이를 임마누엘 칸트가 제공하는 유명한 독해와 대조하는 것이다. 들뢰즈 그 자신이 제공하는 이 대조는 또한 우리가 두 경험론 개념을 구별할 수 있도록 해주고, 또 이것을 넘어 들뢰즈가 『경험론과 주체성』에서 전개하는 철학에 대한 정의를 이해할 수 있도록 해준다.

도식적으로 말하면 ─ 그리고 여기서 나는 시대에 앞서는 흄의 걸작 『인간본성론*Treatise of Human Nature*』(1739)의 서두 부분을 따라가고 있다 ─ 전통적인 칸트식 독해는 다음과 같은 논점들을 강조한다.

1. 앎knowledge(=인식, 지식)에 대한 추구는 인간 존재들이 행하기 때문에, 학문의 주장들은 인간 본성에 구속되어 있다. 확실성을 갖고서 인식될 수 있는 것은 인간이 확실성을 갖고서 인식할 수 있는 것에 제한되어 있다.

2. 따라서 최초의 가장 근본적인 학문은 인간 본성에 관한 학문이어야한다. 이 본성이 무엇인가를 발견하는 것은 우리에게 우리가 인식할수 있는 것에 대해 말해줄 것이다.

3. 결과적으로, 인간 본성에 관한 학문은 "인간의 생에 관한 주의 깊은관찰"에 기초하지 않으면 안 된다(*Treatise*, Introduction. 10).

4. 모든 앎은 경험에서 이끌려 나온다. 더 정확히 말하면, 우리의 모든관념들 — "사유함thinking"의 실체를 이루는, 사물들에 대한 우리의심적 이미지들 — 은 인상들에 그 원천을 가지는데, 여기서 인상들이란 우리가 무언가를 보거나 혹은 만질 때 그러하듯, 혹은 쾌나 불쾌를느낄 때 그러하듯, 우리가 감각함sensing 혹은 "느낌feeling"에다 부여할수 있는 이름이다.

5. 그러나 대부분의 앎은 단일한 인상들과 상응하는 단순 관념들 이상의것을 포함한다. 오히려, 그것들은 많은 단순 관념들로 구성되는 복합관념들이다.

6. 복합 관념들은, 사유할 때 작동하는 모습을 관찰할 수 있는 어떤경향들을 따라서 형성된다. 이 경향들이 연합의 원리들이다. 나는서로 간에 유사한 관념들을 연합하는 경향이 있다(유사성의 원리)— 나는 습관적으로 관념들을 연합한다. 나는 (관념들의) 인상들이시간적 인접 속에서 일어나는 관념들을 연합하는 경향이 있다(인접성의 원리). 나는 원인과 결과에 의해서 관념들을 연합하는 경향이있다(인과의 원리).

인식론자로서의 흄

칸트가 전개한 흄에 대한 독해, 그리고 칸트의 전철을 밟은 해석적전통은 논점 4, 이 논점의 전제들, 이 논점의 결과들에 집중된다. 그것은매우 특수한 믿음, 즉 인과성의 실재에 대한 믿음의 맥락 속에서 그렇게 한다.『인간 지성에 관한 탐구*Enquiry Concerning Human Understanding*』에 나오는 다음과 같은 당구의 예가 흄의 가장 잘 알려진 텍스트들 중의 하나에 들어 있다는 것은 놀라운 일이 아니다.

> 예를 들어, 내가 한 당구공이 다른 한 당구공을 향해 직선을 그리며
> 움직이고 있는 모습을 볼 때, [⋯] 일백 가지 여러 사건들이 이 원인에서
> 따라 나올 수 있다고 생각하면 안 되는 것일까? 이 두 공 모두 계속
> 절대적인 정지 상태에 있을 수는 없는 것일까? 첫 번째 공이 직선을
> 그리며 되돌아오거나, 혹은 어떤 선을 그리든 또는 어떤 방향으로든
> 두 번째 공을 뛰어넘어 갈 수는 없는 것일까? 이 모든 가정들은 공존하며
> 이해 가능하다. 그럴진대 우리는 왜 공존하거나 이해 가능한 다른
> 것들을 놓아두고 오직 하나만을 선호해야 하는가? 우리의 모든 **선험적인**
> 추론들은 결코 우리에게 이러한 선호를 위한 어떠한 토대도 보여줄
> 수 없을 것이다. (Hume, *Enquiry*, 4.25)

이 논의는 유명하다. 두 번째 당구공이 첫 번째 당구공과 접촉하고 난 후 어떠한 일이든 할 수 있을 것이다라고 주장하는 데에는 논리적 모순이 포함되어 있지 않다. 어떠한 운동도 혹은 운동의 결여도 어렵지 않게 상상할 수 있다. 하지만 우리는 인과성은 논리적 구조가 아니라 실재적이고 물리적인 구조라고 ── 물리학은 우리에게 사유가 할 수 없는 확실성을 줄 수 있다고 ── 대답할지도 모른다. 논점 4의 일차적 중요성이 나타나는 것은 여기서이다. 물리학에 대한, 물체들의 운동을 통제한다고 가정되는 법칙들에 대한 우리의 유일한 앎은 경험에서 이끌려 나온다. 하지만 이러한 앎은 자연의 구조에 대한 어떠한 종류의 직접적인 지적 직관에 의해 얻어지는 것이 아니다. 실로, 우리는 ── 설사 있다 하더라도 ── 자연에 직접적으로 접근할 수 있는 길이 없다. 우리는 당구공들에 관해서

무엇을 아는가? 우리가 우연히 본 경우들에서, 오직 어떤 일단의 결과들이 발생했다는 것뿐이다. 하지만 우리는 또 대답할 수 있다. 우리는 흰 공이 원인이 되어 빨간 공을 어떤 예측 가능한 방식으로 움직이게 하는 것을 언제나 보지 않았는가? 당구로 먹고사는 당구 도박사가 있지 않는가? 우리가 분명 직접적으로 경험하지 못한 것은 원인들이다. 나는 흔히 차례대로 일어나는 두 관념들을 연합하는 습관 속에 있다 — 논쟁의 결과 내 담배에서 나오는 연기. 이것이 흄이 '불변적 결합constant conjunction'(*Treatise* 1.1.8)이라고 부르는 것이며, 원인과 결과에 관한 믿음들의 실질적 핵심이다.

이 문제에 대한 그 자신의 초월론적 해결을 제공하면서, 칸트는 흄이 그의 회의주의에도 불구하고, 본질적인 것을 발견했다고 생각했다.

> 유명한 데이비드 흄은 인간 이성의 이러한 지리학자들 중의 한 사람이었다. […] 그는 주로 인과성의 원리에 관해 숙고했으며, 우리가 그 진리의 기초를 (실로, 심지어 작용인efficient cause 개념 일반의 객관적 타당성을) 어떠한 통찰**에도** 놓을 수 없다는 것에 관해 매우 올바르게 발언했다. (Kant, *Critique of Pure Reason*, A761/B789)

이것은 흄이 펴는 주장의 부정적이거나 혹은 비판적인 측면이다. 이는 두 번째의 긍정적이거나 혹은 건립적인 계기에 의해 겹쳐진다. 이 분명한 난관에 대한 흄의 "회의적 해결"(*Enquiry* 5.1)은 자연에 근거하는 것이 아니라, 요약문의 논점 6이 가리키듯이, 연합의 원리, 그러므로 인간 본성에 근거한다. 당구공에 대한 우리의 파악은 공들 자체의 작동의 결과가 아니라, 관념들의 습관적 연합의 결과이다.

그래서 한편으로, 우리는 실재적 인과 관계가 실존하는지, 그렇지 않은지 생각할 아무런 이유를 갖지 않는다. 다른 한편으로, 우리는 모든 인과 관계는 사유 안 습관의 문제라고 생각할 충분한 이유를 갖고 있다. 이 문제, 즉 흄의 귀납의 문제는 칸트식 해석의 전통이 전형적인 것으로 간주하는 것이다. 더 일반적 관점은 동일한 이중적 성격을 지닌다. 한편으로, 세계 그 자체에 대한 어떠한 믿음도 세계로 향한 직접적 접근에 의해 정당화되지도, 곡해되지도 않는다. 왜냐하면 우리는 그러한 접근을 갖고 있지 않기 때문이다. 다른 한편으로, 믿음의 적법성은 인간 사유에 내적인 요인들에 의해 전달된다. 따라서, 그렇다면 이 칸트적 관점에서 볼 때, 경험론은 근본적으로 인식론적인 작업으로 나타난다. 경험론은 무엇보다도 우리 믿음들의 신뢰성을 확인하는 일과 관련 있는 철학적 이론이다. 이것은 흄의 첫 번째 견해이자, 이 견해에 동조하는 경험론의 첫 번째 견해이다.

사회사상가, 정치사상가로서의 흄

앎 그 자체라는 바로 그 관념은 이 분석 방식으로는 풀리지 않는다는 점을 주목하자. 우리는 세계 그 자체가 어떻게 존재하는지에 관해 아무것도 알 수 없으며, 이른바 우리 경험의 대상들이라 하는 것들은 사유에 현존하지 않는다. 앎 대신에, 흄은 어떤 **믿음** 개념을 개진한다. 미니멀리스트이자 인식론자인 흄이 우리에게 제공하는 것으로 보이는 것은— 그러나 우리가 보게 되겠지만, 사물들은 나타나는 것보다 더 복잡하다— 적법한 믿음과 부적법한 믿음을 구별하기 위한 규칙이지, 참truth 거짓falsity, 혹은 지식knowledge과 의견opinion을 구별하기 위한 규칙이 아니다.

이제, 들뢰즈는 이 논증 방식에 감명을 받았음이 확실하다. 『경험론과 주체성』의 영역 서문에서, 그는 흄은 "믿음 개념을 확립했고, 믿음으로 앎을 대신했다. 그는 믿음을 세속화하여, 앎을 적법한 믿음으로 바꾸어 놓았다"(ES ix)라고 쓰고 있다. 들뢰즈가 찬동하지 않는 것은 이 주장이, 그리고 믿음 개념이 흄 사상의 주안점들과 같은 어떠한 것이라는 견해이다.

칸트식 해석의 전통에서 제안하는, 경험론에 대한 고전적 정의는 이렇다. 경험론은 경험과 더불어 시작될 뿐만 아니라 경험에서 유래하는 이론이다. 하지만 왜 경험론자는 그 점을 말하려고 하는가? 또 어떤 물음의 결과로서? [⋯] 이 정의는 결코 만족스럽지 않다. 무엇보다도, 앎은 경험론에서 가장 중요한 것이 아니라, 어떤 실천적 활동의 수단일 뿐이다. (ES 107)

그렇다면 들뢰즈가 칸트의 흄 독해와 결별하고 싶어 하는 첫 번째 이유는 그 독해가 부차적이고 종속적인 요소에다 최고의 위치를 부여하기 때문이다. 인식론적 권역대에다 최고의 위치를 부여함으로써, 이 독해는 흄의 경험론에 자리하는 중력의 중심을 그릇된 위치에 놓고 말았다. 대신에, 본질적인 것은 사회적 실재이고, 앎 혹은 믿음은 우리가 이 관점을 채택할 때만이 올바르게 이해된다.

이 주제에 다다르기 전에, 들뢰즈는 세 가지 핵심적인 주장을 편다. 이 섬세한 주장들 중 첫 번째 것은 우리가 위에서 번호를 매겨 요약한 것 중 논점 2를 가리킨다.

흄은 인간학의 창조를 제안하는데, 그의 근본적인 기획은 실제로 무엇인가? [⋯] 흄의 기획은 마음의 심리학을 마음의 정동들affections의 심리학으로 대체하는 것을 수반한다. 마음의 심리학을 구성하는 일은 전혀 가능하지 않다. 이 심리학은 요구되는 항상성이나 보편성을 자신의 대상에서 발견할 수 없기 때문이다. 오직 정동들의 심리학만이 진정한 인간학을 구성할 수 있을 것이다. (ES 21)

우리는 인간 본성으로 시작하는 것을 피할 수 없지만, 우리가 이것이 정확히 무엇인가 하고 물을 때, 흄은 이에 대한 대답이 호의적인 것은 아니라는 점을 우리에게 말해준다. "내가 나 자신이라고 부르는 것 안으로 가장 깊숙이 들어갈 때, 나는 언제나 열이나 추위, 빛이나 그림자, 사랑이나 증오, 불쾌나 쾌 등과 같은 어떤 특수한 지각을 우연히 만나게 된다. 나는 결코 지각 없이는 언제든 나 자신을 결코 붙잡을 수 없고, 지각 이외에는 결코 아무것도 관찰할 수 없다."(Hume, *Treatise*, 1.4.6.3) 또 다른 유명한 대문을 따르면, 내 마음은 근본적으로 "상상 불가능한 속도로 서로를 잇따르고, 영속적인 유동과 운동 속에 있는, 상이한 지각들의 다발 혹은 무더기 이외에는 아무것도 아니다. [⋯] 마음은, 여러 지각들이 잇따라서 출현하고, 지나가고, 다시 지나가고, 미끄러져 사라지고, 무한히 다양한 태도들과 상황들 속에 뒤섞이는, 일종의 극장이다."(Hume, *Treatise*, 1.4.6.4) 이것은 들뢰즈가 마음의 심리학은 마음을 연구하기에 충분한 항상성이나 보편성을 자신의 대상(마음 그 자체)에서 발견할 수 없다고 말할 때 그가 의미하는 것이다.

명백히 이것은 문제이다! 만약 흄이 모든 학문들을 마음의 과학에다 근거 짓기를 원하지만 마음이 오직 인상들이나 이미지들이 순식간에 일어났다 사라지는 잇따름으로 나타난다면, 전체 작동을 그려볼 전망은 암울해 보인다. 하지만 우리는 이 기획을 흄의 기획과 동일시할 필요는 없다. 또 다른 길이 열려 있는데, 그것은, 이것이 기초적 상태의 마음임에도 불구하고, 어떻게 해서 우리의 생과 사유가 사실상 질서와 체계성을 소유하고 있는가 ─ 나는 당구를 할 때 무슨 일이 일어날지 예측할 수 있다 ─ 하는 점을 숙고하는 것이다.

이 관점에서 볼 때 ─ 그리고 여기에 들뢰즈가 서두에서 취하는 두 번째 조치가 있다 ─ 인간 본성에 대한 물음은 변한다. "그것은 무엇인가?" 하고 그것이 마치 마음과 동일시될 수 있는 고정된 사물인 양 묻는 것 대신에, 우리는 이제 이러한 유동하는 이미지들의 안정성은 어떻게 일어나는가? 하고 묻는다. 이것이 바로 그가 **흄의 물음**이라고 부르는 것이다. 이 물음은 이 책 전체를 통해 다양한 형식으로 제시된다.

어떻게 마음은 인간 본성이 되는가? (ES 2)
어떻게 무더기가 체계가 되는가? (ES 3)
어떻게 상상이 능력이 되는가? (ES 23)
어떻게 상상이 인간 본성이 되는가? (ES 23)
어떻게 주체가 주어진 것 안에서 구성되는가? (ES 109)

이 물음들에 의거하여, 이와 동등한 내용을 강조해보겠다. 상상이라는 말로 들뢰즈는 인간이 소유하는 모든 종류의 능동적 활동을 의미하지 않고, 이미지들의 무더기에 지나지 않는, 마음의 이 최초 상태를 의미할 뿐이다. 따라서 들뢰즈의 전체 독해를 감싸고 있는 물음은 이러한 **구성**이 어떻게 일어나느냐 하는 것이다. 마음 그 자체는 이미지들의 카오스라는 점을 감안할 때, 우리는 체계성으로 — 자연에서 인간 본성 혹은 주체성으로 — 향하는 이행을 일어나게 하는 수단을 연구할 필요가 있다.

그래서 들뢰즈의 세 번째 개시점은 인간 본성을 생겨나게 하기 위하여 정확히 무엇이 마음에 영향을 미치는가에 관한 것이어야 할 것이다. 그의 대답은 이렇다. "마음이 **영향을 받는** 두 가지 형식은 본질적으로 정념적인 것과 사회적인 것이다."(ES 21) 비록 우리가 이 용어들을 오는 페이지들에서 더 주의 깊게 정의할 필요가 있긴 하지만, 논점은 단순명료하다. 즉, 마음의 근저에, 인간 실존은 쾌와 불쾌라는 격통, 그리고 이로부터 이끌려 나오는 더 복잡한 모든 정념들이 있다는 특징을 갖고 있다. 하지만 이러한 정념들 혹은 정동들은 결코 순수 내면성 속에서 작동하지 않는다. 우리의 정념적 실존은, 어떤 정념들은 일으키고 다른 정념들은 억압할 뿐만 아니라, 훨씬 더 많은 것이 정념들의 표현과 만족을 위한 수단을 제공하는 사회적 세계에 언제나 이미 휘말려 있다. 이것은 『경험론과 주체성』의 서장에 나오는 더 인상적인 대문들 중의 하나를 설명해준다. "심리학자의 선택지는 다음과 같이 역설적으로 표현된다. 우리는 심리학자가 되기 위하여, 심리학자이기 전에 먼저 도덕가, 사회학자, 역사가이지 않으면 안 된다."(ES 22) 흄이 추구하는 인간 본성에 관한 이론은 주체의 형성에 관한 이론이어야 하지만, 이 형성은 이 형성이 발생하는 사회적 맥락으로 시작하지 않고는 설명될 수 없다.

이 장의 남은 부분의 목표는 이 점들을 빼놓지 않고 더 상세히 궁구하는 것 ─ 믿음과 정념들이 어떻게 한 형식의 사회적 주체성 속에서 통합되는지 보여주는, 『경험론과 주체성』에서 펴는 들뢰즈의 주장을 횡단하는 것 ─ 이겠다. 우리는 일종의 역순으로 이 작업을 행하겠다. 첫째로, 믿음과 추리가 자신의 방식대로 직면하는 극복 불가능한 문제들을 드러내기 위하여 (위에서 축약해서 서술한) 흄의 인식론의 전 궤적을 빼놓지 않고 궁구할 것이다. 둘째로, 우리는 사회적 세계에서 행하는 더 기본적이고 정동적인 투여가 어떻게 이 문제들을 해결할 뿐만 아니라 믿음과 추리에다 그것들이 요구하는 정향을 제공하는지 보게 될 것이다. 그리고 마지막으로, 주체성의 주제로 명시적으로 향해서, 순식간에 일어났다 사라지는 인상들과 이미지들의 잇따름에서 안정된 믿음들과 정동들의 구성으로 이행하는 것이 어떻게 해서 수동적 상상에서 흄 사상의 능동적 자기로 이행하는 것과 짝이 되는지를 보게 될 것이다.

철학이란 무엇인가?

하지만 이 더 폭넓은 과제로 향하기에 앞서, 이미 우리는 들뢰즈가 『경험론과 주체성』에서 제시하는, 철학에 대한 독특한 정의를 평가할 수 있는 위치에 와 있다. 우리가 방금 본 바와 같이, 들뢰즈는 부분적으로 흄의 경험론에 대한 칸트의 독해를 거부한다. 칸트의 독해는 어떻게 해서도 흄의 경험론이 어떤 **물음**을 묻고 있는지를 제대로 발견하지 못하기 때문이다. 이 점에 비추어볼 때, 철학에 대한 들뢰즈의 정의는 놀랍지 않다. "철학 이론은 정교하게 전개된 물음이지 그 밖의 다른 것이 아니다. 본질적으로, 철학 이론은 문제를 해결하는 것이 아니라, 정식화된 물음의 필연적 함축들을, 바로 그 끝까지, 정교하게 서술하는 것이다."(ES 106)

들뢰즈가 계속해서 이 점을 강조할 때, 이는 철학을 비판하려는 모든 시도에 심오한 중요성을 가진다. 철학은 물음에 대한 좋은 대답을 제공하지 않는다고 주장한다면 이것은 그야말로 아무런 의미가 없다 ─ 여기서 들뢰즈는 물음들에 대답하는 것은 과학의 영역이라고 말한다. 그는 재빨리 네 가지 적법한 비판적 접근법들을 소환한다. 즉, "철학자가 제기하는 물음은 좋은 물음이 아니다"라고 하면서 반대하는 것, "우리는 더 좋은 방식으로 물음을 제기해야 한다" 하면서 반대하는 것, "우리는 다른 물음을 제기해야 한다" 하면서 반대하는 것이다. 네 번째는 가장 우리를 애먹이는 것으로, 우리는 철학이 "사물들의 본성을 충분히 강요하지 않는다" 하면서 반대할 수 있다는 것이다(ES 107). 그러므로 좋은 철학은, 혹은 중요한 철학적 발전은 "사물들을 물음에 복속시키고 종속시키는 것을 수반하고, 이 제약되고 강요된 포섭을 통해서 사물들이 본질 혹은 본성을 드러내기를 의도하는 일을 수반한다."(ES 106) 철학을 위한 주도적 맞짝 개념은 물음과 대답이 아니라, 물음과 본질이라는 점, 이것이 우리를 애먹이는 것이다. 물음은 어떤 것을 그것에 관한 본질적인 것이 무엇인지 드러나도록 강요한다. 물음은 요구가 된다. 이것이 사물들에 대한 비자발적 질문으로서의 철학의 이미지이다.

하지만 그렇다면 이 책의 끝맺는 페이지에, 그가 제공하는 다른 정의, 즉 "철학은 그 자체를 우리가 무엇을 행하고 있는가에 관한 이론으로 구성해야만 하지, 무엇이 존재하는가에 관한 이론으로 구성해서는 안 된다"(ES 133)는 정의가 나오는 것은 무엇 때문인가? 사실상, 이것은 같은 정의인데, 지금은 흄의 관심으로 굴절되어 있다. 우리가 전적인 일반성과 엄격함 속에서 "주체는 주어진 것 내에서 어떻게 구성되는가?" 하는 물음을 던질 때, 본질적인 것이 두드러지게 된다. 즉, 인식론은 관심거리가 아니라는 점, 오직 실천적인 실존, 인간의 사회적이고 도덕적인 차원이 두드러지게 된다.

믿음, 가상, 이성

흄에게 있어서 믿음에 관한 전체 문제는 상상의 맥락에서 발생한다. 들뢰즈는 상상의 두 기본적인 상태들 — 무더기^{collection}와 능력^{faculty} — 을 분리시키는 것을 목표로 삼고, 전자를 한정하는 것이 어떻게 후자를 구성하는 것인지를 설명한다.

한편으로, 상상은 단순히 뒤죽박죽인 것, 괴리되는 요소들의 무더기, 조화롭지 않은 다양한 것에 불과하다. 이런 이유로 들뢰즈는 다음과 같이 쓰고 있다.

> 흄은 마음, 상상, 관념 간의 동일성을 긍정하기를 결코 마다하지 않는다. 마음은 자연이 아니고, 또 자연을 갖고 있지도 않다. […] 관념들의 무더기는 "상상"이라고 불린다. 이 용어가 능력을 지칭하는 것이 아니라, 이 용어의 가장 애매한 의미에서의 집합, 나타나는 대로 존재하는 사물들의 집합 — 앨범 없는 수집, 무대 없는 연극, 지각들의 유동 — 을 지칭하는 한에서. (ES 23)

흄을 따라가면서, 들뢰즈는 상상의 이 상태를 공상^{fancy}이라고 부른다. 내가 보여준 바와 같이, 일차적으로 상상은 역능 혹은 능력이라기보다 조직에 관한 범주이다. 하지만 이 탈조직에는, 원리가 없는 조직이 남아 있다. 이 점이 공상으로서의 상상이 가장 미친 듯이 구는 이미지들을 자신의 방식대로 끊임없이 제시하고 있다는 사실을 설명해주는 것이다. "상상은 우주를 헤치고 가며, 불을 내뿜는 용, 날개 달린 말, 괴물 같은 거인을 산출해 낸다. 실로 마음의 심층은 섬망 혹은 — 또 다른 관점에서 보면 같은 것인 — 변화와 무관심이다."(ES 23)

다른 한편으로, 상상은 믿는 능동적 능력, 말하자면, 주어진 것을 초월하는 (들뢰즈의 프랑스어는 *dépasser* — 능가하다, 극복하다, 초월하다 — 이 다), 관념들의 무더기 혹은 공상을 초월하는 능동적 능력이다. 상상이 지니는 능동적 능력은 "내가 아는 것보다 더 많은 것을 긍정하는"(ES 26) 능력이다. 흄의 논점은 우리는 주어진 것을 실로 초월한다는 것이다. 이것은 우리의 믿음들에서 가장 분명히 나타난다. 그래서 문제 전체는, 되풀이하건대, 도대체 어떻게 아무 관련이 없는 관념들의 집합을 한정하는 일이 믿는 주체believing subject를 낳을 수 있는가를 설명하는 것이다. 이제, 이 기획은 명백히 발달과 관련된 공명들을 가지긴 하지만, 들뢰즈는 우리에게 흄의 설명을 발생적 측면에서 생각하지 말라고 반복해서 경고한다. 공상으로서의 상상과 능력으로서의 상상 간의 차이는 관점상의 차이이지, 과정상의 두 별개의 순간들(유아로서, 우리는 단순 관념들을 갖지만, 우리는 어떻게 후에 믿음들을 갖게 되는가?)의 차이가 아니다. 혹은, 더 정확히 말하면, — 들뢰즈 또한 주체의 발달에 대해 말하므로 — 공상은 주체가 형성될 때 탕진되는 조야한 재료로 간주되어서는 안 되고, 수많은 복잡한 방식들로 한정되는 주체의 영원한 기체이다.

좋다. 이것은 흄의 믿음에 관해 들뢰즈가 하는 설명의 일반적 체제이다. 하지만 이제 우리는 믿음들 그 자체가 정확히 어떻게 형성되는지, 그리고 어떤 정도로 우리는 적법한 믿음과 부적법한 믿음을 구별할 수 있는지 살펴볼 필요가 있다. 후에 우리는 능동적 상상력, 혹은 믿는 주체에 관한 물음으로 향할 것이다.

연합의 원리들

공상을 한정하는 일은 연합 원리들의 결과이다. 우리는 이것들이 무엇인지— 인접성, 유사성, 인과 관계에 의해서 관념들을 연합하는, 마음 내의, 습관적 경향— 이미 본 바가 있다. 그런데 이 원리들은 무엇인가? 유감스럽게도, 우리는, 흄에 따르면, 이 원리들 그 자체에 대해 아무것도 알 수 없고, 이 원리들의 기원에 대해서도, 또한 이 원리들이 인간 사유에서 기능하는 이유도 알 수 없다. 우리는 이 원리들이 작동한다는 것을 이 원리들이 생산하는 사유 안 항상성의 형식들에 주의 깊게 관심을 기울임에 의거하여 추론할 수 있을 뿐이다.

이 원리들은 정확히 무엇을 하는가? 이 원리들은 믿음들 자체를 생산하지는 않는다. 대신에, 이 원리들은 우리 마음에 어떤 습관적 경향들을 조성한다. 흄 그 자신이 그의 저작을 "심적 지리학"(Hume, *Enquiry*, I.12)으로 고려해보라고 권장하므로, 지리학적 은유를 고려해보자. 공상의 수준에서, 마음은 전혀 아무런 구조가 없는 평탄한 평원이다. 이 평원에서 행해지는 관념들의 어떠한 조직도 무관심하고 카오스적이다. 연합 원리들의 역할은, 동물들의 무리가 습관의 힘으로 강이나 물웅덩이로 오고 가는 길들을 내는 식으로, 이 평원 안에다 어떤 홈을 내는 것이다. 『경험론과 주체성』의 마지막 장에서, 들뢰즈는 (우리가 곧 다시 다루게 될 이성의 이념에 대한 언급을 포함해서) 이와 관련된 은유를 사용한다.

연합 원리들은 채널들과 유사한 전체 네트워크를 마음 안에 형성해서, 관념들 간의 자연적 관계를 확립한다. 더 이상 우리는 우연적으로 한 관념에서 다른 한 관념으로 이동하지 않는다. 한 관념은 한 원리에 기초해서 자연적으로 다른 한 관념을 접하게 한다. 관념들은 자연적으로

서로를 따른다. 요컨대, 연합의 영향하에, 상상은 이성이 되고, 공상은 항상성을 발견한다. (ES 123)

이어서, 믿음들이 이 습관적 연합에 따라서 복합 관념들을 형성한다. "나는 해가 언제나처럼 같은 총발광량을 갖고서 네 생일에 떠오르리라는 것을 확신한다", "오늘 나의 것은 내일 나의 것이리라", "약간 회전을 줘서 구석의 빨간 공을 쳐라, 그러면 왼쪽 뒤 포켓으로 갈 것이다" 등을 말하는 것은 관념들이, 습관에 따라서, 믿음의 복합체들로 이동하는 것이다.

부적법한 믿음들과 이성의 역할

우리는 이 지점에서 최초의 매우 흥미를 끄는 문제에 마주친다. 연합 원리들은 마음에게 습관적 구조를 제공한다. 하지만 이것들 중 일부는 **나쁜** 습관들이다. 행운을 가져다주는 내 셔츠의 예를 생각해보자. 그렇지 않으면 별것 아닐 이 파란 셔츠를 입을 때마다 나에게 좋은 일들이 일어난다 ─ 나는 기력을 모아 한 책의 장을 끝낼 수 있거나, 거울을 들여다보는 일을 견딜 수 있거나, 혹은 땅 위에서 돈을 발견할 수 있다. 그리고 행운을 가져다주는 내 셔츠에 대한 내 믿음은 인과의 연합을 통해서 ─ 달리 말해서, 내가 스토브 위에 주전자를 놓으면 그 안에 물이 끓을 것이라는 믿음을 형성하는 것과 똑같은 방식으로 ─ 형성된다.

더 골치 아픈 예가 있다. 많은 사람들은 총을 소유하면 그 덕분에 안전할 것이라는 믿음을 품고 있다. 이 믿음은 매우 다양한 방식으로 일어날 수 있지만, 가령 그것이 가족, 가축 기르는 일, 어릴 적의 행복, 그리고 일상생활에서 화기들을 어디서나 볼 수 있음 간의 연계적 결합들로부터 주어진 한 경우에 일어난다고 해보자. 이 예는 그것이 명백히 그릇되기 때문이 아니라, 과학적 논증에 관한 설득력 있는 논문에 대한 믿음과 똑같은 방식으로 형성되기 때문에, 여기서 매우 골칫거리가 아닐 수 없다.

한마디로 말해서, 습관적 연합은 근거가 없다ungrounded. 습관적 연합에서 일어나는 믿음들은 단지 연합되는 것에 불과하기 때문에 신뢰될 수 없다. 또한 믿음들은 그것들을 구성하는 관념들에 힘입는 것이기에 신뢰될 수 없다. 이것이 들뢰즈가 관계들의 외재성을 언급할 때 이해하고 있는 것이다. "관계는 관계의 항들에 외적이다. 이는 관념들은 우리가 관념들에 대해 수행하는 작동들의 본성을 설명해주지 못한다는 것, 특히 우리가 관념들 사이에 확립하는 관계들을 설명해주지 못한다는 것을 의미한다."(ES 101)

요구되는 것은, 분명, 적법한 믿음들과 부적법한 믿음들을 구별하기 위한 수단이지만, 이 수단은 그것의 힘을 연합된 관념들의 내용으로부터도, 일차적으로 작동하는 연합의 원리 그 자체로부터도 끌어낼 수 없다. 이 수단은 흄이 이성이라고 부르는 것을 의미한다. 여기서 이성은 칸트의 경우처럼 독립적인 능력faculty이나 역능power도 아니고, 데카르트나 스피노자의 경우처럼 사유의 필수적인 성격도 아니다. 그것은 우리가 탐정의 직감에 대해 생각할 때 의미하는 것에 가깝다. 흄의 경우 이성의 선언은 라이프니츠의 "모든 것을 위해 이성이 있다!"가 아니라, "어떤 것이 이 점에서 그릇된 것으로 보인다"이다. 들뢰즈가 말하듯이, 이성은 "일종의 느낌"(ES 30), 내가 품고 있는 일단의 믿음들과 일치하지 않는다는 느낌이다. 그리고 연합 일반과 마찬가지로, 이성은 습관적이다. "실험적 이성은 습관에서 탄생한다. 그리고 역은 성립하지 않는다. 습관은 이성의 뿌리이고, 실로 이성이 결과로서 유래하는 원리이다."(ES 62)

들뢰즈는 흄의 이성은 근본적으로 비교적이고, 교정적이고, 개연적이라는 점을 강조한다. 실로, 이성은 비교적임에 힘입어 기능상 교정적이다. 이성은 더 넓은 범위의 나의 다른 믿음들과 비교할 때, 부적절한 믿음들을 직감적으로 숡아 낸다feel out. 그러므로 적법한 믿음은 "경험에서 관찰된 반복들'(ES 72)과 일치할 것이다. 행운을 가져다주는 셔츠의 힘들에 대한 믿음은 내가 그것을 셔츠, 물리적 세계의 본성, 그리고 마법적 힘들에 관한 나의 다른 믿음들의 맥락 속에 넣을 때 약화된다. "아일랜드 사람들은 위트를 모른다"(Hume, *Treatise*, 1.3.13.7)라는 믿음은 아일랜드인과 더 많은 시간을 보냄으로써 테스트 될 수 있다. 총이 재난을 쫓을 수 있는 힘이 있다는 믿음은, 비록 그것이 또한 심각한 사회적 투여들에 관련되어 있다 할지라도, 우리가 안정과 폭력에 관해 가지는 다른 믿음들의 맥락 속에서 이 믿음을 고려함으로써 약화될 수 있다. 그러므로 악명 높은 전미총포협회(NRA: National Rifle Association)가 총기 폭력에 대한 모든 연구를 막기 위해서 할 수 있는 모든 짓을 한다는 것은 놀랄 일이 아니다. "총들은 안전을 위해 존재한다"는 믿음과 비교될 수 있는 더 넓은 범위의 믿음들이 없다면, 그것의 적법성을 결정할 방법이 존재하지 않는다. 그렇다면 흄의 용어로 말하면, NRA의 활동들은 이성적이지 못함을 정의하는 바로 그것이다.

하지만 이성은 또한 중요하게도, 개연적이다. 내 믿음들 중 어떠한 믿음도 진정한 앎의 수준을 달성하지 않기 때문에 그러하고, 내 믿음들은 어떠한 것도 연합의 과도하고 부적법한 사용을 통해서 생겨났을지도 모르기 때문에 그러하다. 따라서 이성은 교정의 가능성을 긍정한다. 잘 알려진 라틴 어구 *ceteris paribus*는 흄의 이성에 완전히 적합한 말이다. 다른 모든 것들은 동등하다는 이 믿음은 적법하다.

그러므로, 이성은 우리가 적법한 믿음과 부적법한 믿음을 혼동하는 정도를 제한한다. 이 제한적 기능은 언어와 관련하여 특수한 중요성을 가진다 — 여기서 문제는 어떤 것에 관한 주장들의 반복은 이 어떤 것에 대한 앎과 혼동되게 된다는 점이다. 더 정확히 말하면, "허구적 인과성들"이 문제가 된다. "언어는 관찰된 반복을 말해진 반복으로 대체할 때, 그리고 현재의 대상에 대한 인상을 우리로 하여금 관념들을 생생하게 상상할 수 있도록 해주는 특정한 단어의 들음으로 대체할 때, 단독적으로, 믿음을 생산한다."(ES 70) 이 상황에서 — 그리고 특히 철학자들이, 우리가 모나드, 능동자agent, 이성 등을 이야기할 때, 여기서 표적이 된다 — 이성은 직접 경험에서 두드러지는 믿음들에 반하여 언어에 의해 산출되는 믿음들을 테스트하기 위해 기능한다.

따라서, 요약하면, 이성은 연합의 원리에 의해 탄생한 과잉의 위협을 교정하는, 사유의 비교적 습관이다.

지성에서의 허구와 광기

따라서 일종의 전원적이고 보수적인 자연주의가 달성된다. 우리는 이성이 오직 부차적이고 교정적인 힘power일 뿐이라는 점을 인정하지만, 그러나 이성은 우리에게 적법한 믿음과 부적법한 믿음을 구별하기 위한 대략 안정적인 지침을 제공하는 힘이다. 우리는 가상들의 한 원천으로서 특히 언어에 주목한다. 그리고 어떤 사람들은 화기의 소유가 모든 진정한 사회적 협약의 보증이고 상징이라고 계속 믿을 것이라는 사실에도 불구하고, 대체로 보아, 적법한 믿음이 승리할 것이다.

하지만 들뢰즈는 허구의 문제가 이 최초 단계의 주장이 전달하는 것보다 흄에게 훨씬 더 진지하고 심오한 문제라고 강조한다. 행운을 가져다주는 내 셔츠의 힘들에 대한 나의 믿음은 그것을 셔츠 일반에 관한 내 믿음들의 더 넓은 맥락에 위치시킴으로써 제거될 수 있고, 행운의 환상이 유포되는 때 묻고 자기 잇속만 차리는 방식이 제거될 수 있다. 하지만 이성의 비교하는 작업에 전혀 놓일 수 없는 어떤 믿음들이 존재한다. 이것은, 비록 『경험론과 주체성』 전체를 통해 되돌아오는 주제이긴 하지만, "신과 세계" 장이 특히 중점을 두는 내용이다. 들뢰즈는 네 가지 결정적인 교정 불가능한 믿음들을 고찰한다.

— 실존하는 것의 총체성으로서의 — 세계 이념이 첫 번째 사례이다. 나는 경험에서 결코 세계를 마주치지 않는다는 점을, 말하자면 설사 내가 나의 모든 인상들을 어떤 식으로든 총합하고자 하더라도, 나는 결코 세계 이념을 특징짓는 "모든 것"에 도달하지 못할 것이라는 점에 먼저 주목하자 (제1『비판』에서 칸트는 이율배반을 다룰 때 이것을 결정적으로 중요하게 사용한다). 세계 이념은 부적법한 믿음의 특징적 사례인 것처럼 보인다. 우리가 본 바와 같이, 여기서 문제는 이성의 교정적 작업이 비교적이라는 사실과 관련 있다는 점이다("셔츠 일반에 관한 내 믿음들과 비교하면 …"). 하지만 들뢰즈가 지적하듯이, "세계 그 자체는 본질적으로 유일무이한 것the Unique이다."(ES 75) — 세계와 비교할 어떠한 것도 존재하지 않는다. 사정이 더 안 좋은 것은, 세계 이념은 다른 모든 이념들 속에 전제로서 감입되어 있는 것으로 보인다. 결국 "세계 속에서 존재하지 않는다면 물리적 대상들 혹은 반복의 대상들도 존재하지 않는다."(ES 75) 이미 이 첫 번째 예에서, 우리는 일반적인 문제에 직면한다. 나는 입증할 수도 없고 반증할 수도 없는 믿음, 동시에 나의 다른 모든 믿음들이 전제하는 믿음을 소유한다.

두 번째 사례는 신의 이념이다. 흄은, 자신의『자연 종교에 관한 대화들 Dialogues concerning Natural Religion』에서, 신과 학문에 대한 믿음이 양립 가능하다는 주장을 날카로운 비판에 처하게 한다. 그렇지만, 유명하게도, 이 책이 끝날 무렵 흄은 (필로Philo로 가장해서) 방침을 뒤집고 신의 실존에 대한 믿음을 긍정하는 것처럼 보인다. 우리는 여기서 이 점의 상세한 것을 논할 수는 없지만, 들뢰즈는 이러한 뒤집음이 작동한다고 보지 않는다고 말하는 것으로 충분할 것이다. 결국 신에 대한 믿음은 — 신이 형언 불가능하기 때문이 아니라, 이성적 비판 그 자체의 성격 때문에 — 이성적 비판과 거부에 처할 수 없는 것이 아니다.

신에 대한 믿음의 형성은 다양한 방식으로 발생할 수 있다. 예를 들어, 언어에서의 반복들이 경험에서의 반복들을 대신할 수 있는 능력을 상기할 때, 교회에 나가고 기도문을 낭송하는 것과 같은 사회적 실천은 이 목적을 성취할 수 있다. 그렇지만, ─ 흄이 『대화들』에서 시도하는 것처럼 ─ 만약 이성이 이 믿음을 비적법화하고자 시도한다면, 그것은 문제에 봉착한다. 심지어 "가장 어리석은 사상가"조차도 인식하듯이, 세계는 "목적, 의도, 설계"(Hume, *Dialogues*, 12.2)를 가지는 것으로 나타난다. 들뢰즈는 이 점에 대해 이렇게 말한다. "언제나 우리는 신을 원리들의 원인인 양 부정적으로 사유할 수 있다."(ES 77) 언제나 우리는 신을 세계가 지금 존재하는 방식대로 존재하는 이유로서 정립한다. 그렇지만 (다시 또 말하는데) 우리는 세계가 그 자체로 존재하는 방식으로 접근하는 길을 갖고 있지 않기 때문에, 이 믿음은 교정될 수 없다. 만약 이성이 내가 갖고 있는 다른 믿음들의 모든 집합을 배경으로 하여 기능한다면, 신에 대한 믿음이 실로 비중을 갖는 것으로 보일 것이다 ─ 결국, 유신론자가 주장하듯이, 세계에 대한 나의 경험은 질서정연하고 유의미하다. 비록 어떠한 직접적 증거에도 일치하지 않을지라도(어떠한 인상도 내가 신에 대해 갖고 있는 관념들과 일치하지 않을지라도), 이 믿음은 근거가 없으면서도 의심할 여지가 없는 것이다.

세 번째 사례는 대상의 이념이다. 이 경우 상황은, 어느 쪽인가 하면, 더 애를 먹이는 편이다. 모든 대상 이념은 두 가지 상이하고 부적법한 연합의 사용들에 의해 생산된, 두 가지 성분의 허구들을 수반한다. 한편으로, 나는 시간이 흐르는 동안 존속하는 대상에 대한 경험을 갖지 않고, (모네Monet의 건초 더미처럼) 영속적으로 변화하고 있는 지각들의 유동을 가질 뿐이다. 연합은 이 변화 밑에서 대상이 동일성을 소유할 만큼 나로 하여금 대상 이념을 형성하도록 해준다. "상상력은 […] 유사한 지각들의 동일성과, 나타남들의 불연속성 간의 대립을 극복하기 위해 연속적 실존을 가장한다."(ES 79) 이 경우 문제는 건초 더미가 하나의 대상인지 아니면 많은 상이한 대상인지, 혹은 콰인의 유명한 예를 남용한다면, 내가 방금 경험한 것이 내 앞에서 뛰어가고 있는 토끼였는지(하나의 대상), 아니면 토끼 같은 상이한 부분들의 총체이었는지 나는 전혀 알지 못한다는 점인데, 그럼에도 불구하고 습관적으로 이러한 혼동을 빚는다.

다른 한편으로, 대상 이념은 인과적 연합을 부적법하게 사용한다. 흄에 따르면, 우리는 인과성을 결코 직접 경험하지 못하기 때문에 실재적 인과성의 지위에 관해 불가지론자로 남아 있다는 점을 기억하자. 흄의 의미에서 인과성이란 관념들 간의 관계이고, 오직 그럴 수밖에 없다. 하지만 이 구분은 심지어 내가 "그 오렌지는 쓰다"와 같은 무해한 것들을 말할 때조차 언제나 내가 끊임없이 혼동하는 바로 그 구분이다 — 나는 오렌지 그 자체가 어떤 결과들을 낸다고 주장하고 있다. 더 일반적으로 말하면, 내 믿음들은 내 관념들의 연합에 관한 믿음들이 아니라, 그것들이 그 자체로 존재하는 바의 대상들에 관한 믿음들이다. 의외의 결말은 우리는 대상들의 존속하는 통일성과 인과적 효과성에 대한 이러한 믿음 없이는 행동할 수가 없다는 점이다. 만약 내가 실재하는 오렌지로부터 사실들을 수용하고 있지 않다면, 경험은 경험이 아니라, 환각이다. 우리가 갖고 있는 모든 단일한 믿음은 명시적이든 혹은 다른 방식으로든, 즉자적인 것과 대자적인 것의 혼동에 관여되어 있다.

네 번째 교정 불가능한 믿음은 들뢰즈가 칸트로부터 끌어와서 **합목적성**purposiveness; Zweckmässigkeit, 혹은 **목적성**finality이라고 부르는 것에 관한 것이다. 자연 자체와 인간 본성, 세계와 인간 간의 관계 — 시원적 조화 — 가 쟁점이 된다. 대상의 이념이 변조될falsified 수 없는 인과 관계를 부적법하게 전제하는 한편, 합목적성의 이념은 신과 대상이 나에게 미치는 영향이 나를 오도하고 있지 않다는 것이다. 오렌지가 쓰다는 내 믿음의 원인이 되는 것은 바로 오렌지 그 자체라는 점을 믿지 않을 수 없는 것처럼,

나는 실제로really 쓴 것은 바로 오렌지 그 자체라는 점을 믿지 않을 수 없다. "자연의 과정과 우리 관념들의 계기 간의 일종의 미리-확립된 조화 속에서, 비록 전자를 지배하는 역능들이나 힘들이 우리에게 완전히 알려지지 않는다 하더라도"(Hume, *Enquiry*, 2.44), 우리는 믿지 않으면 안 된다 — 우리는 믿지 않을 수 없다. 들뢰즈가 언급하듯이, 자기와 세계 간의 이 미리-확립된 조화는 어떠한 개별적인 경험과도 일치하지 않고, 또 "의심할 여지 없이 사유들 중에서 가장 약하고 공허한 것"(ES 133)인데도, 우리는 매 순간 암묵적으로 그것을 긍정한다. 우리는 세계와 세계에 대한 우리 경험 간의 "적합성fit"이 존재한다는 믿음을, 이 적합성을 정당화하거나 혹은 이성적으로 검토할 방법이 전혀 없다는 사실에도 불구하고, 결코 의문시할 위치에 있지 않다.

인간 본성의 원리로서의 허구

이 믿음들의 중요성은 이 믿음들의 절대적인 불확실성만큼이나 명백하다. 연합의 작업 전체가 의문시된다. 왜냐하면 제아무리 개별적 사례들에서 적법한 것과 부적법한 것을 구별하려고 분투한다 할지라도, 우리는 가장 중요한 사례들에서 그렇게 할 수 없기 때문이다.

가장 적법한 — 주의 깊게 비교를 행하는 이성적 검토를 따르는 — 믿음조차도 결국 전적으로 근거 지워지지 않은 다른 믿음에 토대를 두고 있다. 달리 말해서, 허구 그 자체 — 토대적인 믿음들의 허구화 — 는 인간 본성의 원리이다. 우리는 허구 없이는 결코 행동할 수 없다. 결과적으로, 믿음들의 하류에서 생산되는 것 전체는 섬망delirium이다. 문제는 하나 또는 둘 또는 넷 개별적인 허구들이 아니라, 일반적인 사태이다. 구조화된 마음의 분명한 '질서'는 광기madness이다.

철학의 관점에서 볼 때, 마음은 섬망과 광기 이외의 것이 아니다.

[…] 신체들의 실존에 대한 믿음을 갖고서, 원리로서의 허구 그 자체는 연합의 원리들과 대립한다. 후자는 **후속적으로**가 아니라 **원리적으로** 과도하다. […] 환상이 승리한다. […] 여기에서, 가장 미친 것은 여전히 자연이다. 그 체계는 미친 섬망이다. (ES 83).

우리가 앞에서 말한 전원적 자연주의는 이제 공포 영화에 나오는 황혼이 진 후의 농가처럼 비자연적이고 무서운 것으로 나타난다. 사유는, 자연적이고 신뢰할 만하고 참된 모든 것이 돌연 기괴하고 미친 듯 구는 반영과 식별 불가능한 것으로 나타나는, 거울들의 방에 갇혀 있는 것으로 나타난다. 그렇다면 무엇을 할 수 있는가?

인간 이성에 담겨 있는 이 다양한 모순들과 불완전성들의 강렬한 광경은 그토록 나에게 작용을 가하고 내 두뇌를 달구었기에, 나는 모든 믿음과 추론을 거부할 준비가 되어 있으며, 어떠한 의견도 다른 어떤 것보다 심지어 더 개연적인 것으로 혹은 더 그럴듯한 것으로 간주할 수 없다. 나는 어디에 있는가? 혹은 나는 무엇인가? 나는 나의 실존을 어떤 원인들로부터 이끌어 내고, 또 나는 어떤 조건으로 돌아갈 것인가? 나는 누구의 호의를 얻으려 하고, 또 누구의 분노를 두려워할 수밖에 없는가? 어떤 존재들이 나를 둘러싸고 있고, 또 나는 도대체 누구에게 영향을 미치며 혹은 누가 도대체 나에게 영향을 미치는가? 나는 이 모든 물음들에 당혹해 있으면서, 나 자신이 상상할 수 있는 가장 한탄스러운 조건 속에 있는 모습을, 가장 깊은 어둠 속에 빠져 있고, 모든 사지와 능력의 사용을 완전하게 박탈당한 모습을 공상하기 시작한다.

이성이 이 구름들을 몰아낼 수 없으므로, 마침 매우 운이 좋게도, 자연 그 자체는 그 목적을 이루기 위해 충분하고, 이런 마음의 성향을 이완시킴에 의해서, 혹은 이 모든 키메라를 없애주는, 어떤 여가 활동, 그리고 내 감각들의 활기찬 인상에 의해서, 나를 이 철학적 우울과 섬망에서 벗어나도록 치료해준다. 나는 식사를 하고, 주사위 놀이를 하고, 친구들과 대화하며 즐겁게 지낸다. 그리고 서너 시간 즐겁게 보낸 후에, 나는 이 사변들로 되돌아올 때, 이 사변들은 매우 차갑고, 긴장되고, 우스꽝스러워서 나는 내 가슴 속에서 더 이상 이 사변들을 시작하는 것을 발견할 수 없다. (Hume, *Treatise*, 1.4.7.7–8).

도덕적 세계

믿음에 봉착하는 문제를 요약하는 두 가지 방식이 존재한다. 우리는 방금 첫 번째 방식을 보았다. 즉, 적법한 믿음과 허구는 둘 다 같은 작동에 의해 마음에서 생산되며, 우리는 이 둘을 구별할 근본적 기준이 없다. 미친 섬망. 이 관점에서 볼 때, "주사위 놀이 해결"은 사유에 의해 방해받지 않는 어떤 종류의 생명의 이름으로 비판적 사유를 멀리하는 일종의 패배주의적 정적주의 — "출구가 없을 때, 유일한 출구는 항복하는 것이다"를 많이 내버리는 것으로 보인다. 하지만 들뢰즈는 또한 약간 더 유망한 권역에서 주장을 편다. 즉, 믿음은 그 자신을 자신의 방식대로 적절하게 방향을 정해줄 수 없다. 허구적 믿음들의 위협에 대한 현실적 대응은 믿음의 실재적 기준과 이성의 적용이 믿음이나 이성 그 자체의 수준에서 발견되지 않는다는 점을 아는 것이다. 그것은 대신에 사회적 생활의 실천적 맥락에서 발견된다. 이 관점에서 볼 때, 흄이 『인간본성론』 제1권을 마칠 때 든 주사위 놀이는 믿음을 타자에 의존하는 실천적인 사회적 실존에다 현실적으로 복속시키는 일을 극화하는 데 이바지한다.

즉, 망치, 텔레비전 리모컨 등에 관한 한 조의 습관화된 원인과 결과 연합들이 아무리 광범위하다 할지라도, 나는 그것들을 사용할 이유를 필요로 한다. 어떠한 하나의 결과도 자신의 방식대로는 유효하지 않다. 마음의 비교하는 습관인 이성의 비판적 기능을 다시 생각해보자. 도대체 나는 왜 이 습관을 계발하거나 혹은 사용하는가? 우리가 인간의 정치적 생활의 부끄러운 역사로부터 아는 바와 같이, 내가 적법한 믿음과 부적법한 믿음을 구별하기 위해 작업할 수 있다는 사실은 내가 의지를 낸다는 것을 결코 보장하지 않는다. 더 일반적으로 말해서, 연합의 원리들은 그것들이 기능하는 특수한 방식으로서, 즉 무엇보다도 더 이상 단지 하나의 논리적으로 일관된 가능한 결과가 아닌 목적으로서 기능하는 이유가 존재함에 틀림없다. 믿음의 허구가 안고 있는 골치 아픈 측면들은 믿음의 실천적 무관심의 결과(혹은, 이 허구의 가설적 버전)이며, 그러므로 실천적 관여에 의해 치유될 수 있다. "이성은 언제나 관계를 맺게 될 수 있지만, 그것은 선재하는 세계와 관계를 맺게 되고, 선행하는 도덕성과 목적들의 질서를 전제한다."(ES 33)

훔의 가장 유명한 주장들 중의 일부는 이 점과 관련되어 있다. 예를 들면 다음과 같은 것이다. "이성은 정념들의 노예이고, 또 노예이어야만 하며, 정념들에게 복무하고 복종하는 것 이외의 어떠한 직무도 하는 체 할 수 없다."(Hume, *Treatise*, 2.3.3.4) 들뢰즈 그 자신이 가장 좋아하는 문구는 이렇다. "『인간본성론』의 주요한 문장은 이것이다. '내 손가락을 긁어 상처를 내는 일보다 전 세계를 파괴하는 일을 더 좋아하는 것은 이성에 반하지 않는다'."(ES 33; Hume, *Treatise*, 2.3.3.6) 그렇다면, 이 모든 것은 어떻게 서로 부합될 수 있는가?

정념들의 본성과 공감의 한계들

훔의 도덕 철학은 그가, 동기를 부여하는 행위에 연루되는 감각의 두 가장 중요한 인상들 곧 쾌pleasure와 불쾌pain라고 여기는 것과 더불어 시작된다. 이 인상들은 물론 관념들을 생기게 한다. 하지만 이 인상들을 특히 중요한 것으로 만드는 것은 그것들이 또한 더 많은 결과를 갖는다는 점이다. 『인간본성론』 서두에서 흄은 인상을 다음과 같이 설명한다.

> 인상impression은 처음에 감관에 충격을 가하고, 우리가 이러저러한 종류의 열이나 추위, 갈증이나 배고픔, 쾌와 불쾌를 지각하도록 만든다. 이 인상 중에는 마음mind에 의해 모사된 것이 있는데 이것은 인상이 그친 후에도 남아 있다. 이것을 우리는 관념idea이라고 부른다. 이 쾌나 불쾌의 관념은, 영혼soul으로 되돌아갈 때, 욕망과 혐오, 희망과 공포라는 새로운 인상들을 생산하는데, 이 인상은 반성에서 유래하기 때문에 반성의 인상들이라 불리는 것이 적절할 수 있겠다. (Hume, *Treatise*, 1.1.2.2)

우리가 다음 절에서 보게 되겠지만, 반성의 인상들은 흄의 주체성에 관한 들뢰즈의 설명에서 핵심 역할을 한다. 우선은, 다음과 같은 점이 명확하다. 즉, 반성의 인상들은 감각에서 마주치는 것들과 관련하여 생기는 것이 아니라 관념들의 결과로서 생기는 두 번째 인상들이다. 흄의 설명은 ― 정념들은 직접적이거나 혹은 간접적이고, 불쾌나 쾌의 직접적 결과이거나 혹은 다른 인상들에 휘말려 있기도 하므로 ― 보기보다 더 복잡하지만, 우리의 목적을 위해 이 기본적인 구조로 충분할 것이다.

흄의 예가 보여주듯이, 정념이란 정서 혹은 정동이다. 들뢰즈는 또한 흄에게 있어서 정념들이 동기 부여의 근원이라는 사실을 인지하면서, 이 맥락에서 **충동**이라는 용어를 사용한다. 이것이 무엇을 의미하는지 주목하자. 즉, 우리는 쾌와 불쾌 그 자체에 의해 행위하도록 동기가 부여되어 있는 것도 아니고, 이성적인 숙고에 의해 행위하도록 동기가 부여되어 있는 것도 아니다. 행위자의 영역은 정념들의 영역, 즉 쾌와 불쾌로부터 생겨나지만 이 둘을 넘어서는 동안 상상력을 통해 마음속에서 반성되는 인상들의 영역이다. 앞으로 읽게 될 페이지들에서 해명하는 것은 사실상 이 정의이다.

흄의 도덕 이론의 다른 기본적인 구성 요소 — 이는 유명한 것이다 — 는 공감 관념이다. 정념들은 충동들과 같은 데 반해, 공감은 본능, 마음의 습관이다. 공감은 우리와 같은 사람들, 우리와 가장 가까운 사람들에게 관심을 갖는 습관이다. 우리를 촉발하는 쾌와 불쾌는 엄격히 말해 오직 우리의 자기들selves과만 동일시되는 것이 아니라, 우리의 "이너 서클inner circle"과도 동일시된다. 흄은 이렇게 말한다.

> 어떠한 연고로든 우리에게 통합되는 사람이라면 누구나 항상 그의
> 다른 성질들을 조사하지 않고서, 연고에 비례하여 우리의 사랑을 나누어
> 갖고 있다고 확신한다. 따라서 혈연관계는 자식에 대한 부모의 사랑
> 속에서 마음이 할 수 있는 가장 강력한 유대를 생산하며, 이 관계가
> 줄어듦에 따라 같은 애정의 정도도 줄어든다. (Hume, *Treatise*, 2.2.4.2)

내가 내 동생이 타코[1]를 분명 즐기는 것을 볼 때, 나는 또한 쾌의 정동을 느낀다. 흄에게 인간 존재들은 공명의 장소이다. 와인 잔들이 서로 가까이 있을 때, 첫 번째 잔을 울리게 하는 것은 또한 두 번째 잔을 울리게 하도록 만들 것이다.

들뢰즈는 이 점이 얼마나 강력하게 흄을 홉스나 드 맨더빌de Manderville과 같은 자기중심주의적egoist 철학자들과 구별하게 하는지 강조한다. 우리는 본연적으로 이기적이지 않다 — 우리는 본연적으로naturally 편파적이고, 우리 자신에게 편파적이다. 하지만 이 편파성은 편파성 그 자체의 문제이다.

. . .

1. Taco. 옥수숫가루 반죽을 얇게 원형으로 만들어 구운 것에 자반, 콩, 양상추 등을 싸서 먹는 멕시코의 대표적인 음식.

들뢰즈는 일종의 "공감의 역설"이 존재한다고 언급한다. "공감은 우리를 위해 도덕적 공간과 일반성을 열어주지만, 이 공간은 외연이 없는 공간, 양이 없는 일반성이다."(ES 37) 아주 간결하게 말해, 공감은 이기심을 막아주는 자연적 장벽일 수도 있겠지만, 또한, "씨족 심성clan mentality"이 우세하지 않다면 번성할 수 없는, 사회를 가로막는 자연적 장벽이다. 따라서, "도덕적 문제와 사회적 문제는 서로를 배제하는 실제적 공감들에서 어떻게 이 공감들을 포함하는 실제적 전체로 향해 가느냐 하는 것이다. 문제는 공감을 확장하는 방식이다."(ES 40)

그건 그렇고, 도덕은 믿음이 직면하는 문제와 정반대의 문제에 직면한다는 점에 주목하자. 후자의 경우, 문제는 우리가 너무나 많은 것을 믿는다는 것이었다. 도덕의 경우, 문제는 우리가 충분히 보살피지 않는다는 점이다 ― 너무나 많은 사람들이 우리의 공감들로부터 본연적으로 배제되어 있다. 달리 말해서, "사회의 문제는 제한의 문제가 아니라, 통합의 문제이다. 공감들을 통합한다는 것은 공감을 그 모순과 본연적 편파성을 초월하도록 만드는 것이다. 그러한 통합은 적극적인positive 도덕적 세계를 의미하는데, 이는 그러한 세계를 적극적으로 창출함으로써 달성된다."(ES 39-40)

일반 규칙들

흄은 이 문제를 그가 일반 규칙들이라고 부르는 것에 관한 새로운 설명을 갖고서 해결한다. 일반 규칙들은 순수하게 이성적인 문제가 아니라, 관습화된 사회적 실천 곧 제도들이다. 결혼은 일반 규칙이지만, 문학 장르, 입양, 과세, 예술에 대한 좋은 취향도 일반 규칙이다. 일반 규칙들의 기능은 인위적으로 조제된 사회성을 통하여 본연적 공감을 확장하는 것이다. 들뢰즈에게, 이 설명의 결정적 특징은 그것이 적극적positive이라는 점이다. 사회는 이기심을 제약하거나(홉스), 자연적 인간 자유를 억지하기(루소) 위해서가 아니라, 인간임이 의미하는 것이 확충될 수 있는 새로운 수단을 창조하기 위해서 기능한다.

들뢰즈의 설명에 의하면, 흄에게 단연코 가장 중요한 일반 규칙은 소유권 property의 일반 규칙이다. 나는 내가 현재 소유하고 있는 것을 나의 것으로 여기며, ― 또 그것을 계속 보유하리라 예상하며 ― 자연적 공감 덕분에 나는 동생의 손으로부터 누군가가 타코를 동생이 먹기 시작하기 전에 낚아채리라고 걱정하지 않는다. 그렇지만 다른 사람들의 소유물은 그다지 내 관심사가 아니다. 또 사실상, 만약 내가 내 동생이 그 타코를 다른 어떤 사람이 푸드 트럭에다 주문한 음식에서 슬쩍했다는 것을 알아냈다면, 나는 심지어 그 일이 재미있다고 여길지도 모른다. 그렇지만 이 동등하지 않은 관심의 정도는 일반적인 문제이다 ― 내 자신의 소유물은 다른 사람들이 볼 때 동등하게 멕시코 음식 강탈의 일부로 나타날 수 있을 것이다. 그러므로 요구되는 것은 어떤 물건들을 연속적으로 소유하는 나의 투여를 사회 전체로 확장하는 관습적인 사회적 실천이다.

들뢰즈가 제시하듯이, 소유권 제도는 사회적 관계들을 위한 기본적인 공용어를 제공한다 ― 상호 주관성이 더 일반적으로 번성하는 것을 지원하는 일종의 상호 객관성이다.

> 소유권의 관습은 각 사람의 행위를 다른 사람들의 행위와 관계를 맺게 하는 교묘한 고안물이다. 이 관습은 상징적 집적의 도식과 제도, 혹은 전체의 도식과 제도를 확립하는 것이다. 따라서 흄은 소유권을 본질적으로 정치적인 현상 ― 사실상, 탁월한 정치적 현상 ― 으로 여긴다. (ES 42)

흄 자신의 말로 하면, "이는, 모든 사람은 자신들이 아마도 안전하게 소유하고 있는 것이 무엇인지 알고 있다는 것을 의미한다."(Treatise, 3.2.2.9)

일반 규칙들의 확장과 교정

이제 실천적인 사회적 실존이 허구의 역할을 변형시킨 독특한 방식을 주목하라고 들뢰즈는 말한다. 믿음에 있어서, 허구들은 궁극적 위협이다. 하지만 일반 규칙들 그 자체는 말 그대로 만들어진다. 모든 특정한 제도 혹은 일반 규칙에 필연적인 것이라고는 아무것도 없다 — 그것들은 공감의 편파적인 성격 때문에 생겨나는 긴장 상태에 대한 창조적인 대응이다. 그렇지만 불행히도, 이 조제된 사회적 제도는, 자신의 방식대로는, 충분하지 않다. 일반 규칙들은 우리 자신들과 우리가 소유하는 것을 위해서 우리가 펴는 주장들을 확장할 수 있지만 — 실로, 일반화할 수 있지만 — 우리의 느낌들의 활기를 일반화할 수는 없다. 일반화될 때, 우리의 정념들은 약화된다. "공감은, 일반 규칙들을 통해, 참된 도덕적 판단의 항상성, 거리, 제일성을 얻었지만 그것이 확장될 때 얻었던 것을 활기 속에서 잃고 말았다."(ES 50)

또 다른 유사한 것이 여기 도덕과 믿음 사이에서 나타난다. 두 번째 교정적인 계기가 요구된다. 하지만 또, 문제가 전도되었다. 우리는 이성의 방패하에 우리가 믿고 있는 것을 제한하기보다 일반 규칙들에 대한 정념적인 투여를 더 많이 확장하고 강화할 필요가 있다. 실로, 들뢰즈의 독해에 의하면, 모든 일반 규칙이 요구하는 것은 첫 번째 일반 규칙의 특성화와 활성화를 증가시킬 더 많은 일반 규칙들이다. 그는 이 점에 대해 두 종류의 발언을 하고 있다.

한편으로, 우리는 보완 규칙들의 존재를 발견할 수 있다. (흄의 정치경제학의 요약을 은밀히 한데 모으는 방식에 관한) 그의 주된 예는 소유권 제도를 교정할 수 있는 정부 제도이다. 『인간본성론』에 나오는 이런 대문은 교정적 메커니즘을 설명해준다.

우리가 시민 치안판사라고 부르는 사람들, 왕들과 각료들, 우리의 총독들과 통치자들이 있는데, 이들은 국가의 대부분의 일에 무관심하며 부정의한 행위에 아무런 관심이 없거나 혹은 관심이 별로 없다. 그리고 이들은 그들의 현재 조건에, 또 그들이 사회에서 하는 역할에 만족하고 있으며, 사회를 유지하는 데 매우 필요한 정의의 모든 집행에 직접적인 관심을 갖고 있다. (Hume, *Treatise*, 3.2.7.7)

정부 제도의 구성원들은, 무엇보다도, "그들의 현재 조건", 즉 그들이 습관적으로 익숙하게 된 생활에 투여되어 있다. 따라서 그들은, 정부의 경우, 나라의 법을 유지하고 있는 이 상황을 유지하지 않으면 안 되는 일을 행할 것이다. 이와 상관적으로, 정부의 관료들은 법과의 마주침에서 잘못되지 않도록 하는 데에 직접적이고 개인적인 관심을 갖고 있다. 결과적으로, 재산 소유권의 법적 개념은 그것이 자신의 방식대로일 때는 결여해 있는 직접성과 힘으로 가득 채워져 있다.

이제 정부의 교정 규칙이 그 자체의 한계를 가진다는 점에 주목하자. 소유자와 소유권 간의 결합을 강화하기 때문에, 정부의 교정 규칙은 왕조를 생산하는 경향을 갖고 있다 ― 소유권은 "여전히 가족에 남아 있다". 이제 체계적 불평등성이 위협이 된다. 결과적으로, 정부 제도 그 자체는 가령 소유권의 순환을 북돋우는 상업 제도를 통해서 교정되지 않으면 안 된다. 하지만 그때, 상업적 독점들이 문제를 형성하고 반복할지도 모르는 위험이 존재하는데, 그래서 그 이상의 교정이 요구된다 ― 그리고 등등. 들뢰즈가 흄을 읽을 때, 우리는 들뢰즈와 더불어 사회를, 고정된 일단의 제도들에 의해 정의되는 것으로서가 아니라, 이미 실존하는 것들을 개량하고 전용轉用하는 일반 규칙들을 계속 생산하는 것으로서, 즉 사회 안의 과도한 경향들을 창조적으로 해결하는 것으로서 이해하지 않으면 안 된다.

다른 한편으로, 들뢰즈는, 실제로는 한 가지 소유권propery ownership이 존재하지 않는다는 점을 지적한다. 우리는 우리가 상속, 선물 증여, 직업,

"주운 사람이 임자" 등등에 대해 말할 때 어떤 사람이 "어떤 것을 소유하게 되는" 여러 방식들에 관해 생각할 필요가 있을 따름이다. 동시에, 이 모든 것들은 소유권을 성취하고, 그래서 작업의 기준이 되는 첫 번째 일반 규칙이 존재하지 않으면 안 된다. 따라서 첫 번째 규칙을 결정하는 일련의 이차적 규칙들이 존재하지 않으면 안 된다(그리고 물론 이어서 이차적 규칙들은 교정을 필요로 할 것이다, 그리고 등등). 첫 번째 규칙을 결정함으로써, 이 다른 제도들은 첫 번째 규칙이 사회에서 하는 역할을 넓힐 수 있도록 해주고, 우리가 첫 번째 규칙에 행하는 특정한 정동적인 투여를 더 많이 강화하는 점차적으로 명확하게 되는 방식에 관여하도록 해준다.

일반 규칙들과 상상력

이제 우리는 이 이상의 핵심적인 물음에 도달한다. 즉, 새로운 일반 규칙들은 정확히 어디에서 나오는가? 인간으로서 우리는 현재 존재하는 것과는 아무런 관계도 없는 새로운 모델들을 내놓기 위하여 어떤 능력을 가지는가? 물론, 나는 대답을 전송하고 있다. 그것은 상상력이다. 우리는 상상력을 버림받은 상태로부터 구출해내려는 참이다.

자신의 방식대로 있을 때, 상상력은 허공 속을 표류한다. 마음 안에서 구성되는 믿음은 그 자신을 입법화할 수 없었거나, 혹은 허구를 그 자신의 토대로서 수용하는 일을 피할 수 없었다. 더구나 우리는 심지어 가장 이성적인 믿음들조차, 말 그대로, 실천적으로 무용하다는 점을 보았다. 우리는 어떤 것은 주어진 원인의 결과이지만, 이 결과가 바람직한 목적이 아니라면 그것은 아무것도 가져오지 않았다고 주장할 수 있다. 이제 들뢰즈는 믿음을 사회적 실재 내에 재위치시키기 위하여 두 가지 논증 방식을 제시한다.

첫째로, 들뢰즈는 믿음의 미친 듯이 구는 성격은 믿음들이 사회적 생활로 통합되는 한 개선된다는 점을 보여준다. 예를 들어 신의 이념은, 일단 우리가 신의 의미가 모든 믿음들과 마찬가지로 (이른바) 실재하는 지시체에 의해서가 아니라 신이 번성하고 형성되는 사회적 실천들에 의해서 제공된다는 점을 본다면 근거 없는 성격을 상실한다. 흄은 여기서 친숙한 견해를 뒤집는다. 즉, 그것은 교회가 신에 대한 믿음에 복무하고 지원하는 것이 아니라, 신에 대한 믿음이 제도로서의 교회가 사회화하는 기능을 행사할 때의 한 요소로서 그 진정한 의미를 얻는다는 것이다. 대상에 대한 믿음의 예는 훨씬 더 간단명료하다. 즉, 대상에 대한 믿음은 그 안정성과 중요성을 소유권 제도에서 발견한다. 대상은 무엇보다 **사유되는 사물**res cogitatum이 아니라 **소유물**property이다 ─ 그리고 후에, 어떤 상황들 아래에서, **상품**goods이다. 혹은, 들뢰즈가 이 점을 요약하는 바와 같이,

> 연합은 상상 속에서 관념들을 연결한다. 정념들은 이 관계들에다 의미를 부여하고, 따라서 정념들은 상상에다 경향을 부여한다. 그러므로 정념들은 어떻게 해서든 관념들의 연합을 필요로 한다는 것이, 역으로 연합은 정념들을 전제한다는 것이 따라 나온다. 관념들은 목적, 의도, 혹은 오직 정념만이 인간 활동에 수여할 수 있는 목적을 위해 연합된다. 우리는 정념들을 갖기 때문에, 우리의 관념들을 연합한다. (ES 63).

둘째로, 들뢰즈는 "우리는 정념들을 가지기 때문에 실로 우리의 관념들을 연합하는"(ES 63) 한편, 이 정념들을 확장하고 분기시키기 위해 번성하는 제도들은 상상의 허구화하는 능력에 의존한다는 사실을 주장한다. 앞에서 나는 허구는 믿음과 도덕 생활에서 정반대의 역할을 하는 것으로 나타난다는 사실을 지적한 바 있다. 이제 우리는, 사실상 그것은 처음에는 추상적인 상태에서, 그리고 다음에는 진정한 형태에서, 사회적 실재에 의해 구속되어 있고, 동기가 부여되는 허구로서 취해진 동일한 역할 ─

상상은 새로운 복합 관념들을 근거 지음이 없이 생산한다 — 이라는 점을
알 수 있다.

상상은 극히 다양한 모델들을 진정으로 생산하는 작용으로서 드러난
다. 즉, 충동들이 연합의 원리들에 따르는 상상 속에 반영될 때, 제도들은
상황들에 따라 충동들이 그려 내는 형태들에 의해 결정된다. (ES 48).

그래서 상상의 진정한 힘은 가능한 세계들의 이미지들을 생산하는
것이다. 이것은 결국 복합 관념의 실제적 본성, 즉 우리가 세계와 마주칠
때 제공되는 물질들로부터 세워지는 내적으로 일관된 구조이다. 그러한
이미지가 충동들이나 정념들에 의해 충전될 때, — 적어도 이 충전된
이미지들이 상황의 특수성들을 이해하는 한(어떤 정념들? 어떤 제도들?
어떤 믿음들?) — 그것은 사회의 제도적 조직에 영향을 미치기 시작한다.
이 모든 것은 또한 더 구체적인 면에서 언급될 수 있다. 새로운 형태의
사회화된 행동들은 언제나 가능하다 — 우리는 그것들을 상상할 수 있다.
생겨나는 것들은 현재의 제도 총체에 의해 다루어지지 않는 정념들을
실제로 파악하는 것들이다. 주간지 *Gai Pied*와의 인터뷰에서, 미셸 푸코는
훌륭한 예를 제공하고 있다. 젊은 게이 남성으로 지내는 그의 경험에
관해 물음을 받자, 그는 이렇게 대답하고 있다.

내가 돌이켜 기억할 때, 게이들을 원하는 것은 게이들과의 관계를
원하는 것이다. 그것은 언제나 나에게 중요했다. 반드시 커플의 형태에
서가 아니라 실존의 문제로서이다. 즉, 남성들이 함께 있다는 것이
어떻게 가능한가? 함께 산다는 것, 그들의 시간, 그들의 식사, 그들의
방, 그들의 여가, 그들의 슬픔, 그들의 지식, 그들의 자신감을 공유한다는
것이 어떻게 가능한가? 제도적 관계, 가족, 직업, 의무적인 동지애를

벗어나 남성들끼리 "벌거벗었다"는 것은 무엇인가? 그것은 많은 사람들 속에 존재하는 욕망, 불안감, 불안감–속의–욕망이다. (Foucault, "Friend-ship as a Way of Life", 136)

계속해서 푸코는 이성애적 결혼 제도는 남성과 여성의 관계를 위해 사전에 이 물음들을 해결하지만, 그 남성들은 "여전히 형태가 없는, 우정인 관계를, 말하자면 그들이 각각의 다른 쾌락을 줄 수 있는 모든 것의 총합"(Foucault, "Friendship", 136)을, A에서 Z까지, 발명해야 한다고 언급한다. 이런 식으로 정의된 우정은 어떤 제도적 형태들을 취할 수 있는가? 푸코의 전기 작가 데이비드 매시David Macey는 푸코가 그 연인 대니얼 드페르Daniel Defert를 입양할 가능성을 논했다고 언급한다. 이것은 새로운 종류의 사회적 관계들의 형성을 허용하는 새로운 제도, 새로운 일반 규칙을 위한 모델의 매우 정확한 예이다. *Gai Pied*의 또 다른 텍스트에서, 푸코는 또 다른, 더욱 도전적인 사례를 고찰한다. 즉, 자살하기 위해 여러분이 갈 수 있는 새로운 종류의 호텔, "어떠한 동일성도 없이 죽을 기회"를 가질 수 있는 장소(Foucault, "Un plaisir si simple", 10).

이제, 푸코가 꿈꾸는 그런 종류의 수정된 입양 제도는 생겨나지 않았지만, 동성 부부를 포함하는 결혼 제도의 최근의 변형은 흄이 말하는 정정과 수정이 어떤 모습일지의 한 훌륭한 예를 제공한다. 다른 한편으로, 자살 욕망을 사회적 관행으로 통합하는 방식을 위한 제안은 여전히 사회적 관계가 없는 이미지로 남아 있다. 이것은 흄 그 자신을 골치 아프게 했을 터인데, 그는 사후에 간행된 「자살에 관하여」에서 자살은 "모든 사람에게 삶의 행복을 위한 기회를 보존하고, 결국 그를 모든 불행의 위험으로부터 해방시킨다"고 스토아학파식으로 주장한 바 있다(Hume, 323).

주체성의 발생

이제, 이 지점에서, 『경험론과 주체성』 전체에다 모든 변주 속에서 생기를 불어넣는 물음을 제외한 모든 물음에 우리가 계속 대답을 해 온 것으로 보일지도 모르겠다.

어떻게 무더기는 체계가 되는가? (ES 22)

어떻게 마음은 주체가 되는가? 어떻게 상상은 능력이 되는가? (ES 23)

어떻게 주어진 것을 초월하는 주체가 주어진 것 안에서 구성될 수 있는가? (ES 86)

사실상 우리는 그렇게 보이는 것보다 더 가까이에 있다. 즉, 우리는 주체성을 흄 방식으로 정의할 필요가 있는 모든 자료들을 갖고 있다. 하지만 먼저 경고해 둘 것이 있다― 우리는 이 물음들에 대한 어떤 특정한 종류의 대답을 찾는 일을 조심해서 피하지 않으면 안 된다. 들뢰즈가 흄의 저작에서 끌어내는 주체는 합리적 행위 이론에서 논하는 불만을 품은 군주적 주체도 아니요, 정치적 자유주의의 약간 덜 창백한 주체도 아니다. 이 주체는 칸트의 제1『비판』에서 논하는 통각의 형식적 통일과도, 또한 제2『비판』에서 논하는 예지계의 자유를 향유하는 주체와도 아무것도 공유하지 않는다. 다음에 오는 것에서 보게 되듯이, 무더기에서 체계로 향하는 이행은 어떤 식으로 해서든 공상의 혼란으로부터 신비롭게 하워드 로아크Howard Roark[2]를 생산해내는 마법적인 작용이 아니다. 앞으로 가면서, 다음과 같은 주장은 우리의 안내자가 될 것이다. "이것은 '우리는 무엇인

• •

2. 아인 랜드(Ayn Rand)의 소설 『파운틴헤드』(*Fountainhead*)의 주인공. 한 개인은 신, 운명, 사회, 또는 그 밖의 외적 요인에 의해 지배되지 않고, 그 자신의 삶을 제어할 수 있는 자유로운 의지의 힘을 갖고 있다고 믿는 젊은 건축가.

가?'라는 물음에 대한 대답이 아닌가? 우리는 습관들, 오직 습관들 ―
'나'라고 말하는 습관에 불과하다."(ES x)

반성의 인상들

우리는 흄의 설명의 기본적인 요소들로 돌아가서 거기서 시작할 필요가
있다. 즉, 마음의 첫 번째 구성 요소들은 감각의 인상들이다. 이 인상들이
어떻게 우리 안에서 생기고, 또 무엇과 관련하여 생기는지 우리는 말할
수 없다. 이 인상들을 기초로 하여, 관념들이 복제물들로서 형성된다.
그리고 이 지점부터, 연합 원리들 ― 관념들이 무리 짓도록 해주는 경향들
― 의 영향하에, 믿음들, 혹은 복합 관념들이 생산된다. 그러나 관념들의
형성에서 나오는 또 다른 결과가 존재한다. 관념들은 이차적인 인상들,
흄이 반성의 인상들이라고 부르는 것을 생기게 한다. 우리는 이미 도덕적
생활의 맥락에서 반성의 인상들의 중요성을 본 바 있다. 즉, 쾌와 불쾌라는
최초의 인상들, 그리고 이 인상들이 생기게 하는 관념들로부터, 즐거움과
슬픔, 비난, 칭찬 등등이 이차적 인상들로서 생긴다.

주체의 형성에 중심적인 것은 바로 이 후자의 순간이다. 들뢰즈는 또한
칸트의 흄 독해에 대한 논박 비슷한 것으로 기능하는 특히 유용한 요약
대문에서 이렇게 말한다.

감각의 인상들은 오직 마음의 기원일 뿐이다. 반성의 인상들에 대해
말하자면, 이 인상들은 마음의 한정이자, 마음 안 원리들의 결과이다.
기원의 관점은, 이 관점에 따라 모든 관념이 선재하는 인상으로부터
유래하고 이러한 인상을 표상하지만, 사람들이 그것에 부여하는 중요성
을 갖지 않는다. 기원의 관점은 단지 마음에게 단순한 기원을 부여할
뿐이며, 관념들을 **사물들**을 표상해야 한다는 의무로부터, 또한 관념들의
유사성을 이해해야 한다는 이에 상응하는 어려움으로부터 자유롭게

할 뿐이다. 진정한 중요성은 반성의 인상들 쪽에 있는데, 왜냐하면 반성의 인상들은 마음을 주체로서 한정하는 것이기 때문이다. (ES 31)

들뢰즈가 이 논점을 전개하는 방식은 아마도 『경험론과 주체성』에서 가장 흥미로운 해석적 견해일 수 있는 것을 수반한다. 흄은, 특히 『인간본성론』 앞부분에서 반성의 인상들을 쾌와 불쾌가 연합의 원리들을 통해서 굴절되는 것과 동일시하는 것으로 보인다. 이것은 반성의 유일한 인상들이 정념들에 직접 관련되는 인상들이라는 점을 의미할 것이다. 하지만 위의 이 대문이 보여주듯이, 들뢰즈는 **모든** 감각 인상이 상상 속에서 반성된다고 주장한다. 더구나, 주체성에 대한 그의 주장을 뒷받침하는 것은 바로 이 주장이다. 흄의 주체는 감각 인상들을 상상할 때의 반성이다.

수동적인 것에서 능동적인 것으로

이것이 도대체 어떻게 우리에게 주체성에 관한 설명을 제공하는가? 우리는 여기서 연합의 원리들은 마음에서 **경향들로서** 기능한다는 점을 상기할 필요가 있다. 그렇다면 한 수준에서, 사유를 특징짓는 유일한 구조는 이 원리들이 사유에게 부여하는 구조이다. 하지만, 우리가 방금 본 바와 같이, 이 원리들은 두 가지 층위의 결과를 가진다. 만약 첫 번째 결과가 믿음을 생기게 할 수 있다면, 두 번째 결과는 상상 그 자체를 경향들의 장으로 만들 수 있다. 그러므로 반성의 인상들은 복합 관념들이 생산되는 방식과 같은 방식으로 생산되지 않는다. 반성의 인상들은 경향적인 것으로 마음에 의해 생산된다. 들뢰즈는 이렇게 말한다.

이 원리들을 정의하는 두 가지 방식들이 있다. 무더기 내에서, 이 원리는 그중에서도 어떤 감각 인상들을 선택하고, 지시하고, 초대한다. 이것을 행한 후, 이 원리는 이 선택된 인상들과 관련하여 반성의 인상들을 구성한다. 따라서 이 원리는 동시에 두 가지 역할을 행한다. 선택하는 역할과 구성하는 역할. (ES 113)

그래서 연합의 원리들은, 한 수준에서, 마음 안의 유일한 행위자들이다. 하지만 마음 안에서 관념들을 선택적으로 한정하는 과정에서("이것은 저것의 원인이다"), 그것들은 이 경향을 마음 안에 "배어들게 한다." 두 번째 수준에서, 마음 안의 지배적인 행위자들은 연합 원리들의 — 마음 안의 — 반성들인 마음의 습관들이다. 반성의 인상들이 진정으로 생겨나는 것은 결국 이 습관들로부터이다. 결국 그렇다면 흄은 인격적 아이덴티티 identity의 이론이 아니라, 인격적 인덴티티indentity 이론을 제안하고 있는 것이다.

같은 논점을 펴는 예로서 한 특정한 원리를 취하는 또 다른 대문은 이러하다.

유사성의 원리는 유사한 어떤 관념들을 지시하고, 이 관념들이 같은 이름 아래에 무리 짓는 것을 가능하게 만든다. 이 이름에 기초하여, 이 무리로부터 취한 어떤 관념과 관련하여, 이 원리는 같은 무리의 모든 다른 특정한 관념을 자아내는 습관, 힘, 역능을 생산한다. 그것은 반성의 인상을 생산한다. (ES 114)

여기서 핵심은 **역능**power이라는 용어이다. 습관은 선택과 수축의 역능이다. 나는 내가 지나가는 모든 꽃가게에서 솜나물을 찾는 습관을 가지고 있다고 말하는 것은 세계에 대한 내 경험을 어떤 방식으로 여과한다는 것이다. 나는 내 경험을 분극화한다. 이것은 연합 원리들의 직접적 결과가 아니라, 이 원리들이 마음 안에서 기능하는 간접적인 결과 혹은 각인이다. 따라서 선택의 역할은 연합의 원리들로부터 마음의 새로운 습관들로

"이양되는" 것으로 보인다. 그리고 주체는, 우리의 전형적인 인용을 상기한다면, 이 습관들의 총체이다. 주체는 더 이상 원자의 무더기가 아니라, 무더기를 조직하기 위한 기계이다.

하지만 이제, 마지막 논점이 남아 있다. 내가 방금 이 주장을 재구성한 방식은 흄의 주체성은— 특히, 반성의 인상들을 가져오는 것은 연합의 원리들이므로— 믿음 쪽에 속한다는 느낌을 줄지도 모르겠다. 그렇지만 만약 우리가 이 점을 생각하고 있다면, 우리는 흄 사상의 역사적이고, 정치적이고, 도덕적인 핵심을 상실한 것이다. 상상 안에서 나를 이루고 있는 습관들은 내 마음의 내적인 길들을 따라가는 것이 아니라, 사회적 생의 광대하고 상호 관련된 회로를 횡단한다. 어떤 관념들은 사회적 생에서 자리를 차지하지 않으므로, 오직 나의 것이다. 또 어떤 관념들은 결국, 표현되고 번성할 수 있는 세계의 구석을 발견한다. 또 어떤 관념들은 공감과 상호 주체적 생의 음악에 매우 사로잡혀 있어서 어느 것이 나의 것이고 너의 것이고, 모든 사람의 것인지 구별하기 어렵다. 그러나 주체는, 그 사유의 특수한 습관들이 아무리 유별나더라도, 사회적 세계의 정념적인 투여들의 이미지 안에서 형성된다.

제2장

니체와 철학

들뢰즈의 두 번째 저서, 『니체와 철학』은 첫 번째 저서가 출간된 지 9년 후 1962년에 출간되었다. 만년의 대담에서 이 시간적 간격을 성찰하면서, 그는 이 간격을 "아무것도 내놓지 못한"(N 138) 그의 생에 난 한 구멍으로 묘사했다. 이는 거의 사실이 아니다. 이후의 저서들을 예고하는 중요한 텍스트들을 포함하는, 일련의 논문들이 이 기간 동안 간행되었다. 하지만 이 동일한 기간 동안, 들뢰즈는 또한 프리드리히 니체의 사상을 둘러싼 많은 기획들에 관여했다. 무엇보다도 우선, 그는 1946년에 시작되어 1960년대 중반까지 줄곧 활발하게 운영되었던, 니체 연구 프랑스협회French Society for Nietzsche Studies의 창립 멤버였다. 좀 지난 후, 들뢰즈는 미셸 푸코와 모리스 드 간딜락Maurice de Gandillac과 더불어 니체 전집의 콜리-몬티나리 Colli-Montinari 번역의 프랑스어본 간행을 위한 편집진의 일원이었다.

들뢰즈는 20세기 프랑스에서 니체를 수용하는 데에 첫 번째 인물도 아니고 또 중요한 인물도 아니지만, ── 조르주 바타유Georges Bataille의 이름 이 여기서 언급되지 않으면 안 된다. 니체주의를 나치주의로 희화화하는 것을 논박하는 그의 역할은 과소평가되어서는 안 된다 ──『니체와 철학』은 니체의 저작에 대한 특히 **철학적인** 독해를 부활하는 데에 꼭 필요한 책이었다.

철학자로서의 니체

　니체를 철학자로서 다루는 것은, 설사 이것이 니체를 체계와 형이상학을 가장한 철학을 비판하는 사람으로 간주하는 그의 일부 독자들에게는 이미 논란거리가 되었을지라도, 그를 이해하는 한 가지 길이다. 하지만 사실상 들뢰즈는 니체에 대한 그러한 독해들을 완전히 전복하면서 훨씬 더 멀리 나아간다. 우선 첫째로, 들뢰즈는 자신의 저작을 하나의 체계로, 또 니체를 체계적인 사상가로 제시함으로써 그렇게 한다. 결국 『니체와 철학』은 니체의 저작에 대한 체계적인 독해이다. 둘째로, 그리고 이것은 『니체와 철학』의 전형적인 특징인데, 니체는 들뢰즈에게 형이상학을 비판하는 사람이 아니라, 비판 형이상학의 저술가이다.

　이 책의 첫 번째 페이지에서, 들뢰즈는 자신이 니체를 칸트 형이상학의 정당한 계승자, 또 칸트 형이상학을 완성한 사람으로 독해한다는 점을 분명히 한다. "니체 안에는 칸트의 유산뿐만 아니라, 반쯤은 자인하고 반쯤은 숨기는 경쟁의식이 존재한다."(NP 52) 그러므로 니체는 새로운, 완성된 비판 형이상학을 제시한다.

칸트를 평가하다

　이 유산은 무엇으로 귀결하는가? 들뢰즈에게, 칸트의 비판철학은 진정한 성취를 이룬다. 칸트는 자신의 비판을 내재적 비판으로 간주한다. 만약 우리가 이성의 한계들이 무엇인가 하고 묻는다면, 또 이성이 인식에 어떤 역할을 하는가 하고 묻는다면, 우리는 이성 그 자체의 영역에 남아 있어야 하고, 다른 원천들로부터 생기는 기준들을 소환하지 않아야 한다. 우리가 이런 종류의 방식으로 진행하는 한, 우리는 이성이 자신의 방식대로 무엇을 할 수 있는지 결코 알지 못할 것이다. 그래서 칸트는, 니체와 마찬가지로, 초월적 평가 기준에 의지하는 것이라면 무엇이든 명시적으로 거부한다.

따라서 만약 우리가 무엇이 특정한 종류의 인식 주장knowledge claim — 가령 학문의 인식 주장 — 을 정당화하는가 하고 묻는다면, 우리는 언제나 인식 주장의 내재적 조건들, 즉 인식하는 주체 내에 있는 인식 주장의 조건들을 찾지 않으면 안 된다.

하지만 칸트의 성공은 또한 일련의 심각한 문제들에 의해 손상을 입었다. 『니체와 철학』에서, 들뢰즈는 이 면에서 세 가지 논점을 강조한다.

1. 칸트는 우리가 우연히 혹은 습관적으로 가지는 사유들은 올바르며, 그 자체에 속하는 가치를 가진다고 가정한다. 그는 "인식, 혹은 진리의 가치는 무엇인가?" 하는 중요한 물음을 제기하지 않는데, 이는 그가 인식, 혹은 진리의 고유한 가치를 전제하기 — 이는 물론 인식, 혹은 진리의 가치-중립성을 가정하는 것과 같은 것이기 — 때문이다. 그러므로 그의 철학은 "그 자체로 가치 있는 것 혹은 모든 것에 대해 가치 있는 것이라는 무관심한 요소 안에서 움직인다."(NP 2) 심지어 그는, 유명한 일이지만 니체가 『선악의 저편』의 시작 부분에서 묻듯, "우리가 진리를 원한다는 것을 감안할 때, 우리는 왜 비진리untruth를, 또 불확실성을, 심지어 무지를 선호하지 않는가?"("On the Prejudices of Philosophers", §1) 하고 묻지도 못한다. 진리 범주 그 자체는 칸트의 비판의 대상이 될 수 없다. 그가 진리를 전제함으로써 자신이 비판하는 사상가들처럼 독단적으로 남아 있게 되겠지만 말이다.

2. 칸트에게, 비판적 기획은 인식(뿐만 아니라 도덕, 미학, 정치)에 복무하는 이성의 적법한 사용에 경계를 그리는 일을 목표로 한다. 하지만 사실상, 통용되는 가치들과 평가 방식은 자연적이지도 정적이지도

않다. 요구되는 것은 가치들의 **변형**의 조건들을 탐색하는 것이다 — 들뢰즈가 볼 때 이것이 바로 니체가 **계보학**genealogy이라는 용어로 의미하는 것이다.

3. 이와 상관적으로, 내재적 조건들에 대한 칸트의 탐색은 보편적인 것과 필연적인 것에 대한 탐색이다. 하지만 만약 가치들 그 자체가 본연적이거나 혹은 고정된 것이 아니라는 점을 감안한다면, 그러한 탐색에는 가치들의 발생을 설명하는 조건들이 존재하지 않는다. 우리가 아래에서 논하게 될 선과 악의 유명한 예를 생각해보자. 인간 역사의 핵심을 이루는 일단의 변전하는 평가들 때문에 "선"이란 단어의 의미가 변화하는 것만이 아니다. 또 동시대의 가치들의 조건들 자체에 일어나는 변화 때문에 이 평가들이 변전하기도 한다. 경험의 구성을 위한 영원하고 불변하는 일단의 구조적 규칙들 — 칸트의 초월론적 조건들 — 에 대한 믿음은, 동시대의 가치들이 열매를 현재 맺게 되기 때문에 본연적으로 올바르다는 믿음만큼 부당하다.

다음에 오는 것에서 우리는, 들뢰즈가 니체의 가장 난해한 개념들을 칸트의 비판 기획을 적절하게 완성하는 수단으로 취하는 방식을 보게 될 것이다. "니체는 칸트주의를 철저히 변형하는 일을 추구한 것(그리고 이러한 일을 '영원회귀'와 '힘에의 의지'에서 발견한 것)으로 보인다. 즉, 칸트가 구상했던 것과 동시에 저버렸던 비판을 재–창출하는 일을 추구한 것으로 보인다."(NP 52)

사유의 독단적 이미지

하지만 우리는 이 문제는 이 점에서 "고전 철학자 중 최후의 철학자"(NP 94)인 칸트에게만 있었던 것이 아니라는 점을 먼저 인지할 필요가 있다. 그 앞에 있었던 대부분의 서양 사상과 마찬가지로, 칸트는 들뢰즈가 "사유의 독단적 이미지'(NP 103)라고 부르는 것의 희생물이 되었다. 이 이미지는, 사유는 무엇인가, 사유는 어떻게 정향되어 있는가, 사유는 무엇을 할 수 있는가에 관한, 철학자들뿐만 아니라 인간 경험 일반에 속하는 일단의 전제들이다.

이 이미지의 본질적 성격은 그것의 추상성이다. 들뢰즈가 언급하듯이, "이 사유의 이미지에 관해 가장 신기한 것은 그것이 진리를 추상적 보편으로 간주한다는 점이다. 우리는 결코 사유를 형성하는 실재적 힘들에 회부되지 않으며, 사유 그 자체는 결코 그것이 사유로서 전제하는 실재적 힘들에 관련되지 않는다."(NP 97) 사유는 본연적으로 진리를 찾게 되어 있고, 우리 사상가들은— 어떠한 외적 장애도 우리가 가는 길에 놓여 있지 않다고 가정하고서— 언제나 그것을 찾아낼 것이다. 하지만 이 이미지가 배제하는 것은 이 이미지 자체의 기원, 그리고 사유함의 진정한 기원과 구조이다.

따라서 "사유의 독단적 이미지가 감추는 것은 확립된 힘들의 작업이다."(NP 104) 사유를 진리를 향한 자연적이고 가치 중립적인 추구로 단정함으로써, 그것은 역사적으로 규정되고 가치에 의해 동기가 부여된, 사유의 기원들을 숨긴다. "분명 사유는 혼자서 사유할 수 없다."(NP 104) 그래서 우리가 정말로 묻고 있어야 하는 것은, 우리를 실제로 또 사실상 사유하도록 만드는 것이 무엇인가이다라고 들뢰즈는 말하며, 또 이 물음의 의미를 숨기는 불투명한 허구에 머물지 않고서 그렇게 해야 한다고 말한다.

그래서 우리는, 이 관점에서, 칸트 철학 그 자체에 대한 계보학적 분석에 종사할 수 있다. 우리는 가령 "칸트의 개념적 구조물을 받쳐주는 평가 체제는 무엇인가? 이 평가 체제는 어떤 가치에 의해 정향되는가?" 하고 물을 수 있다. 하지만 그때 우리는 또한 "칸트의 사유를 통해 표현되는 이 가치들을 생기게 하는 조건들은 무엇인가? 어떤 확립된 역능들powers이 이 일단의 가치들에 투여되었는가?" 하고 물을 수 있다.

이 공격 방식은 칸트와 관련해서가 아니라, 다른 위대한 근대 철학자 중의 한 사람인 헤겔과 관련해서, 『니체와 철학』에서 들뢰즈에 의해 가장 힘차게 추구된다. 결론에서 우리는 이 책의 다음과 같은, 아마도 가장 잘 알려진 대문을 읽게 된다. "헤겔과 니체 사이에 가능한 타협점은 전혀 존재하지 않는다. 니체의 철학은 넓은 논쟁적인 범위를 가진다. 그것은 절대적인 반-변증법을 형성하고, 또 변증법에서 최종 피난처를 발견하는 모든 신비화를 폭로하기 시작한다."(NP 195) 물론, 니체는 들뢰즈가 시사하는 것만큼 헤겔의 저작을 깊이 정통하고 있었던 것으로 보이지는 않는다. 하지만 우리가 보게 되듯이, 근대 인간 실존에 대한 니체의 계보학은 헤겔 변증법 구조 바로 그것을 철학적 입장으로서가 아니라 (노예 같고, 원한을 품고, 삶을 부인하는) 가치들의 매우 특수한 조직으로서 드러낸다.

"니체의 가장 일반적인 기획"

이제 우리는, 들뢰즈가 "니체의 가장 일반적인 기획은 의미와 가치 개념을 철학에 도입하는 것이다"(NP 1)라고 쓰고 있을 때 이 책의 바로 시작 부분에서 하고 있듯이, 이 모든 논점들을 적극적인 방식으로 재편성할 수 있는 위치에 와 있다. 아주 종종, 들뢰즈는 "의미와 가치"라는 이 두 상이한 개념을 구분하지 않고 함께 사용한다. 우리는 곧 이 두 용어의 차이로 돌아가 논하게 될 터이지만, 우선은 이 용어들을 실재를 구성하는 평가의 동적 작동을 위한 용어들로 간주하겠다.

그렇다면 이것이 니체의 목표라고 말하는 것은 모든 것 ― 모든 진술, 모든 현상, 모든 신체 ― 을 평가적 관점의 표현으로 취급하는 것이다. 그 어떤 것도 중립적이지 않고, 또 그 어떤 것도 본연적이지 않다. 그래서 우리가 논해온 진리 범주의 경우, 본질적인 것은 "언제나 우리는 우리가 이해하고 있는 것의 의미의 함수로서, 우리가 믿고 있는 것의 가치의 함수로서 취급될 만한 진리들을 가진다"(NP 104)라는 점이다.

그러므로 들뢰즈에게 이 철학은 불가피하게 성격상 해석적interpretive이다. 철학은 언제나 "증후학symptomatology"(NP 3)이다. 니체를 플라톤 이래 철학의 유명한 "…은 무엇인가?"를 대체하도록, 그리고 대신에 "어느 것?"(들뢰즈 번역자 휴 톰린슨Hugh Tomlinson이 붙어 "Qui"를 번역한 어구)이라고 묻도록 이끈 것은 바로 이 계보학적 관점이다. 더 전통적인 모습으로 가장하고서 나타나는 모든 물음은― "진리란 무엇인가?"와 같은― 실제로 사실상 "이것은 누구를 위한 진리인가?"라는 이 전형적인 물음 아래 요약될 수 있는 무리의 물음이다. 들뢰즈는 다음과 같이 쓰고 있다.

> 우리가 "그것은 무엇인가?"라는 물음을 제기할 때, 우리는 가장 나쁜 형이상학에 빠질 뿐만 아니라, 우리는 사실 맹목적이고, 무의식적이고, 혼란스런 방식으로 "어느 것"이란 물음을 묻는 것이다. "그것은 무엇인가?"라는 물음은 또 다른 관점에서 본 의미를 확립하는 방식이다. 본질, 존재는 관점적 실재perspective reality이며, 다수성을 전제한다. 근본적으로 그것은 언제나 "그것은 나에 대해(우리에 대해, 보는 모든 사람에 대해 등등) 무엇인가?"라는 물음이다. […] 아름다움이 무엇인가 하고 물을 때 우리는 어떤 견지에서 사물들은 아름답게 나타나는가 하고 묻는 것이다. 또 우리에게 아름답게 나타나지 않는 어떤 것, 그것은 어떤 견지에서 그렇게 되는가? 하고 묻는 것이다. (NP 77)

이 증후학적 관점은 『니체와 철학』에서 모든 중요한 논의를 지배한다. 들뢰즈 그 자신은― 가장 두드러진 예들만을 들어본다면― 비극 개념(제1장), 힘force과 역능power 개념(제2장), 우리가 이미 본 바가 있는 진리의 본성(제3장), 도덕(제4장), 허무주의와 초인(제5장)을 고찰할 때, 거듭해서 이 논의로 돌아간다. 매 경우 그는 만약 우리가 이 개념들이 구현하는,

생을 긍정하고, 적극적이고 활기찬 평가 관점을 파악하지 않는다면 우리는 니체 철학의 특이성과 중요성을 놓친다고 주장한다. 나아가, 만약 우리가 이 개념들을 같은 이름을 지니는 다른 개념들과 동등하다고 생각한다면, 우리는 그의 사상을 훼손한다고 주장한다.

하지만 이제, 이 니체의 관점주의perspectivalism는 참인 것the true의 어떠한 단순한 상대주의로도 환원될 수 없다는 점을 강조하는 것이 중요하다. 니체는 우리에게 모든 진리들truths이 동등하다고 말하는 것이 아니라고 들뢰즈는 주장한다. (우리가 잠시 후에 보게 될 이유 때문에) 그런 동등성은 존재하지 않을 뿐 아니라, 관점을 인식의 문제로 생각하는 오류를 범하는 것이 된다. 니체는 한 진리를 정당화할 수 있는 본질 혹은 실재의 관념, 혹은 이 진리가 지시하는 본질 혹은 실재의 관념을 포기하고 있는 것이 아니다. 대신에, 위에 인용된 대문의 수수께끼 같은 문장에서 보듯, 존재 그 자체는 환원 불가능하게 다수적이다. 이런 이유로 모든 진리들은 관점을 표현한다.

칸트를 완성하다

이제 우리는 니체가 어떤 의미에서 비판적 기획을 완성하는가 알 수 있는 위치에 와 있다. 들뢰즈의 견해를 따르면, 칸트 유산의 긍정적인 부분은 내재성에 대한 이중적 강조였다는 점을 상기하자. 즉, 칸트는 비판을 모든 초월적이거나 외재적인 기준을 거부하는 내재적 비판으로 이해했고, 또 사유의 조건들을 사유에 내재적인 것으로 이해했다.

들뢰즈에게 니체 또한 내재성의 사상가이다. 하지만 니체는 이 칸트의 노력을, 한편으로는, 진리에 대한 탈가치적 이해라는 좀체 사라지지 않는 초월성을 없애고 비판을 항상 가치 주위를 맴돌도록 함으로써, 완성한다. 다른 한편으로는, 사유의 내재적 조건 개념을, 다수성과 역사성 속에서 파악함으로써, 변형시킨다. 쟁점은 더 이상 인식이나 도덕의 조건들이 아니라, 모든 사물들, 모든 현상들, 모든 경험의, 역사적 현실성 속의 조건들이다.

이제까지 우리는 『니체와 철학』의 제1장과 제3장을 요약해서 검토해 왔는데, 이는 들뢰즈가 니체 사상의 본질을 이룬다고 생각하는 모든 것을 구성한다. 이 책의 나머지 부분은 두 가지 추가적이고 보완적인 논증 방식을 추구한다. 제3장에서 개진된, 이 중 첫 번째 논증 방식은 **구조적**이다. 그것은 우리에게 신체와 힘force 개념, 힘에의 의지will-to-power와 영원회귀 eternal return를 함께 연결하는 니체의 긍정 형이상학의 윤곽을 제공한다. 가치가 어떻게 내재적 조건이 되는가에 대해 우리가 더 완전하게 이해하도록 해주는 것은 바로 이 개념들이다. 두 번째 논증 방식은 **계보학적인**데, 들뢰즈는 마지막 두 장에서 이를 서술하는 데에 전념한다. 여기서 목표는, 어떻게 구조적 설명이 근대 인간의 도래, 근대 인간 실존이 동시대 허무주의 nihilism의 명백한 종점에 도달하는 일, 그리고 이 허무주의가 극복될 수 있는 길에 관한 니체의 역사를 뒷받침하는가 보여주는 것이다. 우리는 이것들 각각을 이제 차례대로 논할 것이다.

구조적 설명 I: 힘과 질

『즐거운 학문*The Gay Science*』에 나오는 다음과 같은 유명한 대문에서, 니체는 신체의 우위성 및 의식적 사유의 부차적 성격을 강조한다.

의식의 문제(아니 오히려, 어떤 것을 의식하게 되는 문제)는 의식 없이 할 수 있는 것이 얼마나 많은지 우리가 깨닫기 시작할 때 우리가 최초로 봉착하는 것이다. 그리고 이제 우리는 생리학과 자연사에 의해 이 최초의 깨달음으로 인도된다. […] 왜냐하면 우리는 생각하고, 느끼고,

의지를 내고, 기억할 수 있고, 또한 행위하다라는 용어의 모든 의미에서 "행위할" 수 있지만, 그럼에도 이 모든 것 중 아무것도 (비유적으로 말하자면) "우리의 의식으로 들어오지" 않아야 할 것이기 때문이다. 모든 생명은 그 자신을, 이를테면, 거울 속에서 보지 않아야 가능할 것이다. (*The Gay Science,* §354)

후에 우리는 이 문제에 대한 니체의 해결을 알게 되겠지만, 들뢰즈가 볼 때 먼저 강조되어야 하는 논점은 의식은 필연적으로 부차적이며, 부차적인 산물이라는 점이다. 먼저 오는 것은 신체, 더 정확히 말해 "화학적이든, 생물학적이든, 사회적이든, 정치적이든"(NP 37) 다원적 신체들이다.

이어서, 만약 우리가— 어떤 것이든— 무엇이 신체를 구성하는가 하고 묻는다면, 우리는 신체는 **힘들**로 구성된다고 말하지 않으면 안 된다. 여기서, 힘force은 다른 두 용어, 즉 **역량**capacity과 **충동**drive으로 이해될 수 있는데, 두 용어 모두 동적 활동이라는 같은 의미를 담고 있다. 이제, 힘들의 복합체로서, 신체들은 위계적으로 조직되고, 언제나 (우발적인) "지배의 통일"(NP 40)에 따라 구조화된다.

이제, 이 지배 개념에는 힘들의 이질성이 함축되어 있다. 만약 하나의 힘, 혹은 한 종류의 힘이 존재한다면(일종의 힘 일원론), 지배는 그 자체 부차적 산물일 것이다. 다른 한편으로, 힘들은 필연적으로 다원적이기 때문에, 어떠한 하나의 힘도 다른 어떠한 하나의 힘과 "동등하다"는 것은 의심할 여지가 없다는 견해가 있다. 이 견해는, 들뢰즈에게, "통계학적 꿈"(NP 43), 실재를 이념화하고 힘의 실재적 유희를 추상화하는 꿈이다. 실재는 동적이고, 환원 불가능하게 힘들의 이질적이고 위계적인 유희이다.

따라서 힘들은 필연적으로 다른 한 힘 혹은 다른 힘들과 대하여 **지배함**과 **지배됨**이라는 특징을 지닌다. 니체가 『아침놀*Daybreak*』에서 드는 다음과 같은 예는, 여기서 무엇이 관건이 되어, 우리가 분석을 복잡하게 만드는 만큼 유용한 준거점으로서 역할을 하는가를 매우 분명하게 보여준다.

> 우리가 어느 날 시장에 있는데, 지나갈 때 어떤 사람이 우리를 보고
> 웃고 있다는 것을 알아차렸다고 가정해보자. 이 사건은 이 충동 혹은
> 저 충동이 우연히 그 순간에 우리 안에서 고조되어 있는가 여부에
> 따라서, 이것 혹은 저것을 우리에게 의미할 것이다. 그리고 이 사건은
> 우리가 어떠한 종류의 사람인가에 따라서 매우 상이한 사건이 될 것이다.
> 어떤 이는 그 웃음을 빗방울처럼 빨아들일 것이고, 또 어떤 이는 그
> 웃음을 벌레를 떨구어내듯 떨구어내려 할 것이고, 또 어떤 이는 다투려고
> 할 것이고, 또 어떤 이는 웃음을 일으키는 그럴 만한 일이 있는지
> 알아보려고 자신의 옷을 훑어볼 것이고, 또 어떤 이는 웃음 자체의
> 본성을 성찰하도록 이끌릴 것이고, 또 어떤 이는 세계 속의 명랑함과
> 햇빛의 양이 자신도 모르게 늘어난 데에 기뻐할 것이다. 그리고 각
> 경우에 충동은 그것이 짜증을 내고 싶은 충동이든, 싸움질하고 싶은
> 충동이든, 성찰하고 싶은 충동이든, 베풀고 싶은 충동이든 간에 그
> 자신을 충족시킨다. 이 충동은 사건을 자신의 먹이로 포착했다. 왜
> 바로 이것인가? 왜냐하면 목마름과 배고픔, 그것은 숨어서 기다리고
> 있었기 때문이다. (*Daybreak*, §119)

능동적과 반응적: 양에서 질로

한 충동 — 짜증을 내고 싶은 충동, 성찰하고 싶은 충동 등등 — 을
지배적인 충동으로 만드는 것은 그 충동이 가장 강력하다는 사실이다.
모든 충동들 혹은 힘들은 그 자체의 한계로까지 밀어붙이고, 모든 때에
지배하고자 분투하지만, 다른 충동들과 힘들의 방향을 정하게 되는 것은
가장 강력한 충동이다. 그러나 이는 신체들이 어떻게 조직되는가에 관한
충분한 설명이 될 수 없다. 들뢰즈는, 니체가 볼 때 이 양적인 관점은

질적인 관점으로 보완되지 않으면 안 된다고 주장한다. 힘의 양들의 차이들에 속할 수 있는 두 가지 질은 능동적인 것the active과 반응적인 것the reative이다.

들뢰즈에게, 능동적 힘은 "1) 형성적이고, 지배적이고, 예속시키는 힘이며, 2) 행할 수 있는 것의 한계로까지 가는 힘이며, 3) 힘의 차이를 향유와 긍정의 대상으로 만드는, 힘의 차이를 긍정하는 힘이다." 역으로, 반응적 힘은 "1) 순응 및 부분적 한계의 실용적인utilitarian 힘, 2) 능동적 힘을 이 힘이 행할 수 있는 것으로부터 분리하는, 능동적 힘을 부인하는 힘(약자 혹은 노예들의 승리), 3) 능동적 힘이 행할 수 있는 것으로부터 분리된, 그 자체를 부인하거나 혹은 배반하는 힘(약자 혹은 노예들의 통치)"(NP 61)을 말한다. 이 특성들 중 몇몇은 다음에 오는 것에서 다시 논의되어야 할 터이지만, 특히 능동적 힘이 행할 수 있는 것으로부터 분리된 힘이라는 이 독특한 개념이 논의되어야 할 것이다. 이 경우 핵심 논점은 이 텍스트 후반부에서 발견된다. 지배하는 것이 능동적이라는 것은 반드시 사실인 것은 아니기 때문이다. "열등한 힘들도 양에 있어서 열등하기를 그치지 않고 우세할 수 있다."(NP 58)

사실상, 근대의 인간 조건에 대한 니체의 진단 전체는 이 점을 둘러싸고 전개된다. 즉, 때로 약자가 승리한다. 결과적으로, 들뢰즈가 말하듯이, "『힘에의 의지Will to Power』에 나오는 가장 멋진 발언 중의 하나는 이렇다. '강한 자는 언제나 약자에 대항해서 수호되어야 할 것이다'"(NP 54).

시장에서 겪는 웃음의 예로 돌아가 보면, 나의 대응을 지배하는 어떤 충동이 항상 존재한다. 그러나 한편으로는 상황으로부터 즐거움을 이끌어 내는, 상황을 긍정하는 능동적 대응, 능동적 응시에 대한 이유와, 다른 한편으로는 상황에서 오직 자기-의심, 원한을 발견하는 반응적 대응, 일상의 신경증적인 불행의 모든 집합 중 하나 혹은 모든 것을 누비고 다니는 이유 사이에는 매우 중요한 차이가 놓여 있다.

의미와 가치

이제, 우리는 의미와 가치의 특수한 차이를 살펴볼 수 있는 위치에 와 있다. 들뢰즈는 "의미에서 가치로, 해석에서 평가로 향하는 진행을 계보학을 위한 과제"라고 쓰고 있다. "어떤 것의 의미는 이 어떤 것이 이 어떤 것을 소유하는 힘과 맺는 관계이다. 어떤 것의 가치는 복합 현상으로서 이 어떤 것 안에 표현되는 힘들의 위계이다."(NP 8)

그래서 계보학은, 새로운 종류의 비판적 분석으로서, 두 계기를 수반할 것이다. 첫 번째 계기는 우리를 신체에서 신체를 구성하는 관계들로 이끄는 데 반해, 두 번째 계기는 이 힘들에서 이 힘들을 특징짓는 질들로 향해 간다. 내가 시장에서 겪는 웃음에 대응하는 내 성향을 해석할 때, 나는 내 경험의 무의식적 조직을 지배하는 힘 혹은 충동(양적 성향)에 관해 묻는다. 뒤따르는 평가는 이 지배가 수반하는 위계적 관계들의 질, 그것의 능동적 혹은 반응적 성격(질적 성향)과 관련이 있다. 우리가 여기서 염두에 두어야 하는 것은 계보학적 행위는, 언제나 특정한 관점에서 진행되므로, 그 자체 중립적인 것이 아니라는 점이다. 계보학적 행위는 그 자체 어떤 지배적인 힘들과 그것들에 수반되는 질들의 표현이다. 이것은 시나 잠언을 해석하는 학자에게 해당하는 만큼이나 시장에서 겪은 웃음에 대한 나의 대응에도 해당한다(NP 31).

구조적 설명 II: 힘에의 의지

이제 들뢰즈는 니체의 가장 악명 높은 개념들 중의 하나, 우리에게 존재하는 것에 대한 이러한 구조적 분석의 세 번째 수준을 제공하는 개념, 즉 힘에의 의지를 소개한다.

그는 여기서 이 개념을 희생물로 만든 종류의 그릇된 해석들을 분명히 거부함으로써 시작하는데, 그는 이런 해석들이 힘에의 의지는 "힘은 의지가 원하는 것"(NP 80)인 양 힘을 향한 굶주림이라는 견해"라는 핵심 뿌리로 거슬러 올라간다고 본다. 이러한 그릇된 이해는 가장 흔히 볼 수 있는 것인데, 유명하게도 이는 니체를 이른바 국가 사회주의의 예언자로 만들었다. 이 독해가 그릇되게 이해하는 것은 의지와 힘 간의 관계의 본성이다. 들뢰즈는 니체의 『차라투스트라는 이렇게 말했다』를 인용하며 이렇게 말한다. "'힘을 욕망함'이란 표현은 '살고자 의지를 냄'이라는 표현 못지않게 불합리하다. 진리를 향해 '살고자 하는 의지' 이론을 쓴 사람은 진리를 맞히지 못했음이 확실하다. 이런 의지는 실존하지 않는다! 실존하지 않는 것은 의지를 낼 수 없기 때문이다. 살아 있는 것, 그것이 어떻게 살고자 하는 의지를 또 낼 수 있겠는가?"(NP 79)

힘을 이런 식으로 오해하는 것은 힘을 우리가 소유하는 것을 목표로 할 수 있는 어떤 종류의 선재하는 대상으로 취급하는 것인데, 여기서 니체가 주장하는 바와 같이, 힘에의 의지는 실존하는 한 개인이 욕망할지도 모르는 어떤 것이 아니라, 차라리 한 개인의 실존을 위한 조건이다. 이런 이유로 들뢰즈는 "힘에의 의지는 그 기원, 의미, 본질에 있어서 어떠한 의인화도 함의하지 않는다"(NP 85)라고 쓰고 있다.

발생적 조건으로서의 힘에의 의지

그렇다면 의지와 힘 간의 관계는 무엇인가? 힘에의 의지 개념이 왜 중요한가? 들뢰즈의 대답은 힘에의 의지는 힘들의 질화된 위계들이 어떻게 생겨나게 되고, ― 가장 중요하게는 ― 변화하게 되는지 설명해준다는 것이다.

요약하면, 들뢰즈에게 힘에의 의지는, 우리가 위에서 언급한 모든 차이들과 더불어, 니체의 비판 사상에서 칸트의 가능성의 초월론적 조건들을 대체하기 위해 나오는 것이다. 그것은 인식론적 판단들을 위한 가능성의 조건이 아니라 실재하는 존재자들의 구성을 위한 발생적 조건이다. 우리가 "왜 이 특정한 진리인가, 왜 이 특정한 사람인가, 왜 이 특정한 사회인가?" 하고 물을 때, 우리는 발생적 물음을 묻고 있는 것이다. 어떻게 해서 이 일단의 힘들이 이 관계 속으로 들어가지 다른 어떤 관계 속으로는 들어가지 않는가? 무엇이 이것을 설명해주는가? 능동성 혹은 수동성의 질은 어떻게 설명할 수 있는가? 예를 들어, 더 힘 있는 것이 덜 힘 있는 것에 의해 지배되는 것을 어떻게 설명할 수 있는가? 한 힘이 그것이 행할 수 있는 것으로부터 단절되어 잠재적이 되는 것을 어떻게 설명할 수 있는가? 반응을 어떻게 설명할 수 있는가? 저항은? 단순한 체계들로부터 복잡성이 도래하는 것은?

힘에의 의지는 이 물음에 답하는 모든 주어진 관계의 발생적 요소(발생을 설명하는 것)이다. 힘에의 의지는 독자적으로는 명백하지 않다. "실로, 힘에의 의지the will to power는 특정한 규정된 힘들forces로부터, 이 힘들의 양, 질, 방향으로부터 결코 분리될 수 없다."(NP 50) 하지만 힘에의 의지를 참조하지 않고는, 이 힘들의 도래와 변경을 설명하는 일은 불가능할 것이다. 그래서 이제 우리는 다음과 같은 핵심 대문을 어떤 통찰을 갖고서 읽을 수 있다.

> 니체는 힘force의 계보학적 요소를 힘에의 의지라고 부른다. 계보학적
> 은 미분적differential과 발생적genetic을 의미한다. 힘에의 의지는 힘들의
> 미분적 요소, 말하자면 관계가 전제된 둘 이상의 힘들 간의 양적 차이들
> 을 생산하는 요소이다. 힘에의 의지는 힘의 발생적 요소, 말하자면
> 이 관계 속의 각 힘에 기인하는 질을 생산하는 요소이다. (NP 50)

미분적 조건으로서의 힘에의 의지

그렇지만 이 모든 것은 '미분'이라는 용어를 설명하지 않았기에 약간

불분명한 채로 남아 있다. 아마도 놀라운 일이겠지만, 여기서 들뢰즈의 준거점은 18세기에 라이프니츠와 뉴턴이 창조한 수학 부문이다. 두 힘들의 관계와 이 관계에 속하는 질들의 구조를 통해서 우리가 사유하도록 해주는 것은 바로 미분이다. 수학에 관한 들뢰즈의 논급은 간략하고 다소 난해한 데, 이 빈약한 페이지들에는 수학에서 미적분법을 수용하는 역사에 대한 복잡한 논의가 담겨 있으며, 이러한 논의는 유난히 라이프니츠 그 자신에게 근접하면서 펼쳐진다. 이 모든 것을 여기서 다 논할 수는 없지만, 한 논점 — 라이프니츠와 19세기 수학에서 미적분법을 취급하는 방식이 일치 하는 논점 — 은 빼놓을 수 없을 만큼 중요하다.

미적분법에 대한 고등학교 시기의 설명과는 달리, 들뢰즈는 미분 관계의 발생적 중요성을 강조한다. 전자의 개념은 어떤 종류의 방정식, 가령 우리에게 다음과 같은 그래프를 제공하는 $y = -x^2 + 5$와 더불어 시작하는 일을 수반한다.

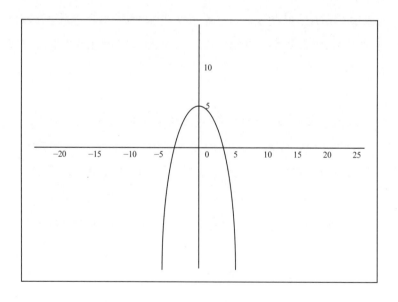

그렇다면 우리는 곡선의 독특점들distinctive points을 찾아내기 위하여 이 방정식을 미분할 것이다. 하지만 미적분법을 이런 식으로 파악하는 것은 미분 관계를 이차적 산물, 즉 방정식을 이해하기 위한, 우리의 발견을 돕는 일종의 부가물로 만든다. 들뢰즈는 미분 관계를 이른바 '원시primitive' 함수와 관련하여 일차적인 것으로 만드는 두 번째 접근법을 주장한다. 만약 우리가 이 그래프에서 전환점, 즉 이 함수의 필수 불가결한 사건을 기술하는, 또 이 전환점이 곡선의 나머지에 거주하는 보통점들과 맺는 관계를 기술하는 미분 관계를 가진다면, 우리는 방정식 그 자체를 산물로 생산할 수 있다. 미분 관계는 시원적primitive이고 생성적generative이 된다 — 즉, 발생적genetic이 된다.

다른 두 가지가 여기서 주목되어야 한다. 첫 번째 것은 미분법이 식별하게 해주는 것은 함수의 특이성들singularities — 여기서는 가령 변곡점 — 이다. 그것은 일반적이 아니라 특정적이며, 이 함수에서 독특한 것을 나타낸다. 두 번째 것은 변곡점은 어떤 식으로 해서든 곡선을 초과해 있거나, 초월적이거나 분리적인 것이 아니다. 그것은 곡선에 내재해 있다. 그럼에도 불구하고, 들뢰즈가 매우 조심스럽게 주장하는 것처럼, "분리 불가능한 것은 동일한 것을 의미하지 않는다."(NP 50) 특이점과 보통점 간의 내재적 차이가 결코 간과되어서는 안 된다. 함수 그 자체의 현상을 설명해주는 것은 바로 이것이기 때문이다. 이와 상관적으로, 들뢰즈에게 우리가 니체 형이상학의 의미를 파악하는 것은, 한편으로는 힘들과 힘들의 질, 다른 한편으로는 그것들을 설명해주는 힘에의 의지를 구별함으로써 뿐이다.

힘에의 의지의 질들

이제 우리는 계보학이 의미와 가치를 넘어 세 번째 것에 주의를 기울이지 않으면 안 된다는 것을 안다. 현상의 의미에 대한 검토는 그것을 구성하는 힘들의 위계를 파악하는 일을 수반하고, 현상에 대한 평가는 이 힘들이 (능동적인 것 혹은 반응적인 것으로서) 질화되는 방식과 관련되어 있다. 하지만 이 두 계기는 힘들의 관계와 힘들의 질의 발생 둘 모두를 설명해주는 힘에의 의지의 양상과 관련된 세 번째 것으로 이어진다. 우리가 모든 이전의 범주들이 가져오는 가장 당혹스러운 물음에 답할 수 있는 것은, 오직 힘에의 의지에 의해서 현상들을 검토함으로써이다. 들뢰즈가 말하듯 이, 힘은 본성상 지배하고자 하고, "승리를 거두고자 한다."(NP 51) 하지만 만약 그러하다면, 힘들이 활동성을 박탈당하는 일은 어떻게 해서 가능한가 ― 반응적 힘들은 어떻게 설명될 수 있는가?

힘에의 의지 그 자체는 또한 질적인 면에서 사유되지 않으면 안 된다고 들뢰즈는 주장한다. 힘 관계의 질들은 **능동적**이고 **수동적**인 한편, 니체는 힘에의 의지에다 그 자체의 두 가지 질들, 즉 **긍정적인 질**과 **부정적인 질**을 부여하고자 한다. 그러나 우리는 힘에의 의지는 현상의 동적이고, 형성적이고, 발생적 핵심이라는 점을 이미 알고 있고, 그래서 우리는 훨씬 더 직접적인 방식으로 이 긍정적 질과 부정적 질을 각각 **능동적-되기** becoming-active와 **반응적-되기**becoming-reactive로서 특징지을 수 있다. 힘에의 의지의 긍정적 양상은 더 큰 능동성으로 향하는 이행을 설명하는 것이고, 부정적 양상은 그 역이다. "긍정은 능동이 아니라 능동적-되기의 힘power, 구현된 **능동적-되기**의 힘이다. 부정은 단순한 반응이 아니라 **반응적-되기** 이다."(NP 54) 만약 내가 시장에서 웃음소리를 들을 때, 내가 언짢아하고, 독살스럽게 굴고, 성질을 부린다면, 무슨 일이 일어났을까? 내 정동들이 이 방향으로 이동하는 것을 무엇이 설명해주는가? 대답은 나인 신체가 표현하는 힘에의 의지는 반응적 질을 지니는 힘들 사이의 모든 상호 작용들로 경사되어 있는 반응적-되기라는 특징을 지닌다는 점이다.

우리는 더 나아가기 전에 마지막 한 가지를 언급해야 한다. 힘에의 의지가 부정적인 것으로 질화될 수 있고, 또 힘들의 유희가 반응적인 것으로 질화될 수 있는데 반해, 힘 그 자체의 능동적이고 지배하고자 하는 특징은 그 뿌리에서 두 질화들에 저항하는 것으로 보인다는 점을 아는 일이 매우 중요하다. 그래서 우리가 방금 제기한 문제는 여전히 작동하고 있다. 힘들의 반응적-되기는 니체의 개념들에 의거해서 사실상 어떻게 실제로 설명될 수 있는가? 들뢰즈에게, 이 난해한 긴장 상태와 이 상태의 해결은 근대의 인간 실존에 대한 니체의 계보학이 대상으로 삼고 있는 것이다.

영원회귀 이론

그렇지만 논의의 이 지점에서, 들뢰즈는 두 번째의 유명하게도 복잡한 니체의 개념, 영원회귀를 소개한다. 우리가 보게 되겠는데, 들뢰즈는 이 개념에 세 측면이 존재한다고 생각하지만, 각 경우에서 우리는 힘에의 의지를 의인관에 입각해서 수용하는 견해에 대한 공격과 병행하는 동일한 충고를 발견한다. 그 충고는 이렇다. 영원회귀는 동일성을 수반하지 않는다. 사실상, 반복 관념의 갱신은 여기서 작동하고 있다. 들뢰즈의 논점은, 만약 우리가 니체에게 있어서 반복이 무엇을 의미하는가 검토한다면, 우리는 이 일이 반복의 대상을 불변인 채로 놓아두지 않는다는 것을 알게 될 것이라는 점이다.

영원회귀의 우주론적 의미

이 점은 그가 니체에서 우주론적 학설로서, 즉 전체적인 실재의 본성에 관한 주장으로서 발견하는 영원회귀의 첫 번째 의미에 매우 분명하게 나타나 있다. 이 측면에 대한 들뢰즈의 가장 훌륭한 정식화는 또한 암시적이고 포착하기 어려운 것이다. "회귀는 되어가는 것의 존재이다."

(NP 48) 그의 논점은, 니체에게 근본적인 것은 존재, 실재의 고정된 상태가 아니라 생성becoming과 변형transformation이라는 점이다. 실재에 관한 근본적인 사실은 그것이 변화한다는 점이다. 실재는 결코 본연적 상태를 갖지 않는다. 따라서 이 첫 번째 의미에서의 영원회귀는, 정확히 어떠한 본연적 "존재" 혹은 조화의 최종적 상태도 배제하기 때문에, 힘들의 불균등을 보장한다.

그래서, 우리는 들뢰즈의 설명에 의하면 영원회귀의 우주론적 의미는 시간의 근본적 성격에 관한 주장이라고 더 정확하게 말할 수 있다. 만약 시간의 추이가 없다면, 동일성의 형식이 근본적인 것이 되고 영원한 것이 될 것이다. 하지만 시간이 존재한다는 사실은 영원회귀 이론이 이를 둘러싸고 전개된다는 점이다. "달리 말해서, 영원회귀에서의 동일성은 회귀하는 것의 본성을 기술하는 것이 아니라, 이와 반대로 다른 것을 위해 회귀한다는 사실을 기술한다. 이런 이유로 영원회귀는 종합, 즉 시간과 그 차원들의 종합으로 간주되지 않으면 안 된다."(NP 48)

영원회귀의 윤리학적 의미

들뢰즈가 강조하는, 영원회귀의 두 번째 윤리학적 의미는 또한 이 점을 증명하고 있다. 그것은 다음과 같은 유명한 아주 놀라운 텍스트에 표현되어 있다.

가장 큰 무게 ― 만약 어떤 낮 또는 밤에 악마가 그대 뒤를 몰래 쫓아와 그대의 가장 외로운 외로움 속으로 들어와서 그대에게 이것을 말한다면 어찌 될까? 즉, "그대가 지금 사는 그리고 살아온 바의 이 삶을 그대는 한 번 더, 나아가 셀 수 없이 여러 번 더 살아야 할 것이다. 그리고 그 안에서 새로운 것이라곤 어떤 것도 없지만, 모든 고통과 모든 기쁨과 모든 생각과 한숨, 그리고 그대의 삶에서 말할 수 없을 정도로 작거나 큰 모든 것 — 심지어 나무들 사이의 이 거미와 이 달빛, 그리고 심지어 이 순간과 나 자신 — 이 똑같은 계기와 연속으로 다 그대에게 돌아와야 할 것이다. 실존의 영원한 모래시계는 되풀이해서 거꾸로 놓이게 되고, 그리고 그대는 그것과 더불어, 티끌 한 점!"

그대는 벌렁 드러누우며 이를 악물고서, 이렇게 말한 악마에게 욕을 퍼붓고 싶지 않은가? 혹은 그대가 그에게 "그대는 신이고, 나는 결코 이보다 더 신적인 것을 듣지 못했다."고 대답하는 엄청난 순간을 경험했는가? 만약 이 생각이 그대를 사로잡는다면, 그것은 지금 존재하는 바의 그대를 변화시킬 것이거나 또는 아마도 그대를 으스러뜨릴 것이다. 모든 각각의 사물 속의 물음 "그대는 이것을 한 번 더, 나아가 셀 수 없이 여러 번 욕망하는가?"가 가장 큰 무게로서 그대의 행위들 위에 놓이게 될 것이다. 혹은 이 궁극적인 영원한 확정과 봉인보다 더 열렬하게 갈망하는 것이 없도록 그대는 그대 자신과 생명에게 얼마나 호의적이 되어야 할까?" (Nietzsche, *The Gay Science*, §341)

우리가 여기서 발견하는 것은, 철저한 윤리적 사유, 즉 (한 번 더 말하지만) 칸트의 유명한 범주적 명법에 대립하는 원리라고 들뢰즈는 주장한다. 이런 이유로 그는 영원회귀의 이 측면을 "그대가 무엇을 원하든will, 이 무엇은 그대가 또한 이 무엇의 영원회귀를 원하는 방식으로 원할 것이다"라고 써서 바꾸어 표현하고 있다(NP 69).

그렇지만 이것은 어떻게 윤리적 격률로서 기능하는가? 들뢰즈에게 여기서 니체의 핵심 통찰은 영원한 긍정의 관점으로부터 행해진 모든 결정은 결정의 대상을 변형시킨다는 점이다. 어떠한 "그 자신의 영원회귀를 원하는 게으름, 어리석음, 비열함, 비겁함, 심술궂음도 더 이상 같은 게으름 [혹은] 어리석음이 아니다."(NP 63-4)

그러므로 우리는 들뢰즈가 영원회귀는 필연적으로 성격상 선별적이라고 말할 때 그가 무엇을 의미하는지 알 수 있다. 과거에 존재했던 지루함이나 게으름은 영원회귀의 사유가 가져오는 변형 덕분에 내 경험에서 제해지고, 선별되어 제외된다. 이 악의적인 행위를 일시적인 변덕이 아니라 내 전 존재를 표현하는 것으로, 한 번이 아니라 영원히 되풀이되는 것으로 수용하는 것은 그것을 사소하고 일시적인 계기에서 심오하고 긍정적인 행위에로 변형시키는 것이다.

힘들의 반응적-되기와 선별의 한계들

또 다른 방식으로 말한다면, 우리는 사유로서의 영원회귀는 능력의 한계로까지 가지 않는 저 모든 힘들, 미온적으로 긍정된 모든 것을 선별해서 제외한다고 말할 수 있다. 그러나 단지 이런 방식으로 질화된 종류의 힘들— 반응적 힘들— 그리고 이를 설명해주는, 이와 상응하는 힘에의 의지의 양상 — 반응적-되기 — 을 이미 본 바 있다. 그리고 예외적인 것이 아니라, 반응적 힘들은 니체가 볼 때 극심한 방식으로 승리를 거두어왔다. 니체가 이러한 상황— 우리의 상황— 에 부여하는 이름은 허무주의(=니힐리즘nihilism)이다. 허무주의에서, 힘에의 의지의 반응적-되기는 모든 곳에서 우세하다.

이 모든 것에 비추어볼 때, 우주론적 의미와 윤리학적 의미 둘 모두에서 영원회귀는 중요하지 않은 것처럼 보인다. 물론 이는 니체가 주장하고자 하는 바는 아니지만, 그의 형이상학에 관한 이러한 구조적 설명에서 볼 때 우리는 이 점을 넘어설 수 없는 것처럼 보인다. 더 구체적으로 말하면, 구조적 설명이 단독으로 대답할 수 없는 두 가지 물음이 존재한다. 1) 사실상 어떻게 힘들이 반응적이 되는가? 즉, 어떻게 힘들이 자신들이 행할 수 있는 것으로부터 차단되는가? 그리고 2) 허무주의, 이 일반화된 반응적-되기가 전복될 수 있는 어떠한 방식이 존재하는가? 이 두 물음에 대한 대답은 근대의 인간 실존에 대한 보완적인 계보학적 분석의 궤적을 따라감으로써 발견될 수 있다.

계보학적 설명 Ⅰ : 의식에서 양심의 가책으로

우리의 첫 번째 목표는 반응적reactive 힘들이 아마도 승리를 거두리라고 생각되는 메커니즘을 설명하는 것이다. 그렇지만 이것 전에, 우리는 어떠한 현상에서든 언제나 반작용들reactions이 작동한다는 점을 알지 않으면 안 된다. 우리는 모든 것은 위계적으로 조직되어 있는 다수의 힘들을 포함하고, 그래서 우세한 충동을 따라갈 때 마주치는 것에 어떤 방식들로 대응하도록 되어 있는 힘들이 언제나 존재하리라는 점을 이미 알고 있다. 이 상황들에서, 반작용들은 **행사된다**acted ── 들뢰즈가 주해하는 바와 같이, "다시–행사된다re-acted."(NP 111)

외적 자극들에 대한 이러한 능동적 반작용active reaction의 다른 핵심 특징과 보증자는 그것이 잊혀진다는 점이다. 즉, 마주침은 의식적 사유 속에서 서성거리지 않는다(=오래 머물지 않는다). 이것은 잊음의 능력의 결과이다. 들뢰즈가 지적하는 바와 같이, 니체에게 이것은 결코 단지 표면상의 이미지와 같은 타성惰性; vis inertiae이 아니라, 능동적이고 엄격한 의미에서 긍정적인 억압 능력이다(*Genealogy*, EssayⅡ, §1; NP 113에 인용되어 있음). 이와 관련하여 종종 프로이트를 언급하며, 들뢰즈는 그와 니체는 만약 현재의 흔적들이 무의식 속으로 들어가지 않는다면 경험하는 주체에게 새로운 어떤 것도 발생할 수 없다는 사실을, 대신에 죽지 않는 과거의 유령들이 늘 붙어 다니게 된다는 사실을 주장한다고 지적한다. 이는 프로이트가 신경증이라고 부르는 것이고, 니체가 원한ressentiment이라고 부르는 것이다.

원한의 도래

이 마지막 논점은 우리에게 어떻게 반응적 힘들이 인간 존재에게 출현할 수 있는지 설명할 수단— 망각이라는 억압 능력의 실패 — 을 제공한다. 나는 어떤 것을 마주치지만 이 어떤 것에 직접 반작용하지 않을 때, 마주침은 자극과 뒤얽히게 되는 기억을 생기게 한다. 하지만 이제, 나는 마주침에 반작용하지 않고 이 마주침을 느끼게 되었다. 나는 **수동적**이 되었다. 과거의 능동성의 흔적들이 의식적이 되는 한, 그것들은 경험의 조직을 지배하게 되고, 그 같은 한 우리는 능동적이기를 그친다. 들뢰즈가 언급하는 바와 같이, "이 일의 중요성은 막대하다. 더 이상 반작용을 행사할 수 없게 되어, 능동적 힘들은 자신들이 기능하는 물질적 조건들을 박탈당한다. 능동적 힘들은 더 이상 자신들의 일을 행할 기회를 갖지 않는다. **능동적 힘들은 자신들이 행할 수 있는 것으로부터 분리되어 있다.**"(NP 114)

이것은 본질적인 논점인데, 이는 니체가 이에 따르는 다른 모든 것을 설명하기 위해 이 논점을 사용한다는 것을 의미한다. 자극들에 직접 반작용하지 않도록 차단될 수 있고, 대신에 의식적 사유와 기억의 고리에 사로잡힐 수 있기 때문에, 힘들은 아예 행사하지 않도록 전적으로 차단된다. 이 거울들의 방 속에서, 능동성은 관조하는 반성들로 이루어진다. 이런 이유로, 후에 같은 페이지에서, 들뢰즈는 다음과 같은 정의를 제시한다. "원한은 동시적으로 지각 가능한 것이 되어, 행사되기를 그치는 반작용이다."(NP 114)

원한 유형

들뢰즈는 원한의 유형을 특징짓는 매우 넓은 범위의 상이한 특질들에 관해 논하는데, 우리가 이들 중 일부를 언급하기 전에, 두 가지 추가적인 논점들을 전개할 필요가 있다. 무엇보다, "유형"이란 용어의 사용이 여기서 중요하다. 니체의 목표는 생명을 수동성의 이름 아래 비하하는 등등의 일을 벌인, 특정한 사람들에 관한, 그들이 반응적 힘들을 도입한 책임에 관한 역사상의 정통적 주장을 제시하는 것이 아니다. 메커니즘은 이보다 더 일반적이며, 그래서 또한 그 결과들도 그러하다. 대학 캠퍼스의 학생 사회주의자 집단은 어떠한 연구실 게으름뱅이만큼 반응적이고 수동적일 수 있다.

두 번째 논점은 원한 그 자체와 관련이 있다. 즉, 정확히 왜 그리고 어떤 방식으로 반응적 유형은 원한을 갖는 것인가? 이 대답의 열쇠는 이것이다. 원한을 갖는 사람이 마주치는 모든 것은 그들로 하여금 어떤 것을 느끼도록 강요한다. 어떤 것이 공교롭게도 나 때문이 아니라 나에게 일어나는데, 설사 이 어떤 것이 어떤 종류의 즐거운 정동이라 할지라도, 그것은 내가 이 정동을 생겨나게 한 일이 아니라 내가 이 정동을 겪은 일과 뒤섞여 있다. 따라서 들뢰즈가 언급하듯이, "그러므로 이 반응은 그 대상을 비난하며"(NP 115), 그리고 결과적으로 원한을 갖는 사람은 모든 존재와 모든 대상을 이것들이 그에게 미치는 영향에 정확히 비례하여 일종의 공격으로서 경험한다(NP 116).

이것은 원한을 갖는 사람에 대해서 고통이 갖는 의미이다 — 모든 것은 고통스럽다. 하지만 원한의 유형이 그것에 대해 비난을 가하는 어떤 사람 혹은 어떤 물건을 찾도록 언제나 추동하므로, 그것은 동시에 고통 일반에 대한 왜곡된 대응이다. 『니체와 철학』에는 많은 훌륭한 대문들이 있지만, 다음은 화가 나서 발끈하는 일에 대한, 그 대문들 중의 하나임이 확실하다.

원한을 갖는 사람에게 가장 두드러진 것은 그의 못됨이 아니라 그의 역겨운 적의敵意, 그의 경멸하는 능력이다. 아무것도 그것을 막을 수가 없다. 그는 적들을 존중하지 않는 것은 말할 것도 없고, 친구들마저 존중하지 않는다. […] 그는 꼭 되받아 비난하고 비난을 유통시킨다. "다른 이"의 잘못을 불운한 것으로 만들기 위해 원인들의 가치를 폄하하

는 그의 성향을 보라. (NP 110)

들뢰즈가 논하는 원한 유형의 다른 특성들은 모두 이것으로부터 흘러나온다. 예를 들어, 원한 유형은 그 무엇도 잊지 못하는 특징을 갖고 있다. "그들은 그 어떤 것도 제거할 수 없다. 그들은 그 어떤 것도 극복할 수 없다. 그들은 그 어떤 것도 물리칠 수 없다― 모든 것은 상처를 입는다. 사람들과 사물들이 너무 긴밀하게 참견한다. 경험들은 그들을 너무 깊게 충격을 가한다. 기억은 곪아 터지는 상처가 된다."(NP 108, *Ecce Homo*, I. 6에서 인용함) 이것은 니체를 기억에 남을 만한 주장으로 이끄는 그것이다. 즉, "이 독일인은 그의 영혼을 질질 끌고 간다. 그는 그가 경험하는 모든 것을 질질 끌고 간다. 그는 사건들을 나쁘게 이해한다. 그는 결코 사건들을 '끝내지' 못한다."(*Beyond Good and Evil*, §244) 마찬가지로, 원한 유형은 칭찬할 줄도, 존중할 줄도, 사랑할 줄도 모른다. "원한을 갖는 사람은 사랑할 줄도, 사랑하는 것을 원할 줄도 모르지만, 사랑받기는 원한다. 그는 사랑받기를 원하고, 누군가가 음식을 주고, 물을 주고, 껴안아 주고, 잠을 재워주길 원한다."(NP 117) 나를 더 강하고 더 낫게 만드는 좋은 어떤 사물이나 어떤 사람을 긍정하는 대신에, 결코 방해받고 싶지 않은 욕망만이 존재한다. 그들의 연인은 그들의 마취제이다.

이 모든 경우에서, 우리는 들뢰즈가 "만약 우리가 원한을 갖는 사람이 무엇인지 묻는다면, 우리는 이 원리를 잊어서는 안 된다. 그는 반–작용하지 않는다"(NP 111)고 요약해서 말한다는 것을 알 수 있다. 어떤 것이든 일어나는 한, 그것은 원한을 갖는 사람에게 내적인 것이며, 소용돌이를 그리며 하락하는 데 있다.

악의 탄생과 강한 자의 약해짐

『도덕의 계보』첫 번째 에세이에서, 유명한 일이지만 니체는 긍정적인 것과 원한을 갖는 것 간의 이 차이를 맹금과 양의 우화적 대립을 통해서 특징짓는다. 맹금은 자신이 곧 이 행위들이기 때문에, 그 자신의 행위들을 판단하지 않는다. 이 새의 예리한 시선에, 양은 맛있는 음식과 다름없는 것으로 보인다.

만약 여기서 "선good"이란 단어를 사용하는 일이 유의미하다면, 맹렬한 힘, 미칠 듯 좋아 날아 내려가며 공격하는 모습, 생명의 충만으로 묘사되는 이 새 그 자체가 선이다. 이와 상관적으로, 만약 우리가 양을 "악bad"이라고 부를 수 있다면, 그것은 "더 약함", "할 수 있는 능력이 더 적음"을 의미할 수 있을 뿐이다. 하기야 이 두 모습을 이렇게 도덕을 시사하는 용어로 묘사하는 것도 핵심을 잃은 것이다. 그럼에도 불구하고 도덕적 관점, 혹은 더 정확히 말해서, 악evil 범주를 전개하는 것은 바로 양이다. 결국, 니체가 언급하듯이, 설명되어야 하는 것은 "선good", 즉 원한을 갖는 사람이 생각해낸 "선good"의 다른 기원이다(*Genealogy*, "First Essay", §13).

양은 이 상황을 어떻게 볼까? 니체가 지적하는 바와 같이, "양들이 거대한 맹금을 향해 원한을 품는다는 사실에는 이상할 것이 하나도 없지만, 그렇다고 작은 양들을 낚아채 간다고 거대한 맹금을 비난할 이유도 전혀 없는 것이다."(§13) 하지만 이 우화 속의 양이 제시하는 것은 바로 다음과 같은 판단이다. 들뢰즈는 이 양을 고전적 삼단논법을 제안하는 논리학자로 상상해보라고 말한다.

전제 1: 맹금, 너는 악하다evil.
전제 2: 나는 너와 정반대에 있는 자이다.
결론: 그러므로 나는 선하다good.

첫 번째 전제, 그리고 실로 논증 전체는 순전히 양이 느끼는 원한ressentiment에 의해서만 동기가 부여되어 있다. 맹금에 대한 이 첫 번째 부정에서 긍정적 언명으로 이행하려면, 두 번째 부정이 요구된다. "원한은 긍정의 환영을 생산하기 위해 부정적 전제들, 즉 두 가지 부정을 필요로 한다."(NP 196)

나는 들뢰즈가 헤겔을 니체 형이상학의 진정한 적으로 간주한다고 앞에서 말한 바 있는데, 이제 우리는 그 이유를 알 수 있다. 그것은 두 철학자가 가령 이성 혹은 국가에 대한 대립되는 비전을 갖고 있다는 것이 아니라, 헤겔의 형이상학이 그 자체 원한의 완전한 표현이라는 점이다. 니체의 물음 "누가, 어떤 종류의 사상가들이, 역사의 원동력 및 실재를 이해하는 열쇠로서, 긍정을 달성하기 위해 두 가지 부정을 요구하는 변증법을 전개하는가?"에 대한 대답은 바로 헤겔이다. 들뢰즈는 주장한다. 헤겔 철학은 가장 세련된 형태의, 글자 그대로 노예 도덕, 원한이며, 생명의 축소에 대한 사죄, 생명 안에 담겨 있는 강하고 선한 모든 것을 거부한 것에 대한 사죄이다.

들뢰즈는 양의 논증을 오류추리 — 논리적으로 완전해 보이지만 실제로는 그렇지 않은 논증 — 라고 부른다. 이것은 어떤 의미에서 사실인가? 행하는 것을 삼갈 수도 있었던 어떤 것을 행한다고 하며 독수리를 비난할 때, 양이 부적법하게 전제하는 것은 행위자와 행위의 분리이다. 사실, 우리가 이미 본 바와 같이, 신체를 구성하는 힘들과 신체가 행하는 것 간에는 구별이 존재하지 않는다 — 힘은 힘이 행하는 바로 그것이다. 논리적인 양은 힘들은 비활동적인(=비능동적인inacitive) 상태로 있을 수 있고, 더욱이 자신들이 덕이 있는 상태로 있는 것은 바로 이 비활동성 속에서라고 정반대의 것을 주장한다. 그러므로 이러한 언명은 실재에 대한 중립적인 기술과는 멀리 떨어져 있다. 원한이 갈망하는 수동성은 이제 확정된the 도덕적 선으로 취급을 받게 되었다.

맹금은 이 허구의 희생물이다. "악한 행위들evil acts" — 양들에게는 비밀스러운 겹말인 어구 — 을 한다고 비난받으면서, 맹금은 점차로 관조적인 동물이 된다. 이제 맹금은 직접적인 힘 속에서 세계와의 마주침들에 반작용하는 것이 아니라 이 마주침들을 느낀다feel. 양을 본다는 것은 더 이상 식사를 위한 기회가 되지 않고 도덕적 자기-검토를 위한 초청장이 된다. 이런 이유로 니체는 우리에게 약한 자로부터 강한 자를 보호해야만 한다고 말한다고 들뢰즈는 강조한다. 원한을 갖는 자의 독특한 "힘power"은 수동적 행위자의 이 도덕적 허구에서 발견되는데, 이 힘은 강한 자가 그들의 강한 힘 속에서, 또 그들의 강한 힘에도 불구하고 감염되기 쉬운 것이다.

사제 유형과 양심의 가책

이 지점에서, 우리는 여전히 아직 니체와 함께 역사에 발을 들여놓지 않았다. 우리는 원한의 본성을 이해하게 되었지만, 그것이 실제로 어떻게 발생되는지는 알지 못한다. 들뢰즈가 말하듯이, 원한은 (어떤 의미심장한 정도에서) 인간 주체성의 내용이지만, 인간 실존은 어떠한 한 가지 필연적 형식을 갖는 것은 아니다. 우리가 방금 기술한 절차는 모든 인간 존재에게 속하지만, 그 구체적 실재성은 역사가 흘러 내려오는 동안 상당히 달랐다. 이 일반화된 내용에다 형식을 부여하는 것은 무엇일까?

가장 중요한 첫 번째 전개, 즉 인간 존재를 근대의 허무주의로 향하는 길에다 놓는 전개는 니체가 사제 유형이라고 부르는 것의 도래이다. 사제가 없다면, "노예는 자신을 원한의 조악한 상태를 위로 끌어올리는 법을 결코 알지 못했을 것이다"(NP 126)라고 들뢰즈는 쓰고 있다. 사제 유형은 "원한을 확장하여, 우리를 이 전염병이 전파된 영역으로 더 이끌고 간다. 능동적 힘은 반응적이 되고, 주인은 노예가 된다."(NP 120)

사제 유형은 정확히 무엇을 가져오는가? 니체를 그것을 양심의 가책이라고 부른다. 원한은 능동적인 것과 수동적인 것의 건강한 위계를 도덕적 비난의 검은 별 주위를 맴도는 본질적인 수동성으로 변형시킨다. 원한은 행위가 "악하다evil"는 판단을 받는 다른 당사자들로 향해 있었다. 하지만 원한의 실재를 감안할 때, 인간 실존의 역사에서 진정으로 창조적인 최초의 순간은 비난을 투입하기 위한 사회-기술적 수단의 도래였다. 들뢰즈는 이 점에 대한 니체의 핵심 정의가 될 만한 것을 인용한다. "만약 우리가 가장 간략한 공식으로 사제 실존의 가치를 표현하고 싶다면, 그것은 이러할 것이다. 사제는 원한의 방향을 변경시킨다."(*Genealogy*, "Third Essay", §15; NP 131)

이 창조적인 개입을 뒤따르면서, 원한은 더 이상 단지 강한 자를 도덕적으로 왜곡하는 문제가 아니라, 우리 자신의 충동들을 비행wrong-doing의 근원으로 판단하는 문제가 될 것이다. 한때 자극들에 대한 반작용 속에 배치되었던 — "증발하지 않는"(NP 120) — 힘들은 이제 내면으로 향해진다. 그것은 더 이상 단지 "너는 비난받아 마땅하다"가 아니라, "나는 비난받아 마땅하다, 나는 가책을 느낀다"이다. 우리는 앞에서 원한과 고통의 깊은 관계를 본 바 있지만, 이러한 내면화의 순간은 이 관계에 새로운 깊이를 부여한다. "새로운 의미가 고통, 내적 의미, 내향적 의미를 위해 발명된다." "고통은 죄, 죄과의 결과이다."(NP 129)

그러나 우리는 이 내면화는 다른 사람들에게로 향한 증오를 제거하지 못하고, 마치 공생하듯이 내면화로부터 먹을 것을 제공받는다는 것을 — 너무나 잘 — 알고 있다. 가책을 느끼는 자들, 곧 원한의 자식들은 비난하는 데에 여전히 굶주려 있다. "그들은 누군가를 대가를 치르도록 만드는 데 실지로 얼마나 준비가 되어 있는가? 그들은 어떻게 교수형 집행인이 되기를 갈망하는가?"(*Genealogy*, "Third Essay", §13, NP 143에 인용됨). 니체는 이 사회-기술학을 기독교의 역사적 도래로까지 거슬러 올라가 추적하지만, 그 전 유대교까지 거슬러 올라가 추적하고 있다고 보는 이들도 있다. 들뢰즈가 지적하듯이, 이러한 계보학적 주장으로 인해서 어떤 이들은 니체를 국가 사회주의의 반유대주의적 선구자로서 읽는 정말 터무니없는 오독 — 그리고 들뢰즈는 이 오독을 재빨리 치워버렸다

(NP 126–7) ― 을 범하기도 했다. 들뢰즈는, 그렇지만 이 분석의 본성은 인종에 관한 것이 아니라 유형학적인 것이라고 강조한다. 사제 유형은 아주 많은 역사적 전개들의 교차에서 발견되며, 어떠한 단순한 근원으로부터도 유래할 수 없다.

그렇다면 어떤 의미에서, 적어도 들뢰즈에게, 사제 유형에 관한 분석은 니체가 행한 분석 중 최초의 진정으로 계보학적인 요소를 지니고 있다. 이 덕분에 우리는 들뢰즈가 행하는 더 수수께끼 같은 요약 발언 중의 하나를 이해할 수 있게 된다. "니체의 위대함은 이 두 종류의 장치, 즉 원망과 양심의 가책을 분리시키는 법을 안다는 데에 있다."(NP 197) 첫 번째 것을 분리해내는 것은 심리적 위상학의 행위, 즉 의식적 인간 존재에서 능동-action과 반응-reaction의 구조를 파악하는 행위이다. 두 번째 것을 분리해내는 것은 역사학적 혹은 계보학적 유형학의 행위인데 이는 원한의 "예술가", 즉 사제 유형을 발견하는 일과 관련이 있다.

계보학적 설명 II : 허무주의와 변형

우리는 반응적 힘들의 개인적 승리와 대인적interpersonal 승리, 즉 반응적 유형이 능동적 유형을 지배할 수 있게 되는 수단을 살펴본 바 있다. 이 분석은 문화 그 자체의 수준에서 완성된다. 들뢰즈가 언급하듯이, 문화의 능동성은 "반응적 힘들에 행사되도록 의도되어 있고, 반응적 힘들을 작용을 받기에 적합한 것으로 만들기 위해 반응적 힘들에게 습관들을 부여하고 모델들을 강요한다."(NP 134) 주로 ― 또 유명하게 ― 니체에게 이것은 기억의 형성, 더 정확히 말해 두 번째 종류의 기억의 형성을 수반하는데, 이러한 형성은 인간 주체성을 더 일반적으로 특징짓는 흔적들의 기억에 부가되는 형성이다.

첫 번째 형식의 기억은 마주침을 무의식에 등록하는 일을 수반한다는 점을 상기하자. 이 흔적들이 의식적 경험으로 돌아오는 일은 원한 유형을 특징짓는다. 이 흔적들은 환경과의 마주침을, 미래에 참여하는 일이 아니라 과거를 수동적으로 회상하는 일로 전환시키기 때문이다. 두 번째 사회화된 기억이 우리에게 주는 것은 약속을 하고 약속을 지키는 수단이다. 그렇다면 첫 번째 형식의 기억과 달리, 이 기억은 어느 정도 내 통제하에 놓고서, 과거가 아니라 미래로 방향이 잡혀 있다. 즉, 나는 나보다 큰 마주침들에 직면하여 수동적인 상태로 있는 것이 아니라 그 마주침에 작용을 가할 수 있다.

더 일반적으로 말하면, 문화의 목표는 능동적 개인들을 생산하는 것이다. "종 능동성species activity의 완료된 산물은 책임지는 인간 그 자신, 혹은 도덕적인 인간이 아니라, 자율적이고 초도덕적인 인간, 말하자면 반응적 힘들에 실제로 작용을 가하고, 또 자신 안에서 모든 반응적 힘들이 작용을 받는 인간이다."(NP 137) 하지만 사실상, 그리고 혹독하고 명백한 역사적인 기록의 문제로서, 이것은 정확히 문화가 성취한 것이 아니다. 문화의 수단— 법률들, 제도들, 기억 — 은 위계를 나타내기 위해서 활용되어 왔지만, 그것이 반응적이고 원한을 갖는 것이라는 점은 사실이다.

　　가장 어리석은 법률들, 가장 제한된 공동체들은 여전히 인간을 훈육
　　시키고 그의 반응적 힘들을 사용하고 싶어 한다. 하지만 무엇을 위해
　　반응적 힘들을 사용하는가? 어떤 훈육, 어떤 선별을 수행하는가? 훈육
　　절차들이 사용되지만, 인간을 유순하고 길들여진 군집성 동물로 만들기
　　위해서이다. 훈육 절차들이 사용되지만, 강한 것을 부수기 위해서, 약한
　　자, 고통을 받는 자, 또는 노예들을 골라내기 위해서이다. (NP 129)

　　훨씬 더 직접적으로 말하면, 문제는 문화 그 자체가 인간 실존 그

자체를 약하게 만들기 시작할 정도로, 원한이라는 질병을 키웠다는 점이다.

허무주의와 힘에의 의지

우리는 이 하락하는 나선의 첫 번째 순간이 원한의 고조와 내향성, 이와 더불어 주체적 내면성의 창조를 가져오는 사제 유형의 도래라는 점을 본 바 있다. 하지만 니체에게 있어서 사태가 여기서 끝나지 않는다고 들뢰즈는 강조한다. 능동성의 거부가 진행되는 정도로, 그것은 점차적으로 특정한 가치의 이름으로 행해진 행위들을 격하시킬 뿐만 아니라, 또한 모든 가치의 이름으로 그렇게 한다. 이것이 니체가 인간 실존의 근대적 상태인 허무주의nihilism라고 부르는 상황이다. 원한은 생명 자체로 향하면서, 생명을 후벼내고, 생명을 본질적으로 무가치하고, 무의미하고, 어떤 식으로든 회복 불가능한 것으로 간주한다. 즉, 반응적 힘들의 승리.

그렇지만 진정한 문제는, 허무주의가 어떤 순전히 외적이고 우발적이고 역사적인 사실이 아니라 힘에의 의지 자체에 속한다는 점이다. 들뢰즈는 이렇게 말한다. "허무주의nihilism의 허무nihil는 비–존재를 의미하는 것이 아니라 우선적으로 무nil의 가치를 의미한다. 생명은 그것이 부인되고 평가 절하되는 한, 무의 가치를 띤다. [⋯] 허무주의의 '허무'는 힘에의 의지의 질로서 부정을 의미한다."(NP 139) 이것이 계보학의 결정적으로 중요한 최종 대문의 의미이다. 이 대문은 다음과 같이 기술되어 있다.

> 인간에 대한 이러한 증오, 그리고 동물적인 것에 대한 이보다 훨씬 더한 증오, 물질적인 것에 대한 이보다 훨씬 더한 증오, 감각들에 대한, 이성에 대한 이러한 공포, 행복과 아름다움에 대한 이러한 두려움, 그리고 나타남과 덧없음과 성장과 죽음과 바람과 갈망 그 자체를 벗어나기를 바라는 갈망 ─ 그 모든 수단들은 우리가 그것을 감히 붙잡고 있도록 해주지만, 즉 무nothing에 대한 의지, 생명에 대한 혐오, 생명의

가장 근본적인 선결 조건들에 대항하는 항거를 감히 붙잡고 있도록 해주지만, 그래도 그것은 의지이고 여전히 의지로 남아 있다! […] 인간은 의지를 내지 않기보다는 여전히 무에 의지를 내기를 선호한다. ("Third Essay", §28)

"인간은 본질적으로 '반응적'인가?"

인간 실존이 어느 정도나 반응적 힘들의 승리로부터 벗어나거나 혹은 벗어날 수 있는지 고찰할 필요가 있는 것은 바로 허무주의의 이러한 상황에 비추어서이다. 대답은, 무엇보다도, 인간적인 것은 속속들이 원한과 반응의 창조물이라는 점이다. 들뢰즈는 『차라투스트라는 이렇게 말했다』의 「위대한 사건들 중에서」의 한 대문을 암시하며 이렇게 말한다.

> 인간의 본질은 힘들의 반응적–되기, 보편적 되기로서의 이러한 되기
> 이다. 인간 및 인간이 차지하는 세계의 본질은 모든 힘들의 반응적
> 되기, 허무주의, 오직 허무주의일 뿐이다. 인간과 그의 유적 활동성
> ― 이것들은 지구의 두 피부병이다. (NP 159)

인간 존재들 중 가장 강한 존재들조차 ― 니체가 말하는 의미에서 ― 힘에의 의지의 이 부정적 질에 의해 괴롭힘을 겪고 있다. "강한 인간은 약한 인간에게 대항할 수 있지만, 미묘한 매력에 의해 약한 인간에게 묶여 있는 그 자신의 약하게–되기에는 대항할 수 없다(NP 158).

하지만 *Übermensch* 곧 초인Overman이라는 니체의 악명 높은 주제는 어떠한가? 들뢰즈에게, 초인이 어떤 종류의 우월한 인간 존재, 원한을 내던져버릴 수 있는 특히 강한 예의 인간이 아니라는 점을 아는 것이 매우 중요하다. 이것은 인간 존재 그 자체는 반응적 유형의 존재라는 사실에 이미 함축되어 있다. 들뢰즈에게, 초인은 오직 이후–인간post–human

을 의미할 수 있을 뿐이며, 만약 허무주의로부터 나오는 출구에 대한 희망이 존재한다면, 그것은 인간 형식은 사라지고 다른 어떤 것이 생길 것이다라고 하는 희망이다. 하지만 이런 일이 어떻게 가능할 수 있을까?

긍정의 환원 불가능성, 그리고 영원회귀의 계보학적 의미

『니체와 철학』 끝 무렵의 수수께끼 같은 몇 안 되는 페이지들에서, 들뢰즈는 우리에게 이 물음에 대한 뛰어난 대답, 힘force과 힘에의 의지the will to power에 관한 그의 분석에서 따라 나오는 것을 제공하고 있다.

우리는 힘에의 의지가 반응적-되기에 의해 점차적으로 표현된다는 점을— 혹은 더 정확히 말해, 반응적-되기가 힘에의 의지의 질로서 무-되기를 표현하는 종착점에 도달했다는 점을— 알고 있다. 그러나 무에의 의지가 이왕에 표현되는 한에서, 그것은 여전히 힘에의 의지이며, 본질적으로 긍정적이고 창조적이다. 힘에의 의지가 지니는 이러한 긍정적인 성격은 결코 파괴되거나 혹은 의지로부터 제거될 수 없다. 그러나 파괴될 수 있는 것은 특정한 사태, 특히 반응적 유형으로서의 인간 존재이다. 들뢰즈의 독해에 의하면, 이것은 반응적 힘들 그 자체에 등을 돌리는 힘에의 의지의 부정적이고 파괴적인 면에 의해서 성취된다. 무에의 의지의 통일성은 극단적인 지점에서 파괴된다. 즉, 부인할 아무것도 남아 있지 않을 때, 의지는 긍정의 순수하고 억제되지 않는 힘으로서 다시 나타날 따름이다. 다음은 들뢰즈가 니체를 독해하는 핵심 순간들의 하나에서, 이 점을 언급하는 방식이다.

> 파괴는, 반응적 힘들과 무에의 의지 간의 결연이 와해되면서, 무에의 의지가 긍정의 측면으로 전환되고 넘어가는 순간에 능동적이 된다. 그것은 반응적 힘들 그 자체를 파괴하는 긍정하는 힘power과 관련되어 있다. (NP 174)

우리는 여기서 영원회귀의 세 번째 의미와 마지막 의미를 발견한다. 더 정확히 말해, 첫 번째 우주론적 의미의 재긍정을 발견하지만, 이번에는 우리가 앞에서 논한 바 있는 구조적 의미가 아니라 계보학적 관점에서 그러하다. 우리는 영원회귀는 시간성의 절대적 성격 ― 그것은 생성becoming의 긍정이다 ― 을 가리킨다는 점을 알고 있다. 하지만 생성, 곧 실재 자체의 역동성은 반응적 힘들과 그것들의 아바타인 허무주의를 이루는 모든 것, 즉 수동성, 중립성, 긍정의 철회에 절대적으로 대립한다. 따라서, 영원회귀는 사실 이 반응적 힘들의 덧없음impermanence을 가리킬 따름이다. 영원회귀는 허무주의는 결코 최종적 말을 차지하지 않으리라는 확약이다.

이것이 들뢰즈가 영원회귀를 선별적인 것으로서 특징지을 때 기술하고자 하는 것이다 ― 시간은 그 자체로 오직 능동성의 긍정일 뿐이기 때문에 수동적인 모든 것을 "선별해 낸다". 이 점은 각 선택된 행위에 대한 적극적 긍정을 위하여 수동성을 선별해내는, 윤리적 사유로서의 영원회귀에 해당한다. 하지만 이 점은 또한 실재에 관한 사실로서의 영원회귀에도 해당한다. 영원회귀는, 존재 안의 반응적 요소들과 수동적 요소들을 선별해내고 존재를 완전하게 긍정함으로써, 실존의 잘못된 원호arc, 떠들썩한 드라마를 기술하는 생성의 역동적 유동을 근거 짓는다.

제3장

칸트의 비판철학

들뢰즈의 세 번째 책, 『칸트의 비판철학La philopophie critique de Kant』은 1963년에 간행되었다. 이 책은 철학사의 주요 인물들을 소개하는 데에 할애된, "철학자들Les Philosophes" 시리즈의 하나로 출간되었다. 분명 이 책은 어떤 면에서 입문자들을 위한 것이기에, 프랑스 원본이 100쪽 조금 못 미치고, 참고 문헌과 이차 문헌을 갖춘 통상의 학술적인 공구에 비해 매우 적은 것을 담고 있다. 하지만 들뢰즈는 칸트 철학의 모든 것, 무엇보다도 유명한 세 비판서, 즉 『순수이성비판Critique of Pure Reason』(첫째 판 1781년, 둘째 판 1787년), 『실천이성비판Crtitique of Practical Reason』(1788), 『판단력비판Critique of Judgment』(1790)을 망라하며, 모든 페이지에서 중요한 내용을 담아내고 있다. 보게 되겠지만, 그는 또한 칸트의 다른 저작들을 위한 중요한 자리를 마련하고 있다. 우리는 『칸트의 비판철학』에 대한 어떠한 언급도 간결함 그 자체인 이 인상적인 작업에 주목함으로써 시작하지 않으면 안 된다.

이 책이 간행되고 나서 수년 후, 들뢰즈는 다음과 같은 말로 이 책을 돋보이게 하고 있다. "칸트에 관한 내 책은 특별하다. 나는 이 책을 좋아한다. 나는 이 책을 한 명의 적에 관한 책이라고 여기며 저술했다. 이 책에서 나는 칸트 철학의 체계가 어떻게 작동하는가를 보여주려고 노력했다."(N 6) 이러한 비판적 정신을 이 책에서 식별해낸다는 것은 거의 불가능하다. 대신에 들뢰즈의 목표는, 칸트의 견해가 안고 있는 잘 알려진 유명한 문제들이 매우 분명히 전면에 나타날 때조차도, 오로지 긍정적이고 설명적인 것으로 나타날 따름이다.

능력 이론과 초월론적 방법

칸트 철학에 대한 들뢰즈의 설명은 **능력** 개념을 둘러싸고 전개된다. 능력faculty — 이 용어 그 자체는 불투명하거나 혹은 지나치게 전문적인 것으로 보일 수 있다 — 이란 단지 사유의 역량capacity 혹은 힘force(*Kraft*)일 뿐이다. 지각, 기억, 상상, 욕망 등등, 이것들은 내가 실행할 수 있는 역량들, 즉 내가 소유하는 능력들이다. 칸트의 능력 이론에 있어서 결정적인 것은 무엇인가? 들뢰즈는 네 가지 논점을 강조하는데, 그중 한 논점은 우리의 논의 뒷부분에 이를 때까지 검토하는 일을 미룰 것이다.

첫 번째 주장: 우리는 다수의 상이한 능력들을 소유한다.
칸트가 능력들에 대해 설명할 때 우리가 맞이하는 새로운 첫 번째 순간은 능력들의 다수성에 대한 주장이다. 이런 이유로 들뢰즈는 "칸트주의의 가장 독창적인 지점들 중의 하나는 **능력들 간의 본성상** 차이에 관한 견해"(KCP 19)라고 쓰고 있다. 이는 가장 중요한 것일 뿐만 아니라, 칸트 철학에 심각한 문제들을 야기한다. 들뢰즈가 이 문제를 기술하기 위해 사용하는 일반명사는 *sensus communis*, 즉 **공통감**common sense이다. 본성상 다른 능력들이 그럼에도 불구하고 어떻게 공통 목적과 공통 준거 틀을 나누어 가질 수가 있는가? 우리는 이 문제를 다시 상세하게 논하게 될

것이다.

두 번째 주장: 우리의 능력들은 상위의 형식을 소유한다

들뢰즈가 재구성하는 바와 같이, 사유의 주어진 능력들에 관한 칸트의 주요한 물음은, 능력은 상위의 형식을 가지는가?이다. "상위의 형식higher form"이란 말로 칸트는 다른 곳에서 들어오는 규칙의 필요나 혹은 부과 없이 독자적으로 작동할 수 있는 **자율적인** 것을 의미한다. 들뢰즈가 말하듯이, "능력은, 그 자체의 실행의 법칙을 그 자체 안에서 발견할 때, 상위의 형식을 가진다."(KCP 4) 칸트가 **지성**understanding이라고 부르는 것이 그 상위의 형식을 이루는 인식knowledge의 능력 ─ 우리의 인식하는 역량 ─ 의 예를 생각해보자. 여기서 펴는 주장은 지성은 다른 어떠한 원천으로부터도 독립해 있는, 인식의 원천이며, 따라서 지성이 없다면 일상적이고 경험적 의미의 인식은 불가능할 것이라는 점이다. 칸트는 지성이 제공하는 것은, 어떠한 것이든 인식하기 위한 자율적인 규칙들, 즉 그가 지성의 범주들이라고 부르는 것이라고 주장한다. 결국, 이 규칙들은 대상성object-hood 개념, 혹은 칸트가 "대상 = x"라고 부르는 것의 개념을 정의한다. 나는 사과에 관해 여러 가지 것들 ─ 사과가 어떻게 자라는지, 맛이 어떠한지, 또 심지어 사과의 분자 조성에 관한 몇 가지 것들 ─ 을 인식하고 있다. 하지만 사과들에 관한 내 경험과 인식은 결코 나에게 대상들 일반에 관한 정보를 제공할 수 없다. 따라서 만약 내가 이 일반성에 관한 지식을 조금이라도 갖고 있다면, 그것은 정확히 **선험적인**a priori ─ 즉, 어떠한 특수한 경험에도 앞서는 ─ 것이지 않으면 안 된다.

세 번째 주장: 능력들은 이성의 목적들에 따라서 위계적으로 조직된다

이 세 번째 주장은 앞의 두 주장을 합한 것이다. 다수의 능력들이 존재한다는 사실과, 상위에서 작동하는 능력들이 다른 능력들에 비해서

자율적이라는 사실이 어떻게 조화를 이룰 수 있는가? 대답은 능력들은 사유함thinking의 주어진 목표나 목적에 따라서 상이하게 조직된다는 점이다. 달리 말해서, 상이한 능력들은 한 특수한 능력의 지배하에서 합쳐질 수 있다 — 한 능력이 담당할 것이다 — 는 점이다. 여기서 주안점은 다양한 능력들의 상대적 역할들은 사유thought가 향하는 목표나 목적들에 따라서 변한다는 점이다. 도덕적인 결정을 두고 걱정하는 일, 흰 백합을 아름다운 것으로 발견하는 일, 유클리드의 기하학을 비판적으로 검토하는 일 등 사유의 이러한 각 활동은 다양한 능력들의 기여를 상이하게 조직하는 것을 전제한다. 이 각 사례에서, 능력들의 상이한 조직이 요구될 것이다. 세 비판서는 인식론적이고, 도덕적이고, 미감적이고, 목적론적인 판단들 (우리는 다음에 오는 것에서 이 용어들의 의미를 논할 것이다)의 다양한 사례들에서 이 "담당함being in charge"이 무엇을 의미하는지에 대한 세 가지 상이한 설명을 제기한다.

하지만 이 모든 것은 또 다른 방식으로 서술될 수 있다. 들뢰즈의 말로 하면, "본성상 상이한, 이성의 관심들이 존재한다."(KCP 6) 사유함 일반을 위한 이름으로서 여기서 이해된 이성은 능력들의 상이한 조직을 요구하는 상이한 목적들을 가진다. 『칸트의 비판철학』은 이 목적들에 관한 이중의 주장으로 시작된다.

1. 칸트에게 있어서, 이 목적들은 하나의 전체, 하나의 유기적 체계를 형성한다.
2. 이 목적들은 (능력들의 상대적 위치가 고정되고, 목적들이 자연적인) 경험론에 의해서도 설명될 수 없고, (능력들의 위치가 고정되고, 오직 하나의 목적만이, 좁은 의미에서의 이성의 목적만이 존재하는) 합리론에 의해서도 설명될 수 없다.

들뢰즈가 언급하는 바와 같이, 칸트의 철학 전체는 명백히 세 번째 대안, 즉 주지하다시피 칸트가 경험론과 합리론 사이의 중도라고 부르는 것에 대한 탐구이다(*Critique of Pure Reason*, B167). 이 대안은 **능력들의 동적 공동체**의 주제들, 그리고 칸트의 자율성 개념을 둘러싸고 전개된다.

계속하기 전에, 용어에 대한 주석을 달 필요가 있다. 칸트는 "이성"이라는 용어를 두 가지 서로 다른 의미로 사용한다. 현재의 논의에서, 내가 위에서 언급한 바와 같이, 칸트는 이성을, 예술을 판단하거나, 수학을 하거나, 또는 도덕적 문제를 해결하는 것과 관련 있는, 모든 종류의 분별적 사유deliberative thinking의 동의어로 간주한다. 그는 또한 이성을 사유함의 매우 특별한 기능을 지시하는 데 사용한다. 칸트의 학문 전통을 따라가며, 또 들뢰즈 자신의 용법을 따라가며, 소문자 "이성reason"은 개괄적으로 말할 때 사용될 것이고, 반면에 특별한 능력의 "이성Reason"은 언제나 대문자로 표현될 것이다.

초월론적인 것

들뢰즈와 더불어 세 비판서들 각각의 주장을 차례대로 따라가면서 우리는 이 모든 것이 펼쳐지는 것을 보게 될 것이다. 하지만 들뢰즈 독해의 주요 관심은 모두 또 다른 방식으로 다시 언급될 수 있는데, 이번에는 칸트 철학의 대표적 특징인 **초월론적인 것**transcendental에 의해 언급될 수 있다. 사실, 상위 의미의 능력들에 대한 칸트의 관심은 가능한 경험의 조건들에 대한 관심이다. 달리 말해서, "인식 능력의 상위 형식은 무엇인가?"는 "사물들을 인식하는 우리의 통상적인 일상 능력은 필연적으로 무엇을 전제하는가?"로 재구성될 수 있다. 이러한 초점의 전환은 사유의 사실들이나 습관들의 경험적 수준에서 원리들의 초월론적 수준으로 향하는 전환이다. 우리가 어떤 것을 인식한다고 주장할 때면 수반되는 사실fact에 대한 물음들이 언제나 존재한다 — 기자라면 취재원이, 과학자라면 증거가 있지 않으면 안 된다. 하지만 이 외에 인식 일반과 인식 그 자체의 가능성을 설명하는 것에 관한 물음이 여전히 남아 있다. 그것은 "초월론적"이라는 용어가 가리키는 것, 즉 경험의 가능성을 위한 필연적인, 선험적인 조건들, 그리고 사유를 위한 우리의 모든 능력들의 가능성을 위한 필연적인, 선험적인 조건들이다.

『순수이성비판』의 능력 이론

이제 인식 — 인식론적 판단 — 이 주된 초점을 이루는 칸트의 초월론적 능력 이론서, 『순수이성비판』의 첫 번째 사례 연구로 향해보자. 그리고 우리가 예상하는 바와 같이, 들뢰즈의 주장은 사유의 목표가 인식함knowing일 때 조직하기 위해 칸트가 다루는 다양한 능력들을 통해 진행된다.

상상력

어떠한 대상이든 대상에 대한 나의 인식은 하나의 경험이 아니라 시간과 공간 속의 일련의 경험을 수반한다. 즉, 나는 이런 방식으로 이 순간의 시간 속에서 사과를 포착하고, 이어서 같은 사물이 다음 순간에 일어난다. 하지만 만약 내가 사과를 인식한다면, 그것은 하나의 통일된 대상이지 단지 일련의 측면들profiles이 아니라는 점 또한 사실이다 — 나는 지나간 측면들을 재생산하면서, 이 포착들을 종합하여 대상으로서의 사과를 또한 구성한다. 모든 대상적 인식에서 명백히 작동하는 이 두 순간들은 칸트에게는 상상 능력의 작용들이다. 우리는 이것을 왜 상상력imagination이라고 부르는가? 능력으로서 상상의 힘은 이미지들images — 가령, 사과의 이미지 — 을 생산하는 힘이기 때문이다.

주체, 객체, 지성

하지만 사실 이 이미지는 그 자체만으로는 인식이 아니다. 인식은 또한 두 가지 다른 성분을 필요로 한다. 한편으로, 인식의 주체가 존재하지 않으면 안 된다. 사과에 대한 경험과 인식은 이 주체에 대하여 경험되고 인식된 어떤 것이다. 이 주체는 칸트가 **통각의 초월론적 통일**transcendental unity of apperception이라고 부르는 것인데, 길지만 그가 — 주지하다시피, 그가 "**나는 생각한다**는 나의 모든 표상들을 수반할 **수 있어야**만 한다. 왜냐하면, 그렇지 않으면 전혀 생각될 수 없는 어떤 것이 나 안에서 표상될 것이기 때문이며, 이는 이 표상은 불가능하거나 아니면 적어도 나에 대하여 아무것도 존재하지 않을 것이라고 말하는 셈이 될 것이기 때문이다"(*Critique of Pure Reason*, B131–2)라고 쓰고 있을 때 — 기술하고 있는 것에 적절한 이름이다. 여기서 논점은 나의 다양한 경험들은, 내가 나의 경험을 말할 수 있기 위하여, 마치 열쇠고리 안의 열쇠들처럼, 이 경험들을 경험하는 사람으로서의 나와 관련이 있어야만 한다는 것이다.

다른 한편으로, 사과의 이미지는 탄탄한 의미에서 아직 인식의 대상이 아니다. 인식은 또한, 들뢰즈가 말하듯이, "표상된 잡다represented manifold를 하나의 대상과 관련을 맺게 하는 작용(재인recognition: 이것은 테이블이다, 이것은 사과다, 이것은 이러이러한 대상이다)"(KCP 15)을 필요로 한다. 이것이 없다면, 실재하는 사물의 이미지와, 내가 또한 쉽사리 생산할 수 있는, 가령 유니콘의 이미지 사이의 차이가 존재하지 않을 것이다. 이제, 우리가 앞에서 언급한 바와 같이, 대상성의 윤곽은 결코 경험 속에서 직접 주어지는 것이 아니라, 경험이 전제하는 것이다. 칸트에게, 대상성은 "대상 일반의 개념의 술어들"(KCP 14)과 관련해서 규정된다. 이 술어들을 제공하는 능력은 내가 이미 언급한 바 있는 능력 곧 지성이며, 이 술어들은 칸트가 (궁극적으로 아리스토텔레스를 따라서) 지성의 범주들이라고 부르는 것이다. 결국, 이 범주들은 자연 세계 그 자체를 구성하는 것이고,

혹은 더 잘 말한다면, 자연의 법칙들은 인간 인식의 구조에서 발견되지, 존재 그 자체에서 발견되는 것이 아니다.

여기서 핵심 논점에 주목하라. 인식이 목표일 때 지성의 능력은 "담당한다". 나는 멋대로 날뛰는 허구적 시나리오들을 언제나 상상할 수 있지만, 실재하는 대상에 관한 어떤 것을 알고 싶어 하는 순간, 상상은 지성에 복속된다. 달리 말해서, 지성은 이성의 목적이 인식일 때 입법하는 능력이다. 하지만 칸트는 초월론적 철학, 즉 경험과 인식 일반의 가능성을 위한 조건에 관한 설명을 제시하고 있는 것이지, 특수한 인식 주장들knowledge claims이 어떻게 일어나는가에 관한 설명을 제시하고 있는 것이 아니라는 점을 마음에 간직하는 것이 훨씬 더 중요하다. 문제의 그 의식은 이 노트북, 이 책상, 이 도시에 대한 나의 경험적 의식이 아니라, 의식 그 자체의 형식이다. 역으로, 칸트가 관심을 갖는 대상은 이 노트북이나 이 책상이 아니라, 형식적 대상=x ─ 대상 일반의 형식 ─ 이다. 빈 주체와 형식적 대상은 엄밀한 상관물이며, 똑같이 인식의 필연적 전제들이다. 칸트가 데카르트를 능가한다고 언급하면서, 들뢰즈는 이 논점들을 다음과 같은 텍스트로 요약한다. "코기토cogito의 실재적(종합적) 공식은 이렇다. 나는 나 자신을 생각하며, 나 자신을 생각할 때 나는 나에 의해, 표상된 다양represented diversity과 관계를 맺게 되는 대상 일반을 생각한다."(KCP 14; *Critique of Pure Reason*, B 138를 보라)

감성

지성과 상상은 경험과 인식론적 판단을 구성할 때 능동적이고 구성적인 능력이지만, 그러나 어떤 것, 즉 이 능력들이 작업하러 가는 물질들의 기원이 여전히 빠진 채로 있다. 나로 하여금 감각을 수용하게 하는 추가적인 능력, 칸트가 감성sensibility이라고 부르는 능력이 존재함에 틀림없다. 지성이나 상상과 달리, 감성은 필연적으로 수동적이다 ─ 나는 내가 경험하는 감각들을 구성하지 않는다. 감각들은 나의 제어 혹은 직접적 포착을 넘어서는 원천으로부터 일어나야 한다.

하지만 수동적인 것 이외에, 감성은 두 번째 중요한 특질에 의해 정의된다. 세계에 봉착하는 나의 모든 마주침들은 즉시 시간과 공간의 검인이 찍힌다. 이 마주침들은 시간과 공간의 체제 안에서 일어난다. 따라서 감성은 공간과 시간의 형식이 속하는 능력이다. 이제, 감성이 이 공간과 시간의 형식을 감각의 다양성multiplicity에 부과한다는 것은 사실이 아니라고 들뢰즈는 강조한다. 나의 감각들이 본성상 시-공간적이라는 것은 즉시 주어져 있다. 그리고 이 시-공간적으로 규정된 다양성들은 칸트가 직관들intuitions이라고 부르는 것이다.

이성

하지만 이제 우리는 제1 『비판』에서 인식의 형성에 결정적 역할을 하는 마지막의 네 번째 능력, 이성Reason의 능력에 도달한다. 이 이성이 칸트 책 제목의 "이성"이며, 이어서 "비판"이라는 단어가 의미하는 첫 번째 것은 이성에 대해 생각할 때 우리가 생각하는 것을 재구성할 필요가 있다는 것이다. ― 내가 영혼의 본성을 관조할 수 있거나, 초월적 신의 실존에 대해 나 자신과 논쟁할 수 있을 때처럼 ― 경험을 언급하지 않고 세계의 본성에 관해 사유할 수 없다는 것은 사실이다. 하지만 경험을 직접 언급하지 않는 바로 그 이유 때문에, 이성은 이 물음들을 둘 중 어느 쪽으로든 해결할 수 없을 것이다. 칸트가 거장답게 제1 『비판』의 「순수이성의 이율배반」 절에서 보여주는 바와 같이, "우주는 시작이 있었는가?" 혹은 "신은 실존하는가?"와 같은 물음들은 긍정적으로도 부정적으로도 엄격하고 일관되게 대답될 수 있다.

칸트의 흥미로운 결론은 이 문제적 상황이 인식을 위한 이성의 긍정적인 특징이라는 점이다. 이성이 세계의 상태를 표상할 수 없다는 사실은 이성의 개념들— 칸트가 이성의 이념들Ideas이라고 부르는 것 — 이 인식의 형성에 상이한 역할을 한다는 것을 의미한다. 이 역할은 **규제적인**relative 역할이다. 이념들은 우리에게 특수한 인식 주장들을 조직하는 수단을 제공함으로써 인식에 기여한다. 총체성의 이념 — "모든 것" 혹은 우주의 이념 — 이라는 예를 취해보자. 이 이념은 결코 경험이나 인식의 대상이 될 수 없지만, 그것이 할 수 있는 것은 인식 그 자체의 체계적인 통일을 이해할 수 있게 해주는 것이다. 이것이 없다면, 어떠한 체계적인 상호 관계도 결여하는 특수한 인식 주장들의 장식품 수집으로 환원되므로, 현대 과학은 완전히 불가능하게 될 것이다 — 서로 간에 옆에서 작업하는 두 화학 실험실은 그들의 연구를 상호 관련지을 수 없게 될 것이다.

더 명확하게 말하면, 들뢰즈가 언급하듯이, "이성의 이념들은 지성의 개념들에게 최대한의 체계적인 통일성과 범위를 수여하기 위하여 이 개념들을 지시한다."(KCP 17) 따라서 이념들의 대상들— 칸트는 신, 영혼, 총체성 이 셋을 강조한다 — 은 진정한 대상들이 아니라, 어떤 종류의 이념적 반–대상들half–objects이거나 혹은 불완전한 대상들imcomplete objects이다. 이 불완전한 대상들은, 지성이 생산한 표상들에다 이 표상들이 단독으로는 소유하고 있지 않은 넓이나 폭을 부여하기 위해 동원될 때마다 매번 완성된다. 들뢰즈의 요약문은 전부 인용할 만한 가치가 있다.

> 이성은, 지성의 인식에 대한 관심 속에서 입법적 힘을 포기하는 바로 그 순간에, 그럼에도 불구하고 한 역할을 보유한다. 더 정확히 말해, 이번에는 지성 그 자체로부터 독창적인 기능을 수여받는다. 즉, 지성의 개념들이 수렴되는, 경험 바깥의 이념적 초점들을 구성하는 일(최대한의 통일성). 지성의 개념들을 반성하고 내포하는 상위 지평을 형성하는 일(최대한의 범위). (KCP 17)

Sensus communis logicus[3]

이제 우리는 제1『비판』에서 능력들의 체계가 어떻게 서로 들어맞는지 보았다. 이와 더불어, "세 가지 능동적 능력들(상상, 지성, 이성)은 […] 어떤 관계 안으로 들어가는데, 이는 사변적 관심의 기능이다."(KCP 18) 이 관계는 인식이 사유의 목적일 때 "의장직"(KCP 10)을 맡고 있는 지성에 의해 지배된다. 특히 지성은 다른 능력들에게 대상의 형식을 부여하는데, 다른 능력들 각각의 기여는 필연적으로 이 대상의 형식에 복속된다.

달리 말해서, 능력들 사이에는 어떤 종류의 조화 혹은 일치 ─ 어떤 '공통감common sense' (KCP 18) ─ 가 확립된다. 하지만 이제 들뢰즈는 비판적인 중요한 물음을 제기한다. 칸트가 행하는 인식 능력의 재구축은, 객관성objectivity은 오직 주체 내에서만 확립된다는 주장에, 그리고 대상들 그 자체objects in themselves는 어떤 식으로든 대상들에 대한 우리의 경험과 조화 속에 있다는 어떠한 믿음도 우리는 거부해야만 한다는 주장에 바탕을 두고 있다. 그러나 칸트는 이 조화의 장소를 전환하여, 이제는 능력들의 공통감sensus communis 속에서 이를 발견했을 뿐이지 않은가? 칸트는 "다시 한번 조화의 관념을 내놓고 이를 본성상 상이한, 주체의 능력들의 수준으로 이동시키지 않는가?"(KCP 19) 논점을 훨씬 더 예리하게 펴면서, 들뢰즈는 "우리가 이미 규정된 관계나 일치의 관점을 상정할 때마다 공통감이 우리에게 우리가 넘어설 수 없는 일종의 선험적 사실로 보이는 것은 불가피하다"고 언급한다(KCP 23).

능력들의 적법한 사용과 부적법한 사용

들뢰즈가 말하는 바와 같이, 이 부적법한 것으로 보이는 칸트의 상정은 칸트가 제3의 『비판』에서 대안적인 접근법을 전개하기 수년 전에 행해진

---

3. 논리적 공통감.

것이다. 하지만 당분간 들뢰즈는 칸트의 재구축이 드러내는 사유함의 보편적 위험을 논하고자 이 관심을 한쪽에 제쳐놓는다. 그 위험은 이러하다. 사유와, 그 자체로 존재하는 바의 실재 간에는 자연적인 조화가 존재하지 않기 때문에, 그리고 주체는 자율적으로 입법하기 때문에, 마음의 힘들의 부적법한 사용들에 대한 가드레일이 존재하지 않는다. 마음 안의 그 어떤 것도 마음이 섬망으로 넘어가는 것을 막지 못한다.

칸트는 그런 두 부적법한 사용들, 아니 오히려 한 단일한 복잡한 오류 — 사물들이 우리의 경험 속에서 구성되기보다는 그 자체로 존재하는 바의 사물들을 우리가 파악할 수 있다는 발상— 의 두 버전을 발견한다. 들뢰즈가 말하듯이, "지성과 이성은 사물들 그 자체가 우리들에게 인식되도록 만들고자 하는 야망으로 인해 심하게 고통을 겪는다."(KCP 24) 첫 번째 예에서는, 지성에게 잘못이 있다. 만약 내가 가령 옷의 색깔에 관해 논쟁을 벌인다면, 나는 내 인식 주장을 정당화하기 위해 결국 내 앞에서 물리적으로 존재하는 것에 최종적으로 의지할 수가 없다. 왜냐하면, 경험의 대상들은 사유 안에서 형성되지, 사물들 자체에 의해 생산되는 것은 아니기 때문이다. 다른 증거가 없기 때문에, 나는 결코 나의 표상들 이상의 증거를 지적할 수 없다. 하지만 그럼에도 불구하고, 이것이 내가 하려고 애쓰는 것이다(너는 눈이 멀었느냐? 그것은 분명히 검푸른색이다! 등등). 지성의 이러한 사용은 자신의 한계들을 도외시한다.

하지만 두 번째로 또 더 진지하게, 이성은 그 자신이 실재의 본성을 직접적으로 다룬다고 생각할 수 있다. 이는 칸트가 이성의 **초월적 사용**tran-scendent use이라고 부르는 것이다. 그것의 특징은 이성은 단독으로 인식을 구성할 수 있다는 믿음에 있다. 신 혹은 나의 영혼에 관해 **추리할**reason 수 있기 때문에 나는 그것들에 관해 **안다**know고 생각하게 된다. 이러한 이성의 부적법한 사용에서, 나는 경험 바깥에 정복할 수 있는 절대적 영역의 가상을 받아들인다(KCP 25). 이 문제는 그것이 일어나는 것을 막을 방법이 없기 때문에 다시 한번 더 특이나 심각하다. 이성은 독자적으로 이 허구들을 산출하는 부적법한 사용을 향해 경도되어 있다. 주지하다시피, 칸트는 이 경향을 초월론적 가상transcendent illusion — 우리의 개념을 결합하는 주관적 필연성을 […] 사물 그 자체를 규정하는 객관적 필연성으로 오인하는 경향(*Critique of Pure Reason*, A297/B354) — 이라고 부른다.

이제 순수이성을 비판할 필요가 나타난다. 이 경향을 계속 점검하기 위해서는 비판적인 경계가 요구될 것이다. 하지만 들뢰즈는 이성은 왜 그 자신을 사물들 그 자체로 보내는 경향이 있는가? 하고 묻는다. 실로 이 경향에는, 설사 인식에 복무할 때 그것이 일탈일 수밖에 없을지라도, 긍정적인 어떤 것이 존재한다. 요약하자면, 만약 이성이 지성에 의해 설정된 한계들을 넘어선다면, 이는 이성이 인식을 추구하는 일에 종사하는 것 이상의 것을 할 수 있기 때문이다. 이성의 넘어섬은 자신의 깊은 본성에게 말을 건넨다. 들뢰즈가 말하는 바와 같이,

> 그렇다면 오직 하나의 출구가 존재할 뿐이다. 다른 곳에서 이성은
> 사물들 그 자체에 대한, 그 자체 적법하고 자연적인 관심을 경험하지,
> 사변적인 관심을 경험하지 않는대인식을 위한 추구에 내맡겨진 것이
> 아니다]. […] 만약 사물들 그 자체가 우선적으로 또 진정으로 이성의
> 또 다른 관심의 대상이 아니었다면, 사변적 이성은 결코 사물들 그
> 자체에 관심을 갖지 않았을 것이다. (KCP 23)

이 모든 것은 우리에게 우리가 칸트에게서 대답을 발견해야 할 두 가지 물음을 남겨놓게 된다고 들뢰즈는 쓰고 있다. 첫 번째 물음은 공통감에 관한 것이다. 칸트는 어떻게 능력들 사이의 조화에 대한 자신의 언급을 정당화할 수 있는가? 두 번째 물음은 우리가 이제 향하게 될 물음으로 이성에 관한 것이다. 인식에 복무할 때 이성에게 적법한 작동을 넘어서도록

압박하는 동기를 부여하는 이 다른 목적은 무엇인가?

『실천이성비판』의 능력 이론

제2의 『비판』, 『실천이성비판』에 의해 제기되는 물음은 욕망에 관한 것이다. 이 능력의 상위 형식은 무엇인가? 즉, 특수한 경험적인 필요와 결핍, 쾌와 불쾌로부터 자율적인 것이 될 때 욕망의 본성은 무엇인가? 욕망의 상위 형식은, 어떠한 특수한 사실이나 느낌에 의해서도, 혹은 다른 곳에서부터 부과된 어떠한 규칙에 의해서도 제약되지 않을 의지, 의지 그 자체라고 칸트는 결론을 내린다. 그것은, "실천이성과 자유는 아마도 동일하다고 할 만큼"(KCP 29) 주체성의 순수 자율성이다. 그러나 이 순수 자율성은 어떤 종류의 매이지 않은 무작위성일 수 없고, 선택과 무관한 것일 수 없다. 결국 이것이 자율성이 의미하는 것 — 자기-**규칙** — 이다. 그렇지만, 이와 상관적으로, 이 규칙은 쾌에 기초하여, 혹은 다른 사람들이 생각하는 것에 기초하여 부과된 어떠한 특수한 구조일 수 없다. 그렇다면 그것은 또한 이 규칙의 자율성을 양도할 것이기 때문이다.

그래서 이제 물음은 어떤 종류의 규칙이 이런 의미에서의 의지와 양립 가능한가가 되며, 칸트의 유명한 대답은 그것은 "보편적 입법의 순수 형식"(KCP 25), 모든 이성적인 존재자들이 그들의 자율성을 양도함이 없이 따를 수 있는 전적으로 일반적인 "당위"이다. 이 법칙은 그것이 규범 판단("우리는 …해야 한다")의 형식을 취하기 때문만이 아니라, 필연적으로 보편성, 모든 이성적 존재자들이 갖추고 있는 것을 수반하기 때문에, 필연적으로 도덕 법칙이다. 『칸트의 비판철학』 영역본 서문에 나오는 칸트의 논점에 대한 들뢰즈의 탁월한 요약은 이렇다.

그것[법칙]은 우리의 행위가 무엇이든 간에, 우리에게 우리가 무엇을 해야 하는지가 아니라, 어떤 (주관적인) 규칙을 따라야 하는지 말해준다. 만약 행위의 격률이 아무런 모순 없이 보편적인 것으로 간주될 수 있다면, 또 만약 행위의 동기가 이 격률 이외의 아무런 대상도 갖지 않는다면, 어떠한 행위도 도덕적이다. 예를 들어, 거짓말은 아무런 모순 없이 형식적으로 보편적인 것으로 간주될 수 없다. 왜냐하면, 그것은 적어도 거짓말을 믿는 사람들을 함의하고, 거짓말을 믿을 때 거짓말하고 있지 않은 사람을 함의하기 때문이다. 따라서 도덕 법칙은 보편성의 순수 형식으로 정의된다. (KCP x)

"거짓말하지 말라"라는 규칙은 도덕 법칙의 규범적 성격을 갖지만, 여러분이 꼬마였을 때 이후로 여러분에게 주입되었다는 것 이외의 다른 이유가 없기 때문에 이 규칙을 따른다는 것은 자율적으로 행위하는 것이 아니다. 당연히 그렇지 않고, 자유를 도덕적 동인으로서 확정하는 것은 이 부차적인 규칙이 보편성과 규범성의 통일로부터, 주관적인 자유 속에서, 필연적으로 따라 나온다는 사실이다. 따라서 칸트는 이 도덕 법칙을 훨씬 더 유명한, **범주적 명법**categorical imperative의 형식으로 표현한다. 그의 정식적 표현들 중의 하나는 이렇다. "그래서 여러분의 의지의 격률이 언제나 동시에 보편적 입법의 원리로서 유지될 수 있도록 행위하라."(*Critique of Practical Reason*, 45) 들뢰즈가 위에서 보여주는 바와 같이, "거짓말하지 말라"라는 규칙은 언제나 이 명법에서 연역될 수 있는 결과이지만, 이는 그것이 그것 때문에 한다는 연고를 가지고 있을 뿐이다. 이런 이유로 들뢰즈는 칸트의 도덕 철학을 카프카의 『소송』에 나오는 "선은 법이 말하는 그것이다"라는 한 논평에 연결시킨다. 우리가 행위의 과정을 추론 하게 할지도 모르는, 특수한 선들은 칸트에게는 존재하지 않는다. 우리가 무엇이 선인가 결정할 수 있도록 해주는 법칙의 형식적 규칙이 있을 뿐이다.

계속하기에 앞서, 칸트가 말하고 있는 자유는 자연 세계에 속할 수 없다는 것에 주목하는 일이 중요하다. 그 세계 — 물체들의 세계 — 는 원인과 결과에 전적으로 매여 있으며, 결국, 한 상태를 **자발적으로**spontaneously 시작하는 힘에 의해 정의되는 주관적 자유를 위한 장소를 마련해 놓고 있지 않다(*Critique of Pure Reason,* A533/B561). 이 태도가 유발하는 분명한 물음은 이렇다. 칸트는 자유가 실존한다는 주장을 정당화하기 위해 도대체 어떤 증거를 내놓을 수 있는가? 들뢰즈는 이런 방식의 물음에 대한 칸트의 대답에 들어 있는 두 가지 요소를 강조한다.

첫 번째 것은 제1의 『비판』에서 칸트에 의해 밝혀진다. 내가 조금이라도 경험을 갖고자 할 때 객관성이 초월론적 주체의 산물이라면, 나는 나에게 지성과 상상이 가서 작업할 수 있는 감성적인 투입을 제공하는, 세계 안의 어떤 것을 마주쳤음이 틀림없다. 여기에서 우리는 들뢰즈가 강조하듯이, "비판철학의 불변적 특징"(KCP 14)인 칸트의 경험적 실재론을 발견한다. 사유의 능력들을 넘어서는 이 "어떤 것"을 칸트는 주관적인 경험과 인식의 **현상적**phenomenal 영역에 대립하는 바의 **누메논**noumenon이라고 부른다. 내가 경험들을 갖기 위해서는 내 경험들을 넘어서는 어떤 것이 존재하지 않으면 안 된다. 그러한 넘어선 것이 존재한다 — 원인과 결과의 세계를 넘어서는 영역이 존재한다 — 는 사실은 자유에 대한 믿음을 위한 첫 번째 정당화이다

자유에 대한 믿음을 위한 두 번째 정당화는 주체의 측면에 바탕을 두고 있다. 생각하는 존재들로서, 우리는, 인식이 사유의 목적일 때 지성이 하는 바와 똑같이, 자율적으로 행위할 수 있는 능력들을 소유한다. 이 자율성은 자연 세계에 속하지 않는다는 바로 그 이유 때문에, 자연 세계의 그 어떤 것에 의해서도 보장되지 않는다. 사실, 지성 능력의 자율성은

그 자체 원인과 결과의 관계의 영구적인 역할에 관한 우리 인식의 원천이다. 자유가 불가능하다고 하는 증명의 근저에는 자율적 능력의 작업이 존재한다.

이성

이 모든 것을 충실히 하기 위해, 우리는 이성과 지성의 상대적 위치로 시작해서, 도덕성의 사례에서 능력들의 상호 작용으로 향하지 않으면 안 된다. 우선 자유는 신, 영혼, 세계의 이념들과 유사한 이성의 이념인 것처럼 보일 것이다. 하지만 우리는 자유는 주체에게 사변적 요소가 아니라 실천적 실재라는 점을 이미 본 바가 있다. 따라서 실천이성이 작동할 때 다른 이념들과는 본성상 다르지 않으면 안 된다. 대신에 칸트는 자유는 이성의 유일무이한 **사실**을 이룬다고 말한다. "자유는 이성의 사실이라고 부를 수도 있다. 우리는 선행하는 이성의 자료들로부터 자유를 추론해낼 수 없기 때문이다."(*Critique of Practical Reason*, 46) 도덕이 자유의 이념에 의해 인도되는, 사유의 목적일 때, 입법하는 것은 지성이 아니라 이성이며, 나아가 이제 규제적이 아니라 **구성적**이다. 이성은 자유를 의심할 여지 없는 사실이 되도록 만들며, 우리가 범주적 명법에 반대해서 선택할 때마다 동시에 우리는, 역설적인 것처럼 보이는바, 이성과 자유에 반대해서 선택하는 것이다.

그리고 비록 이성의 사실이 결정적으로 중요하더라도, 영혼의 이념과 신의 이념 또한 제1의 『비판』과는 다른 역할을 하는 것이긴 하지만, 중요한 역할을 한다. 이 맥락에서, 칸트는 이 이념들을 실천이성의 **공준들**postulates 이라고 부르는데, 이 이념들은 도덕적 선택의 이해 가능성이나 의미를 위한 전제된 조건들, "실천이성의 대상이 그 자체 가능하고 실현 가능한 것으로 정립되기 위한 조건"으로서 기능한다(KCP 42). 들뢰즈가 언급하듯이, "영혼의 이념과 신의 이념은 실천이성의 대상이 그 자체 가능하고 실현 가능한 것으로 정립되기 위한 필연적 조건들이다. [⋯] 무한한 과정(불멸의 영혼) 그리고 [⋯] 감성적 본성의, 혹은 '세계의 도덕적 원인'의 예지적 창시자intelligible author라는 중재자(신)"(KCP 42)가 요구된다.

실천이성의 실현: 지성, 감성, 상상력

이성Reason이 입법적 역할을 택하면서, 지성은 도덕적 사유에서 위치가 바뀐다. 이성적이고 자유로운 행위자로서의 자기self는 감성적 경험의 대상이 아니며, 따라서 계속 진행해 가고자 할 때 대상 일반의 형식을 요구하지 않는다. 그럼에도 불구하고, 지성은 유비analogy에 의해 이성에게 결정적인 자원을 제공한다. 본질적으로, ─ 입법적 역할의 ─ 지성은 우리의 직관들이 따라야만 하는 복잡한 규칙 이외의 아무것도 아니다. 이것이 이성이 도덕에서 의존하는 그것이다. "우리는, 입법적 지성에서 발견되는 것처럼, 오직 '법칙을 따르는 형식'만을 보유한다. 하지만 지성이 더 이상 입법자가 아닌 영역에서, 한 관심을 따라서 우리는 이 형식을 사용하고, 지성 그 자체를 사용한다."(KCP 42) 들뢰즈는 인식의 한 측면, 곧 인과성을 예로 선택한다. 도덕이 문제가 될 때, 이성은 자유로운 이성적 존재자의 인과적 작인agency을, 자연이 소유하는 인과적 작인과 유사한analogous 것으로 제시한다.

동일한 기초에서 ─ 자연을 특징짓는 원인과 결과의 세계에 속하지 않기 때문에 ─ 자유 그것은 감성의 능력에 지배당하지 않는다. "자유로운 존재자들과 자유로운 인과성은 어떠한 직관의 대상도 아니다. [⋯] 초감성적인 자연과 감성적 자연은 심연에 의해 분리된다."(KCP 33) 그럼에도 불구하고, 감성은 또한 도덕에서 중요한 역할을 한다. 즉, 자유 그 자체는 감성적 실재가 아닌 반면, 감성적 실재는 자유의 결과들의 필연적인 장소이다. 자유로운 행위들은 오직 감성적 영역에서 결과들을 가질 뿐이다. 실천이성은 그 자체 "현상과 관련해서 인과성을 가짐"(KCP 40)에 틀림없다. 요컨대, 감성은 우리에게 자유의지가 실현되는 영역을 제공한다.

상상은 같은 상황 속에 있다. 자유의 실행은 상상이 인식을 위하여 포착과 종합을 작동시키는 것을 직접적으로 요구하지 않는다. 그러나 이런 방식의 기능(=포착과 종합)에 의해서, 상상은 우리에게 도덕이 결과들을 가질 장소를 제공한다. 들뢰즈가 언급하듯이, "도덕의식은, 말하자면 도덕적 공통감은 믿음들뿐만 아니라, 감성적 자연이 초감성적인 것의 결과를 수용하기에 적합한 것으로 나타나는 상상 작용들도 포함한다. 따라서 상상 자체는 실로 도덕적 공통감의 일부이다."(KCP 44)

들뢰즈가 실천이성의 우위성에 대한 칸트의 유명한 주장을 언급하는 것은, 도덕적 공통감, 즉 주관적인 도덕적 자유가 주도적으로 활동할 때의 이 능력들의 조화를 설명하는 이 맥락에서이다. 자유로운 행위자의 관점에서 볼 때, 자연 세계는 이제 도덕적 행위가 가능하기 위하여 구성된 세계로 나타난다. 들뢰즈는 심지어 이보다 더 강력하게 말하기도 하다. 즉, 세계가 만약 단지 사변의 대상일 뿐이라면 어떠한 사변적 관심의 대상도 결코 되지 않을 것이다. 여기서 분명한 증거 하나는 신의 이념의 역할을 변형시켰다는 점이다. 즉, "인식의 대상으로서, 신은 (현상들이 최대한의 체계적 통일을 이끌어 내는 데 의거하는 것으로서) 오직 간접적이고 유비적으로만 규정 가능하다". 하지만 믿음의 대상으로서, 신은 배타적으로 실천적인 규정성과 실재성을 획득한다(세계의 도덕적 창시자)(KCP 44).

도덕에 있어서 부적법한 사용과 적법한 사용

제1의 『비판』에서와 똑같이, 『실천이성비판』은 이성의 작동이 자초하는 골치 아픈 과도함을 다룬다. 그렇지만 이번에는 "비판"이라는 단어가 상이한 의미를 띤다. 이 위협은 순수 실천이성에 의해서가 아니라—범주적 명법에 따라 작동하는 자유로운 행위자의 상황이므로— 이성이 자신의 방심한 작동 속에서 은닉하고 있는 **불순함들**impurities에 의해 제기된다.

칸트는 도덕을 감정sentiment에 의해 동기가 부여되는 것으로 다루는 경험주의적인 유혹을 인지하고 있지만, 그에게 이것은 단지 그릇된 것에 그치는 것이 아니라, 우리가 규칙에 따라서 행위하는 것에 관해 말하고 있을 때의 논점을 벗어나는 것이기도 하다. 그러나 우리가 범주적 명법을 따라 행위할 때, 우리는 "일종의 만족감, 즉 우리가 감성적 성향들로부터 독립해 있음을 표현하는 일종의 부정적인 향유, 우리의 지성과 우리의 이성 간의 형식적 일치를 직접적으로 표현하는 순수하게 지적인 만족을 경험한다."(KCP 32) 사실 이 만족감은 정서나 감각 그 자체가 아니라, "느낌의 지적 '유사체'"(KCP 39)라고 들뢰즈는 언급한다. 순수 실천이성에 대한 위험은 이 만족감을, 도덕적 행위에 대한 동기 부여가 사실상 감성적이고 정동적인 성격을 띤다는 것에 대한 증거로 보는 데 있다. 칸트는 우리는 "우리가 行하는 것에 대한 자기의식에 언제나 놓여 있는 착시"에 봉착한다고 쓰고 있을 때 이 상황을 잘 기술하고 있다. 이것은 "가장 경험이 풍부한 사람일지라도 피할 수 없는 착시"(*Critique of Practical Reason*, 148)이다. 따라서 어려운 비판적인 과제는 우리의 성찰을 도로 자유, 이성, 법칙 간의 배타적인 상호 함축을 향해 돌려놓는 것이다.

『판단력비판』의 능력 이론

우리는, 앞의 두 사례에서, 본성상 절대적으로 상이한 능력들이 그럼에도 불구하고 조화로운 관계로 들어갈 수 있다는 칸트의 가정을 본 바 있다. 『칸트의 비판철학』이 지향하는 주요한 주장들 중의 하나는 제3의 『비판』이 이 골치 아픈 문제가 확정적인 해결을 얻는 방식으로 칸트의 능력 이론을 변경하고 심화한다는 점이다. 앞에서 나는 들뢰즈의 설명을 이끄는, 능력들에 관한 세 가지 주요한 주장이 존재한다고 말한 바 있다.

1. 본성상 상이한 다수의 능력들이 존재한다.
2. 어떤 능력의 상위 의미는 자율적으로 작동하는 그 능력이다.
3. 문제의 그 사유함의 목적에 따라서, 상이한 능력들은 다른 능력들의 기여를 지휘하면서, 지배하는 역할 혹은 입법하는 역할을 채택한다.

『판단력비판』은 결정적으로 중요한 더 나아간 주장을 추가한다.

4. 만약 능력들 간의 관계가 사유의 목적에 따라서 변할 수 있다면, 이는 능력들이 **애당초 자발적 조화**로 들어갈 수 있기 때문임에 틀림없다.

달리 말해서, 상이한 규정적 관계들이 상이한 능력의 입법하에 존재할 수 있다는 사실은 능력들이 자발적 일치로 들어갈 기본적인 가능성이 존재함에 틀림없다는 것을 가리킨다.

> 모든 능력들의 미규정적인 초감성적인 통일, 그리고 이로부터 유래하는 자유로운 일치는 영혼의 가장 깊은 부분들이다. 실로, 능력들의 일치가 그중 하나에 의해 규정을 받게 될 때 […] 우리는 능력들은 애당초 자유로운 일치를 이룰 수 있다고 가정한다. […] 이것이 없다면 이 규정들 중 아무것도 가능하지 않을 것이다. (KCP 55)

그러므로 우리가 이미 본 바 있는 두 형식의(도덕적인, 그리고 논리적이거나 사변적인) 공통감은 그들의 작동의 근거가 될 세 번째 형식의 공통감, 곧 미감적 공통감에게 손짓을 보낸다. 이제 여기서의 논점은, 모든 인식과 도덕이 어떤 의미에서 — 마치 아름다운 것이 곧바로 선하거나 혹은 인식론적으로 중요하다는 듯이 — 미감적이라는 것이 아니다. 그렇기는커녕, 칸트는 능력들을 조직할 때의 이 더 깊은 자발성을 미감적인 것으로 정의한다. 잠시 후에, 우리는 그가 이 점을 어떻게 다루는지 보게 되겠지만, 먼저 우리는 관점의 이러한 전환은 칸트로 하여금 그가 오랫동안 의미가 없다고 생각해온 문제에 관해 진전을 보게 해주는 것이라고, 들뢰즈와 더불어, 언급하지 않으면 안 된다. 이 문제는 단지 이것일 뿐이다. 즉, "'쾌와 불쾌의 상위 형식이 존재하는가?'"(KCP 3)

이제, 한 단일한 입법하는 능력을 강조하는 일을 벗어나 전환함으로써, 몇 가지 새로운 상황들이 열린다. 구체적으로 말하면, 세 가지 다른 종류의 판단, 즉 아름다운 것에 대한 미감적 판단, 숭고한 것에 대한 미감적 판단, 목적론적 판단 혹은 자연의 목적들이나 목표들에 관한 판단이 검토될 수 있게 되는데, 우리는 이것들을 차례대로 검토할 것이다.

아름다운 것에 대한 미감적 판단들

그래서 이제 친숙하게 된 형태의 물음을 숙고해보자. 즉, 쾌의 상위 형식은 무엇인가? 상위 형식의 전형적 특징은 언제나 자율성이며, 여기서 이것은 쾌는 반드시 인식과 도덕의 요구로부터 뿐만 아니라 또한 정동과 관련해서도 자율적이어야 한다는 점을 의미한다. 아름다운 것에 대한 미감적 판단은 성격상 언제나 무관심하다. 자유로운 도덕적 선택이 느낌에 의해 동기가 부여되어서는 안 되는 것과 같은 방식으로, "이것은 아름답다"라는 종류의 판단은, 만약 이 판단이 낮은 의미의 쾌에 의해 실제로 동기가 부여된다면, 쾌의 상위 형식의 표현일 수 없다. 이와 상관적으로 — 그리고 이는 우리가 앞의 두 사례에서 본 바 있는 것을 기초로 하여 예상될 수 있는데, — 아름다움에 대한 미감적 관심은 형식에 대한 관심이지 내용에 대한 관심이 아니다. 동시에, 이러한 종류의 판단은 전적으로 특칭적이다 — 사실, "아름다운 것의 실존에 완전히 무관심하게 남아 있으므로"(KCP 47-8), 심지어 특칭적이지도 않다고 들뢰즈는 언급한다. 예를 들면, 나는, 설사 결코 지어진 적이 없다 하더라도, 어떤 건물의 표상이 아름답다는 것을 발견할 수 있다.

　이제, 우리가 "상위 형식 속의 아름다움의 능력은 무엇인가?" 하는 물음을 제기할 때, 대답은 매우 충격적이다. 즉, 아무것도 존재하지 않는다. 사변적이고 도덕적인 판단에서 지성과 이성이 하는 역할은 여기서 아무런 유사한 것을 발견하지 못한다. 상이한 어떤 것이 일어나고 있으며, 그것은 우리가 앞에서 언급한 바 있는 미감적 공통감에 관한 것이다. 들뢰즈가 언급하듯이, "느낌의 능력은 아무런 **영역**을 갖지 않는다(현상들도 아니고 사물들 그 자체도 아니다). 그것은 대상 같은 것이 따라야만 하는 조건들을 표현하는 것이 아니라, 오직 **능력들의 실행**을 위한 주관적 조건들을 표현할 뿐이다."(KCP 40)

　쾌의 상위 형식은 특수한 능력의 자율성을 일으키는 것이 아니라, 능력들 전 체계의 자율적인 조직을 일으킨다. 들뢰즈가 반복해서 말하는, 칸트가 드는 흰 백합의 예(*Critique of the Power of Judgment*, 181; KCP 54-5)를 생각해보자. 내가 "이 백합은 아름답다"고 말할 때 관건이 되는 것은 무엇인가?

1. 흰 백합의 이미지는 **상상**imagination 속에서 반성되지만, (인식에서처럼) 범주들의 적용이 전혀 없이 반성된다. 대신에, 상상은 사물의 형식과 더불어 "유희하며", 자발적으로 아무런 지침 없이 측면들profiles과 관점들perspectives을 발생시킨다.

2. 그럼에도 불구하고, **지성**은 미규정성이라는 (부정적인) 형식적 범주를

기증한다. 지성은 대략적으로 상상에 동의하지만, 어떠한 개념적인 요구들을 부과하지 않고 그렇게 한다. 달리 말해서, 지성은 상상에 관여하지만, 어떠한 특수한 규정된 역할 없이 그렇게 한다.

3. 이어서, 백합의 이미지는 이성Reason 안에서 자발적으로 "순결함의 이념을 일으키는데, 이 이념의 대상은 단지 백합꽃 안의 흰색의 (반사적인) 유사체일 뿐이다."(KCP 54) 이 미감적 이념은 우리에게 주어진 것과는 다른 자연에 대한 직관, 즉 진정한 정신적 사건들을 현상으로 하는 또 다른 자연에 대한 직관을 우리에게 준다. […] 이 직관은 '사유에게 식량을 제공하고', 우리를 사유하도록 강요한 다."(KCP 48) 물론, 이 다른 자연은 자유롭고 이성적인 인간 행위자의 초감성적 자연이다.

이 모든 것에 있어서 매우 중요한 논점은 어떠한 한 능력도 이 상호 작용을 지배하지 못한다는 점이다. 그래서 내가 여기서 쾌를 말할 때, 그것은 이 꽃의 이미지에 의해 고취된 쾌가 아니라, 능력들 그 자체의 자유로운 상호 유희 덕분에 느끼는 쾌이다. 따라서 쾌의 상위 형식은 일종의, 주체성의 자가촉발과 다른 것이 아니다.

숭고한 것에 대한 미감적 판단들

아름다움에 대한 미감적 판단 이외에, 매우 강력한 것 혹은 매우 거대한 것에 대한 경험과 관련하여 생겨나는, 숭고한 것에 대한 미감적 판단들이 또한 존재한다. "숭고한 것의 느낌은 형태가 없는 것the formless 혹은 형태가 왜곡된 것the deformed(거대함 혹은 힘)에 직면할 때 경험된다."(KCP 42) 예를 들어, 항해 중 사나운 폭풍우의 거대한 힘에 직면할 때(불후의 터너 Turner를 생각해보라), 무슨 일이 일어나는가? 내가 "오, 신이여!" 하고 말할 때, 혹은 (내가 철학을 읽는 데 너무나 많은 시간을 보냈다면) "이것은 숭고하다!" 하고 말할 때 무슨 일이 일어나고 있는가?

1. 상상력imagination은 이 경험을 포괄하려고comprehend 분투하지만, 실패한다. 더 정확히 말하면, 상상력은 폭풍우의 각 특수한 순간을 포착하는 apprehend 데는 아무런 어려움이 없을 수 있지만, 이 모든 것을 한데 합칠 수는 없다 — 상상력은 이 경험들을 하나의 폭풍우로 종합할 수 없다.

2. 이것은 폭풍우 그 자체에서 기인하지 않는다 — 결국, 모든 폭풍우들은 사실 본성상 유한하며, 그 결과 지성의 의장직하에서 상상력의 종합을 받을 수 있다("허리케인 릴리는 여기서 시작되었고, 이런 식으로 변했으며, 여기서 끝이 났는데, 다음과 같은 특징들을 내보였다, 운운"). 현상들의 통일을 위한 요구는 이성Reason에서 발견된다. "감성적 세계의 거대함을 하나의 전체로 통합하도록 우리를 강요하는 것은 바로 이성이다."(KCP 51)

3. 따라서 상상력과 이성 사이에 출현하는 자발적 일치가 존재하지만, 그것은 독특한 부정적인 일치, "상상력의 모든 힘은 이념에 비할 때 아무것도 아니라는 것을 상상력에게 인정하라고"(KCP 51) 강요하는 일치이다. 그러므로 내가 마주치는 바의 폭풍우를 "이해할make sense 수 없음"의 불쾌는 그럼에도 불구하고 내가 그것을 사유할 수 있기 때문에 일어나는 독특한 쾌에 의해 겹쳐진다.

칸트에게 있어서 "판단"의 두 가지 의미
이 두 사례에서, 우리는 판단을 형성하지만 — 이 백합은 아름답다, 이 폭풍우는 숭고하다 —, 분명히 이것은 우리가 인식과 도덕의 영역에서 생산하는 판단과는 같지 않다. 능력들의 일치에 대한 이 새로운 — 선험적이고 일방적인 것이 아니라 자발적이고 다자간적인 — 의미와 더불어,

판단 그 자체의 새로운 의미가 존재한다. 전자의 경우(=선험적이고 일방적인 것)에서, 판단은 **규정적**determinative이다. 판단들은 지성의 범주들에 따라서 혹은 범주적 명법에 따라서 행해진다. 하지만 미감적 판단에서는, 입법하는 능력이 존재하지 않고, 또 판단이 따를 수 있는 것은 아무것도 존재하지 않는다. 대신에, 미감적 판단은 본성상 **반성적**reflective이다. 이 말로 칸트가 미감적 판단을 행한다는 것은 규칙들이 없이 판단한다는 것을 의미한다.

이제, 능력들의 자유로운 유희가 인식과 도덕에서 이루어지는 능력들의 규정적 배합의 근거라는 사실을 따라갈 때, 규정적 판단은 반성적 판단의 한 종류로 간주되지 않으면 안 된다. 들뢰즈가 말하듯이, "반성적 판단은 다른 판단 안에 숨겨져 있는 깊이를 현출시키고 해방시킨다."(KCP 60) 그는 이 점이 바로 책 제목, 『판단력비판』이 밝혀주는 것이라고 덧붙인다. 이 점은 우리에게 판단이 이성의 모든 특수한 관심을 넘어서 할 수 있는 것에 관한 설명을 제공한다. 판단력은 상상 혹은 감성과 같은 의미에서의 능력이 아니라, 능력들이 어떤 식으로든 조직될 때마다 작동하는 사유의 **역량**capacity 혹은 사유의 **역능**power이다.

목적론적 판단들

이제 우리는 제3의 『비판』에서 취급되는 세 번째 종류의 판단에 도달하게 된다. 내가 말한 바와 같이, 목적론적 판단들은 사물들의 끝, 목표, 또는 목적end(*telos* = end)에 관한 판단들이다. 목적론적 판단들은 반성적이라는 점에서, 그리고 입법자의 역할을 행하는 단일한 능력을 포함하지 않는다는 점에서 미감적 판단들과 닮았다. 다른 한편으로, 목적론적 판단들은 미감적 판단들이 포함하지 않는 어떤 것 ─ 목적이나 목표를 정립함 ─ 을 독특하게 포함하고 있다. 내가 "이 백합은 아름답다"고 말할 때, 이 판단은 목적에 종속되지도 않거니와 또 목적에 종속될 수도 없으며, 심지어는 이 백합이 실제로 존재할 필요가 없을 정도로 무관심하다.

하지만 우리의 이해를 돕는, 이 이상의 훨씬 더 많은 차이가 존재한다. 우리는 칸트에 따르면 미감적 판단들은 우리에게 도덕을 준비하게 한다는 것을 알게 되었다. 이것은 미감적 판단들이 능력들의 자발적인 일치라는 형식으로 우리 자신의 최초의 자유를 우리에게 제시하기 때문일 뿐만 아니라, 또한 이 판단들이, "아름다운 것 그 자체는 선한 것의 상징일"(KCP 55) 만큼, 이성에게 미감적 이념들을 제공하기 때문이기도 하다. 목적론적 판단들은 사변적 판단이 혼자서는 제공할 수 없는 어떤 것, 즉 목적end 그 자체의 범주를 제공함으로써 사변적 판단을 보완한다. 우리는 사변적 판단들의 경우에서 총체성의 이념이 전체 인식 주장들을 한데 이끌 수 있는 지평, 정향을 제공하면서, 이 인식 주장들에 중요한 규제적 역할을 한다는 것을 보았다. 하지만 제3의 『비판』에서, 칸트는 인식 가능성의 조건들의 목록에 이 이상의 어떤 것이 요구된다는 점을 덧붙인다. 이는 경험적 실재와 그 자신의 일단의 법칙들은, 이 경험적 실재가 무엇이든 간에(우리는 이 실재에 직접적으로 접근할 수 있는 길이 없다), 서로 잘 들어맞아 자력으로 한 유의미한 전체를 이룬다는 것을 의미한다. 즉, 경험적 실재에 고유한 자연적 목적, **목적성**finality 혹은 **합목적성**purposiveness — Zweckmässigkeit는 이 두 가지 방식으로 번역되어 왔다 — 을 가진다는 것을 의미한다. 들뢰즈는 이 논점을 요약할 때 특히 더 분명하게 말한다.

> 우리가 이성적 이념의 대상을 규정하는 것은 자연적 목적 개념에 기초해서 이다. 의심할 여지 없이 이념은 그 자체의 규정적 대상을 갖지 않는다. 하지만 이념의 대상은 경험의 대상들과의 유비에 의해서 규정 가능하다. 이제 (이념의 규제적 기능과 완벽하게 조화를 이룰 수 있는) 이 간접적이 고 유비적인 규정은 오직 경험의 대상들 그 자체가 이 최종적인 통일을 내보이는 한에서만 가능하다. 이와 관련하여 이념의 대상은 원리 혹은 기체로서 역할을 하지 않으면 안 된다. (KCP 63-4)

그렇다면 궁극적으로, 어떠한 사변적 판단의 유의미성도 세계가 유의미하게 조직된다는 것을 전제한다. 이런 이유로 칸트는 때로 합목적성을 우발적인 것의 합법칙성lawfulness으로 정의한다(*Critique of the Power of Judgment*, 20; 30; 76). 들뢰즈는 더 일상적인 대화체로 말한다. "목적론적 판단에서, 우리는 자연이 우리에게 진정으로 은혜를 베풀고 있다는 점을 숙고하지 않으면 안 된다."(KCP 65)

그렇지만 이 경우에 능력들의 자발성은 어떻게 그 자신을 드러내 보이는가? 예를 들어 내가 "제비들의 이동하는 활동에는 목적이 있다"고 주장할 때, 목적론적 판단에서 무엇이 관건이 되는가? 이 판단은 자연 세계에 대한 반성의 산물이며, 이 판단이 생산하는 것은, 독특하게도, "자연적 목적" 혹은 합목적성 그 자체의 개념과 다른 것이 아닌 반성 개념이다. 반성 개념은 마치 자연 목적 개념이 어떠한 한 능력에도 속하는 것이 아니라 반성 그 자체에 속하는 "표류하는 개념"인 듯 보인다. 자연 세계를 반성할 때마다, 나는 자발적으로 사물들이 자연법칙들에 의해 지배되어야만 한다는 판단의 대상으로서 자연적 목적 개념을 생산한다. 그런 다음 이어서 이 개념은 인식을 위해서 다양한 능력들을 소집하여 자신 주위에다 조직한다. 자연적 목적 개념에 의해 생겨나는 이 자발적인 조직에 대한 들뢰즈의 간략하지만 우리의 이해를 돕는 요약은 이렇다.

그것은 상상력이 대상에 대해서 미규정적 방식으로 반성하는 것을 허용하기 위해 개입한다. 그래서 지성은 이성 그 자체의 이념들에 따라서 개념들을 획득한다. 자연적 목적 개념은 규제적 이념들로부터 유래하는 일종의 반성 개념이다. 자연적 목적 개념 안에서 우리의 모든 능력들은 조화를 이루게 되고, 우리가 자연의 경험적 법칙들의 견지에서 자연에 대해 반성하는 것을 허용하는 자유로운 일치로 들어간

다. (KCP 63)

역사와 "자연의 계략"

우리는 동일한 물음을 던지며 앞의 두 『비판』들에 대한 우리의 논의를 끝마쳤다. 즉, 능력들 사이의 전제된 조화가 어떻게 칸트에 의해 정당화될 수 있는가? 들뢰즈가 사유하는 것은 이 물음에 대한 칸트의 결정적인 답변, 즉 능력들은 최초의 자발적인 일치를 이룰 수 있다는 답변이라는 것을 우리는 방금 본 바 있다. 이 접근법은 분명 이 문제의 초기 형태를 해결하지만, 이 문제를 훨씬 더 심오한 의미를 갖고 다시 나타나게 함으로써 그렇게 하는 것으로 보인다. 즉, 이제 능력들은 **자발적으로 조화를 발생시킬** 수 있다. 들뢰즈는 이 문제를 언급하지만, 칸트의 체계를 이런 방식으로 보는 것은 매우 중요한 어떤 것을 놓치는 것이라고 하며 즉각적으로 반박한다. 즉, 인간 사유가 결국 이 필연적인 일치의 전제에 복속되는 것이 아니라, 이 일치들이 인간 **사유에서 생산된다**는 것이다. 우리는 이미 두 가지 형식의 미감적 판단에서 주관적 일치의 이러한 발생을 본 바가 있지만, 들뢰즈가 『칸트의 비판철학』에서 심사숙고하는 것은 목적론적 판단, 그리고 자연과 인간 자유 간의 관계의 생산이다.

우리는 역사를 정의함으로써 시작해야만 한다. 사변적 판단과 목적론적 판단 두 판단의 관점에서 볼 때, 호모 사피엔스는 그 자신의 일단의 자연법칙들에 의해 지배되는 단지 하나의 종일 뿐이다. 여기에, 오직 자연이 있을 뿐이다. 그렇다면 유일한 현실적 선택지는 역사를 자율적이고 도덕적인 행위자들로서의 인간 존재들에 고유한 영역으로 정의하는 것으로 나타난다. 그래서 우리는 (자연적 목적의 목적론적 개념에 의해 한정되고 확장되는) 사변이성은 자신의 궁극적 대상을 법칙에 매인 자연에서 발견하고, 실천이성은 자신의 궁극적 대상을 역사에서 발견한다고 말할 수 있다.

칸트가 자연의 계략이라고 하는 주목할 만한 범주를 도입하는 것은 바로 여기서이다. 이 계략은, 그 이름이 암시하듯이, 자연이 우리에게 쓰는 속임수가 아니다. 그것은 사유가 그 자신에게 쓰는 속임수이다. 자연의 계략은 그 자신의 규칙들에 의해 지배되는 그리고 완전히 인간 행위자를 넘어서 있는 자연, 자연적 질서의 상정이다. 첫 두 『비판』들에서 검토된 그러한 힘을 가진 초월론적 가상 개념은 여기서 이 개념의 적극적 재기입 그리고 실로 일반화를 발견한다. 즉, 이성은 그 자신이 생산한 자연과 대조적으로 자기–이해self-conception를 이루지만, 오직 자신의 적법한 목적이 실현될 수 있기 위해서 그렇게 한다.

이제, 이 계략은, 우리가 보았듯이, 사변이성을 위해 필연적인 것이지만, 만약 우리가 이 계략이 자연의 선행성과 절대적 외재성 때문에 역사는 존재하지 않는다고 우리가 말하는 것을 승인해준다고 생각한다면, 우리는 이 계략의 범위를 혼동하고 있는 것이다. 자연의 질서 잡힌 성격은 주체에 의해 생산되기 때문에, "감성적 본성과 인간 능력들 간의 일치 속에서 우발적으로 나타나는 것은 무엇이든 초감성적인 것의 계략을 숨기고 있는 최상의 초월론적 나타남이다."(KCP 74)

우리는 인간 역사는 거의 합리적인 숙의를 위한 공개 토론회 같아 보이지 않는다고 하며 반대할 수 있을 것이다. 분명 훨씬 더 인간 역사는 "유치한 허영기와 같은 광기의 망을 이루는 힘들의 순수한 관계, 경향들의 갈등"(KCP 75)의 임시변통의 경기장 같아 보인다. 하지만 들뢰즈가 지적하듯이, 칸트는 역사가 ― 그렇다면 사건들이 가령 헤겔이 전개했던 종류의 견해인 "'개별적인 이성적 목적'"(KCP 75)을 드러내 보일 만큼 ― 이성적인 방식으로 자연을 재구성하는 인간 이성의 느린 작업에 의해서 정의될 수 있다고 생각하지 않는다.

그래서 한편으로, 우리의 엉망진창인 친구, 호모 사피엔스는 그림의 중앙에 계속 남아 있어야만 한다 — 결국, 인식의 관점에서 보아 힘들과 충동들의 이 미친 갈등이 인간 본성이다. 다른 한편으로, 그리고 도덕의 관점에서 보아, 우리가 이성적 활동이 오직 "자연 자신의 법칙들에 따라서"(KCP 75)만 일어날 수 있다고 이해하는 한에서, 자연은 이성적 활동이 성취될 수 있는 경기장을 제공한다. 역사는 인간의 역사, 우리가 한 종으로서 집단적으로 쓰는 소설이다. 이 소설의 주인공인 인간 이성은 자연적 생을 넘어서는 행위자 혹은 자연적 생보다 더 좋은 행위자가 아니라, 오직 자연 안에서부터만 자연을 능가하거나 혹은 개선할 수 있는 자이다.

제4장

베르그손주의

　베르그손(1859~1941)은 생애 대부분 동안 과도하다 싶을 정도로 이름을 날렸지만, 젊은 질 들뢰즈가 1948년 교수 자격시험을 준비하고 있던 무렵, 그와 그의 철학은 분명 몰락하고 있었다. 반계몽주의자, 과학과 합리적 사유의 적, 부르주아를 위한 이데올로기의 신봉자로 간주되어, 그의 철학은 실존주의자들, 현상학자들, 구조주의자들 같은 연이은 세대들에 의해 부단히 매장되고 있었다. 제2차 세계대전의 광범위한 실존적 충격은 창조적 진화의 이 철학자를 매우 냉혹한 빛 속으로 던져 넣었다.

　그럼에도 불구하고, 젊은 질 들뢰즈는 베르그손의 불후의 위대성을 확신하고 있었다. 들뢰즈와 과타리를 함께 다룬 전기에서 프랑수아 도스 François Dosse는 들뢰즈와, 이 시험을 준비하고 있는 일군의 그의 친구들 사이에 있었던 주목할 만한 대화를 보고하고 있는데, 이야기 주제 중에 다음의 것이 담겨 있다.

　　베르그손의 『물질과 기억*Matter and Memory*』, 그리고 에밀 뒤르켐의
　　『사회학적 방법을 위한 규칙들*Rules for a Sociological Method*』. 올리비에
　　르보 달론은, 마르크스주의적 성향을 가진 자신과 프랑수아 샤틀레는

뒤르켐의 논지들을 자기들 것으로 만드는 데에는 아무런 어려움이 없었지만, 베르그손을 칙칙하고 시시한 유심론자spiritualist로 간주했다고 회상한다. "우리가 자주 만났던 비아리츠 카페에서 우리는 질에게 베르그손이 우리를 좀 짜증 나게 한다고 말했다. 그러자 질이 '아니야, 자네들이 틀렸어. 자네들은 베르그손을 잘못 읽었어. 베르그손은 매우 위대한 철학자야.'"라고 대꾸했다. 그러고 나서 들뢰즈는 가방에서 『물질과 기억』을 꺼내더니 친구들에게 한 긴 대문을 읽고, 논평하고, 설명하기 시작했다. "그는 얼굴에 이런 표정을 하고 있었다. '뭐라고! 자네들은 베르그손을 좋아하지 않는구나! 정말 실망이다.'" (Dosse, *Intersecting Lives*, 97–8)

베르그손의 사상에 대한 젊은 들뢰즈의 평가는 그 당시 외로운 것일 수도 있었지만, 그러나 그것은 놀라운 결실을 보았다. 니체를 복권시키기 위해 역할을 행한 것보다 훨씬 더 많이 들뢰즈는 현대철학에서 베르그손을 재추대하는 데에 절대적으로 중심적인 역할을 행해 왔다.

『베르그손주의Le bergsonisme』는 1966년에 간행되었는데, 이는 10년 전에 나온 두 긴 논문, 즉 모리스 메를로-퐁티가 편집한 전집에 게재된 「베르그손 1859~1941」, 그리고 「베르그손의 차이 개념」과 분명 궤를 같이하는 것이다. 이 책의 목적을 들뢰즈는 이 책의 맨 앞 행들에서 선언한다. "지속, 기억, 엘랑 비탈이 베르그손 철학의 주요한 단계들을 나타낸다. 이 책은 첫째로 이 세 개념들의 관계를, 둘째로 이 개념들에 수반되는 진행 과정을 규명하러 나선다."(B 13) 들뢰즈의 설명은 실로 이런 방식으로 진행되는데, 이는 또한, 전적으로 연대기적 순서는 아니지만 베르그손의 다섯 주요 저작에 대한 일련의 탐구들로 독해될 수 있다. 이 다섯 주요 저작은 『시간과 자유의지Time and Free Will』(1889; 이 베르그손의 박사 학위 논문의 프랑스어 제목은 *Essai sur la données immédiates de la conscience*[의식의 직접 자료들에 관한 시론]이다), 『물질과 기억』(1896), 『지속과 동시성 *Duration and Simultaneity*』(1922), 『창조적 진화*Creative Evolution*』(1907), 『종교와 도덕의 두 원천*The Two Sources of Religion and Morality*』(1932)이다.

두 종류의 다양체, 그리고 이것들의 혼동

하지만 우리는 베르그손이 그의 박사 학위 논문에서 시작하는 지점 거기에서, 일인칭 경험 — 예를 들어, 한 파티에서 룸을 가로질러 걷는 경험, 혹은 진을 너무 많이 마신 저녁 다음 날 아침에 아스피린이 한 잔의 물 안에서 녹기를 처절하게 기다리는 경험 — 에 직접적으로 주어지는 것에 관한 분석으로 시작하겠다. 일인칭 경험에 관한 베르그손의 첫 번째 관찰은 이 경험이 "언제나 우리에게 공간과 지속의 복합체를 부여한다"는 점이다(B 37). 파티에서 룸을 가로질러 걷는 일은 우리를 공간 속의 운동에 관여하게 하지만, 이는 또한 성격상 시간적이기도 하다. 이제, 이것은 추상적인 의미로 인식하기는 어렵지 않지만, 그럼에도 이 두 부등한 절반은 함께 공간성spatiality에로 붕괴되는 경향이 있다. 우리는 베르그손이 지속durée이라 부르는 것을 동질적이고, 중성적이고, 분할 가능한 것으로서의 공간으로 다루는 경향이 있다. 우리는 "외재적 구분들을 우리의 지속 안으로 끌어들인다. 우리는 지속을 외적 부분들로 분해하고 일종의 동질적 시간 속에 정렬한다."(B 38) 이 경향 그 자체는 시계 시간과 측정에 관한 우리 관념들의 근원이다. 또한 그리고 이는 더 문제가 되는 것이기도 한데, 물리학의 시간에 관한 우리 관념들의 근원이다(이에 대해서는 아래에서 우리가 베르그손의 아인슈타인 비판을 고찰할 때 다시 언급할 것이다).

이 경향은 지속과 공간이 본성상 다르다는 점을 모호하게 만든다. 한편으로, 공간은 "계기succession가 없는 외면성이며"(B 37), 동질적이고, 이산적이고, 분할 가능하다. 파티의 공간은 제논의 유명한 역설에서 아킬레스와 거북이가 이동하는 악명 높은 공간과 동일한 공간이며, 내가 고마운 구호품을 얻기 위해 침대에서 약장으로 가로질러 가는 공간과 동일한 공간이다.

다른 한편으로, 지속은 연속적continuous이다. 너무 긴 강의로 인해 지루함에서 화가 남으로 옮겨 가는 추이에 대한 경험은 불가결한 전체를 형성하기 때문에 단위들이나 부분들로 분할될 수 없다. 만약 이 경험의 부분이 어떤 식으로든 추출된다면, 그것은 동일한 것을 의미하지 않을 것이다 ─ 사실상 그것은 전혀 다른 경험일 것이다. 지속은 또한 성격상 이질적heterogenous이다. 공간의 한 부분은 공간의 또 다른 한 부분과 동일하지만, 경험의 전개는 우리에게 지속은 이와 같지 않다는 것을 보여준다. 긴 강의로 인해 지루함에서 화가 남으로 옮겨 가는 나의 추이의 연속성은 산만과 백일몽의 순간들, 짜증의 번득임 같은 다양하고 특이한 추이들을 배제하지 않는다. 동일한 것이 깊고 넓은 범위의 경험적 상태들 혹은 순간들을 특징으로 하는 내 경험 전체에 해당하는데, 이것들은 여전히 연속적인 것으로 남아 있다.

두 종류의 다양체

이 점을 베르그손 자신의 용어로 논하자면, 우리는 경험은 두 종류의 다양체의 혼합이라고 말할 수 있다. 들뢰즈는 이 개념의 수학적 유산을 강조하는데, 특히 GBR 리만의 기하학에서 논하는 이산적 다양체와 연속적 다양체Mannigfaltigkeit 간의 구별을 강조한다. 들뢰즈가 지적하듯이, 리만 기하학의 다양체 이론은 후설에게 중요했을 뿐만 아니라, 아인슈타인의 일반상대성 이론─이 이론에 대해 베르그손은 직접적으로 이의를 제기하게 된다─에서도 핵심적 역할을 한다.

들뢰즈에게 이 범주의 근본적 중요성은 이 범주가 일자the one와 다자the

multiple라는 고대의 정통적인 대립을 대체한다는 방식이다. 그러므로 "다양체"는 "일반적으로 다자라는 잘 알려진 철학 개념에 상응하는 애매한 명사가 아니다. 사실상, 베르그손에게 그것은 다자를 일자에 대립시키는 문제가 아니라, 오히려 두 유형의 다양체를 구별하는 문제이다."(B 39)

후에 우리는 베르그손에서 통일성, 단순성, 다수성 범주들이 놓여 있는 곳을 탐구해야 하겠지만 ― 본질적으로, 베르그손은 수평 이동을 하며, 철학적 지형을 변경함으로써 이 대립을 대체하고 있다 ―, 당분간 리만의 연속적 다양체와 이산적 다양체 그리고 베르그손의 지속과 공간 간의 연관을 명백하게 하는 것으로 충분하다. 공간과 지속은 둘 모두 성격상 다양하지만, 두 상이한 방식으로 다양하다. 이에 대해 들뢰즈는 다음과 같이 짧은 요약문을 제시하고 있다.

> 여기서 가장 중요한 것은, [체험의] 복합체를 분해하면 우리에게 두 유형의 다양체가 드러난다는 점이다. 한 유형의 다양체는 공간에 의해 표상된다[…]. 그것은 외면성, 동시성, 병치, 순서의 다양체, 양적 차별의 다양체, 정도상의 차이difference in degree의 다양체이다. 그것은 수적 다양체, 불연속적이고 현실적인 다양체이다. 다른 한 유형의 다양체는 순수 지속 속에서 나타난다. 그것은 계기繼起, 융합, 조직화, 이질성의 내적 다양체, 질적 구별의 내적 다양체, 혹은 본성상의 차이difference in kind의 내적 다양체이다. 그것은 수들로 환원될 수 없는 잠재적이고 연속적인 다양체이다. (B 38)

이 대문의 어법은 주목할 만하다. 즉, 한 유형의 다양체는 오직 공간에 의해 표상되는 반면, 다른 한 유형은 지속 속에서 그 자체로 나타난다. 지속은 잠재적 다양체로서의 지속이다. 이 대문에서 들뢰즈는 이 최초의 정의가 전달하는 것보다 더 많은 것이 공간에 대해 언급되어야만 한다는 것을 보여주는 어떤 일정한 제한을 표명하고 있다. 하지만 이 대문에 나타나는 더 주목할 만한 용어는 "잠재적"이다. 이 용어는 이제까지 지속에 대해 보아온 모든 것을 요약하고 있으며, 우리가 보게 되겠지만, 사실 잠재적은 베르그손의 저작에 나오는 시간성과 독특하게 연계되어 있다. 어쨌든, 이 다양체 개념, 그리고 다양체를 두 종류로 나누는 일은 베르그손 철학의 핵심을 이룬다.

직관의 방법

철학적 방법의 문제가 왜 중요한가는 이미 분명하게 이해되었을지도 모른다. 경험할 때 우리에게는 공간과 지속의 혼합체가 주어진다. 하지만 경험, 공간과 지속 그 자체를 이해하기 위하여, 우리는 이 두 종류의 다양체를 분리해 낼 방법을 필요로 한다. 우리는 주어진 것을 넘어갈 방법을 필요로 한다. 들뢰즈는 베르그손이 그 자신을 위해 설치하는 철봉에 대해 빈번히 언급하며 강조한다. 즉, 우리는 철학을 전적으로 과학만큼 엄밀하고 정밀한 단련, "과학 그 자체가 그런 것만큼 그 자신의 장에서 엄밀하며, 오래 계속되고 전달될 수 있는" 단련으로 구성하지 않으면 안 된다(B 14). 이 과업에서 플라톤은 베르그손에게 영감을 주는 철학자이다. "베르그손에게는 플라톤의 어조가 깃들어 있다. […] (베르그손이 매우 좋아하는) 고기를 베어 나누어주는 일과 훌륭한 요리사라는 플라톤의 은유는 훌륭한 재봉사와 잘 맞는 옷이라는 베르그손의 소환과 상응한다. 엄밀한 개념이라면 이와 같아야만 한다."(B 44-5) 실로, 베르그손에게 철학의 목적은 "실재적인 것의 분절"을 따르는 것이다("Good Sense and Classical Studies", 350).

자 이제 놀랄 일이 있다. 베르그손은 그의 방법을 직관이라 명명하는데,

이는 그 자신이 말하듯이 처음에는 정밀함의 반대자 또 심지어는 적이라고도 생각될지도 모르는 단어이다. 들뢰즈는 이 단어는 일상적 의미의 직관과 중요한 특징, 즉 "체험되는 작용으로서의 단순성"을 공유한다고 지적한다(B 14). 하지만 물론 모든 단순한 체험되는 작용들이 동등한 것은 아니며, 우리는 특히 이 작용을 구성하는 것을 살펴볼 필요가 있다. 들뢰즈는 이 작용을 구성하는 성분들을 두 가지 보완 규칙들과 함께 세 가지 주요 규칙들의 형식으로 제시한다.

방법의 첫 번째 규칙(참인 문제와 거짓인 문제)

들뢰즈는 첫 번째 규칙을 이런 형식으로 제시한다. "참과 거짓의 시험을 문제들 그 자체에 적용하라. 거짓된 문제들을 힐난하고, 문제들의 수준에서 진리나 창조와 융화하라."(B 15) 여기서 두 가지 중요한 논점이 쟁점이 된다. 첫 번째 쟁점은, 들뢰즈가 크게 힘주어 강조하는 것인데, 사유 혹은 생에서 본질적인 것은 미리 존재하는 문제들을 해결하는 데 있다고 생각하는 것은 잘못이라는 점이다. 이러한 종류의 교실 견해에 봉착할 때마다, 우리는 사회적 편견이 최고조에 달하게 되고 "자유의 여지가 별반 남지 않게 된다"고 확신할 수 있다(B 15).

사실상, 철학과 생 둘 모두에서 본질적인 것은 문제들의 **발명**이다. 베르그손은 그의 주장을 뒷받침하기 위해 철학과 수학의 예들을 모은다. "수학에서, 그러나 더더욱이 형이상학에서, 발명의 노력은 매우 자주 문제를 제기하는 데에, 문제를 진술할 용어들을 창조하는 데에 있다. 문제를 진술하는 일과 해결하는 일은 여기서 동등하다고 할 만큼 매우 밀접하다."(B 15–16, 『창조적 진화』에서 인용함) 하지만 들뢰즈는 여기서 또한 『정치경제학 비판 요강A Contribution to the Critique of Political Economy』에서 따온 마르크스의 유명한 공식을 소환하는데, 이에 따르면, "인간은 오직 그 자신에게 자신이 해결할 수 있는 문제들을 설정할 뿐이다."(B 16)

인간 실존— 그리고 사실상 실존 일반(=존재 일반) — 의 본성은 문제를 최초로 구성하는 데에 있으며, 해결은 오직 이 문제의 흔적 속에서만 가능하다.

이 규칙의 후반부는 참truth과 거짓falsity은 해에 적용되는 것이 아니라 문제 그 자체에 적용된다는— 언뜻 보기에 — 기묘한 주장을 포함한다. 결국, "문제에 놓여 있는 이러한 구성적 힘이 어떻게 참인 것the true의 규준과 화해를 이룰 수 있는가?"(B 16)

두 가지 형태의 거짓 문제들

이 물음에 직접 대답하는 것 대신에, 들뢰즈는 첫 번째 보완 규칙을 도입한다. 왜냐하면, 그는 베르그손의 진정한 천재성은 결코 참인 문제와 거짓인 문제 간의 대립에 관한 것이 아니라, 거짓인 문제를 명시하는 일에 관한 것이라고 말하기 때문이다. 이 보완 규칙은 이렇다. "거짓인 문제는 두 종류인데, 하나는 '존재하지 않는 문제'이고, 다른 하나는 '나쁘게 진술된 문제'이다. 전자는 그 용어들이 '더'와 '덜'의 혼동을 포함하는 문제로서 정의되고, 후자는 그 용어들이 나쁘게 분석된 복합체들을 나타내는 문제로서 정의된다."(B 17)

이러한 종류의 거짓인 문제들을 차례대로 검토해보자. 존재하지 않는 문제의 예는 베르그손 사상을 풀 수 있는 열쇠로, 가능성 개념에 관한 것이다. 이 범주가 야기하는 거짓인 문제들은 "저것이 일어나지 않고 왜 이것이 일어났는가? 이것 역시 가능했는데."와 같은 (매우 자주 하는 한탄 "왜 나인가?"에 들어 있는) 종류의 것이다. 세계의 가능한 상태에 관한 이러한 통상적 견해는 가능한 상태가 실재적인 것보다 더 적은 실재를 내포한다는 것이다. 이 가능한 상태들은, (어떤 식으로든) 자신들 중의 하나가 생겨나기 전에, 매우 많은 비실질적인insubstantial 현재 상태들로서 자신의 실현에 앞서 존재한다. 하지만 베르그손은 가능한 것의 범주는 사실 실재적인 것보다 더 많은 것을 내포한다고 지적한다. 사실상, 이 가능한 상태들은 자신들을 과거로 되투사하기 위하여, 사유 작용이 부가되었던 현재의 이미지들이다. "가능한 것은 자신이 실현되는 즉시 자신의 이미지를 과거로 되던지는 마음의 작용이 부가된 것일 뿐이다."(「가능한 것과 실재적인 것」 229; B 17)

동일한 비판적인 논증 방식이 다른 어떤 우리에게 친숙한 밤들chestnuts을 고려할 때 행해질 수 있다. "아무것도 없지 않고 왜 무엇인가 있는가?"와 "카오스가 아니고 왜 질서인가?"는 동일한 혼동이란 점에서 동등하게 호환될 수 있다. 매번 "더 많은 것이 더 적은 것으로 오인된다."(B 19)

두 번째 형태의 거짓인 문제는 나쁘게 진술된 문제인데, 이는 본성상 다른 사물들을 자의적으로 분류하는 나쁘게 분석된 복합체들과 거래한다 (B 19). 우리가 우리 자신에게 "물리적 우주의 법칙들을 감안할 때 인간은 어떻게 자유로울 수 있을까?"와 같은 물음을 물을 때, 우리는 우리가 모든 것이 원인과 결과의 규칙하에 놓이는 통일된 실재를 다루고 있다고 생각하지만, 그것은 사실 공간과 지속이라는 두 환원 불가능하게 상이한 다양체로 이루어져 있다.

이제 들뢰즈는, (더 혹은 덜의 혼동을 포함하는) 첫 번째 종류의 거짓인 문제는 사실 두 번째 종류의 거짓인 문제의 한 종에 불과하다고 적는다. 세계의 가능한 상태는 결코 단순한 사물이 아니라, 현재의 이미지, 그리고 이 이미지가 되투사되어 똑같이 허구가 된 과거의 혼동된 복합체이다. 실로, 베르그손에게, 이러한 종류의 혼동은 "아마도 사유의 가장 일반적인 오류, 과학과 형이상학에 가장 흔한 오류일 것이다."(B 20)

사실 여기서 우리는 더욱 명확해질 수 있고, 명확해져야 한다. 이 "사유의 일반적 오류"가 포함하는 것은, 그러한 모든 혼동일 뿐만 아니라 정도상의 차이와 본성상의 차이이기도 하다. 이는, 우리가 (동질적이고, 그래서 정도상의 차이라는 특징을 지니는) 공간과 (잠재적이고, 내재적 이질성intrinsic heterogeneity, 즉 본성상의 차이라는 특징을 지니는) 지속의 혼동된 복합체를 만들어 낼 때만 문제로 나타나는 자유의 가정된 문제 속에서 매우 분명하게 나타난다.

철학은 이 혼동에 결코 해를 입지 않은 적이 없었다. 앞에서 나는 아킬레스와 거북이의 제논의 역설(베르그손 그 자신이 『시간과 자유의 지』에서 논하는 역설)을 소환한 바 있다. 아리스토텔레스는 이 역설을 다음과 같은 말로 요약한다. "가장 느린 주자는 결코 가장 빠른 주자한테 따라잡히지 않을 것이다. 왜냐하면, 뒤의 주자는 앞의 주자가 출발한 지점에 처음으로 도달해야 하고, 그래서 더 느린 주자는 언제나 앞서 있지 않을 수 없기 때문이다."(Aristotle, *Physics*, VI: 9.239b15) 베르그손의 저작에 비추어볼 때, 제논의 실수는 매우 분명하게 드러난다. 제논은 공간과 지속을 혼동했는데, 공간의 무한 분할 가능성이 또한 지속을 특징짓는다고 생각하며, 공간과 지속을 혼동했던 것이다. 즉, 제논은 정도상의 차이들로 이루어진 질서와, 본성상의 차이들로 이루어진 질서를 혼동했다.

하지만 들뢰즈가 볼 때, 베르그손은 초월론적 가상이라는 칸트의 유명한 주제와 만나며, 거짓인 문제들을 설명할 때 다시 한 걸음 더 나아간다. 들뢰즈는 이러한 실수들이 우연적이거나 외재적인 것이 아니라, 이성적 사유 그 자체의 구조에 매여 있다고 주장한다.

거짓 문제 개념 자체는 실로 우리가 단순한 실수들(거짓인 해결들)에 대해서가 아니라, 더 심원한 어떤 것, 즉 우리를 따라다니거나, 혹은 우리가 푹 빠져 있고, 우리의 조건과 분리될 수 없는 가상에 대해서 투쟁해야 한다는 것을 의미한다. [⋯] 베르그손은, 자신이 완전히 변형시키긴 하지만, 칸트에게서 이념을 빌려온다. 이성이 그 자체 내에 깊은 곳에서, 오류들이 아니라 불가피한 가상들을 생겨나게 한다는 것을 보여준 것은 바로 칸트였다. [⋯] 가상은 지성의 가장 깊은 부분에 기반을 두고 있다. 엄격히 말해, 가상은 불식되거나 불식될 수 없고, 오직 억압될 수 있을 뿐이다. (B 20–21)

혹은, 들뢰즈가 이 책 뒤에서 말하는 바와 같이, "참인 것the true의 퇴행 운동은 참인 것에 관한 가상일 뿐만 아니라, 참인 것 그 자체에 속한다."(B 34)

방법의 두 번째 규칙(근본적 구별)

앞에서 나는 우리가 방법을 필요로 하는 이성은 경험에서 주어지는 공간과 지속의 혼합체를 넘어간다고 적은 바 있지만, 그러나 이제 우리는 문제가 보다 심각하다는 것을 알고 있다. 경험은 우리에게 이 혼합체를 줄 뿐만 아니라, 그 안에 혼합되어 있는 본성상의 차이들을 모호하게 만드는 경향이 있다.

이것이 우리를 방법의 두 번째 규칙으로 데리고 간다. 정도상의 차이들과 본성상의 차이들을 혼동하는, 경험에 내재적인 이런 경향을 고려할 때, 방법은 무엇보다도 후자를 긍정하고 추구하지 않으면 안 된다. 규칙은 이렇다. "본성상의 진정한 차이들, 혹은 실재적인 것의 분절들을 재발견하라."(B 21) 따라서 직관은 경험에 있어서 또 존재 그 자체에 있어서 본성상의 실재적 차이들을 정밀하게 확립하는 것을 중시하는 방법이다.

게다가, 경험을 넘어서기 위한 방법으로서, 직관은 필연적으로 우리를 인간 경험 그 자체와 결별하는 일에 연루시키며, 이 인간 경험에게 회피할 수 없는 소원한 성격을 부여한다.

베르그손은 엄밀한 의미에서 인간적인 지혜와 평정을 철학에 배속시키는 그런 철학자들 중의 한 사람이 아니다. 우리의 조건이 우리를 나쁘게 분석된 복합체들 가운데에서 살도록 선고하는 한, 또 우리 자신이 나쁘게 분석된 복합체가 되도록 선고하는 한, 우리를 비-인간적인 것inhuman 초인간적인 것superhuman(우리 자신보다 열등하거나 월등한 지속들)으로 열어주는 것, 인간적 조건을 넘어서는 것, 이것이야말로 철학의 의미이다. (B 28)

방법의 세 번째 규칙(방법적 토대로서의 지속)

마지막으로, 여기에 방법의 세 번째 규칙이 있다. "공간이 아니라 시간에 의해 문제들을 진술하고 해결하라."(B 31) 이제 이 규칙은, 언뜻 보면, 일반적인 철학적 방법론의 일부를 이루는 기이한 특질로 보일지도 모르겠다— 결국, 시간은 철학에게 방법론적 전제가 아니라 문제로 보인다. 그러나 이 규칙이 기묘하게 보이긴 하지만, 우리는 이 혼동을 불식시키게 해줄 두 가지 것을 이미 알고 있다. 첫 번째 것은 방법의 두 번째 규칙이 우리에게 말해주는 것으로, 철학은 그 자체를 본성상의 차이들에 대한 추구로 정향해야만 한다는 점, 그리고 이 본성상의 차이들은 철학에게 존재 이유raison d'etre를 제공한다는 점이다. 두 번째 것은 시간— 곧, 지속— 은 잠재적 다양체로, 말하자면 그것은 본성상의 차이들 그 자체로 이루어져 있다는 점이다. 들뢰즈가 말하듯이, "지속은 언제나 본성상의 차이들의 장소이고 환경이다. 지속은 심지어 본성상의 차이들의 총체이고 다양체이기도 하다. 지속 외에서 본성상의 차이들은 존재하지 않는다 — 이에 반해 공간은 장소, 환경, 정도상의 차이들의 총체에 지나지 않는다."(B 32)

이 점을 감안할 때, 철학이 시간의 관점에서 수행되어야만 한다고 진술하는 일이 분명 따라 나온다. 혹은, 역으로 보면, 방법의 두 번째 규칙이 지지받기를 희망할 수 있는 것은 오직 시간적 관점을 채택함으로써이다. "직관은 […] 우리를 우리 자신의 지속으로부터 출현하게 하는 운동이고, 우리 위 혹은 아래에 있는 다른 지속들의 실존을 긍정하고 즉각적으로 인식하기 위해서 우리로 하여금 우리 자신의 지속을 사용하게 하는 운동이다."(B 33) 혹은 또, 우리가 인간 존재의 관점을 넘어 사유하고 실재 그 자체의 본성을 파악할 수 있는 것은 오직 시간적 관점을 채택함으로써이다.

잠재적 공존으로서의 기억

이제 우리는 두 번째 베르그손의 문제 제기로 이동한다. 이는 바로 들뢰즈가 "가장 심오한 것 중의 하나이지만 아마도 또한 가장 적게 이해된, 베르그손주의의 측면들 중의 하나라고 부르는 것, 즉 기억 이론이다."(B 55) 들뢰즈가 『시간과 자유의지』에서 『물질과 기억』으로 전환하는 것 또한 바로 이 지점에서다. 직관의 방법을 적용함으로써 풀 필요가 있을 어떤 복합 개념이 한 번 더 쟁점이 된다. 여기서, 복합적인 것은 베르그손이 표상representation이라 부르는 것, 즉 내가 세계를 마주칠 때 세계에 대하여 나 스스로 만드는 이미지이다. 그렇지만 표상은 본성상 다른 두 원천, 즉 "물질과 기억, 지각과 회상, 객관적인 것과 주관적인 것"을 가진다(B 53). 하나에서 다른 하나를 분리해내야만 하는 것은 바로 이것들이다. 내가 세계에 대해 지각하는 것은 살아 있는 존재로서의 내 신체적 욕구를 포함하는 많은 요인들로 형성되어 있다. 하지만 회상 혹은 기억은 또한 세계에 대한 나의 표상을 구성하는 데에 무시할 수 없는 역할을 행한다 ── 사실, 회상 혹은 기억이 없다면 지각은 엄격히 말해서 아무 의미가 없게 될 것이다.

존재의 역설

이런 식으로 말한다는 것은 이미 우리 자신을 약간 앞지르는 것이므로, 기억 그 자체에 대한 베르그손의 분석을 더 상세하게 살펴보는 것이

낫겠다. 들뢰즈는 이 분석을 네 가지 명제들의 형식으로 제시하며, 이 명제들은 "모두 역설을 형성한다"고 덧붙여 말한다(B 61). 왜 역설인가? 이 명제들은 논리학에서 이 용어가 주어지는 의미에서의 역설, 가령 유명한 거짓말쟁이 역설("모든 크레타인은 거짓말쟁이들이다. 나는 크레타인이다.")과 같은 역설이 아니다. 들뢰즈가 이 용어를 사용하는 법은 이 용어의 문자적 의미에서 유래한다. 역설para-doxa은 의견 혹은 기대에 반하고, 상식에 반하고, 일들이 습관적으로 일어나는 방식에 반한다. 이제, 경험이 끊임없이 혼동된 복합체들을 우리에게 제시하는 경향이 있는, 그럼에도 우리가 명백하게 참인 것으로 여기는 방식을 감안할 때, 우리는 역설을, 이런 의미에서, 비판적 사유의 가장 중요한 협력자로 보지 않으면 안 된다.

들뢰즈는 기억의 첫 번째 역설을 "존재의 역설"이라고 부른다. 우리는, CT 촬영과 MRI 장치 시대에 진부하게 보일 수도 있는 물음, 즉 기억들이 어디에, 아마도 뇌 속에, 저장되는가?를 고찰함으로써 이 역설에 도달한다. 이것은 사실 베르그손에게 전형적인 거짓 물음인데, 왜냐하면 기억은 물질이 아니기 때문이다. 뇌는 분명 물질이다. 따라서 뇌는 다른 모든 물질적 대상과 본성상 다르지 않으며, 그 결과 시간적 현상에 설명을 제공할 수 없다. 사실, "어디에?"라는 물음의 형식 자체는 시간적 현상을 갖지 않는 공간적 맥락을 전제하므로, 동일한 이유 때문에 부적절하다. 그렇다, 만약 기억이 물질과 혼동되는 것을 면하여 자신의 방식대로 파악될 수 있다면, 우리는 기억이 공간 속의 장소를 가지는 것이 아니라 그 자체 안에서 보존되지 않으면 안 된다고 이해해야 한다. 뇌를 포함하는 신체는 현실적이며, 공간 속에서 진행 중인 활동적인 실존을 가진다. 하지만 기억은 **잠재적**이며, 무의식적이고 비활동적이다. 기억은 활동하지 않는다. 기억은 단순히 존재할 뿐이다. 이에 대해 들뢰즈는 다음과 같이 요약하고 있다.

현재는 존재하지 않는다. 오히려 현재는 순수 생성이며, 언제나 그 자신 바깥에 있다. 현재는 존재하지 않지만, 활동한다. 현재의 고유한 요소는 존재가 아니라 활동적인 것이거나 혹은 유용한 것이다. 다른 한편, 과거는 활동하거나 혹은 유용하기를 그쳤다. 하지만 과거는 존재하기를 그친 것은 아니다. 유용하지 않고 비활동적이며 냉담하지만, 과거는 이 단어의 온전한 의미에서 **존재한다**. 과거는 존재 그 자체와 동일하다. (B 55)

명백히 이는 다룰 필요가 있는 두 가지 어려운 물음을 제기한다. 하나는 기억은 어떻게 기억으로 구성되는가?이고, 또 하나는 이 무의식적인 잠재적 기억이 어떻게 한 번 더 현실화될 수 있는가이다.

공존co-existence의 역설

그렇지만 우선은, 또 다른 물음을 직관의 방법을 더 따라가며 물어보도록 하자. 언제 기억들은 형성되는가? 논리학적으로 말하면, 세 가지 대답이 존재하는 것으로 보이지만, 이 중 두 가지 대답은 꼼꼼하게 검토해보면 올바른 대답이 아니라는 것을 알 수 있다. 첫 번째 선택안은 (가령 한 파티에서 술을 엎지르는) 사건 이전에 기억들이 형성되는 경우일 것이다. 이는 분명 해결 가능한 해결책이 아니다. 이 이미지의 생산은 상상력의 작용 덕분이지 결코 기억 때문이 아니기 때문이다. 두 번째 선택안은 우리가 보통 견지하는 견해로, 기억들이 사건 이후에 (엎질러진 술이 정확히 무엇이었는지 기억하려고 하는 순간) 형성된다는 것이다. 베르그손은 이 견해에 반하는 많은 주장들을 모아 정리하고 있는데, 우리는 이 견해가, 과거가 어떤 의미에서 이미 거기에 존재했고, 후에 우리는 이 과거에 접근할 수 있었다 — 그리고 내가 기억하려고 할 때 창조된 것이 결코 아니다 — 는 것을 전제한다는 점을 고려하기만 하면 된다. 그래서 이 두 번째 선택안은 정말이지 전혀 선택안이 될 수 없으며, 기억들은 우리의 현재 지각들과 동일한 시간에 형성된다는, 즉 "과거는 한때 자신이었 던 현재를 뒤따르는 것이 아니라 현재와 공존한다"는 세 번째 올바른 설명의 방향으로 우리를 안내한다(B 61). 그런데 이는 또한 베르그손에게 데자뷔 현상을 멋들어지게 설명하는 수단을 제공하는 것이기도 하다. 나는 이 순간 안에서 이 순간 그 자체의 기억, "현재의 기억"을 마주친다 (*Memory of the Present and False Recognition*, 148).

여기서 들뢰즈는, 하나는 현재 속에서 그리고 미래를 향하여 진행 중인 생성의 운동을 특징짓는 것이고, 다른 하나는 기억 그 자체 안으로 흘러드는 것 이 두 분출물로 쪼개지는 베르그손의 시간 이미지를 넌지시 언급한다. 그래서 이것은 기억의 두 번째 역설, 동시성 혹은 공존의 역설이다. "과거는 한때 자신이었던 현재와 '동시적'이다."(B 58)

심적 반복의 역설

이제, 만약 과거가 일반적인 존재론적 기억으로서 그 자체 안에서 보존된 다면, 그렇다면 단 하나의 과거a past가 아니고, 그럴 수도 없다. 대신에, 그것은 그 자신의 방식으로 실존하는 과거 그 자체a past as such, 과거 그 자체 일반the past as such이다. 이는 세 번째 역설, 들뢰즈가 심리적 반복psychic repetition이라 부르는 것이다. 즉, "과거는 한때 자신이었던 현재와 공존할 뿐만 아니라, (현재가 지나가는 동안) 그 자체 안에서 그 자체를 보존하므로 전체적, 총체적 과거이다. 그것은 매 현재와 공존하는 우리의 **모든** 과거이 다."(B 59)

베르그손의 유명한 원추 도형이 우리의 이해를 돕는 방식으로 예시하는 것이 바로 이 역설이다.

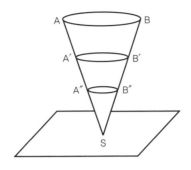

우선, 고찰되는 수평면과 상관없이, 원추의 각 수평면(AB, A′B′, A″B″)은 과거 전체를 포함한다는 점에 주목하자. 이 수평면들은 하나 위에 다른 하나가 얹히는, 파인애플을 썬 조각들과 같이 공간 속에 정렬되어 있는 지나간 순간들이 아니라, 특정한 수축 혹은 이완 상태에 있는 과거이다. 이와 상관적으로, 각 수평면은 현재 및 현재에 있는 나의 신체(S)와 "이념적으로 가깝거나 혹은 멀다"라는 특징을 지닌다(B 59–60). 베르그손은 과거가 그 자체로 시간의 조각들이라는 특징을 지닌다고 말하고 있는 것이 아니라, 과거 전체의 다양한 수축적 상태들이 현재의 관점에서 생겨난다고 말하고 있는 것이다. 내 첫 키스에 관해 공상에 잠길 때, 나는 상대적으로 이완된 상태 속에서 과거에 관여하는데, 여기서 이 특정한 사건은 다른 많은 사건들과 더 느슨하고 간접적인 방식으로 연관된다. 하지만 내가 어젯밤 파티에서 집으로 돌아왔을 때 헤드폰을 어디에 두었지 하며 기억하려고 할 때, 이 회로는 훨씬 더 수축된다. 즉, 과거는 응축된 형태로 작동한다.

공존이 기억의 특질로 보인다고 하면서, 왜 들뢰즈는 여기서 반복을 언급하는가? 들뢰즈는 사실 우리는 반복이 물질에서 발생하는 방식으로 ── 즉, (가령 파티에서 집으로 돌아오는 길에 되풀이해서 넘어질 듯 비틀거리는) 주어진 사태의 잇따른 반복에 의해서 ── 반복을 다루고 있지 않다고 적고 있다. 대신에, 들뢰즈는 이 용어를, 베르그손에게 기억은 반복 그 자체라는 사실을 가리키기 위해서 사용한다. 과거 전체는 그 자체 안에서 반복되며, 이런 반복은 자신의 바로 그 존재 방식을 특징짓는다. 게다가, 우리가 방금 본 바와 같이, 이 반복은 원추의 모든 수평면에서, 말하자면 과거 전체의 변이하는 정도의 수축과 이완에서 발생한다. 그래서 기억은 과거 전체의 총체적인 반복이라고 말하는 것과, 과거 전체의 수축의 각 정도가 다른 모든 수축을 반복하는 것이라고 말하는 것은 결국 동일한 것이다.

도약의 역설

이 모든 것을 감안할 때, 무엇이 기억하는 작용을 구성하는가? 우리는 곧 후반부의 대답을 보게 될 터이지만, 그러나 기억의 존재론적 성격을 고려할 때, 필연적으로 그것은 뇌 속의 서류 보관함을 가로질러 휙 움직이는 작은 난쟁이의 (공간화된) 이미지 속에 함축된 것 이상의 어떤 것을 포함할 것이다.

> 베르그손에 따르면, 우리는 먼저 우리 자신을 과거 일반으로 다시 집어넣는다. 그는 이런 방식으로 **존재론으로의 도약**을 기술한다. 우리는 실로 존재로, 즉자적 존재로, 과거의 즉자적 존재로 도약한다. 그것은 심리학을 완전히 떠나는 사례이다. […] 회상이 점차적으로 심리학적 실존을 취하게 되는 것은 오직 그때, 도약이 이루어졌을 때뿐이다.
> (B 57)

이것이 다른 역설들이 필요로 하는 기억의 마지막 역설, 즉 도약의 역설이다. 기억한다는 것은 뇌 화학 혹은 심리학적 과정을 잘 넘어서는 작용을 포함하지 않으면 안 된다. 그것은, 설사 이 도약이 우리의 심리학적 실재나 생리학적 실재와 관련되어 있는 이유들 때문에 현재 속에서 동기가 부여되었음에 틀림없다 하더라도, 존재Being로의 "진정한 도약"(B 57)을 포함하지 않으면 안 된다.

계속하기 전에, 우리가 잠재적 다양체와 현실적 다양체 간의 구별, 그 자체 직관의 방법의 관점에서만 실행 가능하게 되는 구별을 진지하게 취할 때에만 이 역설들이 일어난다는 사실을 잠시 성찰해보자. 하지만 이제, 이 역설들의 다른 측면에서 볼 때, 세계 및 세계 속에 있는 우리의 장소에 대한 우리의 완전한 파악은 불가피하게 변형되었다.

경험에서 이루어지는 잠재적 기억의 현실화

기억에 관해 베르그손이 펴는 주장의 힘을 제쳐 놓는다 해도, 우리는 여전히 도약을 소환하는 일 — 기억의 존재론적 성격을 감안할 때 이 일이 아무리 필요해 보일지라도 — 이 별반 해명하지 않은 어떤 것, 즉 회상의 본성에 봉착하고 있다. 사실, 우리를 그러한 어려운 처지에 놓이게 하는 것은 바로 이 설명의 힘이다. 실은 "순수 회상이 어떻게 심리학적 실존을 취할 수 있는가?"(B 62)라는 물음이 여전히 작동하고 있다는 점이다.

우리가 본 바와 같이, 최초의 순간, 곧 도약의 순간은 나 자신을 나의 현재 욕구가 지령하는 어떤 수축의 수준에서 기억 전체의 맥락 속에 위치시킨다. 베르그손은 이것을 이전translation이라고 부르는데, 들뢰즈는 이를 이전translation─수축contraction이라고 칭한다. 하지만 사태가 여기서 끝날 수 없다. 무언가를 진정한 의미에서 회상한다는 것 — 행위로 흘러들어가는 회상을 구성한다는 것 — 은 도약에 결여되어 있는 특정성specific-ity을 요구한다. 이전translation의 수준에 여전히 남아 있다는 것은 우리가 과거와 맺는 관계를, 동기가 부여된 **특정한**specific 관심들을 결여한 채 우리가 늘 잠들어 있는 것처럼 다루는 것(B 66)이라고 들뢰즈는 지적한다.

그러므로 도약의 순간은— 마치 저쪽 편에 있는 듯— 현재의 욕구에 의해 다시 충족되지 않으면 안 된다. 다음은 들뢰즈가 회상에 대한 베르그손의 설명을 전개할 때 인용하는(B 63-4), 『물질과 기억』에서 발췌한 핵심 대문으로, 관련된 내용을 간결하게 설명하고 있다.

> 과거 전체를 싣고 있는 기억은 두 동시적 운동에 의해 현재 상태의 호소에 응답하는데, 이 운동 중 하나는 이전에 관한 것이다. 이 이전에 의해 기억은 경험을 충족하기 위해 전체로서 운동하며, 따라서 행위할 목적으로, 분할되지 않은 채로, 더 혹은 덜 수축한다. 다른 하나는 그 자체 상의 회전에 관한 것인데, 이 회전에 의해 기억은, 가장 유용한 것을 증명할지도 모르는 그 자체의 그 측면이 제시되는 순간의 상황으로 향한다. (*Matter and Memory*, 220)

그러므로 두 번째 운동, 즉 회전(혹은 정향-회전orientation-rotation)은 실용적 목적을 위한 기억의 취택을 포함한다. 그리고 사실 우리는 여기서 프로이트의 "검열"과 명백히 유사한 것을 발견한다. 사용될 수 있는 오직 그러한 이미지들만이 의식적 사유로 통과된다. "의식은 오직 행위에 복무할 수 있는 것만이 통과되는 것을 허용하는 일반적 규칙을 설정한다."(Bergson, *Creative Mind*, 155) 의심할 여지 없이, 이 '생에의 주의'(*Matter and Memory*, xiv)는 우리의 실용적 상황이 우연히 우리에게 얼마나 중요한가에 따라서 강도가 동요하지만, 그러나 이 동요는 우리의 실존이 관여하는 맥락에서 언제나 발생한다. 이와 상관적으로, 회전의 순간은 심리학적 무의식, "그 자신을 현실화하는 과정 중에 있는 회상의 운동"을 나타낸다(B 71). 프로이트의 충동과 마찬가지로, 이 무의식적 회상들은 "신체화되려고 하고, 현재에서 시작되는 전면적 억압과 '생에의 주의'가, 무용하고 위험한 회상들을 피하는 데 필요한 만큼, 허용되라고 압력을 행사한다."(B 71-2)

활동적 신체와 감각-운동 도식

하지만 이 지점에서조차 우리는 기억의 현실화를 아직 충분하게 기술하지 않았다고 들뢰즈는 강조한다. 이 수축적 회전은, "가장 유용한 것을 증명할지는" 모르지만 아직 기억-이미지의 현실적 사용을 기술하지는 않는 형태로 우리에게 이 이미지를 제공한다. 다른 말로 해서, 과거로부터 우리가 요구하는 것은 언제나 이미지, 즉 우리의 실용적 관여에 있어서 앞으로 나아갈 방법을 우리에게 제공하게 되고, 지각-이미지들에게 정보를 주게 되는 회상-이미지이다. 열쇠를 어디에 두었는지 기억하려고 할 때, 내가 찾고 있는 것은 열쇠의 특정한 위치의 이미지이다. 내가 이 이미지를 소유하게 될 때, 그것은 결코 과거 일반이 아니라, 매우 특정한 실용적 관심에 의해 형성된, 그 과거의 매우 특정한 변조modulation이다. 그러나 이전과 회전이 우리에게 제공하는 것은 아직 이 이미지가 아니라, 들뢰즈가 "회상-생성-이미지", 즉 우리가 우리의 실용적 활동에서 요구하는 이미지가 되는 과정에 있는 잠재적 전체라고 부르는 것일 뿐이다. 기억이 베르그손이 "운동 협력자motor ally"로 언급하는 것을 가질 때, 정확히 말해 우리는 회상-이미지에 도달할 따름이고, 또 그때만이 유용한 것이 사용될 수도 있는 것이다.

마찬가지로, 우리는 다른 측면 ─ 가령, 돈 패터슨Don Patterson이 "실재는 우리가 우연히 얼굴을 드는 모든 것에게 부여하는 이름이다"(*The Book of Shadows*, 139)라고 쓸 때 훌륭하게 구분해내는 측면 ─ 에서 사물을 바라볼 수 있다. 우리의 실재는 실용적이고, 습성화되어 있고, 역동적인 실재이며, 그리고 과거가 우리에게 실재에 대해 정보를 제공할 수 있는 이미지를 제공하는 한에서 과거를 사용하는 실재이다. 하지만 이러한 실재 하부에, 주변에, 혹은 내부에 거울의 영역, 즉 과거 그 자체의 수정같이 맑은 중성sterility을 고집하는 이미지들의 영역이 존재한다. 대화 속에서 사용하는 특정한 단어를 회상하는 예를 사용해서 베르그손은 이렇게 말한다. "닮은 것들을 추출해내기 위하여, 유사한 이미지들을 찾아내고자 올라가는 운동 습관들, 그리고 가령 자신들을 하나로 만드는 단어의 자동적 발언 속에다 자신들을 융해하기 위하여 운동 습관들을 향해서 내려오는 유사한 이미지들."(*Matter and Memmory*, 153)

베르그손은 우리의 "운동 협력자"를 감각-운동 도식(SMS[sensori-motor] schema)이라고 부르는데 이는 인간 신체와 이 신체가 마주치는 세계 간의 상호 작용들을 제어하는 일단의 습관들이다. 더 정확히 말하면, SMS가 제어하는 것은 문제의 신체에 대한 세계의 이미지들— 특히 지각-이미지들과 행동-이미지들— 의 생산이다. 우리는 후에 뇌에 관한 베르그손의 설명을 검토할 때 지각의 본성에 대해 논할 터이지만, 우선은 우리가 세계와 마주치는 일은 습관적으로 조직되고, 이 습관들은 지각(감각적 지각)에서 행동(운동 기능[motricity])으로 옮겨 가는 추이를 규제한다는 것에 주목하는 것으로 충분하다. 철학사에 등장하는 걸출한 선도자들— 특히, 아리스토텔레스의 헥시스[hexis] — 과 마찬가지로, SMS는 신체에 부과되는 격리된 구도 혹은 구조가 아니라, 신체의 습관성 또는 습관의 관점에서 본 신체이다. 사실, 우리는 SMS는 신체 그 자체, 혹은 습관적인 존재 속에 있는 활동적인 지각하는 신체이다라고 말하기까지 할 수 있다.

어떤 일정한 수준의 수축에 있는 과거 전체인, 잠재적인 것에서 현실적인 것으로 옮겨가는 추이는 우리에게 "역동적 도식"(B 66)을 제공하며, 이어서 이 추이를 회전이 "회상-생성-이미지[recollection-becoming-ingage]"(B 67)로 변형시킨다. 이어서 이 생성은 그것을 습관적이고 습성화된 SMS가 현재 순간의 욕구에 들어맞는 진정한 회상-이미지, 즉 신체화된 활동성의 기억 보완물로 변형시킬 때 완료된다.

과학과 형이상학의 공간과 시간

내가 앞에서 말한 바와 같이, 『베르그손주의』는 지속, 기억, 엘랑 비탈을 연이어 다루겠다고 들뢰즈가 서두에서 말한 약속을 효과적으로 완수하고 있다. 그럼에도 불구하고, 그는 철학과 물리학에서 말하는 시간의 상대적 지위에 관한, 아인슈타인과 벌인 베르그손의 유명한 논쟁에 많은 흥미로운 페이지들을 할애하고 있다. 이 페이지들은 베르그손이 그의 전 저작에 걸쳐 직면하는 가장 광범위하고 가장 어려운 형이상학적 물음들에 할애된 한 장에서 순차적으로 발견된다. 그 물음들은 이렇다. 시간이란 무엇인가? 시간은 성격상 통일되어 있는가 아니면 복수적인가? 현재와 과거는 존재론적으로 구별되는가? 시간과 관련하여 물질과 공간은 무엇인가?

지속은 일자인가, 아니면 다자인가?

들뢰즈는 이 장을 시간의 본성에 관한 베르그손의 다양한 정식적 표현들을 논하면서 시작하고, 이 공식적 표현들은 서로 융화될 수 있는 세 가지 구분되는 철학적 입장들을 포함한다고 주장한다.

우리가 이미 어느 정도 상세하게 본 바가 있는 첫 번째 입장은 이원론자의 입장이다. 이 입장은 공간과 지속, 연속적과 이산적, 시간의 두 "분출"로서의 현재와 과거, 물질과 기억, 지각과 회상 간의 대립에 의해 정향되어 있을 뿐만 아니라, 또한 베르그손의 방법에 감입되어 있는 것이기도 하다 ── 직관은 본성상의 차이들과 정도상의 차이들을 대립시킴으로써 진행된다는 점을 상기하자.

그렇지만, 이 최초의 이원론은 필연적으로 지속의 어떤 일원론에게 길을 내준다. 이 최종적 분석을 따르면, 오로지 하나의 시간만이 존재한다. 실존하는 모든 것은 하나의 단일한 지속에 참여한다. 즉, 구체적 지속 속에 있는 모든 존재자들을 위한 하나의 시간Time에 참여한다. "우리의 의식을 포함해서, 생명체들을 포함해서, 전 물질적 세계를 포함해서, 모든 것이 참여하는 오로지 하나의 단일한 시간, 하나의 단일한 지속만이 존재한다."(B 78)

심지어 이런 방식으로 사물들을 보기조차 한다는 것은, 우리가 일반화된 존재론적 일원론에서, 마찬가지로 지속의 일반화된 다원론으로 이동했음이 틀림없다는 것을 의미한다는 점에 주목하라 하고 들뢰즈는 말한다. 아니 오히려, 우리는 베르그손이 이 일원론을 이해하는 방식은 동시에 그 다원적 성격을 긍정하는 방식이라고 말할 수 있을 것이다. 내가 어느 겨울 늦은 아침 아스피린이 한 잔의 물속에서 녹기를 처절하게 기다릴 때, 다양한 시간적 리듬들이 나의 체험되는 시간에, 그리고 이 시간이 수반하는 욕구에 종속된다. 하지만 이런 종속을 넘어 지속들의 진정한 다원성이 나타난다. 나의 떨리는 기대, 아스피린이 녹는 데 걸리는 시간뿐만 아니라, 또한 오븐 위 냄비 속에서 굽기 위해 놓아둔 달걀들이 잘 익혀지기를 바라는 마음, 천천히 녹이는 잔에 알맞은 시간성, 바깥에 느리게 내리는 비, 이 비 사이로 흔들리는 차량들, 계절의 점진적 순환, 그리고 등등 우주로, 지속 전체로 ….

잠재적 과거 전체에 예외가 되는 것처럼 보이는 현재 순간조차도, 베르그손에게는, '오직 과거의 수축된 수준일 뿐'(B 74)이다. 그리고 사실, 들뢰즈가 적고 있는 바와 같이, 베르그손의 사유에서 일원론과 다원론의 융합을 허용하는 것은 바로 이완*détente*의 범주이다. 한편으로는 아스피린의 시간성, 불행히도 의식적인 나의 숙취 경험, 그리고 다른 한편으로는 태양계의 소멸이라는 극한 빙하기 간의 차이는, 각 경우에 지속 그 자체의 수축과 이완의 정도상의 차이이다. 심리학적 의식의 관점에서 볼 때, 오직 인간 존재들 및 다른 충분히 복잡한 자연 체계들만이 지속에 실제로 참여하는 것으로 보이는 것 ─『창조적 진화』에서 고찰되는 논제(B 77) ─ 은 사실이지만, 그러나 직관의 조리개를 통해서야 접근 가능한 존재 그 자체의 관점에서 볼 때, 이 심리학의 특권은 사라지는 것으로 보인다.

시간에 관한 고전적 견해, 상대주의적 견해, 베르그손의 견해

이 관심들의 맥락에서 보면, 아인슈타인의 일반상대성 이론에 대한 베르그손의 개입은 놀랍지 않다. 여기에 고전물리학에서 시간을 대하는 부적법한 취급을 제거하는── 공간과 시간은 평행적이지만 완전히 독립적이라는 사상, 그리고 시간이 모든 곳에서 같은 통일된 방식으로 지나간다는 사상을 제거하는── 시간성에 관한 과학적 이론이 있다.

그리고 아인슈타인의 일반상대성 이론의 맥락 속에서, 이 문제에 관한 베르그손 책의 제목『지속과 동시성』은 분명한 의미를 띤다. 후에 베르그손은 이 저작을 멀리했지만, 들뢰즈는 이 책의 저자에 동의한다. 들뢰즈는 이 책이 베르그손의 기획에 중심적인 주장들을 개진하고 있다고 생각한다. 심지어 그는 지속에 관한 베르그손의 다양한 설명들의 모호성은 아인슈타인의 물리학에 동의하지 않는 맥락에서만 투명하게 되고, "분명하고 설득력 있는 것"(B 83)이 된다고 말하기까지 한다. 특히, 그는 베르그손은 아인슈타인과 마주치면서 시간에 관한 일원론적 설명이 이원론과 다원론이라는 다른 대안보다 우위에 있다는 점을 확신했다고 생각한다.

어떻게 그러한가? 고전 과학은 수많은 잘못된 견해들의 표제하에 전진하는데, 이 견해들 중 많은 것은 지속과 공간의 매우 투박한 혼동 주변을 맴돌고 있다. 즉, 시간이 엄격하게 공간적인 용어들로 사유된다. 이 혼동의 한 특질은 인접한 공간들에 고유한 동시성이 시간의 동질성에 관한 견해로 이양되는 방식이다. 이 견해에 따르면, 모든 주어진 시간에 오로지 하나의 시간── 보편적인 "지금"── 이 있을 뿐이다. 이것이 일반상대성에 의해 매우 극적으로 전복되는 고전물리학의 특질이다. 따라서 아인슈타인은 "동시성의 심오한 전위轉位"(B 79)를 수행한다. 현재의 순간, 그리고 보다 일반적으로 말해 시간의 추이는 관찰자에게 상대적인 것이 된다.

"이런 의미에서, 상이한 속도들의 흐름을 가진 다양한 시간들, 다수의 시간들이 존재하며, 모두 실재적이고, 각 시간은 준거의 체계에 고유하다."(B 79)

하여튼 그러한 것이 아인슈타인의 주장인데, 하지만 이는 베르그손이 ─ 어렵고 독창적인 논증을 통해 ─ 그 자체 모순된다는 것을 보여주고자 하는 것이다. 들뢰즈의 설명을 조목조목 살펴보도록 하자.

1. 아인슈타인: 시간은 준거의 체계들(상이한 관찰자들)에 상대적이며, 그러므로 불가피하게 다수적이다.

2. 베르그손이 응수한다: 당신이 또 다른 관찰자의 시간이 당신의 시간과 다르다고 말할 때, 이 다른 시간에 대한 당신의 파악은 엄격히 말해 외재적 측정에 의한 것이다. 왜냐하면, 시간을 비교하는 유일한 방식이 계량적 차이들에 의한 것이기 때문이다. 하지만 이와 같이 말하는 것은 전혀 시간에 대해 말하는 것이 아니라 공간에 대해 말하는 것이다.

3. 베르그손이 덧붙인다(흥미로운 주장이다): 당신이 여러 준거의 체계를 말할 때면, 또 다른 실재적 시간에 대해 말하는 것이 전혀 아니라, 아무도 실제로 살고 있지 않은, 일종의 추상적 상징의 시간에 대해 말하는 것이다. 들뢰즈가 말하듯이, "다른 시간은 피터나 폴이 살 수 없는, 또 피터가 상상하는 바대로의 폴이 살 수 없는 어떤 것이다. 그것은 순수 상징으로서, 체험되는 것the lived을 배제하며, 다른 체계가 아니라 이 체계가 준거점으로 간주된다는 점을 보여줄 따름이다."(B 84)

4. 그리고 이어서 결론을 내린다: 결과적으로, 아인슈타인 당신이 당신도 모르게 보여준 것은 오직 하나의 실재적 시간만이 존재하고 존재할 수 있을 뿐이라는 점이다. 이 체험되는lived 시간으로부터 추상하는 우리의 능력은 그 추상의 결과 생기는 추상물들이 살아 있는living

실재성을 가진다는 것을 의미하지 않는다.

베르그손에게 이 모든 것의 결론은 어떤 특정한 종류의 동시성을 긍정하지 않을 수 없다는 것이며, 아인슈타인 그 자신이 같은 견해를 맹목적으로 지지한다고 언명하지 않을 수 없다는 것이다. 결국 이것은 아인슈타인이 잠재적인 것이라는 범주를 결여한 결과이다.

> 『지속과 동시성』 첫 페이지에서 마지막 페이지에 이르기까지 베르그손은 아인슈타인이 잠재적인 것과 현실적인 것을 혼동했다고 하며 그를 비판한다. […] 두 유형 ― 현실적인 공간적 다양체와 잠재적인 시간적 다양체 ― 을 혼동함으로써 아인슈타인은 시간을 공간화하는 새로운 방식을 단지 발명했을 뿐이다. 그리고 우리는 그의 공간–시간에 관한 독창성과 그것이 과학을 위해 대변하는 엄청난 업적을 부인할 수 없다. (공간화가 그러한 정도까지 혹은 그러한 방식으로 추진된 적은 결코 없었다.) (B 25)

이와 상관적으로, 베르그손이 지지하는 동시성의 형태는 모든 지속들의 잠재적 공존, 즉 연속적이지만 질적으로 구분되는 다양체들에 고유한 공존 상태 이외의 것이 아니다. 시간이 일자one인가 혹은 다자multiple인가 하는 모든 물음은 베르그손 견해의 핵심을 놓치고 있다고 들뢰즈는 주장한다. 베르그손 견해의 핵심은 시간은 동질적 단일성unity도 일단의 외재적 다수성들pluralities도 아니라, 하나의 잠재적 다양체이다라는 점에 있다. 즉, "존재, 혹은 시간은 다양체이다. 하지만 그것은 결코 '다자multiple'가 아니다. 그것은 그 자체의 다양체 유형을 따르는 일자One이다"(B 85)라는 점에 있다.

물질과 공간에 관한 베르그손의 원숙한 설명

하지만 이것은, 어떤 방식으로, 우리를 우리가 마주친 바 있는 앞에서 언급된 대립들, 즉 지속과 공간, 기억과 물질로 돌아가게 한다. 만약 존재 Being가 시간Time이라면, 만약 시간이 잠재적 다양체라면, 이는 공간과 물질이 단순히 허구라는 점을 의미하는가? 분명 『시간과 자유의지』의 베르그손에게 공간 범주는 극심한 오해를 불러오기에 좋은 기회를 제공하지만, 우리는 이보다 더 많은 것을 말할 수 있어야만 한다.

물음은 이렇다. 즉, 물질과 시간의 관계는 무엇인가? 다시 또, 이 문제의 해결은 이완 범주에서 발견된다. 베르그손은 물질은 가장 이완된 상태의 지속이라고 주장한다. 물질은 "그 자신의 순간들을 서로의 바깥에 놓는, 무한히 느슨해지고 이완된 지속이다. 하나가 나타날 때 다른 하나가 사라졌음이 틀림없다."(B 86) 물질은 (시간의) 접혀진 주름들이 풀리는 시간이다. 연속적인 다양체의 형태로 있는 것이 아니라 서로의 옆에 이산되어 놓여 있다.

그렇지만 본질적인 것은, 들뢰즈가 적고 있듯이, 물질과 지속은 언제나 사실상 함께-함축되어co-implicated 있다는 점이다. 직관의 방법 덕분에, 언제든 철학자는 두 종류로 나뉘어 실존하는 물질과 지속의 혼합체들을 분해할 수 있다. 그래서 우리는 가장 이완된 형태의 지속, 그 자신 바깥에서 이완되어 있는 지속으로 물질을 정의하는 일에 도달한다. 하지만 사실상 이런 순수한 상태의 물질은 존재하지 않으며, 그 자신에 고유한 물질의 부분을 결여하는 지속은 전혀 존재하지 않는다. 즉, 확실히 "지속은 결코 충분하게 수축되지 않으며"(B 88), "우리의 지속에는 언제나 연장extensity이 존재하고 물질에는 언제는 지속이 존재한다."(B 86-7)

마지막으로, 우리는 "공간이란 무엇인가?"를 묻지 않을 수 없다. 공간은 지속에서 물질로 옮겨가는 이 추이를 실재 그 자체를 넘어 사유 안으로 인위적으로 외삽한 것이다. 공간은 우리가 사유 안에서 창출할 수 있는 물질의 추상적 형태, 즉 물질성을 뺀 물질의 상징이다. 혹은, 들뢰즈가 말하듯이, 공간은 "물질 혹은 연장extension이 아니라, 물질의 '도식', 즉 팽창expansion의 운동이 모든 가능한 연장들의 외부의 덮개로 끝나게 될 한계의 표상이다."(B 87)

엘랑 비탈

이제 우리는 들뢰즈가 『베르그손주의』에서 설명하고자 나서는 세 가지 베르그손의 핵심 용어들 중 세 번째인 마지막 용어, 즉 엘랑 비탈에 도달한다. 들뢰즈의 번역자들은 지혜롭게도 이 용어의 역어로 원래의 프랑스어를 그대로 사용하여, 엘랑이 소집하는 의미들, 즉 추동impetus, 충동urge, 급등 surge, 활기vigour, 생기vivacity의 복합성을 보존한다. 하지만 베르그손에게 엘랑이 지시하는 것은 존재의 운동, 생명 그 자체의 운동, 전진 운동하는 창조적 진화이다.

따라서 엘랑 비탈은 실존의 본성 바로 그것이다. 그리고 베르그손이 다양체를 강조하는 점을 감안할 때, 엘랑 비탈의 운동은 다양하고 차별적이 라는 점은 놀라움으로 다가오지 않을 것이다. 들뢰즈가 말하는 바와 같이, "분열과 분할에 의해, 양분兩分에 의해 진행되는 것이 생명의 본질이다."(B 94) 들뢰즈가 『베르그손주의』에서 제공하는 것의 최소한의 버전인 다음의 도표(B 102)는 베르그손이 『창조적 진화』에서 해놓은 주요한 분할들을 그리고 있다. 여기서 핵심은 이 분할이 양분이지 모순이 아니라는 점이다. 우리는 헤겔의 생기론적vitalist 버전을 그려놓고 있는 것이 아니다. 여기에 보이는 각 범주는 물질이 생명에게 제기하는 문제에 대한 발산적이고 창조적인 해결을 나타낸다.

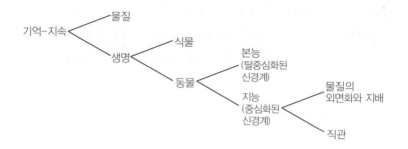

　다음에 오는 것에서 우리는 위에서 보여준 핵심 분할점(=접합점)을 다룰 테지만, 분할을 통한 창조적 진화의 이 운동은 직관 운동의 정반대라는 점을 주목할 가치가 있다. 진화는 우리를 최초의 통일체(기억)에서 분화된 본성으로 데리고 가는 반면, 직관은 우리를 혼합체에서 동일성으로 데리고 간다. 우리는 정반대되는 상호 보완되는 것들을 이 장의 말미에서 다룰 것이다.

실현화 대 현실화

　앞에서 우리는 가능한 것의 범주에 대한 베르그손의 비판을 직관의 방법의 한 목표로 간주한 바가 있다. "가능한 것은 거짓 개념이자, 거짓 문제들의 근원이다."(B 99) 그렇지만 들뢰즈의 견해에 따르면, 이 비판이 그 진정한 힘을 얻는 것은 바로 엘랑 비탈의 맥락에서이다. 만약 실재가 세계의 가능한 상태들의 실현화realisation에 따라서 전개된다고 생각한다면, 우리는 생명의 전개가 창조적일 수 있다는 생각뿐만 아니라 또한 진화의 모든 일관된 개념을 포기하고 있는 것이다. 왜 그런가?

　　실재적인 것은 그것[가능한 것]을 닮게 되어 있다. 말하자면, 우리는 미리-만들어지고, 앞서-형성되고, 그 자신보다 앞서-실존하는 것, 실존 이 될 실재적인 것을 우리 자신에게 부여한다. […] 모든 것, 즉 이미지

안의, 가능한 것의 의사–현실성 안의 모든 실재적인 것이 이미 완전하게 주어져 있다. (B 99)

요약하면, 가능성 개념은 미래로부터 현행적인 것the present을 탈취한다. 어떠한 새로운 것도 결코 진짜로 새로운 것일 수 없는데, 왜냐하면 그것은 언제나 이미 낡은 것, 말 그대로 처음부터 알고 있는 결론이기 때문이다. 이것은 실로 모든 새로움과 발달, 가령 우리의 고대 동물 선조들이 지닌 눈의 도래와 모순된다.

무엇이 이것을 대신하는가? 대답은 현실화actualisation이다. 우리는 과거 그 자체는 시간적으로 전치된 환영의 형태를 띠는 것이 아니라, 존재론적으로 실재적인 기억, 잠재적 다양체를 띠고 있다는 점을 이미 알고 있다. 우리는 또한 창조적 진화인 엘랑 비탈의 운동은 분할 혹은 양분에 의해 진행된다는 점을 알고 있다. 이와 더불어, 이 논점들은 다음과 같은 주목할 만한 논점을 초래한다. 엘랑 비탈의 운동은 차이들을 창조함으로써 잠재적인 것을 현실화한다. 가능한 것의 실현화와 달리, 잠재적인 것의 현실화는 창조적이고 새롭다. 그리고 사실상, 이는 우리가 이미 제한된 경우의 회상에서 본 바가 있는 것이다. 즉, 잠재적인 것의 현실화는 오직 내가 처해 있는 실용적이고, 물질적인 상황 때문에 발생할 따름이며, 전적으로 세계에 대한 신체의 감각–운동적 관여로 형성되고, 또 이러한 관여로 가득 차 있다.

창조적 진화

이제 들뢰즈는, 베르그손이 창조적 진화 개념을 잠재적인 것의 현실화로서 개진할 때 우리가 방금 논파한 "가능주의적possibilist" 설명 외에 또 다른 그릇된 생각과 결별한다고 언급한다. 이 다른 접근법 —— 과학들에 흔히 보이는, 진화의 환원적인 유물론적 버전들에서, 혹은 이 버전들의 통속적 설명들에서 발견되는 접근법— 은 진화를 본성상 엄격하게 현실적인 것으로 제시한다. 이 접근법의 주장에 따르면, 진화는, 어떤 방식으로든 양적으로 충분히 누적되어 그 결과 질적인 변형이 발생하는, "서로간에 '무관심한'"(B 99) 요소들의 외재적인 마주침을 포함한다.

초보자들로서 우리가 그런 관점을 택하자마자 그 즉시 우리는 진화의 다양한 순간들(위 도표의 다양한 단계들) 간의 관계를 이해하기 위한 빈약한 수단을 떠맡게 된다. 예를 들어, 동물과 인간의 관계는 이 둘을 서로 연결시키는 발달선의 어떠한 가능성도 배제하는 오직 추상적이고 외적인 대립, 이상하리만치 비진화적인 관점으로 이해될 수 있을 뿐이다.

들뢰즈에게, 이 접근법에 대한 베르그손의 비판은 결정적으로 중요하다. 만약 우리가 진화의 운동이 물질적 요소들의 무작위적 충동을 통해 그러하듯이 우리를 현실적 상태에서 현실적 상태로 데리고 간다고 생각한다면, 우리는 진화를 전혀 기술하고 있는 것이 아니다. 입자들의 집합은 아직 동물이 아니며, 이 입자들은 "자신들의 원인들을 제어하거나 혹은 사용하기 위하여 '일괄적으로en bloc' 기능할 수 없다."(B 99) 하지만 만나는 신체들의 상호 무관심은 이 경우에 진짜 과실이 아닐 수 없다. 즉, "이러한 신체들은 무관심하므로, 심지어 그런 관계로 실제로 들어갈 수단조차 가질 수 없을 것이다. (왜냐하면 작은 잇따른 변이들이 같은 방향으로 연결되어 합해질 어떠한 이유도 존재하지 않을 것이기 때문이고, 돌연하고 동시적인 변이들이 살기에 알맞은 전체로 조정되어 통합될 어떠한 이유도 존재하지 않을 것이기 때문이다."(B 99)

이와 반대로, 물질적 마주침들의 특수한 누적을 넘어서고, 이 마주침들을 살아 있는 것living thing의 활동적이고 행동적인 생명으로 데리고 가는 무언가가 반드시 존재하는데, 베르그손에게 이것은 바로 잠재적 기억이다. 그러므로 우리는 다음과 같은 베르그손의 대안에 이른다. "진화는 동질적인 단선적 계열 안에서 한 현실적 항에서 다른 한 현실적 항으로 운동하는 것이 아니라, 잠재적 항에서부터, 이 잠재적 항을 분기된 계열을 따라 현실화하는 이질적 항들로 운동한다."(B 100)

들뢰즈는 이 지점에서 눈의 진화라는 베르그손이 드는 유명한 예—물론 이는 다윈이 드는 예이기도 하다—를 생각해낸다. 가장 일반적인 수준에서, 그리고 이 예의 경우에서 우리는 직관의 방법으로 돌아가기 시작하며, 생명과 물질의 관계는 문제와의 일련의 마주침으로 간주된다. "물질은 엘랑 비탈이 그 주변을 돌아다녀야만 하는 장애로 제시된다."(B 101) 눈의 경우 문제는 빛 그 자체이다. "예를 들어, 우선적으로 눈의 구축은 빛에 의해 제기된 문제에 대한 해결이다."(B 103)

이는 문제의 그 존재자들—호모 사피엔스homo sapiens와 같은 척추동물들 못지않게 진핵생물 연두벌레Euglena와 연체동물도—이 잠재적 기억 전체를 그들이 마음대로 사용한다는 것을 의미하는데, 이 잠재적 기억은 이 존재자들이 실천적 실존의 과정에서 봉착하는 난제들에 응답하는 일반적인 존재론적 자원을 제공한다. 우리가 "독특한 어떤 능력, 즉 이 존재자들이 겪는 단순한 흥분을 사용하여 매우 복잡한 기계들을 조성할 수 있는 신비로운 힘을 조직된 물질에"(*Creative Evolution*, 54) 귀속시킬 수 있도록 해주는 것은 바로 이 자원이다. 더 정확히 말해, 잠재적인 것은 살아 있는 존재자들living beings의 질적 변화, 양적 축적이 할 수 없는 것을 우리가 설명할 수 있도록 해주는 잠재적 다양체—이것은 전적으로 본성상 차이들이다—이다.

이 전全 운동이 바로 베르그손이 엘랑 비탈이라는 용어로 의미하는 것으로, 스스로를 새로운 어떤 것으로 변형시키는 잠재적–현실적(혹은 기억–물질) 회로를 통과하는, 생명의 미래로 향하는 창조적 운동이다.

두뇌

우리는 이제 인간의 경우에, 아니 오히려 우리가 출발했던 장소 그곳에

다시 도달한다. 『시간과 자유의지』에서, 그 목표는 일인칭 경험의 본성을 숙고하는 것이었다. 이 궤적의 다른 끝에서, 우리는 우선 이러한 인간의 관점이 어떻게 진화했는지, 그리고 나아가 무엇이 직관을 방법으로 활용하는 인간의 능력을 구성했는지 발견하지 않으면 안 된다.

베르그손에게, 인간 존재는 다른 모든 생명체들living things보다 뛰어난 진정한 우월성을 향유한다. "엘랑 비탈은 오로지 인간 존재에서만 성공적으로 '달성되고', 이런 의미에서 인간 존재는 '전 진화 과정의 목적'이다. 인간 존재에서, 또 오직 인간 존재에서만 현실적인 것은 잠재적인 것에 적합하게 된다고 말할 수 있을 것이다."(B 106) 이 점이 의미하는 것은 곧 인간의 의식적 경험은 경험을 지속으로서 자기-의식하는 것이다. 모든 생명은 지속을 전개하는 것, 엘랑 비탈이지만, 인간 경험에서 이 전개의 드라마는 사유의 대상으로서 현존한다.

하지만 이제 분명 물음은 이와 같이 된다. 즉, 인간은 다른 모든 것과 같이 자연의 일부이거늘, 무엇이 이 꽤 중요한 능력을 설명하는가? 베르그손의 유명한 대답은 "뇌 물질의 어떤 특정한 상태"이다(B 107) — 즉, 두뇌이다. 이제, 두뇌는 물론 자연의 일부이며, "여기서는 그 무엇도 특정하게 복잡화된 물질 유형의 물리-화학적 속성을 넘지 않는다."(B 107) 그렇지만 인간 두뇌를 독특하게 특징짓는 것은, 복잡성과 가단성可鍛性, malleability의 면에서 인간 두뇌는 자극과 반응의 직접적 연관을 방해한다는 점이다. "두뇌는 […] 수용된 운동(흥분)과 집행된 운동(반응)을 복잡화한다. 두 운동 사이에서 두뇌는 간격interval; écart을 확립한다."(B 24)

이 간격écart의 중요성은 아무리 강조해도 지나치지 않다. 엄밀히 실용적인 방식으로 기억을 활용할 수 있는 데 그치는 것이 아니라, 인간들로서 우리는 자신의 방식대로 잠재적 과거 전체로 직접적으로 접근한다. 달리 말해서, 엘랑 비탈의 현실화하는 운동은 우리의 본질을 구성할 뿐만 아니라, 또한 우리가 우리 자신을 능동적으로 활용할 수 있는 과정이기도 하다.

만약 우리가 분할들을 보여주는 도표로 되돌아간다면, 우리는 인간 존재를 특징짓는 두 발산적인 경향들을 볼 수 있다. 즉, 본능은 남아 있지만, 이제 인간 존재는 다른 무언가에 의해 배가된다. 이것이 두뇌에 관한 두 번째 논점일 것이다. 자극과 반응의 간격은 세계와의 관계, 그리고 자기 자신과의 관계라는 새로운 종류의 관계, 즉 지능을 가능하게 한다. 아니 오히려, 지능은 두뇌 덕분에 자기-의식적 사유가 취하는 형태, 즉 머뭇거리는 능력the capacity to hesitate이다. 우리는 더 이상 SMS(=감각-운동 도식)와 전적으로 동일시되는 것이 아니라, 우리의 행위들의 방향을 수정할 수 있다. 말하자면, 또한 우리는 다르게, 즉 자유롭게 또 창조적으로 회상할 수 있다.

사회, 정서, 직관

마지막 단계의 들뢰즈의 분석은, 언뜻 보면, 아마도 다소 곤혹스러운 주제일 수 있는 것, 즉 정서에 관한 것이다. 여기에서, 그가 다루는 주요 텍스트는 베르그손의 마지막 저서, 『종교와 도덕의 두 원천The Two Sources of Religion and Morality』이다. 이 개념과 이 텍스트를 언급할 때, 그의 목표는 이중적이다. 하나는 인간을 다른 동물들과 다르게 만드는 것에 대한 분석을 완성하는 일, 그리고 다른 하나는 또한 이러한 완성이 어떻게 우리로 하여금 "직관의 발생을 수행하도록 해주는가, 즉 지능 그 자체가 직관으로 전환되었거나 혹은 전환되고 있는 방식을 결정하도록"(B 110) 해주는가를 보여주는 일이다.

베르그손에게, 정서는 인간 존재의 사회적 성격의 상관물이다. 욕구의 만족에 대한 지능적인 조직을 전제로 하는, 사회의 실존을 단지 지적하는 것만으로는 충분치 않다. 대신에 — 아마도 놀랍지 않게도 —, 중요한 점은 이 이상의 발산이다. 들뢰즈가 언급하듯이, 두뇌에 의해 구성된 간격은 두 번째 간격에 직면하는데, 이번에는 이 간격은 개인과 사회

간의 간격, 더 정확히 말하면 개인에 깃든 지능과 사회적 의무의 의사quas-i_본능적 역할 간의 간격이다. 정서는 이 간극gap 속에서 나타난다. 그리고 베르그손은 정서로 매우 특별한 어떤 것을 의미한다. 그것은 단지 내가 느끼는 정감들affects(슬픔, 기쁨, 즐거움)에 불과한 것이 아니라, 내가 생산하는 일반적 성질들 혹은 본질들이다. 베르그손이 든 예들의 하나는 사랑을 표현하는 노래의 예이다. 이러한 노래는 단지 한 특정한 사람에 대한 나의 사랑, 혹은 나에 대한 그들의 사랑을 환기하는 데에 불과한 것이 아니라, 모든 살아 있는 사람들에게 직접적으로 통용되는, 본질적이고 즉자적인 어떤 것으로서의 사랑을 환기한다. 이 점은 슬픔에도 똑같이 해당된다. "음악이 슬퍼할 때, 모든 인류, 모든 자연이 음악과 더불어 슬퍼한다."(*The Two Sources of Religion and Morality*, 28)

창조적 정서의 본질적 특성은, 물론, 그 창조성에 있다. 창조적 정서는 본능적 요구들이나 혹은 지능의 실용적 요구에 복속되지 않을 뿐만 아니라, 엘랑 비탈 그 자체의 운동 바로 그것을 실연해낸다. 정서의 자유 속에서, 존재의 자유롭고 창조적인 엘랑은 그 창조성과 자유 속에서 표현된다. 사회에서 행하는 창조적 정서의 역할은 베르그손에게 더할 나위 없이 중요하다. 사회적 본능의 특별한 형태인, 스토리-텔링story-telling 기능(공유된 가치들에 우리가 복속하는 것을 완화하기 위해 사회 내에서 생겨난 일종의 지능적 본능)을 넘어, 그러한 복속을 포함하지 않는 사회성sociability을 북돋우는 수단이 존재하지 않으면 안 된다. 창조적 정서가 우리에게 제공하는 것은 공유된 인간애가 고취된 느낌이다. 베르그손에게, 바로 정서야말로 동등한 사람들의 열려진 사회의 화신인 것이다. 일반적 본질은 "영혼에서 영혼으로 도약하며, 열려진 사회, 창조자들의 사회의 도안을 그려 내는데, 이 사회에서 우리는 사도들이나 관객들이나 청취자들이라는 중재자를 통해 한 천재에서 다른 한 천재로 옮겨간다."(B 111)

이제, 들뢰즈는 이런 의미에서 정서의 생산을 존재 이유raison d'être로 삼고 있는 두 종류의 인간, 즉 신비주의자와 예술가, "창조 전체와 유희하는 […] 위대한 영혼들'(B 112)을 선정할 때 베르그손을 따른다. 그들이 밝히고 있는 것은, 궁극적으로 실재는 단지 지각되거나 혹은 관조되는contemplated 것이 아니라, 창조되고 향유되는 것이라는 점이다.

여기서 철학은 기이한 위치를 점하고 있다. 철학은 어쩔 도리 없이 관조에 매여 있기 때문에, 예술가와 신비주의자가 직접 생산하는 것을 오직 간접적으로 파악할 뿐이다. 그러나 창조적 정서에 의해 개념적 사유에 주어지는 것은 ― 엘랑 비탈, 지속, 창조로서의 ― 존재 그 자체를 향해 보는 직접적인 조리개이다. 그러므로 직관의 방법은 예술과 신비주의를 개념적으로 변환하는 것이며, 예술가와 신비주의자가 드러내 주는 존재의 열려진 유희를 철학이 되새겨 놓는 것이다.

제5장

냉담함과 잔인함

1961년에, 친구 코스타스 악셀로스Kostas Axelos의 초청을 받고, 들뢰즈는 "문제적 사랑Promblematic Love"이라는 주제를 다루는, 저널 *Arguments* 한 호에, 짧은 논문을 기고했다. 「자허-마조흐에서 마조히즘으로」이라는 제목이 달린 이 논문은 들뢰즈가 문학뿐만 아니라 또한 정신분석학도 연구한 최초의 간행 논문이었다. 6년 후에, 이 논문에 개진된 주장이 "Présentation de Sacher-masoch. Le froid et le cruel" ── 영어로 "Coldness and Cruelty(=냉담함과 잔인함)"" ── 로서 더 길고 더 상세한 형태로 다시 출간되었는데, 이 책은 레오폴드 폰 자허-마조흐Leopold von Sacher-Masoch의 『모피를 입은 비너스*Venus in Furs*』의 전문이 실린 책의 표지들, 그리고 또한 마조흐가 쓴 두 통의 편지를 함께 싣고 있었다. 우리는 다음에 오는 것에서 이 편지들의 중요성을 논할 것이다.

이 들뢰즈의 책은 정신분석학, 특히 프로이트, 라이크, 클라인, 라캉의 정신분석학에 깊이 의존하고 있을뿐더러, 특히 자크 라캉 그 자신에 의해 높은 평가를 받기도 했다. 라캉은 이 책을 일러서, "이제까지 마조히즘에 관해 쓰여진 책 중에서 의심할 바 없이 가장 훌륭한 책"이라고 했다. 이어서 라캉은 말한다. "이 새로운 관점에 의거할 때 다시 작성될 […]

필요가 없는 분석적 텍스트는 단 하나도 존재하지 않으며", 이 책은 "내가 이제 마조히즘에 관해 효과적으로 말할 모든 것을 위한 기초가 될 것이다."(*Seminar* 14, 109)

사드와 마조흐는 서로 보완이 되는가?

하지만 우리는 왜 마조흐인가 하고 물음으로써 시작할 수 있다. 들뢰즈는 먼저 우리에게 자신이 마조흐에게 관심을 갖는 두 가지 이유를 제시한다. 첫 번째 이유는 마조흐의 저작은 더 이상 읽히고 있지 않다는 점이다.

> 마조흐는 부당하게 취급되어왔다. 그의 이름이 마조히즘 도착에 부당하게 주어졌기 때문이 아니라, 정반대로, 그의 이름은 현재 그렇게라도 사용되는 반면에 그의 저작은 무시당했기 때문이다. 우리는 때때로 사드의 저작에 관해 이렇다 할 식견을 보이지 않는, 사드에 관해 저술된 책들을 발견하긴 하지만, 이런 일은 점점 보기 드문 일이 되었다. […] 그러나 마조흐에 관한 훌륭한 저술조차도 마조흐의 저작에 대해 놀라울 정도의 무지를 보인다. (M 13)

두 번째 이유는 더 명확하고 더 흥미롭다. 리하르크 폰 크라프트-에빙 Richard von Krafft-Ebing의 1886년 *Psychopathia Sexualis*에서 시작되는 마조히즘에 관한 진단적 설명은 마조히즘 경험의 핵심 특징을 전적으로 간과해왔다. 이 특징은 마조히스트가 자신의 장래 징벌자의 행위를 규정하기 위해 작성한 계약들의 역할이다. 마조흐에 관한 들뢰즈의 설명을 통해 우리는 마조흐 저작의 이 측면에 대해 주의를 다시 가다듬게 된다.

이제, 우리가 보게 되겠지만, 비록 사실 첫 번째 주장(=사디즘)이 논증의 실질적 부분이 아니라 구실로 작용할지라도, 이 두 주장(=사디즘과 마조히즘) 모두 『냉담함과 잔인함』에 두드러지게 나타난다. 하지만 사실 더 심오한 목표가 들뢰즈의 책에서 작동한다. 즉, **사디즘과 마조히즘의 관계를 끊기**, 사디즘과 마조히즘을 대립되고 반대되는 것이 아니라 상이하고 무관한 현상들로 다루기. 이 목표는 예술적인 것과 진단적인 것이라는 두 권역에서 추구된다. 특히 이 책의 전반부에서 들뢰즈는 사드 후작과 마조흐의 소설들 간의 차이들, 즉 그들 각각의 저작의 가장 높은 목표들에서만큼 가장 핵심적이고, 구체적인 수준에서도 발견되는 차이들을 숙고한다. "예술과 언어 둘 모두에서 마조흐와 사드는 완전히 다르다."(M 34)

두 경우에서 수동적 파트너의 상이한 위치가 여기서 전형적으로 나타난다. 사디즘과 마조히즘이 상호 보완적이라는 생각은, 우리가 사드의 소설은 마조히즘적 희생자들로 가득 채워져 있고, 마조흐의 소설은 많은 종류의 사디즘적 징벌자들로 가득 차 있음을 발견한다는 것을 시사할 것이다. 하지만 첫 번째 사례에서, 사드의 주인공들은 마지못해 하는unwilling 희생자들, 전혀 마조히스트가 아닌 희생자들을 원한다. 사드는 『쥐스틴Justine』에서 이렇게 쓰고 있다. "그들[사디스트들]은 그들의 범죄가 눈물 값을 치르리라고 확신하고 싶어 한다. 그들은 여기에 자발적으로 오고자 하는 모든 여자애들을 돌려보내곤 했다."(*Justine*, 124; M 40-1) 마조흐의 경우, 그의 주인공들이 원하지 않는 일은 사드의 희생자들처럼 능동적 힘agency을 빼앗기지 않는 것이다. "마조히즘적 환상의 […] 필수불가결한 부분"(M 41)이면서, 처벌자들은 이 환상 속에서 진정한 수동적 요소들이다. 마조히스트가 처벌받기를 원한다는 것 ─ 이 현상의 의미가 발견되어야 할 것이다 ─ 은 결코 마조히즘적 배열 속에서 그들의 본질적인 능동적 힘을 훼손시키지 않는다.

이와 상관적으로, 이 주장의 진단적 측면은 크라프트–에빙에서 프로이트로 향해 가는 궤적, 그리고 들뢰즈가 무엇보다도 도전하고자 하는 단일 어구인 사도마조히즘sadomashochism으로 압축되는 궤적과 관련이 있다. 그는 사정을 봐주지 않는다. "사도마조히즘은 이 그릇된 발상의 이름들 중 하나이고, 기호학적인 혐오물이다[괴물monstre]. 모든 경우에서 우리는 두 도착들을 한데 엮는 공통 '기호'로 보이는 것은 […] 이 도착들 중 하나 혹은 그 이상의 환원 불가능하게 특정한 증후들로 해체될 수 있으리라는 점을 발견했다."(M 134)

이 두 주장 방식의 세부 사항들이 이 장 나머지 부분에서 우리의 관심을 차지할 터이지만, 우리는 두 경우에서 (그리고 특히 진단적인 경우에서) 혼동의 두 가지 일반적인 원천이 존재한다는 점을 말함으로써 시작할 수 있다. 첫 번째 혼동은 사도마조히즘 개념이 너무나 추상적이어서, 근거가 없고 애매한 너무나 많은 일반성들 속에서 거래되고 있다는 점이다. "이러한 통일에 대한 믿음은 많은 정도 오해와 부주의한 추론의 결과이다."(M 40) 놓치고 있는 것은 우리가 다루고 있는 현실적인 실재, 들뢰즈가 "도착의 특수한 세계라고 부르는 것이다. 즉, 우리는 증후들 그 자체가 사전에 형성된 병인론에 의해 모호하게 되었기 때문에, 진정으로 차별적인 진단이 주어져 있지 않다."(M 58)

다른 한편으로, 사도마조히즘적 실체는, 이 실체를 향해 채택된 접근법들이 충분히 추상적이지 않기 때문에, 실현 가능한 것으로 보인다. 사도마조히즘의 주창자들은 사디즘과 마조히즘, 사드와 마조흐에 주어진 즉각적인 증거, 즉 쾌락과 고통의 어떤 조합에 즉각적으로 만족한다. 물론, 우리는 그런 조합을 이 텍스트들과 이 살아 있는 도착들 모든 곳에서 분명 마주치지만, 이러한 결합은 그 자체만으로는 우리에게 그야말로 아무것도 말해주지 않는다 — 그리고 이 점에서 들뢰즈는 한 번이 아니라 되풀이해서 혹평하고 있다. 우리가 정말로 알 필요가 있는 것은 "쾌락-고통 연관이 이 연관이 일어나는 구체적인 형식적 조건들로부터 추출되고 있느냐 하는 것이다."(M 45) 우리는 마조히즘과 사디즘의 물질적 소여들을 지나 이동하며, 쾌락과 고통이 그 각각의 형성물에서 실제로 어떤 역할을 하는지, 또 무엇보다 이 연관 그 자체의 본성이 무엇인지 물을 필요가 있다. 그러므로 우리가 필요로 하는 것은 "진정으로 형식적인, 거의 연역적인 정신분석학이다."(M 74)

그래서, 요약하면 우리는 『냉담함과 잔인함』의 목적은 4중적이라고 말할 수 있다.

1. 사드와 마조흐의 문학 각각의 수준에서 두 도착들의 환원 불가능성을 보여주는 것
2. 정신분석학적 사유의 영역에서 동일한 환원 불가능성을 보여주는 것
3. 마조히즘 개념을 이 개념에 특히 i) 계약의 역할에 관한 설명, 그리고 ii) 어머니 역할에 대한 훨씬 더 정교한 이해를 추가함으로써 풍부하게 만드는 것
4. 따라서, 문학과 정신분석학의 관계를 더 일반적으로 이론화하는 것

들뢰즈의 모든 작업이 언제나 모든 곳에서 어떤 식으로든 정신분석학과 대립한다는 친숙한 견해를 피하고자, 이 목적들은, 성취되기 위해서 정신분석학이 제공하는 자료들을 적극적으로 요구한다는 점을 덧붙이도록 하겠다. 『냉담함과 잔인함』은 분명 특히 프로이트가 행하는 설명의 요소들과 겨루지만, 오직 마조히즘에 관한 더 엄격한 설명을 창출하기 위해서 그렇게 할 뿐이다.

우리는 또한, 프로이트의 정신분석학이 사도마조히즘적 콤플렉스를 정식화하는 문제적 방식의 일부가 그의 정신분석학이 의존하는 마조흐를

독해하는 방식의 빈약한 성격에서 초래되는 결과라는 점을 덧붙여야 할지도 모르겠다. 들뢰즈의 견해에 의하면, 만약 크라프트-에빙, 프로이트, 그리고 다른 정신분석학자들이 수십 년 후의 라캉에게 매우 분명하게 나타났던 길을 따랐다면, 우리는 전체적인 혼란을 피할 수 있었을지도 모른다는 것은 분명하다. 라캉은 말한다. "자허-마조흐 선생을 읽어라."(*Seminar VII*, 239)

증후학

하지만 우리는 더 나아가기 전에, 네 번째 가닥의 주장을 끌어와야만 한다. 그 이유는 무엇보다도, 내가 앞에서 기술한 바 있듯이, 만약 우리가 정신분석학을 이해하기를 원한다면 왜 소설가들에게 귀를 기울여야 하는가, 우리는 여기서 의학 전문가를 필요로 하지 않는가? 하는, 들뢰즈의 접근법에 대한 다소 명백한 비판 때문이다. 사드와 마조흐는 소설가들이 아닐뿐더러 또한 암묵적으로도 위대한 심리학자들이 아니라고 응답하는 것이 가능할지도 모르지만, 이것은 정확히 들뢰즈가 말하고자 하는 바가 아니다. 대신에 그는 마조히즘과 사디즘의 도착들을 통해 사유하기 위하여 그들이 예술가들로서 중요하다는 점을 주장하고 싶어 한다.

이제, 사드와 마조흐는 환자라는 단어 글자 그대로의 의미에서 분명 **환자들**이다 — 그들은 그들의 증후들을 겪었고, 계속해서 미세한 분석과 조대한 분석을 모두 받고 있다. 그들의 저작은 그들 자신의 시간과 공간, 그들 자신의 심리학적 상태들 등등의 증후를 나타낸다 — 그들은 많은 요인들의 영향과 관련하여 수동적이다. 하지만 들뢰즈는 이 점이 그들이 오직 환자들이라는 것을 의미하지 않는다고 주장한다 — 그들은 또한 **임상의들**이다. 『냉담함과 잔인함』의 간행을 기념하는 한 대담에서, 그는 다음과 같은 세 가지 의학의 측면들을 묘사한다.

증후학 혹은 기호들에 관한 연구, 병인론 혹은 원인들에 대한 탐색, 그리고 치료학 혹은 치료에 대한 탐색과 치료의 적용. 병인론과 치료학은 의학의 필수불가결한 부분인 데 반해, 증후학은 의학 못지않게 예술에 속하는 일종의 중립 지점, 전pre-의학적이거나 혹은 의학-이하적인 한계에 호소한다. 그것은 "자화상"을 그리는 것에 관한 모든 것이다. 예술 작품은 신체 혹은 영혼이 그러는 것처럼, 비록 매우 다른 방식이긴 하지만, 증후들을 내보인다. 이런 의미에서 예술가 혹은 작가는 가장 훌륭한 의사처럼 위대한 증후론자일 수 있다. 사드나 마조흐 역시 증후론자이다. (DI 132).

마조흐나 사드 ─ 뿐만 아니라 베케트, 뒤라스, 카프카(DI 132-3), 혹은 다른 모든 위대한 작가들 ─ 의 천재성은, 실존하는 어떤 방식, 살면서 느끼는 방식, 세계와 관계를 맺는 방식을 표현하는, 구분되고 상호 관련된 기호들의 집단을 솎아냈다는 데에 있다. 이 점에서, 들뢰즈는 크라프트-에빙이 매우 옳았다고 생각한다. "마조히즘이라는 용어를 새로 만들어낼 때, 크라프트-에빙은 임상적 실체를 고통과 성적 쾌락 간의 연관에 의해서가 아니라, 속박과 굴욕에 연결되어 있는 더 근본적인 어떤 것에 의해서 재정의한 데 대해 마조흐에게 찬사를 보내고 있었다."(M 16)

하지만 이 창조적인 증후학이 창조적인 그만큼 이는, 사드와 마조흐가 이미 존재하는 어떤 것을 발견했을 뿐만 아니라, "사유하고 느끼는 새로운 방식들, 그리고 완전히 독창적인 언어"(M 16)를 말 그대로 생산해냈다는 것을 의미한다. 의학에서처럼, 예술에서의 새로운 증후학이 새로운 방식의 인간 실존을 창조한 것이다.

전기를 다룬 서문 후에, 『냉담함과 잔인함』은 다음과 같은 물음으로 적절하게 시작된다. "문학의 사용은 무엇인가?"(M 15) 그리고 이제 우리는 답을 알고 있다. 근본적으로, 문학은 현재의 상태를 진단할 수 있을 뿐만 아니라, 또한 미래가 열릴 수 있는 새로운 길을 창조한다.

마조흐와 사드의 언어

나는 『냉담함과 잔인함』의 네 가지 주요 목표가 존재한다고 앞에서 말한 바 있다. 우리는 방금 가장 폭넓은 네 번째의 목표를 보았지만, 이제 우리는 그것이 인상적인 손짓 이상의 어떤 것일 수 있는지 알아보기 위해서, 세부 사항으로 다시 내려가서 이 극적인 통찰을 구체적인 것으로 만들 필요가 있다. 그래서 시작점으로 되돌아가서 사드와 마조흐 그들 자체의 텍스트를 살펴보도록 하자.

말하는 자의 위치

들뢰즈는 두 작가 사이의 네 가지 차이점을 그들 각각의 텍스트의 수준에서 강조한다. 이 차이점들 중 첫 번째 것은 말하는 자의 상이한, 하지만 똑같이 역설적인 위치에 관한 것이다. 명백한 권위주의 그리고 심지어 사디스트적 담론의 파시즘에도 불구하고, 역설적인 사실은 사드에게 있어서 말하는 자는 필연적으로 희생자라는 점이다(여기서 들뢰즈는 조르주 바타유Georges Bataille의 유명한 분석을 따른다). "오직 희생자만이 고문을 묘사할 수 있다. 고문은 확립된 명령과 권력의 언어를 필연적으로 사용한다."(M 17) 들뢰즈는 고문하는 자 그 자신들은 결코 고문에 대해서가 아니라, 대신에 법에 대해서 또 법을 옹호할 필연성에 대해서 말하리라는 것을 의미하고 있다. 오직 고문의 희생자만이 법을 법으로 묘사할 수 있는 위치에 있다. 그렇지만 동시에, 그들은 또한 그렇게 할 가능성을 배제할 수 있는 위치에 있다. 이것이 사드에게서 보이는 역설의 진짜 핵심이며, 이를 드러내고자 바타유는 사드의 소설은 고문하는 자의 파시스트적 담론을 받아들이지 않고, 실제로는 고문하는 자를 희생자와 동일시한다고 언급한다. 마조흐의 소설에서, 우리는 전적으로 상이한 상황을 발견한다.

> 우리는 더 이상 희생자에게 달려들어, 희생자가 수긍하지 않고 설득되지 않기 때문에 더욱더 희생자를 향유하는 고문하는 자의 현존 속에 있지 않다. 대신에 우리는 도식 중 가장 이상한 도식을 실현하기 위하여 고문하는 자를 교육하고, 설득하고, 동맹을 맺는, 고문하는 자를 찾는 희생자를 다루고 있다. (M 20)

마조히즘적 주인공은 직접적인 일인칭 목소리로 또 잠재적 처벌자에게 하는 목소리로 희생자가 되길 원한다고 하며, 그들의 환상을 삶에 가져오려는 계획들에 대해 끝없이 말하지만, 처벌자는 결코 그 자신을 위해 말하지 않는다. 마조흐의 모든 소설의 대문에서 우리는 우리가 예상하는 마조히스트의 각본에서 ─ 자신들의 처벌자에 대한 교육을 특징으로 하는 ─ 각본 그 자체로 이동하게 되지만, 어떤 지점에서도 상황에 대해 말하는 힘은 결코 처벌하는 "행위자"에게로 이양되지 않는다.

언어의 기능

두 번째 맞짝의 담론적 특징이 이로부터 따라 나오는데, 이는 사드와 마조흐의 언어 그 자체의 역할에 관한 것이다. 들뢰즈는 두 경우에서 우리는 그들의 언어 사용이 "명령하기와 묘사하기의 기본적 기능들"(M 17)로 완벽하게 환원될 수 있는 포르노적 글쓰기의 표준적 상황을 훨씬 넘어서 있는 것을 본다고 언급한다.

대략적으로 말해서, 사드에게 있어서 언어는 어떤 역할을 하는가? 여기서 들뢰즈는 사드 소설의 가장 명백하고 현저한 특징, 즉 소진적인 (그리고 소진하는) 반복성에 대해 성찰한다. 사실상 사드의 소설은 거의 전적으로 묘사들과 명령들로, "끝없는 반복들", "증식하는 예시들", "희생자에 희생자를 더하는 것"(M 20)으로 구성된다. 그럼에도 불구하고, 사드의 소설은 오직 그러한 요소들로만 구성되는 것은 아니다. 사드 소설의 가장 현저한 구성 요소들 중의 하나는 신체들의 끊이지 않는 변환의 빈틈 속에 나타나는 논증argument 혹은 논명demonstration의 순간들이다. 아마도 가장 잘 알려진 그러한 논명은, 『규방철학*Philosophy in the Bedroom*』에서 세발리에 드 미르벨이 (제목이 그 모든 것을 말해주는) 정치 팜플렛 "프랑스인들이여, 만약 그대들이 공화당원이 되고자 한다면, 또 다른 노력이 있어야 하네Yet Another Effort, Frenchmen, if You Would Become Republicans." — 이어서 이 말을 돌망세가 변호한다 — 를 소리 내어 읽을 때 발견된다. 하지만 그 책 전체 내내 그리고 실로 사드의 모든 저작에서, 동일하게 묘사와 강한 논명이 삽입되어 있음을 발견될 수 있다.

이제, 들뢰즈가 지적하듯이, 이 논명적 요소들은 포르노식 명령에 예외가 되는 것일 뿐만 아니라, 그것에게 새로운 존재 이유를 제공한다. 장면들과 명령들의 반복, 묘사들과 명법들의 반복은 일련의 사례들, 즉 일련의 신체들을 가로지르는 논명들을 — 수학자 혹은 심지어 스피노자와 같은 사람의 정신 속에서(M 20) — 산출하는 것으로 올바르게 이해될 수 있다.

이와 대조적으로, 마조흐의 소설에서, 언어 사용은 교육적인 기능을 갖는다. 마조흐 소설의 주인공은 "본질적으로 교육자이며"(M 20), 그의 이념적 처벌자를 그가 "교육할 수 있고 설득할 수 있는"(M 41) 어떤 사람으로 이해한다." 마조흐에게 있어서, 명령하는 기능은 교육학적 기능에 의해 대체되는 데 반해, 묘사는 여전히 중요한, 하지만 이 또한 변형된 역할을 행한다. 들뢰즈가 언급하듯이, 인간 신체의 성애화된 운명에 매우 긴밀하게 관여하고 있는 일단의 허구들에 비해 마조흐의 묘사들은 놀랍도록 순결하다. 여성들의 신체들은 벗겨져 나타나지 않고, 심지어 마조히스트

그 자신들의 신체조차 고통의 도구들이 적용되는 바로 그 지점들에서 오직 "보여질 수 있을" 뿐이다. 사드는 그가 행한 묘사들로 말미암아 감옥에 가게 되었고, 그의 현존하는 간행물들은 말 그대로 "지옥Hell"이라 불렸던 국립도서관Bibliothèque nationale의 부서로 보내졌다. 마조흐는 그가 행한 묘사들 덕분에 일생 동안 국제적인 명성을 얻었지만, 묘사들의 온건한 성격 때문에 사후에 명성을 잃었을지도 모른다.

하지만 마조흐의 묘사들이 사드의 음란성을 결여하고 있는 것만은 아니다. 그의 묘사들은 또한 독특하고 현저한 동결 혹은 중지 — 들뢰즈 책 제목의 냉담함 — 라는 특징을 지닌다. 사드의 언어는 운동적kinetic, 역동적이지만, 마조흐는 타블로[4]나 정물화를 제시하는 일을 즐긴다. 즉, "모든 잠재적 음란성이 부인되거나 혹은 중지되며" — 이는 우리가 아래에서 다시 논하게 될 용어들이다 —, 그 대신에 우리는 "마치 역겨운 냄새 같은, 기이하고 억압적인 분위기를 발견한다."(M 34)

두 가지 이상

언어는 사드와 마조흐에게 있어서 각각 논리적 탐구의 수단으로, 또 세련된 교육학적 도구로 사용된다. 하지만 이 특징들은 언어 그 자체를 도착적으로 사용하는 일의 목표들에 대한 더 폭넓은 물음으로 이어진다. 들뢰즈는 준–포르노적para–pornographic이거나 "포르노학적인pornological"(M 22) 접근법들은 두 가지 매우 다른 이상들의 달성을 목표로 한다고 주장한다.

사드의 소설 — 또 여기서 들뢰즈는 피에르 클로소프스키Pierre Klossowski를 따르고 있다 — 은 두 가지 자연의 구별을 실연해낸다. 두 번째 자연은 우리가 보통 단어 "자연적"과 동일시하는 그것이다. 이 자연은 창조와

4. tableau. 영화 등에서 배우들이 동작을 정지한 상태를 유지하여 그림처럼 보이게 할 때 나타나는 장면.

파괴의 유기적 과정들에 관한 것이다. 이 자연은 다산적이면서 폭력적이고, 삶과 죽음의 순환이다. 이것은 사드의 난봉꾼들이 작동하는 체제이긴 하지만, 그들 행위의 궁극적 의미나 동기가 아니다. 여기서 부정적인 것이 작동하고 있지만, 생명체의 긍정성을 갖는 제로섬 게임의 일부로서 그러하다. 진정한 동기는 생명체의 세계 뒤에 있거나 넘어서 있는, 첫 번째 자연에서 발견될 수 있다. 이 자연은 순수 부정성 혹은 부정, "오직 사납고 찢어대는 분자들로만 이루어진 태고의 섬망, 최초의 무시간의 카오스"(M 27)를 본성으로 하고 있다. 하지만 쾌락과 고통의 유기적 규칙을 넘어서 있기에, 그것은 우리가 직접적으로 접근할 수 있는 어떤 것이 아니다. 자신 이전의 라캉과 마찬가지로, 들뢰즈는 사드 저작의 칸트적 성질을 강조한다. "본원적 자연은 필연적으로 이념의 대상이다. 그리고 순수 부정은 기만이지만, 그것은 이성 그 자체의 기만이다."(M 27)

따라서 "난봉꾼은 부분적인 귀납적 과정들을 갖고서 [악의 근본적 성격을] 완전하게 논명하는 일을 예시하는 데에 국한된다."(M 29) 신체들이 서로 맞물리는 변환들 전 범위에서 신체들에 대해 행하는 일련의 기술은 일반적 정리theorem의 진리를 함의하는 국소적 결과들이지만, 이 이념적 Ideal 악의 일반적이고 구속되지 않는 성격을 완전히 드러내는 일은 어떠한 특수한 경우에서도 결코 성공하지 못한다. 여기서 『소돔의 120일120days of Sodom』이 전형적인 예가 된다 — 제목에서 제시되는 날들days의 수는 설정된 시퀀스 속에서 모든 상상 가능한 도착을 관통하는 소진적 시퀀스로 나누어지며, 유괴된 사람의 살해로 완성된다.

사드와 마찬가지로, 마조흐는 그의 말들을 이상Ideal이라는 목표로 향하게 하며, 어떤 의미에서 여기서 행하는 우리 논의의 나머지 부분은 이것이 정확히 무엇인가 설명하는 것을 목표로 할 것이다. 하지만 대략적으로 말해서, 그것은 시간 속에 동결된 순간의, 자연 질서의 중지를 통해서 뽑아낸 초감성적인supersensible 이상이다. "모든 것은 냉담함을 시사한다.

대리석 신체, 돌로 된 여자들, 얼음으로 된 비너스는 마조흐가 가장 좋아하는 표현들 중 몇 가지이다. 종종 그의 등장인물들은 달빛을 받아가며, 차가운 조각상들과 함께 호색적인 도제 생활을 한다."(M 53) 마조흐는 우리에게 이 순간 그 자체 ── 죄와 벌, 과거와 현재, 지배와 지배의 박탈, 구타와 고통 사이의 순간 ── 를, 신체적 쾌락의 매일 일어나는 경험과 관련하여 이 순간의 과도적인 성격을 전달하기 위하여, 보여주는 일을 목표로 삼는다.

그래서 이 이상적인 것의 순간은, 사드에게서 그런 것처럼, 필연적으로 또한 자연의 두 가지 질서 간의 구별을 함의한다. 마조흐에게, "거친 자연은 개별적인 자의성에 의해 지배된다. 즉, 간계와 폭력, 증오와 파괴, 무질서와 육욕성이 모든 곳에 작동한다. 이것을 넘어 비−인격적이면서 자기의식적이고, 정적이면서sentimental 초감수적supersensual인, 위대한 최초의 자연이 놓여 있다."(M 54)

그리고, 한 번 더 사드와 마찬가지로, 마조흐의 소설은 어떤 종류의 극본의 반복이라는 특징을 갖고 있다. 그러나 그들의 차이 역시 여기서 두드러진다. 사드의 반복들은 순차적이고, (원리상) 무한하며, 부정의 이상에 도달할 만큼 충분한 변환들을 한데 합하고자 하는 불가능한 시도이다. 하지만 마조흐의 반복들은 이상적 장면에 대한 질적 강화를 포함한다.

프로이트에게 있어서 충동들에서 부인으로

이제, 들뢰즈의 분석을 더 따르기 위하여 ── 그리고 마조흐의 동결된 순간이 어떤 종류의 이상Ideal을 형성할 수 있는 방법과, 이에 수반되는 메커니즘의 본성을 이해하기 위하여 ──, 우리는 프로이트 정신분석학으로부터 몇 가지 개념을 도입할 필요가 있다.

충동들의 가소성

이 개념들 중 첫 번째 것은 충동들— 행동을 특징짓는 동기를 부여하는 힘들— 에 관한 프로이트의 설명에서 발견된다. 1915년 논문 「본능들과 그 변전들Instincts and their Vicissitudes」에서, 프로이트는 이 충동들이 자연적인 원천이나 목적을 갖지 않으며, 또 사실상 충동들이 자신들의 만족을 장애하는 다양한 것들을 마주칠 때 일어나는 여러 가지 변형들을 겪는다는 것을 보여주고 있다. 그는 특히 네 가지 변형들을 발견한다. 이 변형들 중 우리에게 가장 친숙한 것은 억압repression과 승화sublimation이다. 프로이트는 억압(더 올바르게는 그가 이차 억압이라고 부르는 것)을 "막아냄fending off"으로 정의한다. "억압의 본질은 단지 어떤 것을 의식적인 것the conscious으로부터 멀리하고, 거리를 두는 데 놓여 있다."("Repression", 146) 이와 상관적으로, 억압을 겪는 충동들은 어떤 방식으로든 의식적인 마음에 수용될 수 없는데, 이 충동들을 직접적으로 표현하게 되면 심적 체계에서 불쾌감 혹은 긴장감이 증가하게 된다. 다른 한편으로, 승화는 그러한 수용될 수 없는 충동들을 다른 목적에 맞게 고치는 일을 수반한다. 승화는 "본능이, 성애적 만족sexual satisfaction의 본능과 다른 목적, 멀리 떨어진 목적으로 향하는 데에 놓여 있는 과정이다. 이 과정에서 역점이 성애로부터 벗어나는 데에 주어진다."("On Narcissism", 94)

하지만 마조히즘에 관한 들뢰즈와 프로이트의 설명에 열쇠가 되는 것은 특히 다른 두 가지 흥미로운 사례들이다. 첫 번째 사례는 충동이 자신과 대립되는 것으로 변형되는 일을 수반한다. 사랑이 증오로 변형되는 일이 프로이트의 예이다. 두 번째 사례는 문제의 그 충동들의 목적들 속에서 변형되는 일을 수반한다. 충동은 투여의 외적 대상으로 향하는 것 대신에, 자기(더 적절하게는, 자아)를 대상으로 취하고서 내면으로 향한다. 여기서 두 사례, 즉 관음증(지켜보고 싶은 욕망)이 노출증(지켜보

여지고 싶은 욕망)으로 향하는 변형, 그리고 ― 물론 ― 사디즘이 마조히 즘으로 향하는 변형이 프로이트의 관심을 끌고 있다.

에로스와 타나토스

사드와 마조흐의 소설에서 발견되는 두 가지 자연의 질서들이라는 주제는 말할 것도 없고, 이 변형의 모티프는 "『쾌락 원칙을 넘어서Beyond the Pleasure Principle』로 우리가 알고 있는 걸작"(M 111)에서, 즉 들뢰즈의 설명을 위한, 마조히즘과 사디즘에 관한 몇 가지 중요한 발언들도 담고 있는 텍스트에서 프로이트에 의해 상당히 복잡화되고 풍부하게 된다.

프로이트의 초기 메타심리학적 저술들은 충동들의 드라마를 전적으로 쾌락 원리에 의해 지배되는 것으로 제시하고 있다. 우리가 방금 본 억압에 대한 정의가 이 점을 증명한다. 즉, 그 최종 분석에서, 억압은 충동이 의식으로 오는 일이 일으킬 오직 불쾌 혹은 불편의 양과만 관련되어 있는 경제적 기능이다. 『쾌락 원칙을 넘어서』(1920)에서, 제목이 시사하는 바와 같이, 프로이트는 이 원칙이 미치는 것으로 보이는 전반적 범위를 넘어서는 심적 기능들이 존재하는지 여부를 탐구한다.

이러한 물음을 던지는 프로이트의 핵심 동기 중의 하나는 트라우마적 반복의 현상이다. 그는 물었다. 왜 제1차 세계대전의 최전선에서 돌아오는 병사들이 전쟁의 공포가 ― 공포가 해결되지 않고 불쾌를 낳는다는 점을 감안할 때 ― 강박적으로 다시 살아나는 일을 겪는가? 더군다나 또 더 일반적으로 말해서, "쾌락 원칙과 관련하여, […] 어떻게 강박이 반복될 수 있는가?"(Beyond the Pleasure Principle, 20) 이것이 그를 성적 충동erotic drives(에로스)의 지배뿐만 아니라, (들뢰즈가 타나토스란 이름과 결부시키는) 죽음 충동의 실존에 관해 사색하도록 이끌었다. 죽음 충동은 해체하고, 분해하고, 생명을 무기적 물질성으로 되돌리려는 경향이라는 특징을 가진다. 프로이트는 한 주목할 만한 대문에서 이 점에 대해 이렇게 말한다.

"만약 우리가 살아 있는 모든 것은 내적 이유 때문에 죽는다─ 다시 또 무기적인 것이 된다─ 는 사실을 예외 없는 진리로 간주하려 한다면, 그렇다면 우리는 '모든 생명의 목적은 죽음이다', 그리고 뒤돌아보며, '생물들 이전에 무생물들이 실존했다'고 말하지 않을 수 없을 것이다."(*Beyond the Pleasure Principle*, 38)

들뢰즈는 이 중요한 프로이트의 가설을 논할 때, 프로이트의 세목들 중의 하나를 꼭 쥐고 있다. 즉, 죽음 충동은 결코 심적 생에서 그러한 것으로 나타나지 않는다. 만약 우리가 충동들의 공격적이거나 파괴적인 특징들을 탐지할 수 있다면, 언제나 우리는 이 특징들을 에로스에 의해 지배되는 특수한 충동들의 작동으로 도로 지시할 수 있을 것이다. 타나토스 는 "본질적으로 침묵을 지키고 있고 그 때문에 더욱더 무섭다"(M 116)고 들뢰즈는 언급한다. 후에 우리는 쾌락 원칙을 넘어서 있는 것(무!)에 관한, 들뢰즈의 놀라운 주장을 보게 될 터이지만, 이 점을 강조할 때의 목적은 우리는 이 원칙을 넘어서 있는 것으로 접근하는 직접적이고 경험적인 길이 없다는 점이다. 프로이트와 마찬가지로 우리는, 쾌락의 제국주의 속의 빈틈을 가리키는, 인간 경험의 골치 아픈 특징들 때문에, 죽음 충동의 가설을 받아들일 수밖에 없는 것으로 보인다. "쾌락 원칙으로 환원될 수 없는 잔여가 존재한다."(M 112) 따라서 우리는 죽음 충동의 본성과 역할을 파악하기 위하여 경험적인 관찰에 기초하지 않는 또 다른 탐구 방식을 필요로 한다.

부인

우리가 필요로 하는 마지막 정신분석학적 범주는 들뢰즈가 제공하는 마조히즘에 관한 설명에 매우 중요한 메커니즘인 부인disavowal이다. 여기서 들뢰즈의 설명은 사실 프로이트보다는 라캉에 더 깊이 의지하지만─ 라캉은 이와 관련된 용어를 세련되게 다듬어 놓았다─, 이는 한쪽에 제쳐놓을 수 있는 지엽적인 것이다. 부인은 경험되는 것이 재인되면서 동시에 자기self에 의해 거부되는 과정이다. 부인은 "존재하는 것의 타당성에 근본적으로 이의를 제기하는 앎"(M 31)을 수반한다. 부인에 관한 들뢰즈의 설명은 프로이트가 활용하는 페티시즘fetishism의 예에 깊이 의존하고 있다.

> 페티시스트가 페티시fetish를 선택하는 일은 그가 [어머니가] 페니스를 상실했다는 것을 알아차리기 전에 아동기에 본 마지막 대상(예를 들어, 위로 오르는 발을 힐끗 보는 경우의 신발)에 의해 결정된다. 이 대상, 이 출발점으로 끊임없이 되돌아옴으로써 그는 논의 중인 기관organ의 실존을 타당한 것으로 만들 수 있다. (M 31)

따라서 페티시 자체는 특별한 종류의 의사-이상적인quasi-ideal 대상, 즉 일종의 "동결되고, 정지된 2차원의 이미지, 운동movement의 위험한 결과들을 쫓아내기 위하여 반복해서 돌아오는 사진"이다. 들뢰즈는, 한 멋진 문구 속에, "페티시는 믿는 것이 여전히 가능했던 마지막 지점을 나타낸다"고 덧붙인다.

그렇다면, 분명, 부인은 단순한 행위가 아니고, 두 부수적인 순간들, 중지suspension와 이상화idealization를 포함한다. 페티시스트는 "환상 속에서 중지되는 이상 그 자체를 확보하기 위해서" 그들이 마주쳐온 실재 세계real world를 중지시킨다. "[…] 한편으로 주체는 실재reality를 알아차리고 있지만, 이 알아차림을 중지시킨다. 다른 한편으로, 주체는 자신의 이상에 집착한다."(M 33) 그렇지만 억압과 마찬가지로, 애당초 부인은 주체가 트라우마적 물질에 직접적으로 관여해야 하는 일을 유예하도록 기능한다. 하지만 억압과 달리, 문제의 그 대상들에 대한 의식적 파악이 존재한다. 실재는 부정되거나 혹은 억압되는 것이 아니라, 전치되고 또 대체된다.

또한 페티시스트가 "이전 순간으로 되돌아가는 것은 …" 한 형태의 반복이다. 이것은 후에 해결의 열쇠가 될 것이다.

프로이트에게 — 늑대 인간Wolf Man 사례 연구가 이것의 좋은 예를 제공한다 — 부인은 자아의 분열, 즉 인식되는 것과 중지되는 것 간의 모순을 내장하는 분열을 초래한다. 그러나 들뢰즈의 견해에 의하면, 우리가 곧 보게 되겠지만, 더 복잡한 어떤 것이 작동한다. 비록 우리가 이 연관을 명백히 하기 위해서는 어떤 더 많은 자료를 필요로 하겠지만, 마조흐 소설에 근접하는 일이 이미 명백해졌기를 바란다 — 들뢰즈가 말하듯이, "마조흐의 예술은 미적 중지의 냉담함을 창조하기 위해 부인들을 증식시키는 데에 있다."(M 133)

마조히즘에 관한 프로이트의 설명

이 간략한 소묘에 비추어볼 때, 우리는 이제 사디즘, 마조히즘, 그리고 이른바 사디즘과 마조히즘의 완전한 상호 보완성이라고 말들 하는 것에 관한 프로이트의 설명을 (마찬가지로 간략하게) 제시할 수 있다. 사실, 프로이트는 마조히즘에 관해 한 가지가 아닌 두 가지 설명을 제시하지만, 두 가지 설명 모두 "주체에게 가하는 공격이라는 적대가 따르는 최초의 공격적인 본능"(M 123)의 상정을 둘러싸고 전개되므로, 들뢰즈에게 이 두 가지 설명의 차이는 상대적으로 중요하지 않다. 이 두 가지 버전에서 역시 주요한 행위자는 자아ego와 초자아superego이다. 프로이트에게 그리고 일반적으로, 자아는 마음속의 질서를 지키며, 충동들(이드id)과 현실 세계(현실 원칙)의 다양한 요구들을 다루는 일을 맡고 있는 능동적인 교섭자이다. 적어도 프로이트에게, 초자아는 성서에 나오는 아담의 갈비뼈로 이루어진 이브와 같이 만들어진 자아의 세련된 부분이다. 이 초자아는 양심 개념과 매우 유사한 것으로, 비판적인 도덕적 판단의 장소이다.

마조히즘에 관한 프로이트의 첫 번째 설명은 다음과 같은 구조를 가진다.

1. 일차적 사디즘, 즉 모든 충동들에 고유한 본질적이고 기본적인 공격성이 존재한다.
2. 이 충동들—가령, 어머니나 아버지를 향한 공격들을 포함하는 충동들—중 일부가 만족될 가능성이 자아ego에 의해 저지된다. 죄책감이 일어난다.
3. 이 충동들이 자기self에게 되돌아온다(이차적 마조히즘).
4. 이와 동시에, 특히 강력한 초자아가 전개된다.
5. 초자아는 벌을 가하는 사람 쪽으로 투사되고, 나의 고통은 받을 만한 벌로 경험된다.

프로이트는 『쾌락 원칙을 넘어서』(55)에서 마조히즘에 관한, 첫 번째 설명보다 향상된 두 번째 설명의 가능성을 죽음 충동의 가설에 비추어서 제기한다. 이 설명은 후에 1924년 텍스트 「마조히즘의 경제적 문제」에서 매우 상세하게 제시되었다. 이는 다음과 같은 구조를 가진다.

1. 일차적 마조히즘이 존재한다(죽음 충동의 가설).
2. 에로스의 영향하에 이 충동들은 외부로 향한다(이차적 사디즘).
3. 이 공격성에 대한 저항, 혹은 이 공격성에 대해 죄의식을 느낌이 일어난다.
4. 이 공격성은 자기self에게 되돌아온다(이차적 혹은 도덕적 마조히즘). "나는 죄책감을 느낀다".
5. 이 도덕적 마조히즘은 성애화된다(도착적 마조히즘).
6. 초자아가 벌을 가하는 사람 쪽으로 투사된다.

마조히즘에 대한 프로이트의 설명이 안고 있는 다섯 가지 문제점

프로이트의 설명은 이와 같다. 하지만 들뢰즈 자신의 신프로이트학파 버전을 살펴보기 전에, 프로이트 설명의 한계를 검토해보자. 『냉담함과 잔인함』은 이 점에서 프로이트에 대한 다섯 가지 주요한 내재적 비판을 제시하고 있다 ─ 그리고 "내재적"이란 말로 나는 이것들이 프로이트의 체계 그 자체 안에서 일어나는 문제들이라는 것을 의미한다. 들뢰즈는 그 자신이 우리가 프로이트의 전제들을 계속해서 따라가면 일어나는 혼란들을 보여주고 있다고 생각한다.

첫 번째 비판은 역위逆位의 가설이 안고 있는 불충분성에 관한 것이다. 들뢰즈의 논점은 이렇다. 만약 우리가 "나는 나 자신의 쾌락을 위해 너를 처벌하겠다"는 주장에 구현되어 있는 사디스트의 입장을 취한다면, 이 입장의 역위는 "나는 받을 만한 처벌에 수동적으로 준비가 되어 있다"는, 보통 그렇게들 알고 있는 마조히스트의 언명이 아니라, 능동적이고 신경증적인 "나는 나 자신을 처벌한다"라는 언명이다. 이 후자의 언명은 마조히스트의 특징은 아무것도 포함하고 있지 않다.

다른 한편으로 ─ 그리고 이것은 두 번째 논점이다 ─, 우리는 또한 도덕적 마조히즘에서 도착적 마조히즘으로 향하는 이동이 어떻게 야기되는지에 대한 어떠한 설명도 결여하게 된다. 우리는 들뢰즈가 "특수한 마조히즘적 성애 발생erotogenicity"(M 105)이라고 부르는 것에 대한 어떠한 설명도 결여하게 된다. 죄책감을 느낀다는 사실 혹은 억압된 공격성을 겪고 있다는 사실은 그 자신의 방식으로는 아무것도 설명하지 못한다. 들뢰즈가 말하듯이, 죄책감을 느낀다는 사실이 우리에게 제공하는 최상의 것은 도덕적 마조히즘과 도착적 마조히즘 간의 연관을 위한 한 중요한 조건일 뿐이지, 그 사실이 연관 그 자체를 구성할 수는 없다.

다소 전문적인 세 번째 비판은, 처벌을 가하는 행위자에게로 자아를 투사한다는 것은 설명할 필요가 있다는 것이다(여기서 들뢰즈는 프로이트의 1919년 논문 「한 아이가 매를 맞고 있다」에 암묵적이긴 하지만 긴밀히 관여하고 있다). 프로이트의 견해에 의하면, 마조히즘은 애당초 그러한 욕망들을 가졌다는 것에 대해 처벌을 받을 때 발견되는 쾌락을 초래하는 부인의 복잡한 배치라고 하는, 용납될 수 없는 충동들을 다루고자 하는 시도로 요약된다. 따라서 이 충동들은 결국 오이디푸스 가족의 가부장제에 대한 도전들이다 — 즉, 이 충동들의 본질은 모두 아버지의 규칙에 도전하는 데에 있다. 그러므로 프로이트가 왜 마조히즘에서 초-자아는 오이디푸스적 아버지에게로 투사되고 또 이 아버지와 동일시된다고 말하곤 했는지 아는 것은 어렵지 않다. 하지만 들뢰즈가 볼 때 (그는 네 페이지의 난해한 주장을 펴고 있는데[M 106-9], 여기서 그는 프로이트 못지않게 멜라니 클라인의 저작에 깊이 의존하고 있다) 이것은 극적으로 상황을 단순화해서, 어머니의 지위를 간과하고, 오인하고, 감소시킨다. 프로이트의 설명에 의하면, 어머니는 결코 자신의 방식대로 나타나지 않고, 혹은 마조히스트의 환상 그 자체의 일부로 나타나지도 않고, 아버지의 대리자로, 또 자아의 대리자(용납할 수 없는 공격의 담지자)로 나타난다.

잠시 후에, 우리는 도착에서 행하는 어머니들과 아버지들의 역할로 향할 터이지만, 이제 네 번째 문제가 등장한다. 프로이트는 주장한다. 충동은 "되돌아올" 때마다 필연적으로 탈성화desexualization의 순간을 포함한다. 즉, 충동이 더 이상 이전 만족의 대상에 구속되지 않는 한, 이전 투여는 철회되었음이 틀림없다. 여기서 들뢰즈는, 발생하기 위해서는 바로 이런 종류의 탈성화를 필요로 하는 — 오이디푸스 콤플렉스의 해결에 관한 프로이트 자신의 설명에 나오는 — 자아와 초자아의 형성이라는 예를 제공한다. "어떤 특정한 양의 리비도(에로스-에너지)는 중성화되며, 분화되지 않은 채 자유롭게 이동할 수 있게 되는데"(M 16), 이 중성적 에너지와 더불어 오직 그때에만 자아가 형성될 수 있고, 이어서 초자아가 형성될 수 있다. 들뢰즈가 지적하는 문제는 이렇다. 사디스트적 충동이 탈성화될 때, 우리는 왜 그것이 성적–도착적sexual–perverse 의미에서 곧바로 마조히스트적 충동이 될 수 있다고 생각하려 하는가? 적어도, 충동이 후속하는 투여를 행할 어떠한 필연성도 배제하는 것으로 보이는 중성의 순간, 틈hiatus이 존재할 것이다.

하지만 이제, 이런 종류의 되돌아옴turning around이 야기될 수 있고, 어떤 식으로든 자연스럽게 따른다는 것을 가정하더라도, 다섯 번째 문제가 등장한다. 들뢰즈는 묻는다. 마조히즘에서 무엇이 쾌락과 고통, 죄와 벌 간의 특정한 연관을 특징짓는가? 이 물음에 관한 프로이트의 설명은 여전히 추상적인 것으로 남아 있기 때문에, 그는 "변형의 모든 방식"(M 109)이 문제의 그 이행을 설명할 수 있다는 사실을 간과한다. 요컨대, 마조히스트적 배치를 설명해주는 특정한 구체적인 상황, "어떤 물질적인 기반, 어떤 독특한 연관"(M 105)이 반드시 존재해야 하는데, 프로이트는 이를 제공하고 있지 않다.

아버지들과 어머니들

들뢰즈의 견해에 의하면, 이 문제들은 마조히즘에 관한 프로이트의 설명에 있어서, 임상적 사도마조히즘적 실체의 개연성을 훼손시키는 치명적인 결함이 된다. 그럼에도 불구하고, 앞으로 논의가 진행될 길은 오이디푸스적 상황에 관한 프로이트의 설명 —『냉담함과 잔인함』에서 한껏 활용하는 설명 — 을 채택하는 일을 수반하게 되며, 특히 이 두 상이한 도착에 놓이는 아버지와 어머니 각각의 자리들에 관한 프로이트의 설명을 수반하게 될 것이다. 들뢰즈가 볼 때, 이 두 인물을 사디즘과 마조히즘에 적절하게 위치시키면 이 두 전도들의 진정한 본성이 밝혀지게 된다.

사드와 사디즘에서 아버지와 어머니의 역할

사드는 어머니를 이차적 자연, "창조, 보존, 재생산"(M 59)으로 이해된 자연과 동등시한다. 따라서 또 여기서 들뢰즈는 특히 『규방철학*Philosophy in Bedroom*』의 원호를 그리고 있다. "결국 사디스트적 환상은 딸을 교사하여 어머니를 고문하고 살해하게 함으로써 그 자신의 가족을 파괴하는 아버지의 주제에 의존한다."(M 59)

이와 상관적으로, 사드는 아버지를 순수 부정, 폭력, 악의 구현인 최초의 자연과 동일시한다. 우리는 또한 이 일차적 자연은 유기적이고, 사회적이고 인습적인 것의 세계가 미치는 범위를 넘어서 있고, 이런 세계의 법칙들을 넘어서 있다는 것을 알고 있다. 이런 이유로 들뢰즈는 사드에 나타나는 아버지와 어머니의 장소를 다음과 같이 요약한다. "사디즘은 모든 의미에서 어머니를 능동적으로 부정하는 것이고, 모든 법칙들을 넘어서 있는 아버지를 앙양하는 것이다."(M 60) 혹은 또, "사디즘은 어머니를 능동적으로 부정하는 것을 상징하고, (법 위에 위치하는) 아버지 및 아버지와 딸의 동맹을 팽창시키는 것을 상징한다."(M 67)

최종 분석에서, 숨겨진 **타나토스**로부터 도출된 **에로스**의 공격성은 사드의 이차적인 "여성적" 자연과 상응하고, 또 난봉꾼 행위의 규칙을 이룬다. 하지만 일차적 자연은 **타나토스** 자체와 상응한다. 우리는 사드의 주인공들은 논리적인 귀납적 절차들을 통해서 끝없이 보편적 진리를 증명하려고 애쓰는 논리학자들과 같다는 점을 앞에서 보았다. 하지만 이제 우리는 이 진리의 본질이 죽음 충동이라는 것을 알고 있다. "사디스트적 주인공은 논명적인demonstrative 형식으로 죽음 본능(순수 부정)을 숙고해서 해결하는 과제를 맡은 것으로 보인다."(M 31) 또 다른 의미에서, 그들은 새로운 물리적 요소를 분리해내어, 이를 쉼 없이 정제하고 또 정제하는 화학자들과 같다.

마조흐와 마조히즘에서 아버지와 어머니의 역할

우리는 여기서 분화시키는 또 다른 요인, 즉 사도마조히즘sadomasochism이라고들 하는 통일을 쪼개어 여는 도구 ─ 들뢰즈에게 특히 중요한 것 ─ 를 발견한다. 프로이트는 "아버지-이미지는 사디즘에서 결정적 역할을 하고, 또 두 경우에서 같은 요인들이 작동하므로, 마조히즘에도 또한 적용되지 않으면 안 된다"(M 57)는 점을 가정한다고 들뢰즈는 언급한다. 이 견해에 의하면, 아버지를 사디스트적으로 동일시한다면 이는 아버지를 오직 벌을 가하는 자의 인물에 투사한 것일 뿐이다. 하지만 이것은 정말로 사실일까? 들뢰즈는 이렇게 말한다.

마조히즘에서 매질을 하는 인물이 아버지라는 말을 들을 때, 우리는 이렇게 물을 권리가 있다. 실제로 누가 매를 맞고 있는가? 아버지는 어디에 숨어 있는가? 아버지는 매를 맞고 있는 사람 안에 있는 것일까? 마조히스트는 죄책감을 느끼고, 매를 때려 달라고 애걸하고, 속죄하지만, 왜 또 어떤 죄에 대해서 그러한가? 따라서 소형화되어 있고, 매를 맞고, 비웃음을 당하고, 굴욕을 당하는 이는 바로 마조히스트 안에 있는 아버지-이미지가 아닌가? 학대를 받는 이가 속죄하는 것은 그가 아버지를 닮았다는 것이고 아버지가 그를 닮았다는 것이다. 즉, 마조히즘의 공식은 굴욕을 당하는 아버지이다. 그러므로 아버지는 매를 때리는 자라기보다는 매를 맞는 자이다. (M 60-1, 인용자 강조)

이것이 마조히즘에 대한 들뢰즈 설명의 핵심이다. 즉, 아버지는 벌을 가하는 자가 아니라 학대를 받는 자 그 자신과 동일시된다. 아니 오히려, 심적 조직에 있어서 아버지에게 전형적인 것, 즉 초자아와 동일시된다. 이 모든 것은 우리를 다시 여기서 전적으로 중요성을 띠는 부인의 주제로 데리고 간다. 들뢰즈에 의하면, 마조히스트적 상황은 한 가지가 아닌 두 가지 부인을 수반한다. 한편으로, "(상징적 질서로부터 추방된) 아버지를 무효화하는 부인"(M 68)이 존재한다. 프로이트는 오이디푸스 질서를 어지럽히고, 이 질서 안에서 법을 집행하는 아버지의 역할을 어지럽히는 욕망들로서 마조히즘(과 사디즘)을 다루는 것으로 보았다는 점에서 옳았다. 하지만 마조히즘은 법을 도착적으로 고수하는 방식으로서가 아니라, 대신에 (우리가 잠시 후에 보게 될 방식으로) 아버지를 퇴위시키고 아버지의 법의 규칙을 조롱하는 창조적인 수단으로서 나타난다. 다른 한편으로, 들뢰즈가 "(법과 동일시되는) 어머니를 이상화하는 긍정적인 부인"(M 68)이라고 부르는 것이 존재한다.

하지만 이 분석 덕분에 우리는, 끝으로, 마조히즘에서 행하는 고통의 역할을 설명할 수 있게 된다. 여기서, 들뢰즈는 딱 부러지게 말한다. "마조히즘에 있어서 고통이 직접적으로 관계되는 일은 없다. 고통은 오직 **결과로만** 간주되어야 한다."(M 121)

마조흐의 세 여성

그렇지만 들뢰즈는 마조흐 소설에는 사실 이러한 이상 주위로 모이는 세 가지 이미지의 여성이 존재하며, ―(『모피를 입은 비너스』와 같은) 일부 그의 저작에서 주된 여자 주인공이 세 위치 모두를 통과한다는 사실에도 불구하고 ― 그들 중 오직 한 명만이 그 위치에 적합하다고 언급한다. 이 세 가지 유형에 대한 들뢰즈의 논의(M 47–55)는 마조흐에게서 가져온 아주 많은 예들을 사용하는데, 이는 꽤 참조할 만한 가치가 있다.

첫 번째 유형의 여성은 관능주의자 ― 양성애자, 아프로디테, "순간을 위해 사는 여성", 이교도 ― 이다. "이 여성은 관능적이며, 자신을 유혹하는 사람이라면 누구든 사랑하고 그에 응해서 자신을 내준다."(M 4) 이 관능주의자는 부패한 사회의 제도들 ― 도덕, 교회와 이에 수반되는 것들(특히 결혼), 국가의 법— 을 거부한다는 점에서 사드의 주인공을 닮았지만, 다른 모든 면에서 그들과 다르다.

이 스펙트럼의 다른 끝에, 세 번째 위치에, 의사-사디스트quasi-sadist, 즉 벌을 가하는 자를 채택하도록 교육을 받아왔고 벌을 가하는 자의 위치를 전유하고 변형하는 여성, "다른 이들을 상해하고 고문하는 일을 즐기는"(M 48) 여성이 존재한다. 이 세 번째 유형은 또한, 설상 반대 양상이라 하더라도, 육감적인 유형과 전적으로 관련되어 있다— 고통을 가하고자 하는 갈구가 오직 신체의 수준에서만 일어난다(이런 의미에서 이 여성은 엄격한 의미에서 사디스트가 아니고 또 그렇게 될 수도 없다).

그러나 마조흐에 보이는 이상적 유형은 두 번째 유형의 여성이다. 들뢰즈 는 마조흐의 단편 소설 「롤라Lola」에 나오는 제목과 같은 이름의 등장인물 의 예를 포함하여 아주 많은 예들을 인용한다. "롤라는 동물들을 고문하기 를 좋아하고, 사형 집행을 목격하는 것 혹은 심지어 참여하는 것을 꿈꾸지 만, '그 독특한 취미에도 불구하고, 이 여자애는 잔인하지도 괴상하지도 않았다. 그 반대로 합리적이고 친절했으며, 다감한sentimental 성격의 모든 부드러움과 섬세함을 보여주었다.'"(M 50-1) 이 모든 예들은 "냉담하고, 어머니답고, 엄혹한 여자"라는 두 번째 유형의 일반적인 그림을 증명해준 다. "마조히스트적 꿈의 삼위일체는 냉담하다-어머니답다-엄하다, 차갑 다-다감하다-잔인하다."(M 50) 들뢰즈는 마조흐의 **초감수적**超感受的; super-sensual이라는 용어의 중요성을 강조한다. 실로, 이 용어는 (쾌락이든 고통이 든) 감수적感受的; sensuous인 것에 대한 집착을 넘어서 있는 마조히즘의 이상 을 가리킨다. "그들의 관능성은 그녀의 초감수적인 다감함으로 대체되고, 그들의 따뜻함과 불은 그녀의 얼음 같은 차가움으로, 그들의 혼란은 그녀의 엄격한 질서로 대체된다."(M 51)

마조히스트의 교육적인 기능은 이 유형에서 마조히스트의, 실로 유일한, 이상적 대상을 발견한다. 두 번째 유형의 존재가 없다면, 마조히스트적 상황의 가능성은 결코 존재하지 않는다. "한 극단에서 마조히즘은 아직 작동하기 시작하지 않았고, 다른 한 극단에서 마조히즘은 이미 그것의 존재 이유를 상실했다."(M 50)

계약과 제도, 유머와 아이러니

가능한 역할들을 이렇게 분배하는 일에 비추어볼 때, 이제 이런 물음이 제기될 수 있다. 마조히스트는 어떻게 어머니를 피해 세 번째 여성이 되거나, 혹은 도로 첫 번째 여성이 되는가? 달리 말해서, 어떻게 마조히스트의 상황이 유지될 수 있는가? 이것이 마조흐 그 자신과 그의 소설의 등장인물들에게 늘 따라다니는 문제라고 들뢰즈는 언급한다. 정신분석학적 권역에서, 물음은 이런 형태를 취한다. "아버지의 공격적인 복귀의 실재와 환각 둘 모두에 대항하는 마조히스트적 방어는 무엇인가?"(M 65) 우리는 두 권역 모두에 성립하는 들뢰즈의 대답을 지나가듯이 이미 본 바 있다. 그것은 계약이다. "계약은 남자 주인공과 여성 사이에 수립되는데, 이 계약에 의해 어떤 정확한 시점에, 또 일정 기간 동안에 이 여성에게는 남자 주인공에게 행사할 모든 권리가 부여된다."(M 66)

들뢰즈가 계약을 "악마와 맺은 마조히스트적 협정"(M 20)이라고 말할 때, 우리는 여기서 마조히스트와 그의 학생-징벌자student-punisher가 서명인인, 매우 축어적인 물질적 계약, 서면 목록의 규칙들을 말하고 있다는 점을 주목하는 것이 중요하다. 이 계약은 마조히스트에게 3중의 역할을 행한다.

1. 필연적인 선-조건으로서: 환상fantasy의 영역으로 접근하는 길을 확립하기 위하여, 또 두 번째 여성이 교육을 통해 생겨날 수 있는 조건들을

일으키기 위하여. 달리 말해서, 계약은 마조히스트적 의식rutual의
도래를 위한 가능성의 물질적 조건이다.

2. **보증으로서**: [마조히스트가] 매를 맞는다는 점을 보장하기 위하여.

3. **보호로서**: 아버지의 복귀를, 즉 세 번째 여성의 형태에 보이는 가부장적
질서와 초자아의 지배의 복귀를 사전에 배제하기 위하여.

마조히즘에 보이는 계약의 중요성은 들뢰즈가 책 『마조히즘』에 나오는
마조흐 자신이 언급하는 계약들 중 둘을 선택해서 여기에 포함시키는
데에서도 알 수 있다. 이 계약들은 꽤 참조할 만한 가치가 있다.

이제, 사디스트적 상황에서 계약에 전위나 혹은 보완이 존재하지 않는
반면, 법과 맺는 관계를 변경하려는 사디스트적 시도를 지지하기 위해
사용되는, 상관관계적인 사회적–물질적 맥락, 즉 제도가 존재한다. 사드는
이차적 자연의 인습적이고 사회적이고 종교적인 질서를 비난할 뿐만
아니라, 부정의 이상에 충실하고 또 모든 법들을 실천적으로 위반하는
데에 정향되어 있는 법률 외적인 사회적 구조를 주장한다. 어떤 의미에서,
제도의 이상은 이 극단적인 무례에다 형식을 부여하는 『쥘리에트Juliette』에
서 발견되는 "범죄의 친구들을 위한 사회"의 이미지에서 가장 잘 표현되어
있다. 하지만 더 깊이 들어가면, 제도는 아버지의 오이디푸스–외적ex-
tra-Oedipal 위치를 위한 다른 이름이다. 제도–형식은, 인습적인 가부장제의
향상된 버전이 아니라, 간단히 말해, 이 가부장제를 변형시켜서 인습을
파괴하기 위한 무기로 만드는 방식이다.

선, 최선, 법의 고전적 개념들

계약과 제도를 이렇게 대조해본 결과, 우리는 사디즘과 마조히즘 둘
모두 법과 맺는 관계 — 오이디푸스 구조에서 이에 수반되는 아버지의
위치 — 를 변경시킴으로써 기능한다는 점을 알게 되었다. 들뢰즈가 법

사상의 역사, 그리고 법이 도착과 맺는 관계에 대한 매력적인 분석을 제시하는 것은 바로 이 맥락에서다.

분석의 첫 번째 단계에서는 고전 시대를 고찰한다. 고대 철학에서, 이후 기독교에서, 법은 보다 높은 질서 혹은 가장 성공적인 결과들에 의지함으로써 정당화된다고 들뢰즈는 주장한다. 이 두 대안은 선의 원리principle of the good와 최선의 원리principle of the best라는 두 원리로 간주된다.

선의 원리는 아이러니하다─ 선이 준수될 수 있는 것은 오직 법을 준수함을 통해서라는 철저한 인식 속에서, 법이 아니라 법보다 더 높은 어떤 것을 준수하라고 말한다. 이 원리는 "법을 준수하지 말라. 오직 법을 준수함으로써 추구될 수 있는 선을 추구하라"는 것을 말한다. 그러므로 아이러니는 역설적인 상승을 특징으로 한다.

역으로, 최선의 원리는 성격상 유머러스하다. 여기서, 법은 우리에게 모든 것이 상대적인 관계의 선과 악을 둘러싸고 전개된다고 말한다. 우리가 처해 있는 상황들을 넘어서는 것은 아무것도 존재하지 않고, 이상도 존재하지 않으며, 그래서 우리는 선택들을 가늠하여, 우리가 다른 방식으로 행할지도 모르는 것보다 더 좋은 것을 행하겠다는 목적을 갖고서 행동해야 한다. 하지만 이 원리는 법을 법 이하의 것으로 만든다. 이 원리는 "비록 오직 더 좋고 더 나쁜 상대적인 영역만이 존재하는 이 세계에서 영향을 미칠 수 있는 절대적인 것이 존재하지 않을지라도, 법 곧 절대적인 것을 준수하라"고 말한다. 따라서 아이러니의 역설적 상승은 실천적 실존의 혼합된 수단과 목적을 위하여 이상의 희박한 공기를 남기는 유머러스한 하강에 의해 배가된다.

근대법의, 칸트와 라캉의 역설들

하지만 이것은 우리를 두 번째의, 특히 근현대적인 단계로 데리고 간다. 들뢰즈는 (고고학과 사회과학 덕분에 발견된) 여러 사회에서 전형화된 종류의 다양한 법적 체계들에 비추어볼 때 법의 이상이 점차적으로 붕괴되었다고 생각하는 것은 오류라고 주장한다. 대신에, 우리는 법의 사상이 선이나 최선과 맺는 제휴와는 상관없이 법 그 자체의 형식에 관한 새로운 종류의 탐구의 결과로 전개되었다고 말할 수 있다―칸트의 『실천이성비판』에는 이러한 전개가 구현되어 있는데, 들뢰즈는 이 책이 "아마도 세계의 주요한 변화들을 반영했을 것이다"(M 83)라고 추정하고 있다.

칸트의 혁명은 엄격히 그 자신의 방식으로 법을 다루는 데 있다. 제2의 『비판』에서, 칸트는 자유롭고 이성적인 행위의 형식만이 법에 따르는 행위이지만, 법 그 자체는 행위의 어떠한 특수한 과정을 주창하지 않는다라고 주장한다. 이는 칸트가 절대적으로 법과 선의 관계를 뒤집는다는 것을 말하는 것이다. 즉, 법은 순수한 빈 형식으로서, 그 자체 외의 어떤 것에 의해서도 정당화되지 않는다. 오직 법에 따라서―비록 법이 우리에게 어떠한 방향도 제시하지 않을지라도―행위함이 존재하거나 혹은 비이성적으로 행동함이 존재할 뿐이다. 그리고 예를 들어, "여러분의 느낌들에 정직함"으로써 "비이성적으로 행위한다"는 것은, 여러분의 정서들에 의해 결정되는 것으로 귀착되기 때문에, 실제로는 행위가 아니라 수동성의 형식이다. 하지만 들뢰즈는 칸트가 이와 마찬가지로 최선의 원리를 퇴위시킨다는 점을 강조한다. 오직 한 가지 진짜 선택지(법을 준수하라, 또는 너의 자유와 합리성을 박탈하라)에 봉착할 때, 나는 더 좋은 결과가 확보되는지 여부를 알 수 있는 아무런 방법이 없이 법에 따라서 행위한다. 칸트의 의미에서 법은 "우리가 이미 죄를 지었다고 여기는 영역, 우리가 오이디푸스의 경우처럼 경계선이 무엇인지 알지 못하고서 이 선을 넘은 영역을 정의한다. […] 법을 준수하는 사람은 […] 죄책감을 느끼고, 사전에 죄를 지었다고 여기며, 준수가 엄격하면 엄격할수록 그만큼 그의 죄는 더 크다."(M 84) 이것이 들뢰즈가 죄는 행위 앞에 온다는, 법의 근현대적 역설이라고 칭하는 것이다.

칸트 통찰의 가장 심오한 전개는, 들뢰즈에 따르면, 정신분석학에서 발견된다. 애당초 "이 역설을 이해한 사람은 프로이트였다. 우리는 선험적으로 죄를 지었다고 여긴다. 왜냐하면, '본능의 만족을 포기하는 것은 양심의 산물이 아니라, 이와 반대로 양심이 그러한 포기에서 태어난 것이기 때문이다'."(M 84) 나는 **죄를 지은** 개체로서 의식적 개체가 된다. 더욱이, 내가 충동들을 포기하는 정도는 또한 초자아, 곧 양심의 행위자가 힘을 얻는 정도이다. 법 그 자체의 내면화로서, 초자아는 우리가 무언가를 해야 한다든가 혹은 특히 무언가를 행해서는 안 된다고 요구하지 않는다 — 초자아는 단지 억압된 욕망 그 자체의 힘을 드러내 보일 뿐이다.

이 점은 우리를 라캉의 역설로 인도하는데, 이는 들뢰즈가 법의 두 번째 근현대적 역설이라고 부르는 것이다. 첫 번째 역설은 행위하기 전에 죄를 지었다고 여기는 주체에 관한 것이라면, 두 번째 역설은 욕망의 대상에 관한 것이다. 내가 욕망하는 것은 나의 주체성을 정의하지만, 이 대상 그 자체는 억압되고, 무의식적이고 알려지지 않는 것이다 — 나를 선험적으로 죄를 지었다고 여기도록 만드는 것은 이 대상에 대한 나의 근본적인 욕망이다. 이런 이유 때문에, "라캉의 언어로 말하면, 법은 억압된 욕망과 같은 것이다. […] 법의 대상과 욕망의 대상은 동일하며, 똑같이 숨겨진 상태로 있다."(M 85)

법의 이러한 변형과 이에 수반되는 역설들은 아이러니와 유머의 의미에 변화를 가져온다. 법은 선이나 최선과 맺는 어떠한 관련에도 복속되지 않기 때문에, 법을 외재적 요인에 의해서 정의하려는 어떠한 시도들도 모두 필연적으로 도착들을 이룬다. 더 정확히 말하면, 유머와 아이러니는 근현대적 방식으로 법을 긍정하는, 그럼에도 동시에 법과 결별하는 두 가지 방식을 이룬다. 이 점은 지금 우리가 다다른 곳에서 아마도 이미 명백할 것이 — 들뢰즈에게, 사디즘은 법에 대한 아이러니적 전복을 위한 이름이고, 마조히즘은 법에 대한 유머적 전복을 위한 이름이다.

사디즘, 아이러니, 그리고 법

사디즘, 그리고 사드의 제도 이론은 법 그 자체는 초월되지 않으면
안 된다는 한 단일한 신념을 둘러싸고 전개된다. 사드의 견해에 의하면,
법은 필연적으로 폭정을 낳는다. 즉, "폭정에 대한 사드의 증오, 법 때문에
폭군이 존재할 수 있다는 그의 논명은 그의 사유의 본질을 형성한다.
폭군은 법의 언어를 말하며, 다른 모든 것을 인정하지 않는다. 왜냐하면,
그는 '법의 그늘 속에서' 살기 때문이다. 사드의 남자 주인공들은 폭정에
항거하는 비범한 정열로 고취되어 있다."(M 87)

하지만 더 근본적으로는, 부정의 이념Idea of Negation에 의해, 더 솔직히
말해, 악Evil에 의해 이러한 초월로 향하도록 동기를 부여받는다. 아이러니
의 운동에 따라서, "이번에는 법의 상위 원리, 법의 근거인 선의 방향에서가
아니라, 그 반대인 악의 이념, 사악함의 최상 원리의 방향에서 사디즘은
법을 초월하고자 하는 새로운 시도"(M 87)를 이룬다. 또한 우리는 법을
넘어 이 악을 구현하는 인물, 곧 아버지를 이미 알고 있다. 이 때문에
들뢰즈는 "사디즘의 경우, 아버지는 법들 위에 자리하고 있다. 아버지는
그의 본질적인 희생자인 어머니와 더불어 더 높은 원리가 된다"(M 90)고
쓰고 있다.

마조히즘, 유머, 그리고 법

이 맥락에서 마조히즘에 관한 들뢰즈의 결정적으로 중요한 첫 번째
논점은, 놀랍지 않게, "사드의 남자 주인공은 법을 전복시키는 반면, 마조히
스트는 이와 대조를 이루어 기꺼이 법에 굴복하는 것으로 간주되어서는
안 된다"(M 87-8)는 것이다. 그런 결론은 사디즘과 마조히즘의 상호 보완을
전제하는 모든 설명에서 따라 나오는 것일 테지만, 또 한 번 마조히즘
그 자체의 구체적 증거와 충돌한다. 그 대신에, 들뢰즈는 마조히스트는

법을 전복하고자 하는 상이한 시도에서 유머적인 접근법을 이용한다고 주장한다.

이 유머적 시도는 법의 결과를 이용하는 것이다. 들뢰즈에게 마조히스트는 "결과의 논리학자"(M 89)가 아니라면 아무것도 아니다. 마조히스트는 마지막 한 글자까지 법을 따르며, 그들의 지은 죄에 대해 벌을 받기를 요구하고, 법을 법의 결과만으로 환원함으로써 "법의 부조리"(M 88)를 논명하려는 것을 목표로 한다. 마조히스트는, 만약 우리가 실제로 법과 더불어 끝까지 간다면 법은 스스로 단지 협약convention에 불과하다는 것을 드러낸다는 것을 보여주며, 법을 농담으로 만든다.

이 모든 것의 핵심은 법이 실행되는 질서를 뒤집는 방식이다. "마조히스트는 법을 처벌 과정으로 간주하며, 따라서 그 자신에게 벌을 가함으로써 시작한다. 일단 처벌을 받고 나면, 그는 법이 금지해야 했던 쾌락을 경험하도록 허용되거나 혹은 명령을 받는다고 느낀다."(M 88) 달리 말해서, "그는 벌을 금지된 쾌락을 가능하게 만드는 조건으로 개조함으로써 죄를 거꾸로 세운다."(M 89) 더 전문적인 용어로 사용하면, 들뢰즈는 마조히즘에서 "법의 총체성은 아버지를 상징적 영역으로부터 축출하는 어머니에게 수여된다"고 말한다.

그래서 사디즘과 마조히즘은 근대 법의 도착적 성격을 드러내지만, 완전히 다른 두 방식으로 그렇게 한다. 결국, 이 두 접근법은 우리가 이미 본 바 있는, 두 방식을 구현하는 두 가지 매우 특정한 물질, 즉 법률적 형성물과 사회적 형성물을 가져온다. (사드의) 제도는 성격상 상대적으로 영원하고 법을 넘어서 있는 "권력 혹은 권위를 확립한다."(M 77) 권위의 절대적 원천이 존재할 때, 그 권위를 따르는 행위가 존재하거나 혹은 불복종이 존재할 뿐이다. 다른 한편으로, (마조히스트의) 계약은 법률 외적이며, "계약하는 당사자들 간의 자유로운 합의로 […] 호혜적인 권리와 의무의 체계"를 설립한다. "계약은 제3자에게 영향을 미칠 수 없으며, 제한된 시기 동안 유효하다."(M 77) 요약하면, 제도와 계약은 두 상이한 도착적 노력들을 보증하고 지지하는 섬세하게 공들여 만든 도구들이다.

도착과 반복

『냉담함과 잔인함』의 마지막 두 장에서, 들뢰즈는 마조히즘에 대한 그 자신의 정신분석학적 이론을 제시하는데, 이는 사디즘과 마조히즘이 상호 보완이 된다는 가설을 전제하지 않는 이론이다. 그의 설명은 우리가 『쾌락 원칙을 넘어서』로 알고 있는 걸작에 매우 깊이 의존하고 있다.

> 프로이트는 『쾌락 원칙을 넘어서』에서 명확히 철학적인 반성에 아주
> 직접적으로 — 또 매우 통찰력 있게 — 전념하고 있다. 철학적 반성은
> "초월론적인 것"으로 이해되어야 한다. 즉, 원리들의 물음에 관한 특수한
> 종류의 탐구와 관련된 것이어야 한다. (M 111)

이 주장에는 모호하거나 단지 수사적인 것이라고는 아무것도 없다. 들뢰즈는 프로이트의 이 빼어난 저작을 철학적인 성격을 가진 것으로 읽으며, 더 나아가 초월론적인 탐구로 읽는다. 들뢰즈가 말하듯이, 이러한 종류의 탐구는 원리들, 즉 조건들에 관한 어떤 비-경험적 고찰이다.

이것이 무엇을 의미하는지 알기 위하여, 들뢰즈가 『쾌락 원칙을 넘어서』를 독해할 때 전개하는 세 가지 주요한 논점을 기술함으로써 시작해보겠다. 첫 번째 논점은 심적 조직에 관한 프로이트의 기본적 신념을 재진술하는 것이다. 마음은, 해결을 추구하는 충동들의 조직된 집합으로서, 쾌락 원칙에 지배를 받는다. 이 원칙은 "우리가 체계적으로 쾌락을 추구하고

고통을 피한다는 것을 가져온다."(M 113)

그러나 이 책의 제목은 만약 글자 그대로 읽으면 올바르게 이해될 수 없다. 사실 들뢰즈는 쾌락 원칙을 넘어서는 것이라고는 아무것도 없다고 주장한다. 심적 생 안의 모든 것은 (아무리 이상한 것들을 얻을지라도) 이 원칙에 의해 설명될 수 있다. 우리가 이 원칙에 의해 설명될 수 없는 것은 이 원칙 자체가 마음에 적용될 가능성이다. 따라서 "무엇이 쾌락 원칙을 넘어서 있는가?"라는 물음은 들뢰즈에게 "어떤 보다 높은 연결 ― 어떤 "묶는" 힘 ― 에 힘입어 쾌락 원칙이 지배를 가지고 존재하는가?"(M 113) 즉, 무엇이 쾌락이 심적 생의 조직을 위한 규칙이라는 사실을 설명하는가?

그러므로 이 원칙을 넘어서 있는 것은 이 원칙에게 충동들의 해결을 위한 전반적인 범위를 부여하는 것이다. 그리고 이 "넘어서 있는 것"은 반복의 형식, 즉 해결의 수단을 가지는 충동의 습관적 연합 ― 에로스 ― 이다. 들뢰즈가 여기서 습관에 관한 최초의 위대한 근대 사상가인 흄을 암시하는 것(M 112)은 놀랄 만한 일이 아니다. 쾌락을 지배적 원리의 지위로 상승시키는 반복은 (욕망과, 욕망 충족의 근원 간의) 단순한 일치에 다 습관이라고 불리는 상대적 필연성을 부여하는 반복이다.

이제, "우리가 초월론적이라고 부르는 것은 바로 이 이차적 원칙"(M 114)이다. 우리는 경험에서 결코 쾌락 원칙의 근거를 직접 마주치지 않는다. 이 근거에 대한 우리의 유일한 접근은 이 원칙에게 힘과 범위를 제공하는 것에 대한 이러한 탐구를 통해서이다. 하지만 초월론적 방법에는 두 번째 덕목이 존재한다. 만약 우리가 액면가대로 경험을 취한다면, 그것은 우리가 방금 결론을 낸 것과는 정반대의 것을 보여주는 것으로 보인다. 우리는 통상 반복이 쾌락 뒤에 온다 ― 나는 쾌락적인 경험을 가지며, 그런 뒤에 같은 쾌락을 다시 얻고자 쾌락적인 경험을 반복한다 ― 고 가정한다. 이러한 가정은 애당초 마음psyche이 구성되자마자 나타나는 일종의 광학 효과에 불과하다는 점을 우리가 알 수 있는 것은, 오직 우리가 초월론적 방법을 따를 때뿐이다. 심적 생에 관한 근본적인 진리는 이러한 견해에 담겨 있다. "나는 향유하기 위해서 반복한다."

쾌락 원칙의 지위를 습관적 반복으로 설명하는 것은 들뢰즈가 펴는 두 번째 논점이다. 하지만 설명 전체를 위하여 결정적으로 중요한 세 번째 논점이 존재한다. 즉, 충동들 그 자체의 해결을 체계화하는 습관적 반복 곧 에로스는 또 다른 반복 곧 **타나토스**를 전제한다. 이 논점에 관한 들뢰즈의 설명은 난해하지만, 우리는 다음과 같은 용어로 재구성할 수 있다. 에로스는 보존적 양태의 반복이다. 에로스는 충동들의 해결을 위한 현재의 조직을 규범화하고 안정화한다. 그렇지만 우리는 충동들이 해결해 달라고 압박한다는 사실을 간과할 수 없다. 그리고 충동이 해결될 때, 마음은 상대적인 비활동성의 상태, 무--흥분의 상태로 돌아간다. 그러므로 에로스는 타나토스를 전제한다.

에로스가 보존하는 곳에서, **타나토스**는 소멸시킨다. 하지만 이것도 또한 반복의 형식이다. 타나토스 또한 반복하지만, 흥분 이전의 상태를 반복한다. 즉 무관심한 물질적 실존의 상태, 생명과 조직의 영도를 반복한다. 들뢰즈는 이 반복이 묶인 것을 풀어준다고 해서, 엄연히 부정적인 것으로 간주되어서는 안 된다고 언급한다. 앞선, 덜 조직된 상태를 반복함으로써 현재의 조직을 해체할 때, 타나토스는 또한 차이 나는 **이후에**afterwards를 가능하게 한다. 따라서 타나토스의 묶인 것을 풀어주는 힘은 죽음과 새로움을 한데 묶는다.

탈성화, 사디즘, 마조히즘

타나토스는 유기체의 변화를 가능하게 하는데, 들뢰즈는 이 중의 하나, 즉 자아와 초자아의 도래를 특히 강조한다. 우리는 어떤 충동들의 탈성화de-sexualization는 이 도래를 위한 필요조건이라는 점을 이미 본 바가 있다.

자아는 자연적인 발달이 아니며, 일부 충동들이 중화되는 것을 요구하는데, 이는 이 충동들의 리비도적 충전을 유동적인 것이 되게 하고 자유롭게 전치 가능한 것이 되게 하기 위해서이다. 이렇게 하여 사유 그 자체도 가능하게 된다── 만약 모든 충동들이 그 해결의 근원지에 계속 구속되어 있다면, 사유함이 이 대상에서 또 다른 대상으로 이동하는 일은 불가능하게 될 것이다.

이제, 자아와 초자아를 생겨나게 하는 탈성화는 또한 세 가지 추가적인 결과들을 가질 수 있다. 그것은, 첫째로, "[쾌락] 원칙의 적용에 영향을 미치는 기능 장애"(M 116)를 일으킬 수도 있다. 이렇게 하여 충동들, 충동들의 의식적 인식, 그리고 충동들의 가능한 해결 사이의 미묘한 균형을 부당하게 적응시킴으로써 신경증이 시작된다. "또 다른 종류의 만족을 위하여 쾌락을 초월하는" 승화는 또 다른 가능한 상관자이다. 나는 가령 틴더Tinder에서 이루는 내 급성장하는 경력보다 내가 사랑하는 사람의 행복이 더 중요하다는 것을 알게 될 수도 있다. 내가 이런 일을 행할 때, 나는 이 충동들을 재조직하고자 자아와 초자아를 이루는 탈성화된 충동들을 활용한다.

세 번째 결과는 우리가 관심을 갖고 있는 것, 도착이다. 여기서 들뢰즈가 말하듯이, 충동들을 위한 투여의 대상이 되는 것은 탈성화 과정을 통하여 생산된, 자아와 초자아 사이의 바로 그 분열이다. 즉, 도착적인 재성화resex- ualisaton가 발생한다. 그렇다면 어떻게? 우리는 자아와 초자아가 분리되어, 서로에게 등을 돌릴 수 있는 한, 사디즘과 마조히즘 둘 모두 기능한다는 것을 알고 있다. 마조히즘에서, 초자아는 처벌과 추방의 대상이다. 사디즘에서, 초자아는 자아를 파괴되어야 될 대상으로 간주한다. 하지만 이것이 정말로 의미하는 것은 바로 두 도착에서 두 상이한 행위자, 즉 사디즘에서는 초자아, 마조히즘에서는 자아가 재성화의 대상이라는 점이다.

마조히즘과 반복

들뢰즈는 이 분석을 더 근본적인 수준, 반복 그 자체의 수준에서 반복한
다. 그는 기억에 남을 만한 말을 적고 있다. "사디즘과 마조히즘의 음향과
분노 밑에서 반복의 무시무시한 힘이 작동하고 있다."(M 120) 다시 또,
이것은 어떻게 그러한가?

우리가 방금 언급한 바와 같이, 도착 일반은 정규적인 형식의 자아–초자
아 관계에 대한 극적인 변경을 특징으로 한다. 그렇지만 결국 이 관계
그 자체는 (상대적으로) 안정된 리비도적 체제의 습관적 생산인 쾌락
원칙의 승인을 받는다. 그렇지만 사디즘과 마조히즘의 도착적 형성물들에
서, 반복과 쾌락의 연관은 변경된다. 들뢰즈는 이렇게 말한다.

> 반복이 이미 획득되거나 혹은 예상된 쾌락과 관련된 한 형태의 행동으
> 로 경험되는 것 대신에, 반복이 쾌락을 경험하거나 혹은 재경험하는
> 관념에 의해 지배되는 것 대신에, 반복은 제멋대로 날뛰고 모든 이전의
> 쾌락으로부터 독립하게 된다. [⋯] 따라서 쾌락과 반복은 역할을 교환했
> 다. (M 120)

성도착자로서, 나는 더 이상 쾌락을 경험하기 위해서 습관적 행동을
반복하지 않는다 ― 쾌락은 반복 그 자체에 의해 획득된다. "나는 반복하는
것을 즐긴다." 그리고 사드와 마조흐를 읽음으로써 이미 같은 결론에
도달했다는 점을 상기하자. 한편으로, 사드의 인물들은 소진적이지만
끝없는 양의 반복들에 종사한다. 즉, 신체들을 충족시키는 모든 가능한
변환들을 통해 순환하면서, 그들은 ― 물론, 타나토스 그 자체와 다른
것이 아닌 ― 순수 부정의 이념을 육화하는 것을 목적으로 한다. 그래서
사디스트의 가장 심오한 투여는 통증과 고통에, 혹은 심지어 (오직 도구이
고 수단일 뿐인) 제도의 반–법률적인 특질에 있는 것이 아니라, 가장

심오하고 탈근거적인 의미에서 반복 그 자체에 있다.

하지만 우리는 이제 우리가 앞에서 급하게 부분적으로 다룬 바 있는 마조히스트적 반복의 수수께끼로 돌아갈 수 있다. 만약 마조히즘이 중지의 예술이라면, 만약 "마조히스트가 순수 형식 속에서 기다리는 것을 경험한 다면"(M 71), 반복은 어떤 방식으로 수반될 수 있겠는가? 이 논점을 이해하는 열쇠는 타나토스를 특징짓는 종류의 반복을 파악하는 데 있다. 충동과 만족의 수단 간의 습관적 결합을 이루는 에로스와 달리, 타나토스는 현재적 질서와 과거의 무기적 무질서 간의 차이를 반복한다. 이런 이유로 타나토스는 묶인 것을 풀어주는, 마음의 행위자이다. 타나토스가 제시하는 반복의 형식은 되풀이되는 말의 반복이나 혹은 대학 연구실 한 게으름뱅이의 반복되는 일상생활의 반복과 같은 것이 아니다. 같은 것이 되풀이해서 반복되는 것이 아니다. 죽음 충동은 마음의 현재에 현존하는 과거, 생명이 전혀 존재하지 않는 무기적 영도를 가리킨다. 그래서 마조히스트적 상황은, 제대로 이해된다면, 비투여 혹은 죽음의 상태를 반복하고 강화함으로써, 자아를 지배하는 법과 아버지의 지배를 부수고자 하는 시도를 본성으로 한다. 따라서 초–자아는 파괴되는 것이 아니라, 오이디푸스 배열 전체와 더불어, 결실을 보기 바로 이전 순간에 중지된다.

그리고 물론, 이 모든 것은 우리를 다시 『냉담함과 잔인함』을 마주치기 시작하는 곳으로 향하게 하고, 사디즘과 마조히즘에 관한 정신의학적, 정신분석학적 설명이 외관상의 상호 보완을 위해 너무 급하게 안착했다는 들뢰즈의 비난으로 향하게 한다. 이 추상적인 논지들과는 대조적으로, 도착에 관한 적합한 설명은 "쾌락과 고통이 성애적 방식으로 연결되어 있는 구체적인 상황"을 발견하지 않으면 안 된다. "이 상황은 반복 그 자체의 투여이다. 이것이 본질적인 논점이다. 고통은 그것의 사용을 조건 짓는 반복의 형식들과 관련해서만 의미를 획득할 뿐이다."(M 119)

두 도착 이야기

우리는 이제 들뢰즈 자신이 『냉담함과 잔인함』의 말미에서 그런 것처럼, 사디즘과 마조히즘 두 각각의 이야기를 들려줌으로써, 들뢰즈의 결론을 요약할 수 있는 위치에 와 있다. 들뢰즈는, 사디즘은 "어떤 이야기를 들려준다. 사디즘은 자아가 어떻게 해서 […] 매를 맞고 추방되는지, 억제되지 않는 초자아가 어떻게 해서 — 어머니와 자아가 선택 희생자들이 되는 — 배타적 역할을 맡고 있는지에 대해 이야기한다"(M 131)고 쓰고 있다. 사디스트는, 법을 넘어서 있는 무서운 초자아적 아버지와 그들 자신을 전적으로 동일시하며, 자아를 세계에 투사하고, 자아에게 벌을 가한다 — "사디스트는 자신의 희생자들의 자아 이외의 자아를 갖지 않는다."(M 124)

마조히스트의 이야기 또한 인상적이지만, 상이하고 이와 관련이 없는 방식으로 그러하다. 마조히스트에게, 궁극의 목적은 어떤 종류의 재탄생re-birth이다. 마조흐의 여자 주인공들은 종종 나는 너를 남자로 만들겠다. 이제 나는 너를 남자로 만들었다고 말하고, 복종하는 자들에게 새로운 이름을 부여한다는 점을 들뢰즈는 지적한다. 마조히즘에서 아버지의 비참한 위치를 감안할 때, 이 재탄생은 "정상적인" 오이디푸스적 성기성genitality에 의해 기술되는 형식을 가질 수 없다 — 한마디로 말해, 그것은 성적 재생산sexual reproduction일 수 없다. 그렇다, 마조히스트가 추구하는 것은 단위생식적 재탄생parthenogenic rebirth, 즉 한 단일한 조상 곧 어머니로부터 생겨나는 비성적 재탄생asexual rebirth이다.

앞에서 우리는 들뢰즈가 두 가지 부인disavowal을 마조히즘의 실행과 관련짓는 것을 본 바 있는데, 하지만 이제 — 단위생식의 궁극적 목적에 비추어볼 때 — 그는 세 번째 부인을 추가한다.

마조히스트는 세 가지 형태의 부인을 일시에 실행한다. 첫 번째 부인은, 재탄생에 도움이 되는 팔루스를 어머니에게 귀속시킴으로써 어머니를 확대한다. 두 번째 부인은, 아버지는 이 재탄생에 어떠한 역할도 하지 않으므로 아버지를 배제한다. 세 번째 부인은 성적 쾌락과 관련 있는데, 이 쾌락은 차단되고, 성기성이 박탈되어, 재탄생의 쾌락으로 변형된다. (M 100)

"마조히즘은 초자아가 어떻게 해서, 누구에 의해 파괴되는지를, 그리고 이 파괴의 결과들을 들려주는 이야기이다"(M 130)라고 들뢰즈는 쓰고 있다. 다음과 같이 요약하는 것이 훨씬 더 나을 것이다. 마조히즘은 "구강의 어머니의 승리, 아버지의 초상의 폐기, 그 결과로 일어나는 새로운 사람의 탄생을 [마조히스트가] 들려주는 이야기이다."(M 101) 이런 식으로, 자아는 아버지(즉, 법Law, 초자아)에게 승리를 거두는 일을 목표로 하며, 오이디푸스적 복합체 바깥에서 — 비성적이고asexual 법을 넘어서 있는 — 영속적인 재탄생을 경험한다.

그러므로 마조히스트적 상황을 특징짓는 냉담함과 중지는 "정상적인" 오이디푸스적 성애성의 장소인 오르가슴을 단순히 중지하는 것 이상의 어떤 것을 의미한다. 마조히스트가 중지하려고 도모하는 것은 이 오이디푸스의 정상성 전체이다.

제6장

프루스트와 기호들

『프루스트와 기호들』은 1913년과 1927년 사이에 일곱 권에 걸쳐 간행된 마르셀 프루스트의 걸작 『잃어버린 시간을 찾아서』에 관한 들뢰즈의 연구서이다. 이 제목은 현재 *In Search of Lost Time*으로 영역되어 있다. 이보다 앞선 영역본은 셰익스피어의 서른 번째 소넷에 영감을 받아 *Remembrance of Things Past*라는 오역의 제목을 사용했는데, 심지어 프루스트조차 이 영역본이 원작을 완전히 망쳐놓았다고 생각했다. 프루스트 본인의 말을 제멋대로 번역했다는 점을 제쳐놓더라도, 이 영역본이 보여주는 기억에 대한 강조는, 들뢰즈가 생각할 때, 우리가 곧 보게 될 이유 때문에 매우 문제가 많은 것이었다. 들뢰즈는『프루스트와 기호들』을 1964년에 처음 간행했지만, 70년대 초반에 이 책으로 돌아와서 보완하고 개편했는데, 그의 전 저작 중 이처럼 개정을 겪은 것은 이 책이 유일무이하다. 지금 볼 수 있는 완전한 책은 거의 10년의 격차가 있는 두 부분의 기고로 나뉜다. 따라서 이 책은 초점의 중요한 변화가 특징을 이루고 있다.

『프루스트와 기호들』에서 들뢰즈의 목적은, 제목이 가리키는 것처럼, 프루스트의 기호의 본성과 역할을 분석하는 것이다. 더 정확히 말해,

이것이 이 책의 주요한 목적이다. 사실, 프루스트의 소설은 기호들, 시간, 그리고 사유 사이에 유지되는 복잡한 관계에 대한 탐구이며, 그리고 이 두 다른 권역들을 작동하게 함으로써만 프루스트의 기호를 파악하는 일이 가능하다고 들뢰즈는 주장한다. 그때, 더 광범위하게 들뢰즈의 책은 1) 제목의 "잃어버린 시간"을 포함하는 여러 시간 유형들, 혹은 "시간의 선들"(PS 25), 2) 기억이나 지성과 같은 사유의 여러 능력들, 3) 여러 종류의 기호들 간의 연관들을 검토한다.

거미, 기호, 도제 생활

분명, 제기되어야 할 최초의 물음은 기호란 무엇인가?이다.『프루스트와 기호들』의 최종 이미지는 거미의 이미지이다. 거미는 "아무것도 보지 않고, 아무것도 지각하지 않고, 아무것도 기억하지 않는다. 거미는 오직 거미줄 가장자리의 가장 미미한 진동만을 수용하는데, 이 진동은 자신의 몸에 강도적 파동으로서 전파되어, 필요한 장소로 뛰어 옮겨 가게 한다."(PS 182) 바로 이 관계가 프루스트의 소설의 등장인물들과 기호 간에 유지되며, 또한 들뢰즈가 볼 때, 이는 우리 자신이 세계에 관련하여 경험하는 기본적인 관계이기도 하다. 기호는, 우리가 그것이 무엇을 의미하는지, 누가 혹은 무엇이 그것을 발했는지 알기 전에, 주어진 상황에서 우리가 마주치는 최초의 것이다. 이는 곧바로 두 가지 것을 의미한다. 첫 번째 것은, 우리에게 그리고 첫 번째 예에서, 기호와의 마주침은 충격shock의 형태를 띤다. 우리는 기호에 대해 준비가 되어 있지 않다 — 기호들이 무엇인지 인식하기 위해서 요구되는 능력들capacities을 아직 전개할 수 없다고 할 만큼 준비가 되어 있지 않다. 이런 이유로 프루스트는 가령 연인에 관한 숨겨진 진리를 발견할 때 그러듯이, 발견과 고통misery을 짝짓고 있다. "내가 방금 착륙한 곳은 끔찍한 미지의 땅terra incognita이며, 시작되고 있었던 것은 새로운 국면의 예상치 못한 고통들sufferings이다."(Proust, *Sodom and Gommorah*, 703)

두 번째 것은, 기호를 마주치는 충격은 사유를 야기한다는 점이다. "우리로 하여금 사유하도록 강요하는 것은 기호이다."(PS 62) 들뢰즈가 가장 좋아하는 예들 중의 하나는 사랑이며, 특히 질투에 사로잡혀 사랑을 하는 이가 마주치는 기호들이다. 그녀는 왜 내 메시지에 곧장 답장을 하지 않았는가? 그는 왜 전화를 바깥에서 받았는가? 그녀는 어젯밤 저녁 식사에서 내 어깨 너머로 무엇을 보았는가? 이 물음들은 모두 기호를 마주쳤기 때문에 일어나며, 각 경우에 그들이 진짜 난관에 처해 있다는 것을 보여주는 지표로 만드는 것은 사랑을 하는 이가 연인의 기호가 의미하는 바를 알지 못한다는 사실이다 ― 사랑을 하는 이들은 사랑의 상황, 그들이 연인과 공유하는 세계가 위협받고 있다고 느낀다. 우리는 프루스트의 소설에서 아마도 단 하나의 가장 유명한 순간이라고 생각되는 장면에서, 즉 「스완의 길*Swan's Way*」에서 화자가 작은 마들렌petite madeleine을 먹는 장면에서 ― 우리가 이를 다시 보게 될 것이다 ― 같은 논리가 작동하는 것을 볼 수 있다. 이 대문에서 화자는 작은 달콤한 과자 조각 하나를 약간의 차와 함께 스푼으로 떠먹는데, 그때 왜 그러한지 아무런 직접적으로 명백한 이유 없이, 어릴 적 휴가를 가곤 했던 콩브레의 기억이 자신 안에서 떠오른다. 여기서 기호는 직접적으로 감각적인 본성을 가지며, 마들렌의 맛에 의해 전달된다. 이 맛은, 적어도 처음에는, 이 맛과 전적으로 아무런 규정적인 관계를 맺지 않는 의미를 가지는 것으로 보이는 기억을 일으킨다.

이제, 들뢰즈가 프루스트의 소설을 화자의 도제 생활apprenticeship ― 화자는 도제 생활에서 일련의 상이한 기호들에 봉착하고, 이 기호들을 이해하려고 분투한다 ― 을 상세히 기술하는 것으로 특징짓고자 하는 것은 바로 기호들에 의해 우리에게 전달되는 충격 때문이다. 이런 이유 때문에,

들뢰즈는 찾기the Search는 기호들에 대한 점진적인 해석 작용을 구성한다고 주장한다. 그러므로, 들뢰즈는 결국 찾기는 기호들이 우리에게 가리키는 진리의 발견과 관련되어 있다고 말하고자 한다.

> 기호들은 시간적 도제 생활의 대상이다. [⋯] 배운다는 것은 무엇보다 도 실체, 대상, 존재자를 마치 그것이 해독되어야 할, 해석되어야 할 기호들을 발하는 것처럼 간주한다는 것이다. 어떤 것에 관해 "이집트학 자Egyptologist"가 아닌 도제는 결코 존재하지 않는다. 우리는 목재의 기호들에 민감하게 됨으로써만 목수가 되고, 질병의 기호에 민감하게 됨으로써만 의사가 된다. 천직vocation은 언제나 기호들과 관련을 맺고 있는 숙명predestination이다. (PS 4)

찾기의 비자발적이고 다원적인 성격

들뢰즈는 진리 개념에 적대적이라고 종종 간주되는 철학자이지만, 진리 개념은 그가 "잃어버린 시간 찾기The Search for lost time는 사실상 진리 찾기이 다"(PS 15)라고 쓰고 있을 만큼 프루스트의 찾기에서 매우 중요하다고 생각하는 것의 핵심 부분이다. 기호의 진리는 기호의 의미이지만, 이것을 — 우리가 방금 본 두 예들이 보여주듯이 — 애초에 파악한다는 것은 불가능하다. 사실상, 들뢰즈는 기호의 진리는 결국, 예술의 특정한 맥락 그것을 제외한 모든 것에서 그 자체로서는 만날 수 없는 본질과 맺는 관계에 위치하고 있어야 한다고 말한다. 우리는 들뢰즈가 탐구하는 기 호-유형들의 분류 체계를 통해 지나가면서 이 일단의 곤혹스런 개념들이 의미하는 바를 보게 될 것이다.

하지만 이 작업을 하기 전에, 찾기의 **비자발적**involuntary 성격을 강조하는 일이 중요하다. 기호와의 마주침이 필연적으로 수반하는 폭력은 사유가 시작되는 유일한 이유이다. 이런 이유 때문에 『프루스트와 기호들』은 질투에 사로잡혀 사랑을 하는 이의 예로 되풀이해서 돌아간다. "진리를 추구하는 이는 연인의 얼굴에 놓여 있는 기호를 잡아내는, 질투에 사로잡힌 사람이다."(PS 97) 기호의 도발이 없다면, 찾기가 없고, 진정한 활동이 없고, 사유가 없다.

프루스트가 볼 때, 어떤 철학 관념은 진리 찾기의 자발적 본성에 대한 믿음을 수반한다. 철학은 "진리를 추구하는 마음"(PS 91)에서 비롯된다고 간주되고, 우리는 이 마음이 선험적으로a priori "사유의 자애로움, 진리에 대한 본연의 사랑"(PS 16)을 소유한다고 믿는다. 물론, 자발적 능동성으로 이해된 사유가 무언가를 생산한다는 것 — 오늘날 공적 담론에서 철학이라 불리는 것이 이것의 증거이다 — 은 사실이다. 하지만 또한 이러한 간행물들의 자립성이 점점 줄어들고 있다는 점은 다른 무언가를 증명한다. 그러한 철학은 "인습적인 의미"를 반영하는 "흥미로운 이념들"(PS 16)을 생산할지 모르지만, 그러나 이 이념들은 비자발적인 마주침의 폭력에서 태어난 사유와 결코 조금도 동등하지 않을 것이다.

그러나 또한 찾기를 구성하는 도제 생활은 또 다른 방식으로 난관에 처하게 된다. 우리는 한 종류의 기호가 존재하는 것이 아니라 다수의 기호가 존재한다는 것을 이미 본 바가 있는데, 같은 말이 시간과 진리에도 해당된다. 이 복잡한 상황은, 우리가 프루스트에서 다양한 결합들이 존재한다는 점을 알게 될 때, 더욱더 무성한 덤불이 된다. "각 종류의 기호는 이 기호들과 일치하는 특권적인 시간의 선을 가진다. 하지만 또한 이 결합들을 배가하는 다원성이 존재한다 — 각 종류의 기호는 여러 시간의 선들에 참여하고, 각 시간의 선은 여러 종류의 기호들과 뒤섞인다."(PS 17) 이와 상관적으로, 기호에 대한 단일하고 단순한 통달은 존재하지 않기 때문에 실망은 도제에게 한결같은 동반자이다.

주인공은 처음에는 어떤 사물들인지를 모르지만, 점차로 이 사물들에 대해 배우고, 마침내 궁극의 계시를 받는다. 이어서 필연적으로, 그는 실망들을 겪는다. [⋯] 불연속적 실망들의 계열에 의해, 또한 각 계열 내에서 이 실망들을 극복하기 위해 사용되는 수단들에 의해 [⋯] 찾기에는 리듬이 주어져 있다. (PS 26)

들뢰즈의 견해에 따르면, 찾기의 이 두 가지 특질은 프루스트의 기획을 반–로고스Antilogos, 심지어 반–플라톤주의의 표제하에 놓는다. 찾기는 비자발적이고 환원 불가능하게 다원적이므로, 통일되고 영원한 진리들Truths의 고전적 이미지와 결별하며, 만약 "영원한"이라는 용어에 의미가 존재한다면, 그것은 차이를 근본적으로 긍정하는 일을 포함해야 할 것이다. 요약하면, "로고스는 존재하지 않는다. 오직 상형문자가 존재할 뿐이다."(PS 101)

그러나 우리는 프루스트의 찾기에 반–플라톤주의의 표제를 부여할 때 유의하지 않으면 안 된다. 플라톤 사상에 대한 어떠한 단순한 거부도 작동하지 않기 때문이다. 들뢰즈가 언급하듯이, 플라톤은 마주침의 제약이 행하는 결정적 역할을 최초로 인식한 철학자이다. 들뢰즈는 "『심포지움 Symposium』, 『파이드로스Phaedrus』, 『파이돈Phaedo』은 기호들에 관한 위대한 세 연구서들이다"(PS 101)라고 주장하기까지 한다. 그럼에도 불구하고, 플라톤의 경우 "지성이 여전히 마주침들에 앞서 온다."(PS 101) 플라톤의 주된 실수는 소위 지성의 자율성이라는 것과 기호의 폭력성이 양립 가능하다는 것을 전제한다는 점이다. 들뢰즈에게, 프루스트는 기호의 본성에 대한 플라톤의 통찰을 전적으로 지원하고 상세히 설명한다는 점에서 "프루스트는 일종의 플라톤주의자이다."(PS 100) 하지만 (주관적) 자율성의 가설, 그리고— 우리가 나중에 보게 될 이유들 때문에— 로고스의 가정된 (객관적) 통일성을 거부한다는 점에서 프루스트는 반–플라톤주의자이다.

첫 번째 유형: 공허한 사교계의 기호들

우리가 지금까지 보아온 모든 것은 다소 추상적인 채로 남아 있는데, 이것은 실로, 『프루스트와 기호들』 최종판에서 들뢰즈가 행하는 분석의 주요한 요소들 중의 하나를 구성하는 기호들의 유형 분류 체계에 덧붙여질 때야만 비로소 완전히 뚜렷이 보이게 되고 완전한 힘을 얻게 된다— 책의 초판 전체는 "기호들The Signs"이라는 단순한 표제 하에 들어가 있다.

들뢰즈는 프루스트의 소설이 고찰하는 네 종류의 기호들이 존재한다고 주장한다. 이 중 첫 번째는 사교계의 기호들worldly signs이다. 여기서 들뢰즈가 사용하는 단어는 *mondanité*로, 우리가 "상류 사회high society" 혹은 "특권층 the in-crowd"이라는 말로 의미하는 것에 더 가까운 어떤 것, 특히, 사교계를 따라다니는 생기 없이 의례적으로 주고받는 말들small talk과 같은 것을 환기시키는 용어이다.

> 베르뒤랭 집에서는 재미있는 어떤 것도 말하지 않으며, 베르뒤랭 부인은 웃지 않는다. 하지만 코타르는 자신이 재미있는 무언가를 말하고 있다는 기호를 만들고, 베르뒤랭 부인은 자신이 웃고 있다는 기호를 만들어낸다. 그리고 그녀의 기호는 매우 완전하게 발해졌기에, 베르뒤랭 씨는 자기 차례가 되어, 그녀의 기호를 능가하지는 않지만, 적당히 흉내 낼 것을 찾는다. […] 그녀는 친구들을 위해 행위하지 않고, 친구들과 더불어 사유하지 않으며, 친구들에게 기호들을 만들어 보낸다. (PS 6)

따라서 사교계 기호의 일차적 특징은 공허함이다. 이 기호들은 존재하지 않는 것을 위한 플레이스홀더[5]로 기능한다. 이는 이 기호들이, 우리가 언어적 분석으로부터 기대하는 바와 같이, (차별적인differential) 기의를 가리키는 기표들로 기능한다는 점을 말하는 것이 아니다. 공허함은 온전히 사교계의 기호들을 특징지으며, 다른 어떤 것도 전혀 지시하지 않은 채 순환한다. "이런 이유로 사교계 생활worldliness은, 행위들의 관점에서 판단할 때는, 실망스럽고 잔인해 보이며, 사유의 관점에서 판단할 때는 어리석어 보인다."(PS 6) 그러므로 사교계 기호들의 기능은 이 기호들이 발생하는 사회적이고 물질적인 맥락에 대한 일종의 부단한 예시화로 환원된다. 이 기호들은 어떤 공통 영역, 다른 어떤 것으로도 환원될 수 없는 집단 실행 또는 "방식"(게르망트 방식, 메제그리즈 방식 …)을 획정한다. 즉, 이 기호들은 어떤 종류의 공허하고, 형식적인 '의례적 완벽성ritual perfection'을 표현한다(PS 7).

그러나 이 사실들이 찾기the Search의 도제—화자에게 즉각적으로 분명하게 나타나는 것은 아니다. 모든 기호들과 마찬가지로, 이 사실들은 해석의 노력을 부추긴다. 명백한 공허함에도 불구하고, 심지어 바로 이 명백한 공허함 때문에 사교계 기호들은 자신들을 해석해 줄 것을 요구한다. 하지만 이 기호들을 발화하는 사람들은 물론, 이 기호들 또한 전혀 아무것도 의미하지 않는다는 점을 발견하자마자, 화자는 최초의 참담한 실망에 다다르게 된다.

더 정확히 말하면, 들뢰즈에게 사교계 기호들은 우리를 지성의 수준에 관여하게 하는데, 이 지성은 "자발적으로 발견하거나 수용할 수 있는 혹은 의사소통할 수 있는 객관적 내용, 명시적인 객관적 의미들을 꿈꾼다."(PS 29) 지성은 우리의 경험에 명시적으로 주어지는 것에 의해서 사유하는 능력이다. 하지만 문제는, 우리가 방금 본 바와 같이, 명시적으로

• •
5. 빠져 있는 다른 것을 대신하는 기호

주어지는 것은, 사물들(가치, 농담, 신념, 사랑)을 나타내는 것이 아니라 사물들을 대신하는 대량의 가짜, 시뮬라크르의 과시라는 점이다. 따라서 사교계 기호들이 지성에게 보이는 태도는 자신들이 외관에 불과한 것the merely apparent을 지나치게 좋아한다는 것을 드러낸다.

두 번째 유형: 사랑의 기호들

지성은 또한 우정과 명백한 친연성을 갖는다고 들뢰즈는 덧붙인다. 자발적이고, 상호적이고 온화한 우정은 또한 우리에게 명시적인 것의 수준에 남아 있으라고 요청하지만, 기호들과의 마주침이 불가피하게 가져오는 채찍질을 견뎌낼 수는 없다―특히 사랑의 기호들의 폭력을 견뎌낼 수는 없다.

이 기호들은 들뢰즈의 분석에서 두 번째 유형을 구성한다. 사랑할 때, 우리는 사교계 기호들이 구성하는 집단들을 넘어 지나간다. 연인이 발하는 기호들이 그 집단으로부터 우리를 선택해서 가려내도록 작용하고, 또 역으로 우리가 그 기호들을 선택해서 가려내도록 작용하기 때문이다. 따라서 사랑에 빠진다는 것은 어떤 사람이 간직하거나 발하는 기호들에 의해 이 어떤 사람을 개별화한다는 것이다(PS 7). 마찬가지로, 사교계 기호들이 다름 아닌 그 기호들 자체로 우리를 회부하는 반면, 사랑의 기호들은 숨겨진 세계를 표현한다. 우리는, 푹 빠져 정신을 못 차리며, 우리에게 다른 사람의 진리가 주어져서, 비밀스러운 성찬식에 초대되었다고 느끼기 시작한다. 들뢰즈는 이렇게 말한다. "연인은 기호로, '영혼'으로 나타난다. 연인은 우리에게 알려지지 않은 가능한 세계를 표현한다. 연인은 해독되어야만 하는, 즉 해석되어야만 하는 세계를 함축하고, 봉인하고, 가두어놓고 있다."(PS 7)

하지만 이 초대는 이중의 갈고리를 숨기고 있다. 미소로, 레스토랑의 의자 등에 손을 느긋하게 얹으며 가벼운 웃음으로 우리에게 손짓하는 연인의 비밀스러운 세계, 또 연인이 당신 접시의 음식을 먹어 치우는 모습은 당신이 마주치는 것보다 앞서 존재하는 세계이다. 이 기호들은 바로 당신을 위하여 발해진 것처럼 보이지만, 이것을 확실히 알 수 있는 방법은 없다. 당신 접시의 음식을 먹어 치우는 연인의 습관은, 당신이 알고 있음에도 불구하고, 연인을 사랑하는 또 다른 사람과 함께 시작되었을지도 모른다. 더 일반적으로 말해서, 문제는, 연인의 세계는 연인이 발하는 기호들을 통해 당신이 단지 점칠 수 있을 뿐인 비밀스러운 세계이므로, 당신의 연인은 언제나 숨겨진 채 남아 있게 될 것이라는 점이다. "우리에게 말을 건네고 우리에게 가해지긴 하지만, 그럼에도 사랑의 기호들은 우리를 배제하는 세계들, 또 연인이 우리를 알게 하지도 않거니와 알게 할 수도 없는 세계들을 표현한다."(PS 9) 우리에게 말을 건네는 모든 사랑의 기호는 우리에게 이 기호의 연원이 되는 세계, 그리고 우리가 근본적으로 또 필연적으로 배제되는 비밀스러운 세계를 떠올리게 한다.

따라서 사랑의 기호들은 필연적으로 **기만적**deceptive이다. 이 기호들은 이 기호들이 표현하는 비밀스러운 세계에 주목하여 우리에게 연인의 행동을 해석하라고 촉구하지만, 우리가 결코 이 세계 그 자체에 접근할 수 없다. 이것은 연인의 주관적인 특질이 아니라 사랑의 기호 그 자체의 특질이고, 또 이 기호들이 일으키는 고통은 개선될 수 없다는 점에 주목하라. 그렇다면 결국 사랑은 필연적으로 질투를 일으킨다.

> 사랑의 모순은 다음과 같은 것으로 이루어진다. 우리가 질투로부터 우리 자신을 보존하기 위하여 의지하는 수단은 그 질투를 펼쳐놓는 바로 그 수단으로서, 사랑과 관련하여 질투에게 사랑으로부터 벗어난 일종의 자율성, 독립성을 부여한다. 사랑의 첫 번째 법칙은 주관적이다.

즉, 질투는 사랑보다 깊고, 질투는 사랑의 진리를 담고 있다. (PS 6)

이것은 사랑의 첫 번째 주관적 법칙이지만, 두 번째 더 심오한 '객관적' 법칙에 의해 겹쳐진다. 이 객관적 법칙은 「소돔과 고모라」에서 발췌한 악명 높은 시구로 매우 간명하게 표현된다(제목이 이미 이 시구의 의미를 담고 있다). "두 성the two sexes은 각각 떨어진 곳에서 죽고 말 것이다."(프루스트, *Sodom and Gomorrah*, 21) 연인의 숨겨진 세계는, 해석의 작업이 남성들의 세계를 구성하듯이, (화자에게) 여성들 일반의 세계이다. "우리는 연인인 여성의 모든 기호들을 해석하지만, 그러나 이 고통스러운 해독의 끝에 이르러서 우리는 본원적인 여성적 실재에 대한 가장 깊은 표현에 맞닥뜨리는 듯이 고모라의 기호에 맞닥뜨린다."(PS 7) 따라서 화자가 착수한 탐구는 특정한 사랑의 주관적 영역에서 상관관계적인 객관적 상황으로 이동하며, 사랑 및 회피 불가능한 기만의 동일성을 실현하는 일을 심화하고, 일반화하고, 완성한다.

사랑에 있어서 지성과 기억

우리는, 사교계 기호들이 지성의 능력, 즉 경험에 명시적으로 주어지는 것을 통하여 체계적으로 사유할 수 있는 우리의 능력에 말을 건네는 모습을 앞에서 본 바 있는데, 여기서도 마찬가지다. 사랑의 기호들 또한 이 기호들을 해석하고자 노력하는 지성을 소환한다. "그녀는 왜 그런 일을 했는가?", "…할 때 그녀는 무엇을 의미했는가?", "그에게 중요한 일은 무엇인가?" 등 사랑에 빠진 사람의 물음들의 총체는 연인이 방출하는 기호들에서 숨겨진 세계로 — 탐정들처럼 — 이동하고자 하는 시도와 관련되어 있다. 우리가 아는 바와 같이, 이 노력은 수포로 돌아간다. 왜냐하면 기호들은 그들이 밝히겠다고 약속하는 것을 감추기에 필연적으로 기만적이기 때문이다. 하지만 여기서, 지성은 사랑의 기호들을 해석할 때 도와달라는 요청을 받는 그 이상의 수단, 곧 기억을 마음대로 사용한다. 지성과 마찬가지로, 이런 의미의 기억은 자발적 능력인바, 지성이 현재를 파악하는 것과 동일한 방식으로 과거를 파악하는 수단이다. 안타깝게도, 기억 또한 부적절하다.

> 기억은 해독되어야 할 기호들과 관련하여 언제나 늦게 온다. 질투하는 이의 기억은, 가장 사소한 세부 사항조차 기만의 기호 혹은 증후로 판명 날 수도 있기 때문에, 모든 것을 보유하려고 노력한다. […] 하지만 기억은 너무 늦게 온다. 왜냐하면, 기억은 보유되어야 하는 저 어구를 그 순간에 구분할 수 없기 때문이다. […] 요컨대, 기억은 자신을 애처로운 실패라는 운명을 맞게 하는 자발적 형식으로만 사랑의 기호들을 해석하는 일에 개입한다. (PS 34)

간단하게 말하자면, 기호들을 마주칠 때 나는 어떤 기호들을 기억하고자 노력하는지 알지 못한다 — 사랑이 전개될 때, 나중에 어떤 기호들이 중요하게 되는지 안다는 것은 불가능하다. 따라서 사랑의 기호들의 기만성은 통시적인 특징과 공시적인 특징 둘 모두를 가지는데, 각각 사랑의 기호들을 이해하고자 하는 지성과 기억의 노력들을 좌절시킨다.

세 번째 유형: 감각적 기호들

이제 우리는 세 번째 유형의 기호들, 즉 **감각적 기호들**sensuous signs에 다다른다. 다음에 오는 대문은 길기는 하지만, 이 대문은 프루스트에 대한 들뢰즈의 기호에 입각한 독해의 한 훌륭한 예이자, 명성에 값하는 좋은 텍스트이다. 이 대문은 찾기the Search의 제1권에서 비교적 일찍 나타나는데, 이 대문 바로 앞에 나오는 페이지들은 프루스트가 창조한 콩브레라는 마을에 살 때의 화자의 기억들(여기서는 마르셀의 기억들)을 자세히 이야기하고 있다.

수년이 흘러갔다. 그동안 그 잠자리의 드라마와 무대 외에 콩브레에 관한 그 어떤 것도 나에게 아무런 실재적 의미도 갖지 않았다. 그 무렵 어느 겨울날, 집으로 돌아오자, 어머니께서는 내가 추위하는 것을 보고서 내가 평소에는 마시지 않았던 홍차를 좀 내주셨다. 처음에는 거절했으나, 이어서 이렇다 할 만한 별 이유가 없었기에 마음을 바꾸었다. 어머니는 사람을 시켜서 "작은 마들렌"이라 부르는 자그마하고 통통한 작은 과자를 사 오게 하셨다. 이 작은 마들렌은 가리비 껍데기의, 세로로 홈이 새겨진 판에 넣어 주조된 것처럼 보였다. 그리고 이내, 우울한 내일의 전망으로 음울한 날을 보내고 나서 기계적으로 의기소침해져서, 과자 한 조각을 차에 적시고 나서 이 차를 한 스푼 내 입술로 가져갔다. 과자 부스러기가 섞인 따뜻한 액체가 내 입천장에 닿자마자 한 떨림이 나를 스쳐 지나갔으며 나는 멈추어서, 나에게 일어나고 있는 이 이례적인 일에 열중했다. 강렬한 즐거움, 그 기원을 전혀 시사하지 않는, 고립되고, 분리된 어떤 것이 내 감관들에 파고들었다. 그리고 즉시 인생의 부침이 나에게 무관심하게 되었고, 인생의 재앙들이 무해한 것이 되었으며, 인생의 덧없음이 그릇된 것이 되었다 — 사랑이 지니는, 이 새로운 감각은 귀중한 본질로 나를 가득 채우는 결과를 가져왔다. 아니 오히려, 이 본질은 내 안에 있었던 것이 아니라, 바로 나였다. 나는 이제 별것이 못 되고, 우발적인 것이며, 죽음을 면치 못한다고 느끼기를 그쳤다. 이것은, 이 전능한 기쁨은 어디서 나에게 올 수 있었는가? 나는 이것이 홍차와 과자의 맛과 연관되어 있다는 것을, 하지만 이것은 저 맛들을 무한히 넘어서며, 실로 같은 본성을 지닐 수 없다는 것을 감지했다. 이 기쁨은 어디서 왔을까? 이 기쁨은 무엇을 의미했을까? 나는 이 기쁨을 어떻게 붙잡고 또 파악할 수 있었을까? (Proust, *Swann's Way*, 60)

이 물음들로 마르셀은 이 현상에 대한 길고 상세한 탐구를 시작한다. 하지만 먼저 우리는 들뢰즈의 분석과 완벽하게 일치하는, 경험 그 자체의 구조에 주목해야 한다. 즉, 기호와의 감성적 마주침이 존재하며, 이 마주침은 화자로 하여금 해석하도록, 즉 사유하도록 강요한다. 감각적 기호들의 경우에, 이러한 해석적 행위의 본성은 어떤 "전적으로 상이한"(PS 11) 대상이 ─ 이 대문의 말미에서 화자가 말하는 바와 같이 ─ 우리가 마주친 감각적 성질에 의해 숨겨져 있는지를 확인하려고 하는 데 있다. 이 경우에, 마르셀은 과자와 홍차의 맛이 콩브레 ─ 마르셀은 어린 시절의 일부를 이 마을에서 보냈다. 또 거기서 때로 고모 레오니가 마들렌을 모닝 차 한 잔에 적시고 있는 모습을 보았다 ─ 의 기억을 소환했다는 점을, 그리고 기호의 진정한 의미는 바로 이 기억이라는 점을 발견한다. 과자의 맛은 마르셀의 어린 시절과 공유하는 성질을 포함하며, 기억 그 자체를 숨기거나 혹은 담고 있는 것은 바로 이 성질이다.

그렇지만 이 기억은 단순한 문제가 아니다. 사랑에 빠져 질투하는 이의 소용없는 회상과는 달리, 마르셀의 콩브레 기억은 내가 자발적으로 상기할 수 있는 스냅 사진, 곧 과거의 특정한 순간으로 이해될 수 없다. 대신에, 이 기억은 "결코 경험된 적이 없는 형태로, 자신의 '본질' 속에서 절대적으로 솟아오른다."(PS 12) 우리는 잠시 후 "본질"이 의미하는 바를 논할 터이지만, 지금 핵심 논점은 감각적 기호들이 소환할 수 있는 비자발적 기억이 과거 그 자체를 새로운 형태로 포획한다는 점이다. 마르셀이 마들렌-기호에 대해 의미를 창출할 때, 그는 자신이 영원한 콩브레에 대한 일종의 신비적 이미지, 즉 어린 시절을 향해서뿐만 아니라 또한 현재 순간을 향해서도 새로운 방식으로 조명하며 빛을 던지는 이미지를 소유하고 있다는 것을 문득 깨닫게 된다. 요컨대, 이 콩브레-이미지는 기호와의 마주침을 통해서 창조되었던 것이다.

이 때문에, 들뢰즈는 우리는 자발적 작용으로서 이해되는 (우리가 보았듯이, 지성에 의해 인도되는) 기억과, 처음에는 우리가 이해할 수 있는 이유가 전혀 없기 때문에 기호가 우리에게 강요되는 상황의 비자발적 기억을 주의 깊게 구별할 필요가 있다는 점을 주장한다. 들뢰즈의 견해에 따르면, 후자의 기억이 프루스트가 진정으로 관심을 갖는 유일한 종류의 기억이다. 기억이 감각적 기호들에 응답할 수 있는 것은, 오로지 바로 이 기억이 지성의 자발적인 추구에 복속되지 않고 작동할 수 있기 때문이다.

찾기에 있어서 기억의 이차적 역할

특히 이 마들렌 대문에서 우리는 기억이 프루스트에게 있어서 근본적 역할을 행한다고 생각한다면 그 이유를 알기란 어렵지 않다. 하지만 들뢰즈는 이런 접근법을 강하게 거부한다. 우선, 이는 기억뿐만 아니라 또한 상상과 욕망의 능력도 감각적 기호들에 의해 소환될 수도 있기 때문이다. 여기에 들뢰즈가 소환하는 예가 있다.

> 어느 길모퉁이에서 나는 마르땡빌의 쌍둥이 첨탑을 힐끗 보았을 때, 갑자기, 다른 어떤 것과도 같지 않은 특별한 기쁨을 경험했다. 그 쌍둥이 첨탑은 지는 해에 잠기면서, 마차의 움직임과 길의 굴곡에 따라 끊임없이 그 위치를 바꾸었으며, 이어서 세 번째 첨탑, 비외비크 첨탑을 힐끗 보았을 때, 이 첨탑은 언덕과 골짜기를 사이에 두고 쌍둥이 첨탑과 떨어져 있었고, 멀리 있는 다소 높은 땅에서 솟아올라 있었지만, 그럼에도 쌍둥이 첨탑 옆에 서 있는 것처럼 나타났다.
>
> 첨탑들의 모양, 첨탑들의 변화하는 선들, 첨탑 표면의 햇빛 가득한

따뜻함을 주목하고 기억하면서, 나는 내가 내 인상의 핵심을 꿰뚫고 있지 못하다는 것을, 담기도 하고 감추기도 하는 것으로 보이는 더 많은 무언가가 그 움직임 뒤에, 그 밝음 뒤에 놓여 있다는 것을 느꼈다. (Proust, *Swann's Way*, 253–4)

이 예에서, 화자가 발견하는 것은 지난 기억이 아니라 어떤 종류의 상상적 연합, 즉 그가 한때 읽은 적이 있는 이야기에 나오는 세 명의 어린 여자애들의 형태와 대등한 어떤 것 혹은 어떤 공명이다. 세 그루의 나무는 "밤이 떨어지기 시작한 고독한 장소에 내버려진, 전설 속의 세 명의 처녀들"을 불러일으킨다(*Swann's Way*, 256).

하지만 프루스트에게 기억이 본질적인 것으로 간주될 수 없는 더 중요한 이유가 있다. 감각적 기호들은 어떤 핵심적 의미에서 여전히 불충분한 것으로 남아 있다. 들뢰즈는 사교계 기호들이나 사랑의 기호들과는 달리 감각적 기호들은 우리에게 심원하게 진실한 것을 제공하며, 마들렌이 마르셀 안에 일으키는 강력한 느낌의 기쁨 — "저 절묘한 즐거움" — 을 전하고 있다는 점을 매우 분명히 하고 있다. 하지만 다른 두 기호들과 달리, 감각적 기호들은 자신들의 의미를 자신들 바깥에서 어떤 특정의 일반성 속에서 발견한다. 마들렌이 구성한 감각적 기호는 오직 콩브레를 불러일으킬 뿐인데, 이는 이 기호가 콩브레에서 보낸 마르셀의 삶과 성질을 공유하기 때문이다. "맛을 가진 마들렌과, 마들렌의 성질들을 가진 콩브레는 여전히 서로 감싸 안음에 저항하고, 상호 관통함에 저항하는 구분되는 실질을 가지고 있다."(PS 64) 만약 감각적 기호들을 넘어 이 기호들을 불충분한 것으로 간주할 이유를 우리에게 제공하는 마지막 네 번째 유형의 기호들이 존재하지 않는다면, 이 논점은 그것만으로는 이도 저도 아닐 것이다 — 아마도 감각적 기호들이 찾기의 끝을 표하기는 하겠지만, 우리가 앞으로 더 나아갈 수 있는 한에서 그러하다. "감각적 기호들은 오로지

예술 및 예술의 최종적 계시를 위해서 우리가 준비하고자 하는 삶의 노력을 대변할 뿐이다."(PS 65)

네 번째 유형: 예술의 기호들

예술의 기호들은 찾기the Search의 진정한 목표를 구성하면서 동시에 우리가 찾기 그 자체의 궤적에 대해 의미를 창출할 수 있도록 해준다. 들뢰즈는, 이전 세 가지 유형의 기호들은 모두 물질적 대상이 이 기호들(파티, 얼굴, 마들렌)을 생겨나게 하기 위하여 요구된다는 의미에서, 또 이 기호들에 대해 의미를 창출하고자 하는 시도가 이 상황들에 회부함으로써만 가능한 한에서, 물질성에 복속되어 있다고 언급한다. 들뢰즈에게 예술의 기호들은 비물질적이라는 사실에 비추어볼 때, 이 점은 특히 더 의미심장하다.

이것은 무엇을 의미하는가? 결국 — 프루스트 소설의 잘 알려진 몇 순간들을 환기한다면 — 베르마의 춤은, 벵퇴유의 F# 소나타가 바이올린에 의해서 연주되어야만 하듯이, 혹은 적어도 어떤 물질적인 악기에 의해서 연주되어야만 하듯이, 그녀의 신체를 요구하는 것처럼 보인다. 핵심이 되는 것은 예술은 물질화의 맥락에 무관심하며, 또 이 맥락에 의해 설명될 수도 없다는 점이다. 예술의 기호들이 비물질적이라고 말하는 것은, 들뢰즈에 따르면, 예술의 기호들이 본질의 표현이라고 말하는 것이다. 물론, 한 가지 어려운 용어를 또 다른 한 가지 용어로 설명한다는 것은 언뜻 보더라도 들뢰즈가 취할 수 있는 가장 좋은 조치가 아니다. 왜냐하면, 이제 그는 범주들 중에서 이 가장 형이상학적인 범주가 의미하는 바를 우리에게 말해주어야 할 가공할 과제를 갖고 있기 때문이다. 그리고 분명히 말하지만, 들뢰즈는 이 지점에서 프루스트의 플라톤주의를 주장하는 일을 피하지도 않거니와, 또 라이프니츠의 모나드 개념에 의해서 본질을 설명하는 일을 피하지도 않는다.

이 후자와 접속하면서 우리는 핵심 논점에 이르게 된다. 들뢰즈에게, 예술의 기호들에서 표현되는 바의 본질은 관점point of view과 다른 것이 아니기 때문이다. 예술의 기호들은 환원 불가능하게 독특한 관점을 표현한다. 들뢰즈는 이렇게 말한다. "오직 예술에 의해서만 우리는 우리 자신으로부터 출현할 수 있다. […] 예술 덕분에, 우리는 한 단일한 세계, 우리 자신의 세계를 보는 것 대신에, 이 세계가 증대하는 것을 보며, 또 존재하는 것만큼 많은 독창적인 예술가들, 그만큼 많은 세계들을 우리는 우리가 접하고자 하는 대로 접할 수 있게 된다."(PS 28)

처음에 이 대문은, 많은 예술 작품들이 존재하기 때문에 마찬가지로 "예술가들의 눈을 통해서" 세계를 보는 많은 방법들이 존재한다는 것을 바로 지적하는 것처럼 보인다. 별로 깊이 있는 생각이 아니다. 들뢰즈에게 이것은 실로 프루스트의 주장이 아니다. 예술의 기호들은 어떠한 특정한 사람의 관점perspective으로도 환원 불가능한 관점point of view을 표현한다. 더 정확히는, 예술의 본성은 우리에게 관점의 범주를 이해하는 통상적인 방식을 바꾸라고 요구한다. 예술의 본성은 우리에게, 우리 각각이 관점을 가지는 것이 아니라 우리가 관점에 거주한다는 것을 보여준다. 결국, 예술 작품들은 특정한 관점, 가령 상-빅투아르산Mt. Saint-Victoire에 대한 한 관점을 구현하는 것이 아니라, 관점 그 자체의 환원 불가능성을 보여준다. 예술 작품들은 관점 간의 단순한 외재적 차이를 제공하는 것이 아니라, 경험의 진리로서의 이 차이 그 자체를 제공한다.

달리 말해서, 관점으로서의 관점은 관점의 차이를 드러내 보인다. 이런 이유로 들뢰즈는 다음과 같은 정의를 내린다. "예술 작품에서 드러난 것으로서의 본질은 무엇인가? 그것은 차이, 절대적이고 궁극적인 차이이다. 차이는 존재를 구성하는 것이며, 우리로 하여금 존재를 생각하게 하는 것이다."(PS 41) 터너의 〈수장Burial at Sea〉을 우연히 마주치거나 혹은 드뷔시의 〈펠레아스와 멜리장드Pelléas et Mélisande〉를 들을 때, 내가 직면하는 것은 단지 배에 관한 한 사람의 관점이거나 혹은 한 쌍의 불행하게 끝나는 비운의 연인들에 관한 한 사람의 관점이 아니다. 예술의 기호들로서, 그것들은 나를 다양한 관점 그 자체에로 직접적으로 드러나게 한다. "각 주체는 […] 절대적으로 차이 나는 세계를 표현한다."(PS 28) 하지만 예술에 서는 다수의 세계들이 자신의 방식대로 표현된다.

그러므로 이것이 프루스트에서 본질이 의미하는 바라고 들뢰즈는 생각한다. 주관적 경험을 가능하게 하는 것이 바로 관점이지만 ─ 실로, "주체성을 구성하는 것은 바로 본질이다"(PS 43) ─, 이 관점이 우리가 사교계 기호들, 사랑의 기호들, 감각적 기호들에 연루되어 있는 동안은 주관적 경험에 암묵리에 함축되어 남아 있다. 오직 예술에서만 본질이 그 자체로 나타난다. 세계에 관여하는 이 혹은 저 주체의 방식에 본질이 더 이상 복속되어 있지 않기 때문이다.

예술과 사유

이 지점에서, 우리가 지나오면서 두서너 번 논한 바 있는 프루스트의 능력 이론을 재건립하는 일이 가능하게 된다. 다음은 들뢰즈의 요약이다.

> 오직 감성만이 기호 그 자체를 포착한다grasp. 오직 지성, 기억, 혹은 상상만이 각각 이 의미를 어떤 특정한 종류의 기호를 따라 해명한다 explicate. 오직 순수 사유만이 본질을 발견하고, 본질을 기호 및 그 의미의 충족 이유sufficient reason로서 생각하도록 강요받는다. (PS 63)

그러므로 기호들과의 모든 마주침이 존재할 수 있기 위해서 감성이 최초에 온다. 가장 높은 형태의 사유는, 자신의 방식대로 작동할 때, 그리고 다른 모든 사유함의 실행에도 복속되지 않을 때, 비자발적이다. 예술의 기호들은 비자발적 기억이 그러하듯이 나를 사유하도록 강요하지만, 이 기호들이 나를 사유하도록 만드는 것은 더 이상 어떠한 동일성도 일반성도 아니다. 예술의 기호들은 차이 그 자체인 본질을 내가 사유하도록 만든다.

기호와의 마주침으로 인해 우리가 이끌리는 이 비자발적 모험들 너머에, 우선은, 자연적이고 정상적인 것들로 보이는 능력들, 즉 지성, 자발적 기억, 상상이 존재한다. 이 능력들은, 우리가 기호에 봉착하지 않을 수 없을 때 우리의 경험에 일단 주어지는 것을 자발적으로 획득할 수 없는 한에서, 기호들과 맺는 이차적이고 우발적인 관계를 드러낸다.

그리고 최종적으로, 예술의 기호들이 드러내는 것은 모든 기호들의 궁극적 성격 — 모든 기호들은 관점, 혹은 차이적 본질을 표현한다는 점 — 이다. 기호의 공허한 형식(가령, 로티 교수 집에서 있었던 만찬 파티 대화)조차도 관점을 표현하기 때문에 기능을 행하고 또 의미가 창출될 수 있다.

본질: 특이성, 공통성, 계열, 집단

본질의 본성에 대하여 예술이 제공하는 관점을 획득하고 난 후, 들뢰즈는 이제 세 가지 이전 유형의 기호들로 되돌아가서, 본질이 거기에서 실연되는 방식을 탐구한다. 일단 우리가, 말하자면, 예술의 교훈을 배우고 나면, 다른 기호들의 가치와 특정성이 부지중에 밝혀질 수 있다 — 내가 방금 말한 바와 같이, 예술은 기호들과 마주칠 때 본질 혹은 관점이 언제나 관건이 된다는 것을 드러낸다. 본질 혹은 관점이, 문제의 그 유형의 기호들에 의해 모호하게 될 때조차도 말이다. 역으로, 예술이 없다면, "우리는 본질 혹은 관점을 이해하지 못했을 것이다."(PS 14)

어떠한 기호든 기호는 관점을 표현한다. 하지만 누구의 기호인가? 이 물음에 대한 답은 각 유형의 기호마다 다르다. 기호에 관한 통찰을 제공했던 예술로 이끌었던 길로 되돌아 내려갈 때, 우리는 이 물음에 대한 대답들이 점차로 일반적인 것, 즉 우리가 앞에서 언급했던 물질성에 구속되어 반성되는 일반성이 된다는 것을 알게 된다. 결국, 이 일반성은 앞의 두 유형의 기호들에게 그것들이 지배적 법칙 — 즉, (사랑에 있어서) 거짓말의 일반적 법칙, 그리고 (살롱에 있어서) 공허함의 일반적 법칙 — 하에 놓여 있는 듯 보이게 한다.

감각적 기호들은 자신들의 의미를 확립하기 위하여 우리에게 회상하거나 상상할 것을 강요한다. 이 기호 및 그 의미는 외재적으로 관련되어 있기 때문에, 문제의 그 (공유된) 성질에 부여되는 필연적 일반성이 존재한다. 예를 들어, 마들렌에 의해 탄생한 성질은 현재와 과거 순간들을 위한 봉투이다. 이 성질은 콩브레의 기억을 생겨나게 할 수도 있지만, 그러나 이 기억은 간접적으로 발생한다. 예술 작품들에서 직접적으로 표현되는 본질이 여기서는 이 성질이 수반하는 최소한의 일반성에 복속되어 있다. 관점이 그러한 기호를 통하여 표현되는 것은 사실이지만, 그러나 이 기호의 특이성은 앞의 이 — 최소한의 것일지라도 — **공통성**에 복속되었다.

들뢰즈가 서너 경우에서 언급하듯이, 기껏해야 감각적 기호들은 우리가 준비하는 예술 기호들의 **복제들**facsimiles로 작용할 수 있을 뿐이다. 여기서 우리는 칸트가 제3의 『비판』에서 펴는 주장에 대한 일종의 역전을 볼 수 있다. 즉, 감각적 기호들의 형식으로 마주치게 되는 바의 자연은 예술에서 마주치게 되는, 더 높은 형식의 기호를 위한 준비이고 또 준비일 수 있을 따름이다.

다시 이 일반성은 사랑의 경우에서 더 넓은 범위를 지닌다. 본질 혹은 관점이 특이성에서, 혹은 공유된 공통 세계에서 발견되는 것이 아니라, 무엇보다도 일련의 **사랑들**을 가로질러 발견된다. 각 사랑은 동일한 관점을 반복하지만, 그것이 동일한 것이라는 사실을 모호하게 하는 방식으로 반복한다. 질베르트로 향한 화자의 사랑이 알베르틴으로 향한 사랑 속에서 반복되지만, 이것은 오직 이 유형의 사랑이 예술과의 마주침에 의해 재구성된 후에만 분명하게 된다. 더 정확히 말해서, 그 당시에 사랑의 순차적 성격을 파악할 수 없는 이유는 상황의 명백히 객관적인 세부 사항들이 한 연인에서 다른 한 연인으로 이동하기 때문이다. 하지만 이 축적된 차이들은 사랑에 관해서 우리에게 실로 아무것도 말해주지 않는다. 사랑의 본질적 진리는 중요한 것은 필연적으로 숨겨져 있다는 점이기 때문이다.

더 나아간 두 가지 의미에서 사랑은 계열적이라고 들뢰즈는 언급한다. 무엇보다도, 모든 사랑에는 그 자신의 방식으로 계열적인 성격이 존재하며, 우리는 프루스트의 화자와 더불어 "한 알베르틴에서 또 다른 알베르틴으로"(PS 45) 이동한다. 다시 또, 연인이 표현하는 숨겨진 세계를 실제로 획득할 가능성은 전혀 없기 때문에, 이 점은 사실이다. 우리가 할 수 있는 모든 것은, 영원히 얼음 아래에 봉인되어버린 우리가 사랑하는 이의 진리와 더불어, 이 연인의 관통 불가능한 세계의 표면을 미끄러지듯 달리는 (=피상적으로 다루는) 일련의 긴 탐구들("그 여자는 왜 그런 제스처를 취했는가?", "하지만 지난번 말했을 때는 당신은 그것을 원하지 않았다!")에 종사하는 것이다. 역으로, 내 사랑들의 계열은— 다시 또, 명백히 객관적인 세부 사항들이 얼마나 차이 나는가에 상관없이 이 계열은 정확히 동일한 논리를 표현하기 때문에 — 사랑 경험 일반의 일부를 형성한다. "오데트로 향한 스완의 사랑은 질베르트로 향한, 마담 드 게르망트로 향한, 알베르틴으로 향한 이 주인공의 사랑과 더불어 계속되는 계열의 일부를 이미 구성한다."(PS 45)

우리는 마지막 단계에서 사교계 기호 유형으로 돌아간다. 여기서, 본질은 그것이 표현하는 관점과 관련하여, 가장 넓은 수준의 일반성, 가장 낮은 수준의 정합성, 가장 많은 수준의 모호성을 획득한다.

공허함, 어리석음, 잘 잊어먹음. 이러한 것이 사교계 집단the worldly group의 삼위일체를 이루고 있다. 하지만 이렇게 해서 속됨worldliness은 속도, 기호들을 발산할 때의 기동성, 형식주의의 완벽성[기호들의 공허한 순환], 의미상의 일반성 […] 본질은 훨씬 더 느슨하게 육화되므로, 이 기호들은 희극적 힘을 띤다. […] 한 집단에서, 앵무새들과 같은 사람들은 또한 예언자적인 새들이기도 하다. 그들의 재잘거림은 법의 현존을 내비친다. (PS 53)

이 법칙은 집단들의 법칙이고, 공허한 의사소통의 형식적 법칙으로, 도제 생활을 통해서 극복되지만, 이 궤적의 끝에서 예의 바른 사회의 분산된 행위를 지배하는 것 ─ 만나서 어울려라fit in ─ 으로서 회고적으로 드러난다.

시간의 복수성

앞에서 우리는 들뢰즈가 프루스트가 기억에 깊은 관심을 갖고 있다는 주장을 거부하고자 하는 몇 중요한 이유들을 보았다. 이제 우리는 들뢰즈가 그렇게 하고자 하는 또 다른 이유에 다다른다. 감각적 기호들과 마주칠 때 기능하는 기억에 속하는 시간성은 프루스트의 저작에서 작동하는 오직 하나의 시간 권역일 뿐이다. 그리고 사실 ─ 내가 바로 이 장 서두에서 말한 바와 같이 ─ 들뢰즈는 각 유형의 기호들을 지배적인 양식의 시간성과 관계를 맺게 하고자 한다.

사교계 기호들의 시간은 허비된wasted 시간이다. 공허한 만찬 파티에서 보낸 시간으로부터는 아무것도 회복될 수 없다. 애당초 거기에는 아무것도 없었기 때문이다. 거기에서는 얻을 것도 없었고, 드러낼 것도 없었다. 하지만 이는 도제가 아무것도 배우지 않았다는 점을 말하는 것은 아니다. 반대로, 도제 생활의 가치는 이 사실을, 이 공허함의 사실을 정확히 깨닫는 데에 있다.

다음에, 사랑의 시간은 잃어버린 시간lost time이다. 이 시간은 너무 많은 시간을 사무실에서 보내는 데서, 혹은 질투하는 생각에 휘말려 손가락을 물어뜯으면서 너무 많은 시간을 보내는 데서, 게으른 탓에 잃어버린 시간이 아니다. 들뢰즈가 주장하고자 하는 바와 같이, 사랑에서 시간은 사전에 또 반드시 그러하게 잃어버린 시간이다. 아무리 많은 주의를 보내거나 혹은 관심을 보이더라도, 사랑에서 보낸 시간으로부터는 아무것도 회복할 수 없다. 다시 한번 더 말하지만, 해석의 노력은 결코 우리를 연인의 세계 그 자체로 데리고 가지 않을 것이기 때문이다. 따라서, 들뢰즈가 언급하듯이, "사랑은 그침 없이 그 자신의 사라짐을 준비하며, 그 자신의 소멸을 실연한다."(PS 13)

감각적 기호에는 재발견된rediscovered 시간이 속한다. 어떤 의미에서 그러한가? 우리는, 소환되지 않았는데도 콩브레의 기억이 일어날 때 그것은 "경험될 수 있는 것이 아니라는 듯이 일어난다는 것을 알고 있다. 실재에 있어서가 아니라 자신의 진리에 있어서, 자신의 외적이고 우발적인 관계들에서가 아니라 자신의 내화된 차이에서, 자신의 본질에서 일어난다는 것을 알고 있다. 콩브레는 현재의 자발적 기억, 그리고 과거의 의식적 지각들이 닿지 않는 곳으로부터 […] 순수 과거 속에서 솟아오른다."(PS 61) 비자발적 기억이 우리에게 주는 것은 순수한 상태의 시간 — 영원성, 곧 본질들에 고유한 시간 — 으로 향하는 접근 이외의 것이 아니라고 들뢰즈는 언급한다.

감각적 기호들의 다른 효과들은 어떠한가? 예를 들어, 상상력이 환기되는 사례(들뢰즈가 가장 숙고하는 사례)에서, 내가 돌연 처하게 된 내가 관조하고 있는 이미지는 영원하고 불변한 듯이 시간 바깥에 서 있는 것으로 나타난다. 그것은 옅어지는 햇빛 속의 마르땡빌 첨탑들 혹은 세 그루의 나무들과 같이, 물질적 대상의 상상적 연합에 의해 가능하게 된, 영원성의 작은 파편을 감각적 기호들이 어떻게 해서든 환기한 것처럼 보인다. 하지만 감각적 기호들 덕분에 발견하거나 혹은 재발견하는 것에 우리가 집중하든 하지 않든, 여기서는 물질성과 공통성이 전형적 특질로 남아 있다.

감각적 기호들은 자신의 진리에서 시간의 재발견을 가져올 수도 있겠지만, 그러나 이 시간이 직접적으로 또 그 자신의 방식으로 현존하는 것은 오직 예술에서뿐이다. 예술은 "절대적인 시원적 시간, 기호와 의미를 통일하는 진정한 영원성"(PS 56)을 우리에게 노정시킨다. 아마도 놀라지 않을 수 없을 것이라고 생각되는데, 이 모든 것에 있어서 핵심 용어는 영원한eternal이다. 프루스트에게 시간의 본성은 베르그손의 생기적 시간, 즉 엘랑 비탈 그리고 존재의 진행 중인 번성함의 시간과 같은 것도 아니고, 물리학의 공간화된 시간도 아니라, 본질의 실존과 이 실존을 파악하는 우리의 능력이 통일되는 시간이다. 예술에서 우리는 마침내 도제 생활 일반을 특징짓는 진리 찾기를 완성할 수 있다. 왜냐하면, 예술에서 본질은 더 이상 기호의 이전 유형들에서 이 본질을 모호하게 했던 시간적 경험의 형식들에 복속되지 않기 때문이다.

결국 이것이야말로 우리가 예술 이전에 느끼는 기쁨의 근원 ── 우리가 황홀해하고, 눈물을 흘리는 이유 ── 이다. 다른 시간 양상들에 의해 정복될 수 없는 것에 대한 느낌, 특히 허비된 시간과 잃어버린 시간보다 본질이 절대적 우위에 있다는 느낌이 우리에게 직접적으로 주어진다. 프루스트는 죽음에 대한, 기쁨에 찬 무관심을 언급하며, 비자발적 기억이 이 무관심을 우리에게 노정할 수는 있지만, 이 기쁨이 "어떻게 생겨나는지 우리는 말할 수 없다"(PS 56)고 쓰고 있다. 우리에게 직접적으로 본질을 보여주는 예술 기호들만이 이 기쁨을 우리가 설명할 수 있게 해준다. 하지만 이제, 무관심 또한 남아 있지 않지만, 대신에 실존에 대한 절대적 긍정이 존재한다. 이것은 일종의 지적인 기쁨, 도제의 견디기 힘든 시련들로부터 출현하는 기쁨이며, 이러한 시련들의 본성뿐만 아니라, 또한 이러한 시련들이 처하는 고통의 전적으로 상대적인 성격을 마침내 직접적으로 파악할 수 있는 데에서 오는 기쁨이다. "돌연 나는 내가 살았는지, 죽었는지 상관하지 않게 되었다."(Don Paterson, *Landing Light*, 81)

재발견된 시간과 재획득된 시간의 차이를 이제 우리는 더 정확히 설명할 수 있다. 비자발적 기억은 우리를 자신의 진리 안에서 노정시키지만, 우리가 아무것도 할 수 없는 방식으로 그렇게 한다. 우리는 방대한 기쁨의 경험을 갖지만, 이 기쁨을 생겨나게 하는 관점을 획득할 수는 없다. 어떻게 우리는 "우리 자신을 위해 과거를 그것이 그 자체로 보존되는 대로, 그것이 그 자체로 존속하는 대로 구할 수 있는가?"(PS 59) 이 영원한 시간이 자신의 방식대로 보존될 수 있는 유일한 방식은 예술 안에 존재하며, 거기서는 어떠한 일반성이나 공통성도 이 영원한 시간을 복속시키겠다고 위협하지 않는다.

이 언급된 모든 것을 간직하며, 들뢰즈는 하나의 최종적이고 일반적인 주장을 편다.

만약에 각 기호가 자신의 특권적인 시간적 전개를 가진다면, 각각은 또한 다른 선들에 걸치며, 시간의 다른 차원들에 가담한다. 허비된 시간은 사랑으로, 심지어는 감각적 기호들로 확장된다. 잃어버린 시간은 심지어 사교계 기호들에 나타나며, 또한 감성의 기호들에 존속한다. 이번에는 재획득된 시간이 허비된 시간과 잃어버린 시간에 재작용한다. (PS 17)

핵심 논점은 시간의 이 선들이 언제나 사실상 혼합되어 있다는 점이다. "같은 것the same"으로 남아 있는 것은 관점으로서의 본질인데, 이 본질은 기호들과 그 시간들의 혼합체를 따라서 실연된다. 그럼에도 불구하고, 우리는 『프루스트와 기호들』의 초판의 과정을 다음과 같은 도표로 도식적으로 제시할 수 있다.

	지배적 시간 양상	기호가 호출하는 능력	본질을 표현하는 일반성의 정도
사교계 기호들	허비된 시간	지성	집단
사랑의 기호들	잃어버린 시간	지성, 자발적 기억	계열
감각적 기호들	재발견된 시간	비자발적 기억, 상상력, 욕망	공통 성질 (최소한의 일반성)
예술 기호들	재획득된 시간	비자발적 사유	특이성

찾기의 본성

이 장 서두에서 말한 바와 같이, 들뢰즈는 각각 1970년과 1973년에, 최초의 간행 이후 두 번 프루스트 연구로 되돌아갔다. 이 추가 연구들은 프루스트에 우리가 관여해온 영역을 기호와 시간의 유형들로부터 벗어나도록 옮겨 놓으며, 두 가지 새로운 문제 제기를 도입한다. 이 문제 제기들 중 첫 번째 것은 프루스트 소설 그 자체의 본성에 관한 것이고, 또 이 본성이 독자들 속에서 효과들을 생산하기 위해 작동하는 방법에 관한 것이다. 두 번째 것은 찾기의 본성 ── 더 정확히는 통일성 ── 에 관한 것이다.

우리는 이 논점들을 차례대로 취하겠지만, 먼저 우리는 잠시 멈춰서 들뢰즈가 이후의 이 절들에서 취하고 있는 독특한 조처에 주목해야 한다. 『프루스트와 기호들』의 초판은 프루스트 소설의 내용에 관한 것이다. 하지만 이 기획으로 되돌아올 때, 들뢰즈는 그가 이 내용에 관해 발견한 것을 가지고 이를 사용하여 이 소설 그 자체의 상황을, 그리고 더 넓게는 문학의 의미를 설명하고자 한다. 즉, 그는 『잃어버린 시간을 찾아서』를 사용하여 현대 세계의 상태를, 그리고 이 상태가 문학에 대해 요구하는 것을 설명하고자 한다. 그가 찾기, 그리고 이 찾기가 작동하는 방식을 설명하기 위하여 사용하고자 하는 예술 개념조차도 찾기 그 자체로부터 이끌어내진다. 다음과 같은 사실을 명기하는 것이 중요하다. 즉, 들뢰즈가 70년대에 추가된 『프루스트와 기호들』의 부분들에서 프루스트에게서 인용하는 대목들은 더 이상 프루스트 자신의 절차를 예시하기 위해서가 아니라, 새로운 문학 철학의 구성 요소들로서 사용된다.

안티로고스

들뢰즈가 이 책의 추가적인 부분들에서 펴고자 하는 중심적 논점은 프루스트 소설의 통일성에 대한 어떠한 설명도 동일성을 전제해서는 안 된다는 점이다. 무엇보다도, 찾기에 관한 연구는 환원 불가능하게 파편적인 성격을 증명하기 때문이다. 이런 이유로 들뢰즈는 『프루스트와 기호들』제8장의 제목인 안티로고스antilogos라는 용어를 사용한다. 기호의 충격에서부터 자기-동일적이고 객관적인 이념에 이르는, 우리가 플라톤 그 자신 안에서 발견하는 플라톤주의와 반대로, 프루스트의 플라톤주의는 그를 주체로, 더 정확히 말하면, 주체가 거주하는 관점point of view으로, 즉 본질의 원-주체성proto-subjectivity으로 이끈다. 우리는 본질이 차이라는 점을, 본질이 미분적 관점differential perspective로서의 관점viewpoint에 불과하다는 점을 이미 알고 있지만, 훨씬 더 기초적 수준에서, 실재에 대한 플라톤식 조직화에 대한 거부는 차이의 긍정인 것이다. 만약 찾기가 객관적으로 통일된 세계관으로 향하는 회귀를 둘러싸고 조직되지 않는다면, 우리는 통일될 수 없는 수준 곧 **파편**fragment에 남아 있을 수밖에 없다. 들뢰즈는 이렇게 말한다.

> 본질적 논점은 찾기의 부분들이 아무것도 결여하지 않은 채 분할되고, 파편화되어 남아 있고 [⋯] 전체를 형성하지 않거나 혹은 전제하지 않은 채, 이렇게 분배될 때 아무것도 결여하지 않은 채, 우리가 도입하려고 할지도 모르는 모든 유기적 통일성을 사전에 파기하며, 시간에 의해 계속 휩쓸리며 남아 있다는 점이다. (PS 169)

그래서 들뢰즈에게 열쇠가 되는 것은 프루스트의 소설은— 우리가 곧 보게 되는 바대로, 이 파편들을 파편들로서 긍정하는 일을 포함하긴 해도— 파편적 부분들 위에서 군림하는 어떠한 통일성도 없다는 점이다.

이제, 들뢰즈에 따르면, 이 파편들 그 자체는 프루스트에게서 두 가지 형태로 나타나며, 그는 심지어 "찾기의 큰 범주들 각각은 둘 중의 어느 한 특질에 관여한다는 것을 [⋯] 나타낸다"(PS 118)고 주장하기까지 한다. 첫 번째 범주는 그가 *boîtes*— 글자 그대로의 의미에서, "상자들boxes" — 라고 부르는 것으로, 『프루스트와 기호들』 영역본에서는 "세포들cells" 로 번역되어 있다. 이러한 종류의 파편들은 이 소설에서 닫히거나 혹은 숨겨진 요소들을 포함한다. 영역본에 "그릇들vessels"로 번역되어 있는 두 번째 범주 **화병들**vases은 일견 유체 물리학fluid physics의 기초적 특질을 포함하는 것으로 보인다. 프랑스어에서, 두 연관되어 있는 물의 집적들(가령, 두 작은 호수들)이 언제나 평형 상태가 된다(즉, 언제나 결국 같은 물 수준이 된다)는 사실은 *par le principe des vases communicants*(=소통하는 화병들의 원리를 통해서) 설명된다. 결과적으로, 우리는 이 원리가 용기들containers 간의 내용의 소통을 기술한다고 예상할 수도 있겠지만, 사실 들뢰즈는 이와 정반대되는 것을 주장하고자 한다. 즉, 프루스트의 소설에서 그릇들은 소통하지 않는 파편적 요소들이다. 그릇은 "비대칭적이고 비소통적인 부분들의 공존을 포함한다."(PS 117)

그렇다면 결국, 이 용어들은 들뢰즈가 여기서 암시하고 있는 것을 따라가는 데에 큰 도움이 되지 않는다. 그가 또한 효율적으로 활용하고 있는 스콜라 신학에서 따온 용어들이 더 낫다. 이 용어들에서, 세포들은 찾기에서 언제나 새로운 방식으로 펼쳐지는explicated, 숨겨지고 접혀진implicated 내용을 함유하는 용기들이다. 다른 한편, 그릇들은 공약 불가능한 부분들의 총괄화complication — 차등적인 것the disparate을 위한 공통 존재자 — 를 포함한다. 이와 상관적으로, 프루스트 소설에서 화자의 역할은 이중적이다. 즉, 세포들 속에 에워싸여 있는 것을 펼치거나 혹은 전개하는 것, 그리고 그릇들이 담고 있는 양립 불가능한 것들로부터 선별하는 것이다.

들뢰즈는 여기서 다양한 예들을 제공하지만, 우리에게 이미 친숙한 몇 사례들을 고찰해보자. 세포들이 기능하는 방식의 좋은 예는 마들렌의 감각적 기호에서 발견된다. 문제의 그 세포는 마들렌 그 자체의 "감각적 성질, 맛"이며, 함축된implicated 내용은 "경험되어온 모든 것보다 우월한, 순수 관점Viewpoint으로서의 콩브레"(PS 119)와 다른 것이 아니다. 우리는 또한 펼침explication이 여기서 무엇을 수반하게 될지 알고 있다. 이 무엇은, 이 관점을 더 이상 당혹스러운 환영으로 만들고자 하는 시도가 아니라 현재 속에서 콩브레의 관점으로부터 보고 느끼는 방식, 곧 들뢰즈가 주장하는바 필연적으로 "창조"일 수밖에 없는 "재정복reconquest"이다(PS 119). 이것이 바로 마르셀이 마들렌에 관한 그의 경험에 의거하여 행하는 작업의 결론이다.

그릇의 첫 번째 예는 (세포들과 그릇들을 모두 구현하는 두 길을 갈지라도) 알베르틴의 성격이다. 펼쳐지지 않으면 안 되는 숨겨진 무언가를 포함하는 단순한 용기가 아니고, 사실 그녀는 환원 불가능하게 상이한 다양한 "알베르틴들"을 포함하고 있다. 화자가 해야 하는 것은, 카메라의 초점거리를 맞추듯이, 이 알베르틴 중의 한 명을 초점으로 가져오는 것이다.

> 집단 내의 어떤 특정한 여자아이를 선택하는 것, 이 여자아이의 어떤 특정한 견해 혹은 고정된 관념을 선택하는 것, 이 여자아이가 말하는 것에서 어떤 특정한 단어를 선택하는 것, 우리가 그 아이를 가엾게 여기는 것에서 어떤 특정한 고통을 선택하는 것, 그리고 이 고통을 경험하기 위해서, 이 단어를 해독하기 위해서, 이 여자아이를 사랑하기 위해서, 모든 가능한 자기들 가운데서 살도록 혹은 다시 살도록 어떤 특정한 자기를 선택하는 것. 그러한 것이 총괄화complication 에 따르는 활동성이다. (PS 127)

같은 것이 보통명사(마들렌, 나무, 첨탑)의 경우에 문제가 되고 있다. 프루스트의 보통명사들은 "담론에 어떤 특정한 비소통적 파편들을 도입함으로써 가치를 획득한다"(PS 118)고 들뢰즈는 쓰고 있다.

적어도 만약 우리가 통일성을 찾으며(혹은 전제하며) 『잃어버린 시간을 찾아서』에 접근하고자 한다면, 이 논점들은 사소해 보일지도 모르겠다. 하지만 이것이 바로 들뢰즈의 주안점이다. 프루스트가 그러한 통일성을 소환하지 않은 것은 찾기에다 문학 작품으로서의 막대한 역능 ─ "부분들의 끝이 서로 들어맞지 않음에도 불구하고 폭력적으로 들러붙게 하며, 그 부분들을 세계로 투사하게 하는 힘"(PS 123) ─ 을 부여하는 것이다.

진리의 세 층위들

그렇다면 들뢰즈에게, 프루스트의 소설은 서사적 정합성도, 단일한 초월적 의미도, (또한 마치 그것이 그릇인 양) 심지어 숨겨진 의미조차 갖지 않는다. 하지만 그럼에도 프루스트의 소설은 효과들을 가지는데, 이것이 이제 들뢰즈가 향하는 주제이다. 찾기가 파편들의 합성물이라는 점을 고려할 때, 이 파편들은 무엇을 행하는가? 따라서 그의 다음과 같은 발언은 주목할 만하다. 즉, "현대 예술 작품은 의미meaning의 문제를 가지는 것이 아니라, 오직 사용use의 문제를 가질 뿐이다. […] 이렇게 이해된 예술 작품은 본질적으로 생산적이다. 어떤 진리들을 생산하는 것이다."(PS 146)

들뢰즈에 따르면, 프루스트에게는 진리의 세 권역들 혹은 층위들이 존재하는데, 이 층위들은 자신들의 생산을 위한 세 가지 기계들에 상응한다. 이어서 이 세 가지 기계들은 세 가지 특수한 양태의 해석, 즉 세계 안의, 우리 자신의 실존에 관한 해석을 생겨나게 한다. 즉, "생산되는 것은 단지 프루스트가 제공하는 해석만이 아니다. […] 전 현상 그 자체가 해석이다."(PS 99) 여기서 우리는 매우 명확하게 말할 필요가 있다. 우리는 더 이상 찾기의 내적 내용과 구조를 다루고 있는 것이 아니라, 예술 작품으로서의 찾기가 우리에게, 이 작품을 읽는 독자들에게 영향을 미치는 방식이다.

진리의 첫 번째 층위는 감각적 기호들 및 이 기호들이 소환하는 비자발적 기억들, 그리고 예술의 기호들이 표현하는 본질들에 의해 정향되어 있다. 비자발적 기억과 본질은 기호의 유형들의 관점point of view으로 볼 때 구분되는 것은 사실이지만, 여기서 들뢰즈는 그 둘 모두가 (특정한 본질뿐만 아니라, 또한 콩브레, 신화의 세 명의 아가씨들 등등의) 어떤 특이성singularity과 관련되므로 한데 모아 다루고 있다.

진리의 두 번째 층위는 이 특이성을 획득하는 데 실패하는 것으로 정의되며, 그래서 사교계 기호들과 사랑의 기호들에 의해 표현된다. 따라서 이 기호들은 특징상 일반 법칙들general laws에 관련된다. 계열(사랑)의 법칙과 집단(살롱)의 법칙은 세계에 관한 진리들이지만, 이 법칙들은 자신들의 힘을 본질로 향한 실현되지 않은 근접성으로부터 끌어내는 2차적 진리들이다.

마지막으로, "죽음 및 죽음의 이념, 재앙의 생산에 관련된 진리들(늙음, 병듦, 죽음의 기호들)"(PS 149)이 존재한다.

세 가지 기계들

그렇다면, 요컨대, 찾기는 우리 안에 세 가지 유형의 진리들, 즉 본질의 진리들, 법칙의 진리들, 재앙의 진리들을 생산한다. 이제, 들뢰즈는 만약 우리가 『잃어버린 시간을 찾아서』를 재획득된 시간에 의해 정향된 도제 생활이 아니라 파편들의 총체ensemble로 간주한다면, 두 번째 유형의 진리가 가장 우세하다는 것이 분명하다고 언급한다. 이어서, 찾기가 우리 안에 낳는 가장 일반적인 종류의 진리는 일반성의 층위들(집단에 속함과 계열적 사랑)과 특정성의 포괄화된 공존, 즉 특정성이 매우 위태로운 지위를 차지하는 공존과 관련되어 있다. 예술과 죽음 사이의 중간 영역에서, 우리는 이질적인 쾌락과 고통, 진리의 부분적 파악과 우리가 실제로 결코 아무것도 이해하지 못할 것이라는 외견상 극복 불가능한 느낌의 혼합체를 발견한다. 결과적으로, 우리가 프루스트에서 발견하는 가장 일반적인 기계를 우리는 "부분대상들"의 기계(PS 151)라고 부를 수 있다. 이 기계는 이 파편들을 이것들이 본질과 맺는 관계의 실현을 동시에 생산함이 없이 생산한다.

두 번째 기계를 들뢰즈는 **공명**resonance의 기계라고 부른다. 이 기계는 감각적 실존과 예술에서 발견되는 특이성의 진리들을 생산한다. 왜 공명인가? 비자발적 기억의 경우가 이 점을 매우 분명히 하고 있다 ─ 마들렌의 맛은 현재와 과거를 함께 공명하도록 만든다. 이렇게 할 때, 콩브레 관념은 새로운 효과, 조화로운 산물로 나타나게 된다.

이제, 공명 기계는 들뢰즈가 감각적 기호들의 경우에서 "국소적인 혹은 국소화하는 본질"(PS 152)이라 부르는 것을 생산하지만, ─ 우리가 아는 바와 같이 ─ "개체화하는 본질"(PS 152)이 그 자체로 나타나는 것은 오직 우리가 예술에 다다를 때뿐이다. 여기서, 진리의 생산은 직접적으로 그리고 매개 없이 나타난다. 예술적 생산은 자유로운 행위, 또한 차이 그 자체를 운반하는 관점의 자유로운 생산으로 이루어진다— 이 문맥에서 앞에서 한 본질에 관한 논의를 상기하라. 또 예술적 생산은 공명의 행위이긴 하지만, 공명을 나타나게 할 수 있는 수단의 선택(바이올린 아니면 피아노?)과 상태들 혹은 대상들이 외적 요소들에 의해 결정되는 것은 아니다.

들뢰즈는 어떤 의미에서 두 번째 기계는 첫 번째 기계가 생산한 부분대상들에게 이것들이 그 자체 안에서 획득할 수 없는 것, 즉 관점의 실현을 제공하며, 작용을 가한다고 강조한다. 두 번째 기계는 첫 번째 기계의 파편들을 **총체화**하는 것이 아니라, 파편들 사이의 비유비적인nonanalogical 연관들을 설정한다. 달리 말해서, 두 번째 기계는 그것들의 암묵적인 관점, 즉 "관점Point of View으로서의 콩브레"(PS 98)를 출현하게 만든다. 그리고 이 관점으로부터, 파편들은 새로운 정렬이 행해질 수 있다.

이 점을 감안할 때, 우리는 세 번째 기계가 두 번째 기계의 생산에 더해 무언가를 추가하리라 기대할지 모르겠는데,— 두 번째 기계가 이미 예술을 생명의 가장 높은 행위로 이해하고 있으므로— 도대체 이 기계가 무엇일까? 문제는 우리가 세 번째 기계가 예술 혹은 삶의 진리들이 아니라 "죽음의 이념"(PS 157)의 진리들을 생산하는 수단이라는 점을 알 때 훨씬 더 심각해진다.

연로한 손님들이 모여 있는 마담 드 게르망트의 살롱에서 우리가 보고 있는 것들. 쭈그러진 얼굴들, 굼뜬 몸짓들, 풀린 근육들, 색깔의 변화, 돋아난 이끼, 몸에 생긴 검버섯, 숭고한 변장, 숭고한 노쇠. 어디에나 죽음이 다가와 있고, "끔찍한 것"의 나타남의 감정, 종말 혹은 심지어 최종적인 재앙의 인상. (PS 156)

들뢰즈가 행하는 첫 번째 관찰은 죽음이 이미 첫 번째 수준에서, 집단의 수준과 사랑의 수준에서 ─ 살롱들에 관한 프루스트의 설명에서 보게 되어 있는 몰락에서뿐만 아니라, 또한 사랑의 무용함 그 자체의 실현으로 가는 도중에서, 사랑의 계열의 한순간에서 다른 한순간으로(연인에서 실망스러운 사람으로, "처음에는 기쁨 나중에는 몰락", 그러고 나서 새 연인에서 새 실망스러운 사람으로…) 옮겨가는 추이에서 ─ 어디에나 있다는 점이다. 우리는 죽음이 "모든 파편들을 균일하게 물들이면서 보편적인 종말로 데리고 감"(PS 157)을 알게 되는 것으로 보인다. 하지만 만약 첫 번째 수준에서 이 점이 사실이라면, 예술은 결국 이러한 상황에 봉착해서 패배하고 만다는 것인가? 만약 죽음이 궁극적 실재라면, 감각적 기호들의 신체적 기쁨, 그리고 예술에서 본질을 마주치는 것으로부터 오는 지적 기쁨은 궁극적으로 결국 아무런 의미가 없는 것으로 보인다. 그래서 이런 물음이 나오게 된다. "이 고통스러운 인상으로부터 무언가를 추출할 수 있고 또 어떤 진리들을 생산할 수 있는 기계를 우리는 생각해낼 수 있는가?"(PS 158)

여기서 우리는 가장 섬세하게 행해지는 『프루스트와 기호들』의 분석을 발견한다. 죽음이 모든 이와 모든 것에 적용되는 단순한 물질적 사실이라는 점은 맞는 말이다. 하지만 프루스트 소설에 의해 우리 안에 생산되는, 죽음의 이념은 이러한 사실에 대한 어떤 진부한 인식이 아니다. 죽음의 이념은 실로 시간의 이념, 시간 실재성의 이념이며, 우리의 실존에 현존하는 것이다. 그래서 우리의 신체에서 시간 혹은 죽음의 감각적 진리를 실현하도록 강요받는 것은 감각적 실존의 의미를 손상시키는 것이 아니라 과충전시킨다supercharge. 모든 것이 무로 되는 방식을 보여주기 위해서가 아니라, 우리가 실존을 지금 중요한 것으로 만들어야 한다는 것을 보여주기 위해서, 우리는 실존의 덧없는 본성을 사유하도록 만들어져 있다.

이 분석에서 매우 중요한 것은, 이 세 번째 기계가 두 번째 기계와 함께, 또 생산적인 예술 장치와 함께, 힘들에 합류하게 된다는 점이다 ── 들뢰즈가 쓰고 있는 바와 같이, 이 두 기계들은 "톱니바퀴가 맞물려 돌아간다."(PS 160) 우리는 감각적 기호들이 예술 기호들의 선도자이며, 심지어 본질과의 마주침을 위해 우리를 준비하게 하도록 기능한다는 점을 알고 있다. 그리고 우리는 죽음의 이념 ── 프루스트의 소설이 우리 안에 낳는 이념 ── 의 효과는 자신의 진정하고 심오한 의미로 오직 신체의 감각적 영역을 충전하는 것일 뿐이라는 점을 알고 있다. 세 번째 기계는 시간을 감각적인 것으로 만들고(PS 160), 또 이렇게 함으로써 예술을 중요한 것으로 만든다.

찾기의 주제

『프루스트와 기호들』에 대한 70년대의 추가분들에서, 들뢰즈는 두 상호 관련된 관점들로부터 찾기의 본성을 제시한다. 우리가 방금 본 바가 있는 첫 번째 관점은 이 소설의 조직에 내적이며, 파편들의 정렬에 놓여 있다. 두 번째 관점은 이 구조에 외적이며, 찾기(그리고 문학 일반)가 어떻게 기능하는가 고찰한다. 하지만 두 번째 관점은 주관적 관점을 채택하고자 한다. 즉, 들뢰즈는 특별하게는 찾기에 의해, 더 일반적으로는 문학에 의해 작동되는 그러한 종류의 주관성에 관심이 있다.

들뢰즈는 현대 소설은 우리가 위에서 지나가듯이 다룬 바 있는 결핍, 즉 객관성의 결핍의 일반적 과정에 참여한다고 언급함으로써 시작한다. 들뢰즈는 "세계는 산산이 흩어져서, 카오스가 되었다"(PS 134)고 쓰고 있다. 객관성이 두 가지 관점으로부터 주어지는 대로 나타났다. 우리는 우리 자신을 도로 (가령, 과학적 경험론이 전제하는) 경험의 안정성으로 돌려놓았거나, 혹은 (철학에서처럼, 특히 플라톤주의에서처럼) 관념성의 형식적 통일성으로 돌려놓았다. 하지만 이제 이 관점들은 우리를 실패에 처하게 했으며, 세계의 안정성이 보장될 수 있는 새로운 수단이 앞으로 창조되어야 한다는 것을 시사한다고 들뢰즈는 말한다. "객관성은 더 이상 예술 작품 외에는 존재할 수 없다."(PS 134) 프루스트의 작품은 들뢰즈의 견해를 결정적으로 뒷받침하는데, 바로 이러한 이유 때문에 그러하다. 프루스트의 작품은 경험에 주어지는 것(기호들)이 어떻게 사유의 생산을 가져오는가, 그리고 사유할 때의 새로운 능력들을 가져오는가를 보여준다. "사유한다는 것은 창조한다는 것이며, 무엇보다 사유 내에서 사유 작용을 창조하는 것이다."(PS 134) 다시 한번 말하지만 더 중요하게는, 프루스트의 작품은 기호의 자극이 어떻게 우리를 실존하는 유일하게 진정한 객관성 ─ 즉, 예술의 기호들 그 자체, 그리고 이 기호들이 표현하는 원─주관적proto-subjective 관점들 ─ 의 방향으로 추동하는가를 우리에게 보여준다.

이제, 객관성의 위기는 찾기에 의해 다루어질 뿐만 아니라, 또한 그것은 프루스트의 소설 그 자체의 특질이기도 하다. 우리가 경험의 통일성을 근거 짓는다고 여긴 객관성의 같은 두 권역들은 소설들의 통일성과 의미 ─ 한편으로는 경험의 연속성(서사), 다른 한편으로는 이 책의 "의미" 혹은 주도적 이념("이 책은 무엇에 관한 것인가?") ─ 를 설명할 수 있어야 한다. 여기서 다시, 들뢰즈는 프루스트가 주체성을 이 불필요한 접근법들을 거부하고 극복하는 방식으로 전환하는 데에 보이는 중요성을 강조하고자 한다. "무엇이 찾기를 통일하고 이 찾기에게 의미를 부여하는가?" 하는 물음에 대한 대답은 찾기의 주체일 것이다. 하지만 누가 찾기 그 자체의 주체인가?

우리가 방금 본 바와 같이 환원 불가능하게 파편적인 찾기의 본성에 비추어볼 때, 그것이 서사를 설계하여 배치하거나 혹은 주도적 주제 혹은 이념에 주목하며 회상들을 사용하는 전능한 화자─주체일 가능성은 없다. 그렇다, 찾기를 통일하는 주체는 한 인격a person이 아니라(혹은, 프루스트의 화자를 참조함으로써 이렇게 말하고 싶은 유혹을 받겠지만, 한 인격을 본뜬 것이 아니라[PS 170]), 선택 기계selection machine이다. 들뢰즈는 이렇게 말한다. "최종적으로 찾기의 '주체'는 무아no self이다. 스완, 화자, 샬러스를 배분하며, 총체화하지 않고 그들을 분배하거나 혹은 선택하는 것은 바로 내용 없는 우리이다."(PS 128) 찾기를 통일하는 주체성, 그리고 실로 모든 문학 작품의 주체성은 가령 소설 그 자체 안에서 소설이 내재적으로 조직한 것이다. 물론, 이는 기묘한 주체성 개념이지만, 들뢰즈의 사유를 표현하는 다음과 같은 말이 이 개념을 이해할 수 있는 열쇠가 될 수 있다. 즉, 기호들의 체계 수준에서 창조와 표현의 통일성은, 말하자면, 스타일이다.

어떤 의미에서, 이 논지는 들뢰즈의 프루스트 독해의 가장 근본적인 측면을 표현하고 있는데, 적어도 『프루스트와 기호들』에서 전개된 개념들의 관점에서 보아 그러하고, 더 일반적으로는 그의 문학 독해에서 볼 때 그러하다. 들뢰즈가 주장하는 것은, 단지 문학 작품을 다룰 때 저자에 대한 어떠한 참조도 생략해야 한다는 것— 롤랑 바르트나, 더 일반적으로는 구조주의를 뒤이어 작업하는 푸코와 같은 사상가들이 한 유명한 주장— 이 아니라, 모든 문학 작품은 형식적으로 공허한 '주체'의 해산이라는 특정한 방식으로부터 통일성을 얻는다는 점이다.

결국, 소설에는 근본적으로 축소 불가능한 관점의 다양성의 표현들이 아닌 등장인물, 장소, 사건은 존재하지 않는데, 이것들(=등장인물, 장소, 사건)은 이 다양성이 전개될 때만 결합된다. 우리는 이 전개를 저자나 독자가 아니라 기호들의 총체로서의 소설에 고유한 자발적 생식성sponta-neous generativity으로 간주하지 않으면 안 된다. 문학 작품은 거미가 거미줄을 잣고 있을 때 거미줄 그 자체인 거미의 거미줄이다. "거미줄과 거미, 거미줄과 몸은 한 동일한 기계이다."(PS 182)

이 모든 것은 결국 찾기의 통일성은 시간 그 자체에 의해 제공된다고 말하는 것이다. 이는 분명 이상하게 들리겠지만, 들뢰즈의 주장은 시간은 이 차이들을 고정된 통일성으로 환원하지 않고서 차이 나거나 차등적인 것을 통일하는 유일한 것이라는 점이다. 이런 이유로 들뢰즈는, "시간은 부분들을 총체화하지 않고서 이 부분들의 전체가 되는 역능을, 또 부분들을 통일하지 않고서 이 부분들의 통일성이 되는 역능을 가지는 화자의 차원이다"(PS 109)라고 쓰고 있다.

> 그것이 궁극적 파편들을 모으기 위하여, 차이 나는 전체, 전혀 전체가 아닌 것, 혹은 스타일의 전체 이외의 것이 아닌 전체를 지시하는 하나하나의 모든 조각들을 따라 차이 나는 속도들로 쓸어 가기 위하여, 필요한 우회로를 만드는 것은 안티-로고스 스타일의 구불구불한 길과 둥근 길에 있어서이다. (PS 115)

이 장을 쭉 읽어오면서 이해하려고 노력하는 동안, 여러분의 의식적 경험의 변화들을 생각해보라. 혹은 내가 여러분에 앞서 이 장을 작성하려고 노력하는 동안, 내 의식적 경험의 변화들을 생각해보라. 이 경험들은 기분, 정감, 주의의 정도가 변동하는 진행 중인 과정이다. 이 경험들을 통일된 어떤 것들로 말하는 것("**프루스트에 관한 들뢰즈의 책 한 장을 읽는 데 소모했던 그 시간**")은 무척 쉬운 일이지만, 그러나 이 통일성은 경험 그 자체의 산물인 것이다. 그리고 변화, 생성의 과정 중에 있는 경험의 추이를 모으는 유일한 것은 시간이다. 이러한 유일한 것은 주의, 계기, 기분의 변동이라는 매번의 강세가 다른 아무것도, 최종적으로, 공유하지 않은 채 공유하는 어떤 것이다.

제7장

차이와 반복

『차이와 반복』은 부논문인『스피노자와 표현의 문제』와 함께 들뢰즈가 1968년 소르본느대학에서 박사 학위를 받기 위해서 제출한 주 학위 논문이었다.

들뢰즈는 학위 논문을 작성하기가 어렵다는 것을 알았다. 프랑수아 샤틀레에게 쓴 편지에서 들뢰즈는 "오, 내 학위 논문이여, 모든 것이 이 수프에서 떠돌고 있다네(가장 잘 된 것이 맨 아래에 있어야 하건만, 거의 보이지 않는다네)."(Dosse, *Intersecting Lives*, 135) 그 결과의 문제점이 또한 요리 용어로 표현되었다. 즉, 클레망 로세는『차이와 반복』을 읽는 일은 "버터를 넣지 않고 만든 비스킷을 먹는 일과 같다. 이 책은 훌륭하지만 건조하다."고 어떤 사람이 외치는 것을 들었다고 보고한다(Rosse, *Faits divers*, 217). 들뢰즈는 건강이 좋지 않은 탓에 학위 논문을 작성하는 과정이 특히 어려웠다는 것은 의심할 여지가 없다. 전 생애를 걸쳐 따라다니며 괴롭힌 것보다 훨씬 더 강도 높은 피로와 싸움을 하고 난 후, 의사의 진찰을 받은 결과, 폐결핵이 공격적으로 진척된 탓에 한쪽 폐에 큰 구멍이 생기게 되었다는 것이 밝혀졌다. 따라서 들뢰즈는 1969년 초반 학위 논문을 변론하기에 앞서, 1968년 후반을 병원에서 보내야 했다. 학위 논문 변론

후에 폐 제거 수술을 받았다.

그러나 학위 논문이 지연된 것은 단지 들뢰즈의 건강 문제 탓만은 아니었다. 68년 5월의 사건들은 대학의 체계를 계속 요동치게 했으며, 대학의 공식 활동을 속행하기 어렵게 만들었다. 만년에 클레르 파르네와의 인터뷰에서, 들뢰즈는 즐겁다는 듯 그의 시험 상황을 회상한다.

심사위원들은 두려움이 하나 있었다. 소르본느에 있는 시위대를 어떻게 피하느냐 하는 것이었다. 심사위원장이 나에게 두 가지 선택지가 있다고 말했던 것을 기억한다. 그는 이렇게 말했다. "우리는 자네 논문 심사를 1층에서 하거나, 아니면 2층에서 할 것이다. 1층에서 한다면, 출구가 두 개 있다는 이로운 점이 있지만, 시위대가 아래 거기에서 어슬렁거린다는 불리한 점이 있다. 2층에서 한다면, 시위대가 위로 올라오는 법이 거의 없다는 이로운 점이 있지만, 오직 한 개의 입구와 출구밖에 없다는 불리한 점이 있다." 그래서 내가 학위 논문을 변론하고 있었을 때, 심사위원장은 문에 바싹 붙어서 시위대가 오고 있나 보고 있었으며, 그래서 그의 눈을 전혀 볼 수 없었다. (ABC, "P as in Professor")

『차이와 반복』 재고

『차이와 반복』의 전반적인 기획은 많은 방식으로 거론될 수 있다. 첫 번째 방식은 들뢰즈에 의해 서문에서 제시되고 있다.

두 탐구 방식이 이 책의 서두에 나와 있다. 하나는 동일한 것에 복속되지 않는, 부정 없는 차이 개념에 관한 것이고, 다른 하나는 반복 개념에 관한 것이다. 물리적이거나 기계적이거나 혹은 헐벗은 반복들

(같은 것의 반복들)이 숨겨진 반복의 더 심오한 구조들에서 자신들의 존재 이유$^{raison\ d'être}$를 발견할 반복 개념에 관한 것이다. [⋯] 이 두 탐구 방식들은 자연스럽게 합쳐졌다. 모든 경우에서 순수한 차이와 복잡한 반복이라는 이 개념들은 연결되고 융합되는 것으로 보였다. (DR xix-xx)

이 책이 차이와 반복 각각의 본성, 그리고 이 둘의 상호 관계를 다루리라는 것을 우리가 이 책의 제목에서 미루어 예상할지도 모르겠다. 하지만 여기서, 들뢰즈는 또한 자신이 이 두 범주에 대한 기존의 특수한 설명을 표적으로 삼고 있다는 점을 보여준다. 한편으로, 선행하는 동일성에 의존하게 만드는 차이 개념 ── 저 두 사랑들 사이의 차이 ── 이 존재한다. 다른 한편으로, 주어진 동일성의 조야한 되풀이 주변을 맴도는 반복 개념 ── 우리는 되풀이해서 같은 논쟁을 벌였다 ── 이 존재한다.

차이와 반복에 대한 기존의 이 설명은 진부하다 할 만큼 명백하기에 ── 또, 우리가 보게 되겠지만, 서양 사상사 전체 조직 안으로 짜 넣어져 있기에 ── 어렵게 않게 인식될 수 있다. 들뢰즈가 "순수한 차이"와 "복잡한 반복"이라 부르는 것은 그가 창조해야 할 새로운 개념들이다. 처음에 들뢰즈는 널리 인정받고 있는 설명들에 대한 절대적인 비판을 개진함으로써, 그러고 나서 다른 사상가들로부터 이끌어낸 자료들로 새로운 개념들을 건립하여 화살들 중 가장 날카로운 화살을 모아 이 새로운 표적을 향해 쏨으로써 이 작업을 수행한다(DR xv).

하지만 들뢰즈 자신이 사용하는 이 용어들로 이 책을 특징짓는 것은 단지 그림의 일부를 제시하는 것일 따름이다. 참으로, 그의 야망은 두 도막의 정밀한 개념적 작업보다 현격히 큰 것이다. 이 책의 기획을 소개하는 또 다른 방식 ── 내 견해로는 이 방식이 더 낫다 ── 은 유명하고도 친숙하지만 그러나 상이한 제목인 『존재와 시간$^{Being\ and\ Time}$』을 이 책이 품고 있었다고 상상하는 것이다. 이제, 하이데거처럼 들뢰즈는, 시간성의 우위를 강조하고, 존재의 본성이 자발적이고 반성적인 다양한 사유 방식에 의해 모호하게 되는 방식을 공격하는 칸트-이후의 철학에 찬동하여 견해를 편다는 것은 분명 사실이다. 하지만 더 넓은 의미에서 『차이와 반복』이 건립하고자 하는 노력은 존재를 차이로, 환원 불가능하게 차이적인 것differential으로 이해하는 일을 수반하고, 반복을 시간에 의해 이해하는 일을 수반한다.

내가 여기서 제시할 윤곽은 이 책의 비판적 측면을 논함으로써 시작하고, 그런 다음 건립적 측면으로 향할 것이다. 이 접근법을 택할 때 우리는 이 책의 편성 순서와 결별하게 될 것이다. 이는 보기보다 덜 부담스러운 일이다. 이 책의 서론인 「반복과 차이」가 처음 읽는 사람에게 들뢰즈의 주요한 논증 방식에 관한 대략적인 지침을 제시하기도 하지만, 제3장과 제5장의 관점에서 읽으면, 혹은 들뢰즈 자신이 제언하는 바와 같이(DR xix) 먼저 결론부터 읽으면, 그가 개진하려고 하는 전반적인 입장을 이해하기가 분명 더 쉽다. 이와 상관적으로, 이 책에 대한 독자의 친숙도가 커져감에 따라 점점, 각 장은 같은 문제들을 다루고, 따라서 각 장은 각 장의 관점에서 이 책의 모든 주장을 담고 있는 것으로 보이게 될 것이다. 따라서 『차이와 반복』은 일련의 상이한 관점에서 그 자체를 반복하는 책이다.

비판

차이에 대한 객관적 오해와 주관적 오해

그러므로 첫 번째 과제는 『차이와 반복』의 비판적 측면을 검토하는 것이다. 하지만 시작하기 전에 우리는 특히 차이 개념에 오해를 불러오는 두 권역을 구분할 필요가 있다.

첫 번째로, 우리가 차이에 대한 객관적 오해라 부를 수 있는 것에 대한 비판이 존재한다. 이 오해들은 서양 사상사 내내 철학자들이 개진해 온 명시적 주장들이다. 예를 들어, 『논리학 *Science of Logic*』 제1권에서 헤겔은 "차이 그 자체는 이미 암묵적으로 implicitly 모순이다"(II.279)라고 주장한다. 이 주장은 헤겔 철학에서 결정적인 계기를 형성하지만, 이 정의 및 이 정의가 수반하는 것은 그 자체로 헤겔의 논증에 있어서 명시적인 explict 계기들이다. 그러나 헤겔 그 자신처럼, 들뢰즈는 차이에 대한 암묵적인 implicit "비-철학적"(DR 132) 오해가 또한 존재한다고 주장한다. 이 두 번째 "오해는 성격상 주관적이다." 들뢰즈는 이를 사유의 독단적 이미지라고 부르는데, 이것은, 뒤에 더 상세히 보게 되겠지만, 사유함의 본성에 대한 습관화된 전-반성적 이해를 수반하고 있다.

이제, 이 독단적 이미지는 어떠한 차이 개념도 명시적으로 수반하지 않는다. 오히려 이 이미지가 행하는 것은 많은 방식으로 차이에 대한 동일성의 우위를 암시하는 것이다. 그래서 헤겔이 차이는 모순이라고 명시적으로 주장하는 데 반해, 인간의 사유 일반은 실재를 암묵적으로 차이에 의해서가 아니라 동일성에 의해서 이해한다. 들뢰즈가 구분하는 이 두 종류의 오해는 또한 두 상이한 비판 방식을 불러들인다. 객관적 전제들에 대항하는, 철학적 논증의 수준에서 행하는 작업이 있어야 할 터인데, 이는 『차이와 반복』이 제1장에서 두드러지게 제시하는 것이다. 세 가지 주요한 사례 연구는 아리스토텔레스, 라이프니츠, 헤겔이다. 또한 습관적으로 작동하는 사유의 비반성적 전제들에 대항하는 다양한 종류의 작업이 있어야 할 터인데, 이는 제3장 "사유의 이미지"가 추구하는 것이다.

우리가 이 두 종류의 오해를 각각의 방식대로 다루어야 하겠지만, 『차이와 반복』의 가장 폭넓은 비판적 주장은 서양 사상사에 스며들어 있는, 차이에 관한 명시적인 철학적 오류들은 그 자체가 세계를 파악하는 습관화된 우리 인간의 방식 속으로 파고든 암묵적 오해의 산물이라는 점이다.

이 논점 덕분에 우리는 들뢰즈가 이 책에서 해내고자 하는 일의 중심적 특질을 강조할 수 있다. 그의 목표는 단지 차이와 반복에 대한 오해를 힐난하는 데 그치는 것이 아니라, 이 오해 그 자체의 발생을 설명하는 데 있다. 이 장의 끝에 다다를 때, 우리는 가령 아리스토텔레스가 개진한 종류의 그릇된 입장들은 실재 그 자체의 본성 그것과 관련하여 이해되지 않으면 안 된다는 점을 실제로 알게 될 것이다.

철학사에 있어서 차이에 대한 객관적 오해

『차이와 반복』이 들뢰즈의 가장 중요한 책이라는 생각은 종종 논란거리가 되고 있지만, 이 책이 전통적 체재를 갖춘 체계적인 철학 논서이며 들뢰즈의 가장 중요한 저작을 이룬다는 점은 의심할 여지가 없다. 이 책은 또한 들뢰즈가 후에 "거의 맞아 죽을 뻔했다"(N 5)고 선언하는 서양 철학의 고전들에 대한 통달— 중요한 모든 인물들, 그리고 이보다 훨씬 더 많은 주변 인물들이 고찰된다 — 의 그의 폭넓음을 보여준다. 따라서 『차이와 반복』을 읽는다는 것은 때로 위험하기 짝이 없는 속도로 이 역사를 관통해 돌진한다는 느낌을 자아내고, 또 적어도 이 책에 전반적으로 친숙해질 필요가 있게 만든다.

이 점은 다음에 오는 것에서 순서대로 설명할 때 자주 반영될 터이지만, 그러나 제1장 "즉자적 차이(=차이 그 자체Difference-in-itself)"에서보다 이 점이 더 소중하게 나타나는 곳은 없다. 우리는 이 점을 철학사를 차이 개념의 관점에서 읽고자 하는 시도로서 간주함으로써 이 장의 매우 중요한 목표를 이해할 수 있다. 들뢰즈는 이렇게 묻는다. 이 철학사에서 우리는 차이의 적합한 개념을 발견할 수 있는가? 또, 차이 개념이 적합하게 다루어지지 않을 때, 우리는 그 대신에 무엇을 발견하는가?

아리스토텔레스

들뢰즈에 따르면, 차이는 아리스토텔레스 철학에서 두 가지 형식으로 나타난다. 이 중 첫 번째 형식은 반대대당contrariety으로서이다. 개념 "새"는 두 반대되는 방식, 즉 나는flying과 날지 못하는flightless으로 한정될 수 있다.

물론, 개념 "새"를 한정하는 많은 다른 방식들(가령 붉은 새들 대 푸른 새들)이 존재하지만, 아리스토텔레스의 견해에 의하면, 우리가 새들에 관해 진정한 지식을 얻는 것은 차이에 대한 "가장 크면서 가장 완벽한"(DR 30) 의미인 반대대당을 얻을 때뿐이다. 말하자면, 붉은 새들과 푸른 새들 사이에는 "새" 개념을 적합하게 사유하도록 해주는 "충분한 차이가 존재하지 않는다" — 이 두 한정들은 새들의 전 범위를 소묘하도록 해줄 만큼 충분히 멀리 가지 않는다. 더 일반적으로 말해, 어떤 것에 관해 인식knowledge을 소유한다는 것은 그 어떤 것을 개념에 의해서 사유할 수 있다는 것이며, 개념은 반대되는 술어들을 기초로 해서만 적절하게 한정된다.

우리는 아리스토텔레스에게 있어서 차이가 동일성에 복속되는 방식을 곧바로 알 수 있다. 즉, 유genus는 언제나 자신의 방식대로 자기-동일적self-identical이며, 차이는 오직 술어들 혹은 종들 사이의 반대대당으로 나타날 뿐이다. 아리스토텔레스가 『범주들*Categories*』에서 말하는 바와 같이, 사물(실체)은 "수적으로 하나의 동일한 것*one and the same*"이며, "반대대당을 수용할 수 있다."(4a9-10) 그러므로 더 일반적인 규칙은 다음과 같다. 즉, "차이 나는 것은 어떤 특수한 면에서 어떤 특수한 사물과 차이 나는 것이며, 그래서 그것들을 차이 나게 하는 동일한 어떤 것이 존재하지 않으면 안 된다."(*Metaphysics*, 1054b25)

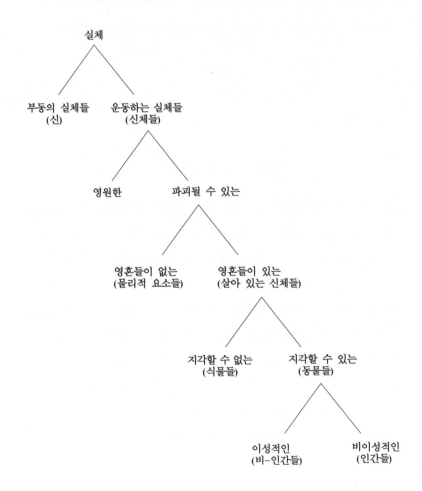

이 구조는 인식 그 자체를 특징짓는다. 그렇다면, 아리스토텔레스를 위해 우리는 이를 완전하게 일반화해야 한다. 만약 우리가 "실체"를 궁극적 유로 간주한다면, 그리고 가령 "인간들"을 실체들로 정립하다면, 우리는 결국 위와 같은 도표를 얻게 된다. 아리스토텔레스 자신은 결코 이와 같은 것들을 제시한 적이 없었지만 ― "수목형" 구조는 종종 플로티누스주의Plotinian 철학자 포르피리우스Porphyry로 거슬러 올라간다 ―, 그럼에도 이 맥락에서 이 도표는 유용하다.

이러한 것이 들뢰즈가 강조하는, 아리스토텔레스에게 있어서 첫 번째 차이의 의미이다. 두 번째 차이의 의미는 이 도표에서 "실체"가 등장하는 수준에 관한 것이다. 아리스토텔레스에 따르면, 더 이상 다른 어떤 것에도 귀속될 수 없는 환원 불가능한 열 가지 기본적인 "종류들"의 존재 ― 유명하게도 그가 범주들이라 부르는 것 ― 가 있다. 앞 여섯 범주는 이렇다.

실체 ↔ 양 ↔ 질 ↔ 관계 ↔ 장소 ↔ 시간 ……

이제, 아리스토텔레스에게 이 범주들은, 설사 이들 중 ("아침 6시에" 혹은 "내 책상 앞에 앉아서"와 같은) 어떤 것들이 다른 것들에 의존한다("나는 아침 6시에, 내 책상 앞에 앉아서, 이것을 쓰고 있다') 하더라도, 존재being를 가지는 모든 것을 가리키고 있다. 그러므로 이 범주들은 존재being라는 단일한 개념을 공유한다. 하지만 이 존재 개념은 "동물"과 같은 유genus가 아니고 그럴 수도 없으며, 또한 어떤 종류의 상위–개념meta-category일 수도 없다. 이는, 아리스토텔레스가 주장하는 바와 같이, 유이기 위해서 "존재"는 그 밖의 다른 어떤 것과 구별될 필요가 있기 때문이다. 하지만 존재와 대치對置될 수 있는 것이라면 무엇이든 이미 우리가 정의하고자 하고 있는 바로 그것인 존재를 가져야 할 것이다. 그렇다면 우리는 모순 혹은 무한소급에 빠지지 않을 수 없게 될 것이다. 분명 이 문제는 아리스토텔레스가 "존재"와 "일자성oneness"이 상호 함축된다— "존재와 단일성uni-ty은 같은 것이며 하나의 것이다"(*Metaphysics*, 1003b22–3)— 라고 생각하기 때문에 일어난다. 결국, 차이들은 통일된 존재자들 혹은 이 존재자들의 속성들 사이에서만 있을 수 있는 것이다.

그렇다면 범주들과 존재 간의 관계의 본성은 무엇인가? 우리는, 이제 "사물이 '존재한다'고 말해질 때 이 존재에는 많은 의미들이 있다"(*Metap hysics*, 1003a33)는 아리스토텔레스의 유명한 주장에 도달한다. 달리 말해서, 존재는 많은 의미로 말해진다, 혹은 존재는 다의적equivocal이다. 이 의미들은 범주들 그 자체이며, 따라서 존재는 실체로, 양으로, 질로 등등으로 말해진다.

아리스토텔레스의 두 번째 차이의 형식이 작동하는 것은 바로 여기서이다. 범주들 간에 차이가 있지만, 이 차이는 분명 반대대당일 수 없다. 대신에, 아리스토텔레스의 입장은 범주들은 존재의 단일성을 유비적으로 analogically 표현한다는 것이다. 혹은, 하이데거의 유용한 어구를 사용한다면, 범주들은 "유비의 단일성unity of analogy"을 표현한다(*Being and Time*, §3). 이는, 들뢰즈가 기술하고 싶어 하는 바와 같이, 존재의 표현은 분배의 문제라는 점을 의미한다. 비록 실체가 존재가 말해지는 첫 번째 혹은 일차적인 의미일지라도(그리고 다른 범주들은 모두 실체에 관해 말해질지라도: 고양이가 매트 위에 있다), 범주들은 모두 존재를 표현한다. 그러므로 범주들 수준에서 차이의 본성은 이 범주들 간의 일종의 조화 혹은 공유된 (공통의) 의미에 놓여 있다.

이 논점들을 간직하면서, 우리는 이제 들뢰즈가 아리스토텔레스의 차이 설명에 대해서 가지는 관심을 식별할 수 있다. 들뢰즈가 "큰 것the Large"(DR 29)이라 부르는 것과 관련 있는 첫 번째 관심은 범주들 간의 유비적 관계는 무엇이 근거 짓는가?이다. 들뢰즈의 견해에 의하면, 아리스토텔레스의 대답은 한참 미치지 못한 채, 더 이상 상세히 서술될 수 없는 존재의 분배라는 전제에서 나아가지 못하고 돌아선다. 즉, 아리스토텔레스의 유적 차이generic difference의 공준은 "차이를 가장 일반적인 규정 가능한 개념들의 의사-동일성quasi-identity 안에"(DR 33) 기입하지만, 자원들을 일체 결여하기에 더 이상 아무것도 행할 수 없다. 동일성이 필연적으로 손짓에 의해 지시되지만, 그것은 이 손짓에 의한 지시 이외에는 사유될 수 없거나 혹은 이해될 수 없는 동일성이다. 큰 것the Large에 관한 쟁점들은 또한 존재론을 건립하고자 하는 전반적인 노력을 괴롭히고 있다. 그래서 아리스토텔레스가 우리에게 제공하는 존재 개념은 오직 의사-개념quasi-concept의 지위를 가까스로 행사할 뿐이다.

두 번째 문제는 "작은 것the Small"에 관한 것이다. 예를 들어, 만약 우리가 무엇이 다양한 종류의 식물들에 관한 인식을 근거 짓는가 하고 묻는다면, 아리스토텔레스의 대답은 우리가 직접 경험하는 대로 ─ 즉, "유사성들resemblances에 대한 직접적 지각"(DR 34)을 통해서 ─ 반대대당에 따라서 우리는 유들과 종들을 확립할 수 있다는 것이다. 모든 곳에서 아리스토텔레스는 지각에 대한 본질적 신뢰성과 더불어, 그리고 구체적 사례로 나타나는 것(이것이 희랍어 *phainomena*의 의미이다)에서 개념적 사유로 이동할 수 있는 우리의 능력과 더불어 시작한다. 이러한 의존성에 놓여 있는 주된 문제는 나중에 드러나겠지만, 이 맥락에서 들뢰즈의 일차적 관심은 아리스토텔레스에게 개체성individuality의 사물은 사유될 수 없으며, 또 엄격한 의미에서 이 사물에 관한 어떠한 인식도 얻을 수 없다는 것에 주목하는 데에 있다. 이는 아리스토텔레스의 설명에 의하면 개별적인individual 고사리들, 혹은 새들, 혹은 사람들 사이에는 "너무나 작은 차이"가 존재하기 때문이다. 우리가 이 실체들에 대해 사유할 수 있는 모든 것은 이 실체들의 개념의 수준에 함유되어 있다. 개체는 엄격히 말해 사유 불가능하다. 개념 형식의 동일성 규칙이 여기서 매우 분명하다. 즉, 이 동일성의 규칙 바깥에서는, 합리적 사유도, 과학도, 철학도 존재하지 않는다. 아리스토텔레스의 차이 이해가 부과하는 제한들은 결국 그의 존재론을 존재와 생성 속에 있는 모든 실재하는 존재를 분류학적 실행으로 환원하게 된다.

마지막으로, 세 번째 문제는 적합한 차이 개념의 부재 이외의 것이 아니다. 혹은, 우리가 방금 말한 것을 반복한다면, 아리스토텔레스는 차이에 대한 명시적 설명을 반대대당과 유비적인 분배로 제시하지만, 두 경우 모두에서 그의 설명은 우리를 다시 최초의 동일성 — 개념의 동일성 — 으로 귀착하게 한다.

재현의 정의

만약 우리가 아리스토텔레스의 사례에서 오랫동안 서성거려 왔다면, 이는 들뢰즈가 아리스토텔레스의 사상을 본원적이고 전형적이라고 생각했기 때문이다. 아리스토텔레스 사상의 본원적 성격에 대하여, 들뢰즈는 아래에서 보는 것보다 더 직접적으로 말한 경우는 없을 것이다.

> 여기서 우리는 혼동 배후에 놓여 있는 원리가 차이의 철학 전체에 재앙을 불러온다는 것을 발견한다. 차이의 독특한 개념을 배당하는 일이 차이를 개념들 일반 내에 기입하는 일과 혼동된다 — 차이 개념을 규정하는 일이 차이를 미규정적 개념의 동일성에 기입하는 일과 혼동된다. 이는 호기를 노리는 (그리고 아마도 차이를 대립, 유비, 유사성, 매개의 모든 측면들에 복속시키는 것 등 그 밖의 모든 것이 따르는) 교묘한 속임수이다. 차이는 개념의 포섭 안에 있는 술어 이상의 것일 수 없다. (DR 32)

아리스토텔레스는 서양 철학이 차이를 결여하게 된 지적 근원이다. 하지만 아리스토텔레스의 사상은 또한 철학에 전형적으로 나타난다.

참으로, 만약 우리가 『차이와 반복』의 주요 표적을 분리해 낸다면, 그것은 들뢰즈가 재현representaion이라 부르는 것, 혹은 재현의 세계world of representation 라 부르는 것이리라. 이 세계는 차이가 동일성에 복속되는 네 가지 상호 관련된 방식들이라는 특징을 지니며, 혹은 이렇게 말하는 것이 더 좋을 듯싶은데, 사유의 네 가지 권역 ─ 이 네 가지는 모두 아리스토텔레스 철학에서 어렵지 않게 식별될 수 있다 ─ 에서 차이가 동일성에 복속되는 특징을 지닌다.

첫 번째 권역은 차이를 개념 형식의 동일성에 복속시키는 (이미 친숙한) 일과 관련되어 있다. 반대되는 술어들을 기초로 하여 정의되는, 다양한 종류의 새들은 개념 "새"에 포섭된다. 우리는 차이 개념에 도달하는 것이 아니라, 개념적 차이conceptual difference, 혹은 자기-동일적인 개념에 복속되는 차이에 도달한다.

두 번째 권역은 현상학적 경험 혹은 지각에 관한 것인데, 차이를 지각된 유사성perceived resemblance 형식의 동일성에 복속시키는 일과 관련되어 있다. 두 사물이 비슷하다고 말하는 것은 최초의 공유된 동일성을 필연적으로 호출한다.

세 번째 권역은 유비와 관련되어 있다. 우리가 방금 아리스토텔레스에게서 매우 분명하게 본 바와 같이, 유비는 언제나 우리를 다시 특수한 범주들 혹은 종류들을 가로질러 분배되는 동일성의 상정supposition으로 귀착하게 한다 ─ 명시적이 아닐 때라도 유비가 호출하는 "공통의 어떤 것"이 언제나 존재한다. 들뢰즈에게, 유비적인 추리는 판단과 다른 것이 아닌데, 판단한다는 것은 언제나 하나의 이상an ideal에 따라서 몫을 분배하는 것이다. 이 전제된 이상의 형식 속에서, "판단의 유비는 개념의 동일성을 존속하게 해준다."(DR 33)

네 번째 권역은 대립opposition과 관련되어 있다. 한 개념을 규정하는 술어들("나는"과 "날지 못하는")은 대립해 있다. 아리스토텔레스의 경우,

이 대립은 반대대당의 형식을 취한다. 후대의 사상가들, 특히 헤겔의 경우 이 대립은 모순으로 나타나게 된다. 하지만 형식이 무엇이든 간에, 대립은 차이의 부정적 현시이다. 유비와 마찬가지로, 대립은 대립하는 술어들이 자신의 의미를 획득할 동일성의 실존을 의미한다. 대립은 동일성의 암묵적 호출로서의 차이이다.

『차이와 반복』에는 많은 인상적인 대문들이 존재하지만, 가장 기억에 남을 만한 것들 중의 하나는 이 4중 재현의 세계를 다루고 있다.

> 바로 이 분야들에서 차이는 학살당한다. 이 분야들은 4중의 족쇄를 형성하는데, 이 족쇄들 아래에서 오직 동일하거나 유사하거나 유비적이거나 대립하는 것만이 차이 나는 것으로 간주될 수 있다. 즉, 차이는 언제나, 개념 파악된 동일성, 판단된 유비, 상상된 대립, 혹은 지각된 유사성과 관련하여 재현의 대상이 된다. 이 네 가지 부합하는 특질들 아래에서, 차이는 비교 원리principium comparationis의 형식으로 충족 이유를 획득한다. 이런 이유로, 재현의 세계는 차이 그 자체를 이해할 수 없는 특징을 지닌다. (DR 138)

아리스토텔레스 이후 차이의 철학이 갖추어야 할 세 가지 요건들

앞에서 나는 아리스토텔레스의 설명에 들뢰즈가 제기하는 세 가지 문제점이 있다는 것을 제시한 바 있다. 하지만 우리는 또한 이 문제점들을, 들뢰즈가 적합한 차이의 철학을 전개하기 위해서 충족시키고 싶어 하는 세 가지 요건들로서 긍정적인 방식으로 제시할 수 있다.

이것들 중 **첫 번째 것**은 우리가 이미 들뢰즈의 중심적 목적 중의 하나로서 확립한 바 있는 요건이다. 즉, 동일성에 복속되지 않는 차이 개념을 창조하는 것, 그리고 특히, 아리스토텔레스를 비롯한 철학자들이 행하는 방식에서 보듯, 차이 개념을 개념적 차이와 혼동하지 않는 것이다.

두 번째로, 완전히 해결된 명시적인 존재론이 필요할 것이다. 아리스토텔 레스의 유비적 존재론은 존재를 단일성unity으로 정립할 수밖에 없다. 만약 진정한 차이의 철학이 가능할 수 있다면, 그것은 차이에게 개념적 귀속물에 복속되는 것으로서가 아니라 완전히 실재적인 것으로서 당연히 받아야 하는 것을 제공할 수 있어야 할 것이다.

세 번째로, 말하자면 스펙트럼의 다른 끝에서 이 존재 개념과 이에 따르는 존재론은 개체성을 직접적으로 — 추상적으로, 일반적으로, 혹은 개념의 형식으로서가 아니라 그 자체의 방식으로 — 다룰 수 있어야 할 것이다. 개념은 필연적으로 일반성을 포함하므로, 심지어 우리는 사유가 어떻게 실재의 "재현이하적subrepresentational 수준을 뚫고 들어갈"(DI 115) 수 있는지 들뢰즈의 설명이 우리에게 보여주어야 할 것이다라고 말하기까 지 할 수 있다.

헤겔

차이 개념과 관련한, 들뢰즈의 서양 사상사 탐구는 이제 두 근대 철학자, 라이프니츠와 헤겔로 향한다. 들뢰즈가 이들에게 특별히 관심을 가지는 것은 이들이 아리스토텔레스의 유산을 전복하는 방식과 관련이 있다. 들뢰즈는 아리스토텔레스가 행하는 재현적 사유의 특정한 형식을 유한하 고 유기적인 것으로서 정의한다. 아리스토텔레스는, 실재와 개념적 사유 둘 모두 각각 별개로 확립되어 있지만 상호 관계가 있는 부분들로 이루어져 서, 유기적이고 자연적인 전체를 형성한다고 생각한다. 라이프니츠와 헤겔 두 철학자는 모두 이 주장을 전복한다. 한편으로, 그들은 무한한 재현 개념에 찬동하여 주장하고자 하고, 다른 한편으로, 그들은 들뢰즈가 주신제酒神祭 같은orgiastic 실재관이라는 부르는 것에 찬동하고자 아리스토텔 레스의 안정되고 자연화된 유기적 세계와 결별한다.

비록 라이프니츠 이후에 살고 저술 활동을 하긴 했지만, 명확해질 이유 때문에 우리는 헤겔로 시작할 것이다. 헤겔 철학의 한복판에는 동적 과정이라는 사상이 있다. 이 과정은 변증법적인 것이다. 즉, 외견상 유한하고 고정된 모든 사물은 그 자신을 넘어서 자신을 운반해 가는 운동에 휘말려 있다. 플라톤의 사유에서, "변증법"은 우리에게 친숙한 의미에서 대화를 의미한다 — 소크라테스와 그의 대화 상대자는 통상적 억견opinion(독사doxa)에서부터 어떤 것(가령, 『에우튀프론*Euthyphro*』에 보이는 경건piety)에 대한 더 수준 높은 이해를 향하여 이동한다. 헤겔의 경우, 그가 정신 혹은 **영혼**Geist이라 부르는 것의 운동은 암묵적이고 추상적이고 개별적인 것에서부터 명시적이고, 구체적이고, 보편적인 것으로 향하여 이동하는 추이에 놓여 있다.

이제, 헤겔의 동적 실재관은 어떤 종류의 맹목적인 생기적 유동으로 이해되어서는 안 된다. 이 과정적 전개는 합리적으로 이해될 수 있을 뿐만 아니라, 또한 그렇게 이해되지 않으면 안 된다 — 이러한 전개는 합리적이며, 논리적 구조를 소유하고 있다.

변증법의 논리적 운동은 부정을 거쳐서 진행된다. 『법철학*Philosophy of Right*』에서 논의되는, 다음과 같은 도식화된 국가 형성의 예를 생각해보라. 헤겔은 개별적인 가족 구성원들을 한 단일한 단위 속에 포섭하는 가족에서 시작한다. 그러므로 가족 단위는 이미 모순을 포함한다. 즉, 가족 단위는 필연적으로 한 사람 이상으로 이루어지지만, 이 개인들은 자유를 소유하지 못하거나 혹은 가족 구성원으로서의 자유에 대한 인지를 소유하지 못한다. 대신에 개인적 자유는, 시장의 모델 및 시장의 개별화된 이해관계자들stake-holders의 모델로부터 유래하는 시민 사회가 전제하는 추상적 개인 속에서 나타난다. 시민 사회는 가족을 부정하고, 술어 "X의 가족에 속한다"를 법적 지위와 무관한 것으로 간주한다. 하지만 동시에, 시민 사회가 포함하는 종류의 법적 개인성과 자유는 추상적인 것으로 남아 있다 — 이런 개인성과 자유는 엄격히 말해 나의 자유, 나의 개인성이 아니라, 어떤 누구이든 대신하는 일종의 플레이스홀더이다. 이런 자유는 진정한 자유인 듯 보이지만, 역설적으로 그 누구의 자유도 아니다. 헤겔의 견해에 의하면, 이 암묵적 모순들이 극복되는 것은 오직 국가의 형성과 더불어서이다. 국가 사회는 — 그리고 이런 의미에서 국가 사회는 시민 사회의 추상적이고 보편적인 자유를 부정한다 — 가족과 시민 사회, 연대성togetherness과 개인성individua-lity, 자유와 제약의 변형된 통일이다. 자연과 정신의 구성과 변형에 관한 똑같은 주장이 헤겔의 저작 모든 곳에서 발견된다.

이제, 헤겔의 사상에서 차이는 모순의 형식을 취하며, 들뢰즈는 이런 취지로 『논리학』을 인용한다. "차이 그 자체는 이미 **암묵적으로** 모순이다."(2. 279) 하지만 분명 모순이 진정한 의미의 차이라는 점이 변증법 그 자체의 운동에 의해 견지된다. 더 큰 것과 더 작은 것, 상대적으로 큰 것과 작은 것은 변증법 운동의 핵심에 다다르지 못한다. 더 중요하게는, 이런 이해는 아리스토텔레스에게서 작동하고 있는 단순하고, 정적인 유한한 차이 이해를 완전히 능가한다. 헤겔의 경우, 차이는 정신의 실재적인 생산적 운동이며, 그가 성격상 무한한 것이라고 말하기를 주저하지 않는 것이다. 즉, 변증법의 운동 속에서 각 특수한 유한한 계기는 "무한한 어떤 것으로 간주되게"(*Encyclopedia Logic*, §82) 된다.

이러함에도 불구하고, 들뢰즈는 헤겔 철학이 부족하다고 여기는데, 특히 우리의 관심을 끄는 두 가지 방식에서 그러하다. 첫 번째 방식은 이렇다. 헤겔은 차이를 단순하고 유한한 반대대당 바깥에 위치시킴으로써 아리스토텔레스를 분명 능가하긴 하지만, 그는 결국 모든 것을, 설사 그것이 매번 생산되어야만 하는 동일성이라 할지라도, 다시 동일성으로 귀착시키고 만다. "변증법은 단순하고 형식적인 통일성이 아니라 **구분되는 규정들의 통일성**인 긍정적 결과를 가진다."(*Encyclopedia Logic*, §82) 헤겔은 자신의 철학을 "원환들의 원환"(*Encyclopedia Logic*, §15) — 헤겔의 "활기

없는 단일 중심성insipid monocentricity"(DR 263)에 대한 들뢰즈 힐난의 기원을 말해주는 발언 — 으로서 기술하기까지 한다. 물론, 들뢰즈는 헤겔에게 있어서 이 동일성이 차이-안의-동일성identity-in-difference임을 잘 알고 있지만, 그의 견해에 의하면, 이것은 여전히 동일성에게, 부적법한 가장 중요한 자리를 제공하고 있다.

두 번째 논점은 이와 관련된 것이다. (들뢰즈가 묻기를) 변증법을 통하여 계속해서 더 구체적이고 보편적인 방식으로 표현되는 것은 결국 무엇인가? 헤겔은 그것을 개념Begriff이라고 부른다. 즉, 나타남 및 덧없는 외화external-ization의 다양성과 우연성에서 진정으로 영원하고 실질적인 것은 사물의 개념, 개념 안에 현존하는 보편자이다(Science of Logic, 21. 15). 그렇다면 헤겔의 사유가 미치는 모든 범위와 힘에도 불구하고, 들뢰즈가 이를 차이 개념의 관점에서 검토할 때 보게 되는 것은 아리스토텔레스가 범한 오류들의 거대한 복제이다. 즉, 차이는 다시 개념 형식의 동일성에 복속된다.

> 따라서 헤겔의 모순은 차이를 그 한계로까지 밀어붙이는 것으로 보이지만, 이러한 길은 차이를 다시 동일성으로 가져와서, 동일성을 차이가 존재하고 사유되기 위한 충분조건으로 만드는 막다른 골목이다. 모순이 가장 큰 차이인 것은 동일한 것의 기능으로서, 오직 동일한 것과 관련해서일 뿐이다. 도취와 현기증이 가장되고, 모호한 것이 이미 시작부터 명료해졌다. (DR 263)

라이프니츠

하지만 이제 우리는 들뢰즈가 적어도 이 맥락에서 헤겔과 반대되는 사람으로 제시하는 철학자로 향한다. 헤겔 철학에서처럼 라이프니츠 철학에서도 우리는 아리스토텔레스의 유한하고 정적인 존재론의 전복을 발견한다. 하지만 이 경우에서 우리의 주의를 끄는 것은 역사를 관통하는 무한히 큰 개념의 운동이 아니라 무한히 작은 것의 중얼거림들이다.

라이프니츠 철학은 실존하는 것, 즉 모나드들, "자연의 진정한 원자들, 간단히 말해 사물의 요소들"(*Monadology*, §3)에 관한 그의 설명을 둘러싸고 전개된다. 그러나 모나드를 원자라고 말하는 것은 약간 오해의 소지가 있다. 단어 "원자"가 환기할지도 모르는 분리된 조각의 물질적인 것과 달리, 모나드들은 본성상 관념적이거나 혹은 정신적이다. "우리는 모나드들을 형이상학적 점들이라고 부를 수 있을 것이다"("A New System of Nature", 142)라고 라이프니츠는 말한다. 이는 우선 모나드들이 상호 간에 맺는 관계 그리고 모나드가 세계 일반과 맺는 관계는 시계 안의 톱니들의 관계와 같은 것이 아니라는 점을 의미한다.

한편으로, 세계는 미립자들과 같은 모나드들로 이루어져 있지 않다. 또, 라이프니츠의 신이 창조하는 세계(유명한, "모든 가능한 세계 중에서 가장 좋은 세계")는 모나드들과 별도로 실존하지 않는다. 대신에, 세계는 각 모나드가 자신의 관점point of view에서 표현하는 총체 혹은 전체이다 ── 바닷가에서 서로 옆에 서 있는 사람들이 똑같은 바다, 똑같은 파도들을 지각하지만, 각 사람은 자신의 관점perspective에서 그렇게 한다. 혹은, 라이프니츠가 애호하는 예를 사용해보면,

> 서로 다른 방향에서 볼 때 똑같은 도시가 완전히 다르게 나타나듯이, 그리고 무한한 수의 단순한 실체들 때문에, 말하자면, 그만큼의 많은 서로 다른 우주들이 존재하는 일이 일어나는 것과 똑같은 방식으로, 말하자면, 관점적으로 증대되어 있다. 그럼에도 불구하고 서로 다른 우주들은 각 모나드의 서로 다른 관점에 상응하는, 한 단일한 우주에 관한 관점들일 뿐이다. (*Monadology*, §57)

20세기 위대한 라이프니츠주의자인 이탈로 칼비노Italo Calvino의 『보이지

않는 도시들*Invisible Cities*』은 다른 무엇보다도 이 예에 관한 사색의 결과물이다.

> 도시에 들어가지 않고 지나가는 사람들에게, 그리고 도시의 덫에 걸려 떠나지 못하는 사람들에게 이 도시는 별개의 것이다. 여러분이 처음으로 도착하는 도시가 존재하며, 여러분이 떠나서 다시는 돌아가지 못하는 또 다른 도시가 존재한다. 각각은 상이한 이름을 받을 만하다. 아마도 나는 다른 이름들로 이레네*Irene*에 관해 이미 말한 적이 있을 것이다. 아마도 나는 오직 이레네에 관해서만 말한 적이 있을 것이다. (*Invisible Cities*, 124)

요컨대, 모든 모나드는 그 자체 모나드들에 표현되는 대로 실존할 뿐인 "우주의 살아 있는 거울"(*Monadology*, §56)이다. 이 표현 개념은 우리가 보게 되겠지만, 『차이와 반복』후반부에서 본질적인 역할을 하게 된다.

다른 한편으로, 모나드들은 서로 간에 맺는 인과 관계가 없다. 모나드들이 이러한 상호 작용들— 예를 들어, 두 연인이 입맞춤할 때의 각자의 경험—로서 지각하는 것은 각 모나드들의 봉쇄된 실재 내에서 고립적으로 전개된다. 이러한 상호 작용들이 조정 통합되는 일은 각 모나드의 본성으로부터 일어난다. 그렇다면, 신이 세계를 창조할 때 그때 신은 후에 세계 그 자체의 법칙을 기반으로 해서 진행되는 최초의 상태를 설립하는 데에 그치는 것이 아니다. 그렇게 창조된 세계는 처음부터 끝까지 전체 세계이다. 신의 관점에서 볼 때, 우리에게 시간적 순서로 보이는 것은 사실 롤러 오르간이나 자동 피아노의 동체와 유사한, 완전하게 조직화된 논리적 구조이며, 이 구조의 미리 확립된 조화들은 사전에 기입되어 있기 때문에 완전하게 발생한다. 혹은, 모나드의 관점을 채택한다면, 우리는 "현재는 미래로 충만하고[gros] 과거로 가득하다"("Preface to the New

Essays", 296)고 말할 수 있다. 이 과거와 미래는 모든 모나드들이 공유하는 과거와 미래이다. 모든 모나드들이 표현하는 동일한 세계의 과거와 현재이기 때문이다.

이제, 만약 모든 모나드들이 표현하는 통일성으로서의 세계가 라이프니츠 존재론의 "상위" 수준을 구성한다면, "하위" 수준— 여기서 들뢰즈가 가장 관심을 가지는 수준— 은 개별적 모나드들의 독특한 경험의 구성을 설명하는 그것이다. 각 모나드가 경험하는 세계는 동일한 세계이지만, 더 나아가 라이프니츠는 모든 모나드는 전체 세계를 경험한다고 주장한다. "모나드들은 모두 혼잡하게 무한으로, 전체로 간다."(*Monadology*, §60) 우리들 각각은 가장 작은 모든 소리를 듣고, 가장 작은 움직임을 느낀다. 아래층 바에서 담배가 타들어 가는 소리, 프라하의 한 벽을 타고 기어가는 나방의 소리, 이것들은 우리의 세계 경험의 일부이다. 이제, 분명 우리는 엄청나도록 아주 작은 감각을, 우리 가까이 근접해 있는 것, 가령 내가 타이핑 할 때 나는 이 키의 소리를 경험하는 것과 동일한 방식으로 경험하지 않는다. 라이프니츠는 우리는 오직 세계의 일부분을 명료하게clearly 경험할 뿐, 이 더 넓은 배경은 모호한obscure 상태 속에 현존한다고 말한다.

라이프니츠가 드는 주목할 만한 예는 바다에 관한 지각이다.

> 나는, 해변에 있을 때 우리의 귀를 때리는 바다의 울부짖는 소리나 떠들썩한 소리의 예를 보통 사용한다. 우리가 그러할 때처럼 이 떠들썩한 소리를 듣기 위해서, 우리는 이 전체를 이루는 부분들을 듣지 않으면 안 된다. 즉, 우리는 각 파도의 떠들썩한 소리를 듣지 않으면 안 된다. 비록 이 작은 떠들썩한 소리 각각은 비록 모든 다른 것들의 혼잡한 집합체들 속에서만 알려질지라도, 또 비록 만약 그것을 만드는 파도가 유일한 것이라면 알아차려지지 않을지라도 말이다. ("Preface to the New Essays", 295).

하지만 결국, 각 파도에 대한 지각은 다수의 작은 물방울들로 이루어지고, 이 작은 물방울들 또한 지각되지만 오직 모호하게 지각될 뿐이다. 라이프니츠와 시인 토마스 트란스트뢰메르Tomas Tranströmer가 보여주듯이, 우리의 뚜렷한 지각들의 정도는 우리가 가령 잠들거나 혹은 술에 취할 때 동적이고 가변적이 된다.

> 혹은 어떤 이가 병이 깊이 들어
> 나날이 온통 가물거리는 불꽃, 윙윙대는 벌떼,
> 허약함과 차가움이 곧 일어날 듯할 때. (Tranströmer, "Track" 35)

그래서 각 모나드는 전체 세계의 변하기 쉬운 부분을 명료하게 지각하고, 나머지 부분은 모호하게 지각한다 ─ 각 모나드는 오직 부분적으로만 의식적인데, 이 의식은 라이프니츠가 미세 지각들petites perceptions이라 부르는 무의식적 심층으로부터 피어나오는 의식이다. 이 미세 지각들은 개념들 혹은 사물들이 아니라, 무한히 작은 재현이하적subrepresentational 차이들이라고 들뢰즈는 언급한다. 대상들에 대한 의식적 경험과 개념적 사유─재현적 사유─는 이 차이들을 동일성들 안으로 통합하거나 혹은 총합함을 통해서 일어난다. 본질적인 것, 실재적인 것은 존재의 비본질적인 무사유의 중얼거림으로부터 건립된다. 그렇다면 이렇게 요약된다. 즉, "라이프니츠는 명료하고 유한한 관념 속에서 무한히 작은 것의 동요, 또한 도취, 현기증, 덧없음, 심지어 죽음으로 이루어지는 동요를 발견한다."(DR 45)

나중에 우리에게 큰 도움이 될, 이렇게 요약된 라이프니츠 사유를 간직한 채, 이제 우리는 무의식에 대한 그의 미분적 이해에서 발견되는 차이 개념으로 곧바로 향할 수 있다. 들뢰즈의 견해에 의하면, "그 어떤 사람도 라이프니츠보다 더 잘 사유를 차이의 요소 속에 담그고, 사유에게 미분적

differential 무의식을 제공하고, 사유를 미세한 희미한 빛들과 특이성들로 둘러싸이게 할 수 없었다."(DR 213)

그렇지만, 라이프니츠는 세계의 통일성unity of the world을 전제하는 형식 속에서 여전히 재현의 희생물로 남아 있다. 헤겔이 논하는 변증법의 운동과 유사한 방식으로, 라이프니츠에게 모든 모나드적 지각은 이러한 동일성으로 향하는 경향이 있다. 설사 이러한 동일성이 결코 돌연히 혹은 동일성 그 자체를 위하여 나타나지 않을지라도 말이다. 이것은 들뢰즈가 "수렴의 원리principle of convergence"(DR 51)라고 부르는 것이다. 세계는, 언제나 모나드적 지각의 방향을 정하는 한계, 부정적인 것의 형식으로 나타나는데 — 이것이 라이프니츠의 "유일한 오류"(DR 51)였다고 들뢰즈는 말한다 —, 하지만 이것은 작은 문제가 아니다.

재현을 넘어서는 차이

아리스토텔레스, 라이프니츠, 헤겔이 서양 철학 전체를 설명하는 것은 아니지만, 이들 각각의 견해들에 대한 들뢰즈의 탐사는 이 궤적을 따라 차이가 얼마나 빈약하게 취급되어왔는지 보여준다. 재현에 대한 유한한 설명이든 무한한 설명이든 최종적 분석에서 두 설명 모두 개념의 동일성의 우위성을 주장하므로, 어떻게 해서도 적합한 차이 개념을 근거 짓지 못한다. 들뢰즈는 헤겔도 라이프니츠도 아리스토텔레스가 지지하는 방식의 동일성을 지지하지 않는다는 점을 인정한다. 그럼에도 불구하고, 그들은 모두 "특히 진지하게 동일성의 원리를 취하는 방식을 택하여, 이 원리에 무한한 가치를 부여하고 전체the whole와 동연적인 것으로 만들며, 또 이런 방식으로 이 원리가 실존 그 자체 위에 군림하는 것을 허용한다."(DR 49) 들뢰즈는 계속해서 이렇게 쓰고 있다.

요는 결국 무한한 재현은 재현의 전제인 동일성의 원리로부터 벗어나

지 못한다는 점이다. 이런 이유로 여전히 무한한 재현은 라이프니츠의
경우 계열의 수렴의 조건[모나드들 간의 조화]에 의해, 헤겔의 경우
원환들의 단일중심화의 조건에 의해 지배를 받게 된다. (DR 49)

세 철학자 중에서, 『차이와 반복』에 나타나는 들뢰즈의 기획에 결정적으
로 중요한 사람으로 판명되는 것은 라이프니츠이다. 여전히 재현에 연루되
어 있음에도 불구하고, 라이프니츠는 들뢰즈에게 두 가지 부분적인 자원들
을 제공한다. 첫 번째 자원은 미세 지각 이론인데, 이는 차이를 비재현적인
용어나 재현이하적인 용어로 말하고자 하는 시도를 이룬다. 물론, 차이의
철학을 위한 **첫 번째** 요건에 대한 이 대답은 아리스토텔레스를 다룰
때 확인된 바 있다. 우리는 후에 들뢰즈 또한 미분 관계들의 네트워크로
시작되는 실재의 구성을 설명하고자 한다는 것을 보게 될 것이다. **두
번째** 자원은 라이프니츠의 모나드 이론이다. 개별적 존재자들을 개념적
사유 수준 아래에 있다고 간주한, 이 존재자들에 관한 아리스토텔레스의
실패를 상기하라. 라이프니츠의 모나드 이론은 표현적 장소expressive locus로
서의 개체에 관한 긍정적 이론이다. 미세 지각의 미분적 구조와 마찬가지
로, 이 표현적 개체는 실재에 대한 들뢰즈 자신의 긍정적 설명에서 핵심적
위치를 차지하게 된다.

일의성

하지만 만약 이제 『차이와 반복』 제1장의 중간 부분으로 향한다면,
우리는 들뢰즈가 **세 번째** 요건, 즉 차이에 적합한 존재론(존재의 본성에
관한 설명)에 종사하고 있다는 것을 알게 된다. 들뢰즈는 각자가 일의적
존재론univocal ontology의 성공적인 버전을 다양하게 상술하는, 철학사에

나오는 또 다른 삼인조의 인물들을 검토함으로써 그의 주장을 개진한다.

첫 번째 예: 둔스 스코투스

"일의적"이란 용어는 첫 번째 인물, 곧 13세기 신학자 존 둔스 스코투스 John Duns Scotus의 저작에서 유래한다. 모든 스콜라 철학자들과 마찬가지로, 둔스 스코투스도, "대철학자the Philosopher"로 막 알려지고 있던 당시에 매우 영향력이 있었던 아리스토텔레스 사상 주변의 맥락 내에서 작업했다. 들뢰즈의 견해에 의하면, 둔스 스코투스의 큰 기여는 명백히 가장 높은 유genus("being")에 대한 아리스토텔레스의 압류적 행사와 결별하는 것이었다. 사실, 스코투스는 존재being는 "[…] 유들, 종들, 개체들의 본질적quidditative 개념들, 또 이것들의 모든 본질적essential 부분들과 관련하여, 그리고 창조되지 않은 존재Uncreated Being와 관련하여 공통성commonness의 우위를 점한다"(Duns Scotus, *Concerning Metaphysics*, 4)고 쓰고 있다. "스카프들이 있다", "이 고양이는 회색이다", "너는 여전히 자고 있었다"는 언명들은 너, 고양이, 스카프들의 존재를 그 특수성에 상관없이 동일한 방식으로 긍정한다. 존재는 너, 스카프, 고양이가 속한 유가 아니라, 이들이 공유하는 존재의 공통성commonness 이다. 그러므로 철학은 존재자로서의 각 존재자의 존재를 긍정할 수 있다.

이 견해에 대한 들뢰즈의 지지는 매우 강력하다. "존재에게 단일한 목소리를 주는 오로지 한 가지 존재론, 둔스 스코투스의 존재론만이 있어 왔다."(DR 35) 이 점에 비추어볼 때, 들뢰즈가 왜 "단일한 목소리가 존재의 함성을 일게 한다"(DR 35)는 유명한 주장을 개진하게 되는지 아마도 이미 분명해졌을 것이다.

그럼에도 불구하고, 들뢰즈는 스코투스가 이 통찰을 전개하는 방식에 중요한 한계를 발견한다. 신학자로서 스코투스는 범신론에 빠지는 것을 피하기를 바랐고, 또한 의심할 여지 없이, 통나무에 못 박힌 채 불에

던져지는 것을 피하기를 바랐다. 존재의 일의성 이론은 어떠한 후속 효과도 없는 사변적인 주장일 수밖에 없었을 것이다. 이런 이유로 스코투스는 "일의적 존재를 중립적이거나 혹은 무관심한 것으로"(DR 40) 이해했다 ─ 그리하여 그의 발견은 그의 사유에 더 이상의 중요성을 가질 수 없었을 것이다.

두 번째 예: 스피노자

위대한 합리론 철학자 베네딕트 드 스피노자Benedict de Spinoza는 들뢰즈의 두 번째 예가 되는 일의성 사상가이다. 실로, 들뢰즈는 그를 스코투스의 직접적 계승자와 같은 사람, 일의성 개념의 약속을 완수하는 사람으로 단정한다. 스피노자는 일의적 존재를 "순수 긍정의 대상"(DR 40)으로 만듦으로써 이 약속을 이행한다.

스피노자의 철학은 우리가 신 혹은 자연(유명한 *Deus sive Natura*)이라 부를 수 있는 단일한 실체substance가 실존한다는 언명을 둘러싸고 전개된다. 개별적 사물들은 이 실체와 무관한 실재를 갖는 것이 아니라, 이 실체의 변양들modifications 혹은 양태들modes이다. 이 양태들 ─ 너와 나, 저 책, 이 담뱃재 ─ 은 자신들을 정의하는 것인 실체의 실존하는 힘, 실체의 본질인 힘의 표현들로서 실존한다.

들뢰즈가 볼 때, 이는 스피노자가 실체의 일의적 존재를 긍정하는 것은 모든 개별적 존재를 무매개적으로 또 필연적으로 긍정하는 것을 의미한다. 이것은 스코투스가 그랬듯이 중립적이고 추상적인 방식으로 펼 수 있는 주장이 아니다. "스피노자에게 있어서 일의적 존재는 중립화되기를 그치고 표현적이 된다. 일의적 존재는 진정으로 표현적이고 긍정적인 명제가 된다."(DR 40) 이 담배, 이 불꽃, 이 잿가루조차 존재의 실재적이고 충만한 표현으로서 긍정된다.

그럼에도 불구하고, 들뢰즈는 스피노자의 설명이 안고 있는 문제점을 탐지해낸다. 이 문제점은 "실체와 양태들 간에 여전히 차이가 남아 있다"는 사실에 놓여 있다. "스피노자의 실체는 양태들에 의존하지 않고 나타나는 반면, 양태들은 그 자신들과 다른 어떤 것에 의존하는 듯이 실체에 의존하고 있다."(DR 40) 말하자면, 개별적 존재자의 수준은 자기–동일적인 실체 주위를 맴돌도록 되어 있는 것이다. 스피노자의 사상이 양태들의 수준에서 아무리 정교하게 차이를 긍정할지라도 — 분명 그렇긴 하지만 —, 모든 것이 실체, 비교 불가능한 일자에 이바지하고 있다. 그러므로 이 경우 문제점은 들뢰즈가 둔스 스코투스에게서 탐지해내는 문제점과는 다르다. 스코투스의 경우 존재론적 일의성 명제는 아무런 결과가 따르지 않았다. 스피노자의 경우, 문제점은 일의성이 일원론, 즉 한 단일한 사물이 실존한다는 이론과 혼동되었던 것으로 보인다. 그래서 스코투스에 비해 스피노자가 의심할 여지 없이 우월하다는 점을 고려할 때조차, 들뢰즈는 스피노자가 차이의 철학의 관점으로부터 여전히 한 걸음 뒤로 물러났다고 생각한다.

세 번째 예: 니체

스코투스는 우리에게 일의성에 대한 얕고 소품 같은 간명한 설명을 제공한다. 스피노자는 목청껏 긍정을 외치지만, 우리를 여전히 동일성의 노예 상태로 놓아두고 있다. 요구되는 것은 이 일의성의 긍정을 동일성 사유의 한계를 넘어 차이 그 자체로까지 확장하는 것이다. 혹은, 들뢰즈가 한 멋진 대문에서 말하는 바와 같이,

실체는 그 자체로 양태들에 대해, 또 오직 양태들에 대해서만 말해지지 않으면 안 된다. 그러한 조건은 오로지 더 일반적인 범주적 전도라는 대가를 치르고서야 충족될 수 있는데, 이 범주적 전도를 따라서 존재가 생성에 대해 말해지고 동일성이 차이 나는 것에 대해, 다양한 것 등등에

대해 말해진다. 그 동일성은 최초로 원리로서 실존하는 것이 아니라 제2의 원리로서, 원리 생성으로서 실존하며, 차이 나는 것 주위를 맴돈다. 이미 동일한 것으로 이해되고 있는 개념 일반의 지배하에서 차이가 유지되는 것이 아니라, 차이가 그 자체의 개념을 가질 가능성을 열어 놓는 그러한 것이 코페르니쿠스적 혁명의 본성일 것이다. (DR 40-1)

이것은 어떻게 성취될 수 있는가? 들뢰즈는 그 대답을 아마도 놀라우리라 생각되는 세 번째 예, 프리드리히 니체Friedrich Nietzsche에게서 발견한다. 이보다 더 나아가, 니체는 특히 까다로운 한 특별한 개념이 열쇠가 된다는 점을 보여준다. 동일성을 차이 주위를 맴돌게 만들려면? "니체는 영원회귀라는 말로 이것 이상의 아무것도 의미하지 않았다."(DR 41)

여기서 우리의 목적을 위해서, 우리는 들뢰즈에게 영원회귀는 니체의 시간 개념을 의미한다고 말함으로써 영원회귀 이론에 대한 들뢰즈의 독해를 주해할 수 있다. 영원회귀는 시간을, 내용들에 영향을 미치지 않는 공간과 유사한 중립적인 용기로서가 아니라, 생성 그 자체becoming itself의 실재로서 제시한다. 생성이 존재에 선행한다고 말하는 것은 거기에 시간이 있다, 그러므로 시간이 없고, 변화가 없는 것은 아무것도 없다고 말하는 것과 마찬가지이다.

하지만 이는 결국 니체에게 영원회귀의 시간은 절대적이고, 절대적으로 근본적이라는 것을 의미한다. 아무것도 이 시간 바깥에 있지 않다. 영원회귀가 일의적 존재의 사상이라는 것은 이런 의미에서이다 ─ 영원회귀는 어떠한 종류의 동일성도 긍정함이 없이 모든 존재자들의 공통성을 가리킨다. 존재자들이 공유하는 모든 것은 시간에 무자비하게 종속된다. 이런 이유로 들뢰즈는 영원회귀는 "부등한 모든 것의 평등함the being-equal이다"(DR 41)라고 말하게 된다. 존재자들이 공유하는 모든 것 ─ 유일한 "것thing" ─ 은 차이 나는 것의 동력원으로서의 시간에 복속된다.

하지만 우리는 지금 더 이상 사변적인 사유가 아니라 실제로 존재하고 실재를 조건 짓는 시간에 의거하여 말하고 있기 때문에, 우리는 일의성을 하나의 학설로서 생각하는 것을 멈추고, 이를 진짜로 성취되는 어떤 것으로 생각하지 않으면 안 된다고 들뢰즈는 주장한다. 즉, "영원회귀는 존재의 일의성이자, 그 일의성의 효과적인 실현이다. 영원회귀에서, 일의적 존재는 사유되고 심지어 긍정될 뿐만 아니라, 효과적으로 실현된다."(DR 41-2)

여기서 본질적 논점은 이러하다. 즉, 존재의 일의성은 실체에 대한 사유에 의해서가 아니라 시간의 실재성에 의해서 확보된다. 따라서 이 제안의 완전한 의미는 이 장 말미에서 『차이와 반복』에서 행하는 들뢰즈의 시간 분석에다 응분의 자격을 부여할 때까지 기다려야 할 것이다. 하지만 더 나아가기 전에, 우리는 일의성의 핵심이 명료하게 진술되는, 『차이와 반복』 제1장의 정점에 해당하는 텍스트를 읽거나 혹은 다시 읽는 일을 피할 수 없다.

> 사실상, 일의성에서 본질적인 것은 존재가 단일하고 같은 의미로 말해진다는 데에 있는 것이 아니라, 존재의 모든 개체화하는 차이들 혹은 내재적 양태들intrinsic modalities에 대해서 단일하고 같은 의미로 말해진다는 데에 있다. 존재는 이 모든 양태들에 대해서 같지만, 이 양태들은 같지 않다. 존재는 모든 양태들에 대해서 동등하지만, 양태들 그 자체는 동등하지 않다. 존재는 모든 양태들에 대해서 단일한 의미로 말해지지만, 양태들 그 자체는 같은 의미를 갖지 않는다. [⋯] 존재는 존재가 말해지는 모든 것에 대해서 단일하고 같은 의미로 말해지지만, 존재가 말해지는 그것은 차이 난다. 즉, 존재는 차이 그 자체에 대해서 말해진다. (DR 36)

차이에 대한 주관적 오해

차이에 대한 일련의 객관적인 오해들이 서양 사상사에서 발견된다. 이 오해들은 오류추리들paralogisms — 완전한 듯 보이지만 그릇되거나 혹은 혼란스러운 전제를 포함하는 논증 — 에 기인한다. 하지만 들뢰즈가 볼 때 이 오류들에 대한 정면으로 대응하는 비판에는, 차이의 철학에 대한 큰 장애들은 더 깊은 수준에 위치하고, 따라서 이러한 직접적 방식으로는 전복하기가 어렵다는 자각이 수반된다.

우리는 철학자들이 차이에 관해 말해온 내용what에 직접적으로 도전할 수 있지만, 더 큰 어려움은 우리가 사유 그 자체의 본성을 포함하는, 모든 것에 관하여 사유하는 방식how에 놓여 있다고 들뢰즈는 주장한다. 그는 사유를 사전에 왜곡하는 습관화된 일단의 전제들이 존재한다고 말한다. 이 전제들은 들뢰즈가 사유의 독단적 이미지라고 부르는 것을 구성하고, 차이에 대한 주관적 오해의 기초를 이룬다.

이 사유의 이미지는 "모든 사람이 알고 있고, 그 누구도 부인할 수 없다"(DR 130)와 같은 문구가 어떠한 언명에서든 명시적으로 혹은 암묵적으로 부가될 때마다 겉으로 나타나게 되어 있다. 첫 번째 수준에서, 이것은 철학의 영원한 적, 의견opinion 혹은 독사doxa와 관련되어 있다. 들뢰즈는 우리를 데카르트가 쓴 유명한 첫 번째 문장, "양식good sense은 세계에서 가장 잘 분배된 사물이다"(*Discourse on the Method*, 1)를 읽어보도록 이끈다. 모든 사람이 실제로 양식을 소유한다는 생각은 단 한 순간의 엄밀한 조사조차 견뎌낼 수 없지만, 그렇다고 양식을 인간 존재들에 관한 의견으로서 광범위하게 무비판적으로 수용하지 못하게 하는 것은 아니라고 들뢰즈는 언급한다.

하지만 데카르트가 『방법서설*Discourse on the Method*』에서 단순하게 무반성적으로 터무니없는 의견을 개진하고 있다는 것은 사실이 아니다. "데카르트를 철학자로 만드는 것은, 그가 사유의 이미지를 **원리상** 존재하는 바대로 세우기 위하여 말하는 것을 사용한다는 점에 있다. 즉, 원리를 사실로 전환하는 어려움이 무엇이든 간에, 혹은 사실들 배후에서 원리를 재발견하는 어려움이 무엇이든 간에 선성good nature, 그리고 참인 것the true과 맺는 친연성이 원리상 사유에 속한다는 것이다."(DR 132) 그래서 독단적 이미지의 두 번째 수준이 존재한다. 첫 번째 수준을 들뢰즈는 "자연적" 형식이라 부르는 데 반해, 두 번째 수준은 "철학적" 형식이라는 특징을 가진다. 독단적 이미지의 철학적 형식은 자연적 형식에서 유래한다는 것을 아는 일이 중요하다. 이 자연적 형식은 이론적 물음들과 관련해서 진행되는, 검토되지 않았지만 의사-정식화된quasi-formalised 기초를 확립하기 위하여, 의견 혹은 독사의 수준으로부터 외삽하거나extrapolate 혹은 따라가며 그린다 trace(이 조작을 위해 들뢰즈가 좋아하는 용어). 이 장 말미에서 우리는 우리가 위에서 진단한 바 있는 객관적인 개념적 오류들의 암묵적 토대가 되는 것은 바로 이 두 번째 층위의 사유의 이미지라는 점을 알게 될 것이다.

　그렇지만 우선은, 우리가 『차이와 반복』의 제3장을 상세히 보기 전에 마음속에 간직해야 할 네 가지가 있다. 첫 번째 것은, 반복하자면, 독단적 이미지는 특정한 주장을 명시적으로 펴는 것이 아니라, 사유함 그 자체의 본성에 관한 암묵적 신념들을 수반한다. "사유한다는 것이 무엇을 의미하는지 모든 사람이 알고 있고 또 알고 있다고 가정되는 것은 바로 이 이미지에 의해서이다."(DR 131) 둘째로, 그리고 우리가 더 자세히 보게 되겠지만, 이 이미지는 자발적으로 그러나 암묵적으로 차이를 동일성에 복속시킴으로써 기능한다. 세 번째로, 이 이미지에 대한 들뢰즈의 기술을 통해 우리는 이 이미지의 여덟 가지 주요한 특성들, 그가 독단적 이미지의 공준들postulates이라 부르는 것을 확인할 수 있다. 들뢰즈에게, 공준들은 "철학이 수용할 것을 요구하는 명제들이 아니라, 이와 반대로, 암묵적인 채로 남아 있고 선-철학적 방식으로 이해되는 명제적 주제들이다."(DR 131) 마지막으로, 그의 목표는 사유의 대안적 이미지를 제안하는 것이 아니라, 사유는 우리가 보편적 특질들을 뽑아낼 수 있는 그러한 어떤 자연적 상태도 갖지 않는 방식을 보여주는 것이다. 한 장려한 대문—이 장의 몇 멋진 대문들 중의 하나— 에서, 들뢰즈는 이렇게 쓰고 있다.

어떠한 종류의 전제도 없이 존재하게 될 철학의 조건들은 그만큼 더 분명하게 나타난다. 사유의 도덕적 이미지에 의해 지지를 받는 대신에, 이러한 철학은 이 이미지에 대한 철저한 비판을 출발점으로 취할 것이다. [⋯] 이러한 철학은 자신의 차이 혹은 진정한 시작을 선-철학적 이미지에 동의하는 데서 발견하는 것이 아니라, 자신이 비-철학적이라고 하며 비난하는 이 이미지에 대항해서 혹독하게 투쟁하는 데서 발견하게 될 것이다. 그 결과, 이러한 철학은 심지어 가장 큰 파괴들, 가장 큰 탈도덕화들이라는 대가를 치르고서, 그리고 역설 이외에는 어떠한 협력자도 없는 철학적 완고함이라는 대가를 치르고서, 이미지 없는 사유에서 자신의 진정한 반복을 발견하게 될 것이다. [⋯] 이 이미지 및 이 이미지의 공준들로부터 해방될 때 사유가 사유하기를 시작할 수 있다는 듯이, 끊임없이 다시 시작할 수 있다는 듯이. (DR 132)

다음에 오는 것에서, 우리는 각 공준을 두 가지 형식(자연적, 철학적)으로 상세히 서술하기보다 들뢰즈 설명의 서사적 중심 줄기를 따라갈 것이다.

선의, 공통감, 재인

사유의 독단적 이미지의 앞 세 가지 공준들이 이 이미지의 핵심을 이루고 있다. 데카르트를 호출하면서, 들뢰즈는 첫 번째 공준을 원리the principle의 공준이라고 부른다. 이 공준은 사유가 자연적으로— 원리의 문제로서— 진리를 추구하고 진리로 정향되어 있다는 가정이다. 이 공준은 "**사유하는 자** 쪽의 선의good will와 **사유** 쪽의 선성upright nature이라는 이중적 측면하에서, 진리로 향한 재능이나 혹은 참인 것과 맺는 친연성이 부여되어 있는 사유를 위한 자연적 능력이 존재한다"(DR 131)고 주장한다.

이 인용에서 "자연적"이라는 용어를 생각해보라. 이 공준은 우리에게 사유는 영원하고 불변하는 본성을 가진다는 점을 말해준다. 나가 사실상 어떤 종류의 사람인가와는 상관없이, 나의 사유는 바로 그 본성으로 인해 이 성격을 소유한다. 더구나, 이 공준은 매우 명백하게 도덕적 가정이다 — 그리고 이것이 ("선성"의 "선"은 말할 나위도 없고) "양식good sense"의 "양good"의 실제적 의미이다. 들뢰즈는 이 점을 주장한다.

> 도덕만이 우리를 사유는 선성good nature을 가지고 사유하는 자는 선의good will를 가진다고 설득할 수 있고, 또 오직 선만이 사유와 참인 것 간의 가정된 친연성을 근거 지을 수 있다— 만약 참인 것에게 사유를 주고 사유에게 참인 것을 주는 것이 바로 이 도덕, 이 선이 아니라면 무엇이겠는가? (DR 132)

두 번째 공준인 **공통감**common sense은 더 복잡하기도 하면서 더 흥미롭기도 하다. 만약 사유가 자연적으로 진리로 정향되어 있다면, 그것은 어떻게 기능하는가? 첫째로, 우리는 단어 "사유"에 한 가지 의미만이 존재하지 않는다는 점을 알고 있다. 우리는 기억한다, 우리는 감각한다, 우리는 상상한다 등등. 사유는 사유함의 역량들capacities 혹은 **능력들**faculties의 전 집합을 기술하는 보통명사이다. 공통감의 공준은 우리에게 두 가지 상관관계적인 주장, 자연적 버전과 철학적 버전을 제시한다. 한편으로(자연적 형식), 그것은 우리에게 사유 대상의 **공통성**commonness을 보장한다. 성냥

굿는 소리를 들을 때 다른 방에서 그 냄새를 우선 상상하는 담배, 담배를 한 모금 빨 때 그 열을 느끼는 담배, 담배 피우는 것을 자신에게 정당화하면서 이리저리 궁리하는 담배, 나중에 후회하고 가책하며 기억하는 담배 — 이것들은 동일한 담배이다. 다른 한편으로(철학적 형식), 이 다양한 사유함의 능력들은 자연스럽게 조화로운 상호 관계, 평온한 협의회로서의 사유를 포함하게 되어 있다.

근본을 이루는 이 삼개조의 세 번째 공준은 모델의 공준이다. 대략적으로 말해서, 우리는 어떻게 세계를 붙잡는가? 대상과 관련하여 — 내가 감각하든, 기억하든, 추리하든, 혹은 무엇을 하든 간에 — 근본적인 사유 작용은 무엇인가? 독단적인 대답은 사유가 대상들을 재인한다^{recognize}는 것이다. 내가 냄새를 맡고 있는 것은 무엇인가? 아, 그렇다, 살구다. 나는 이제 그것, 성 소피아성당을 본다. 그렇다, 나는 기억한다. 그 여자의 이름은 벨라였다. 여기서 핵심을 이루는 것은, 독단적 견해를 따를 때, 아무것도 근본적으로 우리를 놀라게 할 수 없다는 사실이다. 바로 이 사유의 형식은, 독단적 모델을 따를 때, 가능한 모든 내용을 이미 예상한다. 들뢰즈는 더 직접적으로 이렇게 말한다. "재인의 형식은 재인 가능하고 재인된 것 이외에는 결코 아무것도 인가한 적이 없다. 이 형식은 순응 이외에는 결코 아무것도 고취하지 않을 것이다."(DR 134)

내가 말한 바와 같이, 앞의 이 세 가지 공준들 — 자연적으로 선한 사유, 원리상 자연적인 공통감, 그리고 재인의 초월론적 모델 — 은 함께 우리에게 독단적 이미지의 핵심을 제공한다. 이 공준들은 모든 주어진 순간에 우리가 무엇을 사유하는가를 기술하는 것이 아니라, 사유에 관하여 어떻게 사유하는가를 기술한다.

칸트의 초월론적 관념론
사유의 이미지에 관한 들뢰즈의 논의는 데카르트를 소환함으로써 시작되지만, 이 최초의 공준들과 더불어 우리는 데카르트의 땅이 아니라 칸트의 땅에 서 있게 된다. 그리고 실로, "사유의 이미지" 장은 처음부터 끝까지 칸트의 전문 용어들로 짜여 있고, 칸트의 기획에 대한 철저한 비판을 목적으로 하고 있으며, 그래서 그만큼 이 최초의 공준들은 칸트가 이룩하고자 하는 작업의 분명한 의미, 그리고 그 작업의 결함들이 어디에 놓여 있는지를 이미 제공하고 있다.

여기서, 우리는 칸트의 위대한 세 비판서 중 첫 번째 비판서인 『순수이성비판』에 관한 설명을 잠깐 소묘하고자 한다. 우리의 관심을 고려할 때, 우리는 제1의 『비판』(=『순수이성비판』)에서 행하는 칸트의 접근법은 두 가지 본질적인 언질을 포함한다(뒤에서 우리는 이 요약을 꽤 복잡하게 풀어내기 위해서 돌아올 것이다). 첫 번째 언질은 인간 사유는 경험적인 체험empirical experience에서 유래하지 않는 형식적이거나 논리적인 특징을 가진다는 점이다. 우리가 세계에서 마주치는 내용what은 세계에 속하지만, 우리가 경험하는 방식how은 오직 사유의 영역에 속할 뿐이다. 이 생각은 그를 그 자체로in itself 있는 바로서의 실재와 우리에게for us 있는 바로서의 실재를 구분하도록 이끌었다. 칸트의 두 번째 본질적인 언질은 인간의 인식cognition은 단순하지 않고, 다수의 상이한 기능들, 사유 안의 역량들 혹은 능력들을 포함한다는 생각에 관한 것이다. 제1의 『비판』에서, 칸트는 이 능력들 중 넷에 관심을 갖고 있었는데, 이 네 능력 모두 인간의 지식knowledge과 경험이 가능하기 위해서 요구된다.

첫 번째 능력은 (칸트에게 있어서 이 네 능력 모두 경험에 필수적이고, 경험에서 함께 기능하기 때문에 이 "첫 번째"라는 것은 상대적인 표현이긴 하지만) 감성sensibility의 능력이다. 감성은 감각들을 수용하는 우리의 수동적 역량, 세계를 그 자체로 있는 그대로 마주치는 우리의 수용성을 가리킨다. 감성을 통해서, 우리는 칸트가 직관들intuitions이라 명명하는 감각적 잡다manifolds 혹은 다양multiplicities을 획득한다(담배 피우는 경험의 감각적 요소들을 생각해보라). 이제, 감성은 수동적이고 수용적이긴 하지만, 직관들이 분화되어 있지 않은 것은 아니다. 직관들은 시-공간적 특징을 소유한다. 말하자면 직관들은 호혜적으로 위치해located 있다. 즉, 감성은 공간과 시간의 빈 형식들의 장소locus이다. 내가 감각에서 어떤 것을 마주칠 때, 이 어떤 것의 (칸트가 부르는 바의) 포착apprehension은 이 두 가지 형식의 지배를 받게 된다.

감성은 경험되는 것을 제어하지 못하고 그 자신에 의해 감각들을 가공할 수 없다는 의미에서, 수동적 능력이지만, 경험에 대해 **구성적**constitutive이기도 하다. 직관들이 없다면, 어떠한 지식도, 어떠한 경험도 존재할 수 없다. 그러나 감성이 경험의 유일한 원천은 아니다. 다른 중요한 기여자는 칸트가 **지성**understanding이라 부르는 두 번째 능력이다. 지성은 인식의 규칙들의 장소, 지성의 개념들 곧 **범주들**categories의 장소이다. 감성에 의해 생산된 직관들에 능동적으로 적용되는 개념적 격자판처럼, 범주들은 우리에게 경험의 유의미성을 위한 기본적인 규칙들을 제공한다. 혹은, 칸트가 말하는 바와 같이, 범주들은 우리에게 자연법칙들 그 자체를 제공한다.

> 우리 자신이 우리가 자연이라고 부르는 그 질서와 규칙성을 나타남들 appearances에 가하며, 더구나 만약 우리가 혹은 우리 마음의 본성이 자연을 원래 거기에 놓지 않았다면 우리는 자연을 거기에서 발견할 수 없을 것이다. [⋯] 따라서 지성은 단지 나타남들을 비교함으로써 규칙들을 만드는 능력이 아니다. 지성 그 자체는 자연을 입법하는 것이다, 즉, 지성이 없다면 어떠한 자연도 없을 것이다. (*Critique of Pure Reason*, A125–126)

이 두 능력 사이에 경험의 두 원천들, 즉 지성의 개념들과 감성의 직관들을 결합하는 과업을 가지는 **상상력**imagination이 존재한다. 칸트는 이 과업을 "잡다한 직관들을 이미지의 형식 안으로 종합하는 작용"(*Critique of Pure Reason*, A120)인 재생산reproduction이라고 부른다. 그가 상상력을 직관과 개념 사이의 이 생산적 중간 지대 ─ "영혼의 맹목적이지만 필수불가결한 기능"(A78, B103) ─ 로서 설명하는 것은 악명 높은데, 우리는 잠시 후에 이 점을 다시 논하게 될 것이다. 우선은, 우리는 칸트의 체계에서 경험의 구성을 위해 요구되는 세 번째 능력으로서 상상력이 행하는 역할에 주목하기만 하면 된다.

감성, 지성, 상상력은 함께 경험과 인식을 구성한다. 이제 칸트는 네 번째 능력, 곧 이성Reason이 인식과 경험의 형성에서 구성적 역할을 행하기보다 규제적regulative 역할을 행한다는 점을 추가하여 말한다. 이는 무엇을 의미하는가? 진행 중인 경험의 생산은 그 자체 체계적이 아니라는 사실을 생각해보라. 이러한 경험의 생산은 감각들을 마주칠 때 이 우발적인 마주침들에 대응한다. 하지만 인식과 경험은 질서를 소유하게 마련이다. 이 질서는 이성의 이념들Ideas의 작업을 통해서 제공된다. 범주들과 달리, 이 이념들은 직관들에 직접적으로 적용되는 것이 아니고, 또한 실재적 대상들의 표상들도 아니다. 총체성의 이념이 여기서 유용한 예시가 될 수 있다. 분명 우리는 "모든 것"을 결코 경험할 수 없다. 그러나 이 총체성의 이념은 과학적 지식의 조직화를 인도한다. 물리학, 식물학, 세포생물학의 논고들은 자신의 방식대로 독립적으로 이루어져 있지만, 이 각각은 모든 것에 대한 지식을 향하여 체계적인 방식으로 함께 건립되어 있다. 이 이념이 없다면, 과학은 엄격히 말해 불가능할 것이다. 그래서 이성의 진정한 기능은, 조직화되는 것에 아무런 개별적인 형식을 부과하지 않고서, 인간 사유에게 체계화하고 조직화하는 ─ 지각적 지평과 같은 ─ 일단의 내적 지평들을 제공하는 것이다.

우리는 이 장의 다음 절에서 이 이념들의 본성을 다시 논하게 될 터인데, 이는 들뢰즈에게 『차이와 반복』에서 그 자신의 이론을 구축할 때 중요한 구성 요소를 제공한다. 하지만, 우선은, 칸트의 설명을 원만하게 하는 최종적인 중요한 한 쌍의 개념들이 존재하는데, 이 개념들은 인간 주체성의 본성에 관한 것이다. 한편으로, 경험의 지배를 받는 주체가 존재한다. 이 자기self는 수동적이며, 칸트가 『실용적 관점에서 본 인류학Anthropology from a Pragmatic of View』(1.1.§24)』에서 말하는 바와 같이, 내가 겪고 있는 것의 장소locus이다. 만약 내가 리마의 스페인 여인들처럼 멋진 담배를 피운다면, 나는 이 담배의 맛, 담배 연기가 대기 속에 드리우는 모습을 묘사할 수 있지만, 또한 나는 담배가 나로 하여금 느끼게 하는 방식을 묘사할 수 있다.

이 경험적 자기는 형식적 주체와 쌍을 이룬다. 한 유명한 대문에서, 칸트는 "**나는 생각한다**는 나의 모든 표상들을 수반**할 수 있어야**만 한다. 왜냐하면, 그렇지 않다면 전혀 생각될 수 없는 어떤 것이 나 안에서 표상될 것이기 때문이다. 이는 표상이 불가능하거나, 아니면 적어도 나에게 아무것도 아닌 것이 될 것이라고 말하는 것과 같다"(Critique of Pure Reason, B131-2)고 쓰고 있다. 그의 논점은 나의 경험들이 나의 것이기 — 나에 대하여 통일되기 — 위해서 이 경험들이 동일한 주체에 형식적으로 귀속되어야만 한다는 것이다. 칸트는 주체성의 이 측면을 통각의 초월론적 통일tran-scendental unity of apperception(즉, 반성적 의식)이라고 부른다. 나는 결코 이 형식적 주체성을 경험하지 않는다 — 실로, 이 주체성은, 나의 경험이 일관되게 나의 것이라는 점을 형식적으로 보장하는 것일 뿐이므로, 경험될 수 없다. 칸트는 이렇게 말한다. "우리의 사유들에다 '나'를 부착할 때, 이 '나' 안에 아무런 성질도 부과하지 않고서 — 직접적으로든 혹은 추리에 의해서든, 사실상, 이 '나'에 관해 아무것도 알지 못하고서 — … 우리는 주체를 오로지 초월론적으로만 지시한다."(Critique of Pure Reason, A355)

마지막으로, 이 두 형식의 주체성은 감성에서의 시간의 형식에 의해 서로 분리된다는 점을 주목하라. 나는 나 자신을 시간(내가 담배를 태우는 시간, 이 책을 쓰는 시간 등등) 안에서 경험하지만, 내 경험의 일관성이 전제하는 형식적 통일성 — 주체성의 순수한 빈 형식 — 은 시간에 무관심하다. 우리가 보게 되겠지만, 이는 들뢰즈에게 가장 중요한 논점이다. 들뢰즈는 칸트를 진정한 의미에서 가장 현대적인 철학자로 만드는 것은 바로 이 논점이라고 생각한다.

감각: 사유에 가하는 충격, 혹은 충격에서 사유로

"사유의 이미지" 장 전체가 바로 이러한 칸트의 용어들로 짜여 있다는 사실은 이해하기 어려울 수 있다. 이는 들뢰즈가 칸트의 용어들을 뒤집고, 뒤섞고, 다시 모아놓는 극적인 방식 때문이다. 이러한 비판적 재조립은 감각의 범주와 더불어 시작된다.

내가 위에서 말한 바와 같이, 근본적으로 모델의 공준은 우리가 마주치는 그 무엇도 우리를 놀라게 할 수 없다는 것을 의미한다. 하지만 우리는 놀랄 때가 있다. 나는 내가 세계에서 마주치는 것을 언제나 즉각적으로 대처하고 이해할 수 있는 것은 아니다. 이 충격이 비롯되는 것은 바로 세계와 접촉하는 지점에서이다. 즉, 칸트와 들뢰즈 둘 모두에게 있어서, 모든 형식적이거나 개념적인 요소가 작동하기에 앞서, 감각을 마주치는 지점에서이다. 그래서 잠시 칸트의 초월론적 관념론으로 다시 돌아간다면, 들뢰즈의 주장은 1) 칸트는 감각은 범주들에 순응한다는 점을, 말하자면 감각이 미리 소화되었다pre-digested는 점을 부적법하게 전제했다는 것이다. 하지만 이보다 사정이 더 안 좋은 것은, 2) 칸트는 우리가 우리 자신의 책임하에 재인 가능한 평온한 세계에 관여한다는 것 — 사유는 자연스럽게 사유한다는 것 — 을 가정한다는 점이다.

그렇지만 들뢰즈에게 있어서, 둘 모두 전적으로 정당화되지 않는 가정들이다. 첫 번째 공준과 달리, 사유는 오직 충격의 결과로 시작된다. "세계 속의 어떤 것은 우리를 사유하도록 강요한다. 이 어떤 것은 재인의 대상이 아니라 근본적인 마주침의 대상이다.'(DR 139) 그리고 이 논점을 확장하는 한 놀라운 대문을 인용한다면,

확실성은 의심만큼 우리를 사유하도록 강요하는 것이 아니다. 개념들 [과 같은 진리들]은 [⋯] 절대적 필연성의 ─ 사유에 가해지는 본원적 폭력의 ─ 발톱을 결여한다. 기묘함 혹은 적대감의 발톱만이 사유를 자연적 마비 상태 혹은 영원한 가능성으로부터 깨워낸다. 즉, 사유 내에서 깨어나되 제약되는 오직 비자발적 사유만이 존재하며, 이러한 사유는 세계 속에서 우발성으로 비적법하게 태어나기 위해 그만큼 더 절대적으로 필연적이다. 사유는 일차적으로 불법 침입이고 폭력이고, 적군이며, 그리고 아무것도 지혜를 사랑함philosophy을 전제하지 않는다. 모든 것은 지혜를 혐오함misosophy과 더불어 시작된다. 사유가 자신이 사유하는 것의 상대적 필연성을 보장한다고 믿지 말라. 차라리, 사유 작용의 절대적 필연성 혹은 사유하고자 하는 열정을 상승시키고 교육시키도록 사유를 강요하는 것과 마주치는 우연성을 믿어라. (DR 139)

여기서 말해주는 것은 미국 심리학 협회의 『진단 및 통계 편람Diagnostic and Statistical Manual』이라는 일반 통념의 저 희비극적 연감이 제공하는 트라우마에 대한 기술이다. "개인은 인간 경험의 범위 바깥에 존재하는 사건을 경험해 왔다."(120) 이 경구는 『차이와 반복』의 관점에서 볼 때, 이 책에서 말하는 것보다 더 진실되며, 분명 덜 동어반복적이다. 사유한다는 것은 본연적natural이지 않을 뿐만 아니라, 우리가 무엇이든 어떤 것에 관해서 사유한다는 사실은 우리를 사유하도록 강요하는, 감각에서의 어떤 것 ─ 우리에게 생경한 어떤 것, 세계에 대한 일상적인 재인에 기초하는 지식에 분명 생경한 어떤 것 ─ 을 마주친 결과일 따름이다. 요컨대, 들뢰즈는 사유의 비본연적이고 우연적인 본성을 주장함으로써, 또 사유가 감각에서

의 마주침에 자신의 기원을 둔다고 주장함으로써 독단적 이미지의 앞세 공준들에 반대한다.

새로운 능력 이론의 네 가지 구성 요소들

들뢰즈가 감각을 사유를 일으키는 충격으로서 설명하는 일은 이 장에서 유일한 계기를 이루는 것이 아니다. 이 설명에서 감각이 중심을 이룬다는 점을 제쳐놓는다면, 또 그가 이 장 내내 감각에다 부여하는 우위성을 제쳐놓는다면, 이 설명은 그에게 그가 "이미지 없는 사유"라고 부르는 것을 분명히 하고자 하는 시도에 초석을 제공한다. 우리가 방금 소개한 칸트의 전문 용어들로 말한다면, 들뢰즈는 그 자신의 능력 이론doctrine of the faculties을 전개하고 싶어 한다. 사실 그는 이것이 곧 그의 목적은 아니라고 말한다. "능력 이론은 철학 체계에 전적으로 필요한 구성 요소"(DR 143)라는 사실에도 불구하고, 직접적인 목표는 바로 "이 이론의 요건들의 본성을 규정하는 것"(DR 144)이다. 이는 들뢰즈가 우리에게 능력들의 포괄적인 목록을 제공하려는 것을 의미하지 않는다. 대신에, 그는 어떠한 설명이든 그러한 설명이 포함해야 할 네 가지 구성 요소들을 숙고하려고 한다.

우리는 방금 첫 번째 구성 요소를 보았다. 능력들에 대한 새로운 설명은 사유는 본연적인 것이 아니라 감각과 관련한 발생genesis의 대상이라는 주장으로 시작되지 않으면 안 된다. 하지만 여기서 "사유"는 무엇을 의미하는가? 능력 이론이라면 어떤 이론이든 그 주요 논점은 분명 한 종류 이상의 사유함이 존재한다는 데 있다. 칸트에게서 우리는 감성, 상상력, 지성, 이성 이 네 능력을 보아왔다. 혹은 또, 『성찰들』에서 데카르트도 또한 — 본성상 다르고 칸트의 능력들과 비교해서 다른 — 지성, 감각들, 의지, 상상력 이 네 능력을 제기한다. 따라서 앞에서 든 물음은 이렇게 다듬어질 수 있다. 무엇이 사유 일반이 아니라 사유 안의 **특정한** 능력들을 설명하는가? 이 대문들에서, 칸트를 따라, 때로 들뢰즈는 특정한 사유의 능력을 지시하기 위하여 "사유"라는 단어를 사용하지만, 당분간 우리는 일반적 의미에서 이 단어를 사용하겠다. 들뢰즈가 이 단어를 사용하는 두 가지 의미를 밝히기 위해서 이 장 말미에서 이 점을 다시 논하게 될 것이다.

들뢰즈는, 사유가 다수의 능력들로 이루어져 있다고 여기는 것은 결정적으로 중요하다고 생각한다. 이에 대한 첫 번째 이유는 만약 사유가 충격 — 우리가 재인할 수 없고, 준비하지 못하는 어떤 것과의 마주침 — 을 통해서 생겨난다면, 그 결과로 따르는 "사유 방식들", 혹은 능력들은 우리가 경험하는 종류의 충격에 따라 다를 것이다. 각 능력은 그 자신의 "비자발적인 모험들"(DR 145)을 겪는다. 이 글을 읽는 모든 이에게 친숙한 한 예는 들뢰즈, 혹은 위대한 철학자들을 처음으로 읽는 경우의 예이다. 이것은 개념들 안에서 사유하는 여러분의 능력을 그 한계로까지 바짝 밀어붙이는 맞닥뜨림을 이룬다. 여러분은 여러분을 사유하도록 요구하는 어떤 것을 마주치지만, 여러분은 그것을 사유할 수 없다. 이는 또 다른 종류의 사유의 문제가 아니다 — 여러분은 들뢰즈가 의미하는 바를 상상하려고 애쓰고 있는 것이 아니라, 사유하려고 애쓰고 있는 것이다. 들뢰즈에게 이것은 최초의 기본적인 사유 작용, 즉 특정하고 독특한 종류의 문제적 대상을 포함하는 사유의 충동, 비자발적 파악이다. 대상은 그 자신을 한 능력에게 보내고, 이 능력의 활동을 생겨나게 한다.

새로운 철학자의 저작을 읽는 일은 개념들 안에서 사유하는 여러분의 능력에 부과되지만, 사유할 수 있는 여러분의 능력과 그렇게 할 수 없는 여러분의 무능력이 만나는 이 능력의 한계에서 부과되는 것이다. 비자발적 기억이 여러분의 기억하는 능력에 부과되지만, 이 능력의 한계에서, 즉 기억함과 잊음이 만나는 한계에서 부과된다. 들뢰즈는 이 최초의 사유 활동을 능력의 초월적transcendent 작동이라고 부른다. 들뢰즈에 따르면, 이는 마주친 문제적 대상은 사유를 현재 이 사유가 할 수 있는 것을 넘어 강요하며, 그렇게 할 때 이 문제적problematic 대상은 사유, 혹은 기억, 혹은 상상력이 "…에 관해서 사유하는", 혹은 "어디에서 …한 것을 기억하는", 혹은 "…하는 것을 상상하는" 단순한 경험적 행위와 맺는 모든 연관을 분쇄한다는 것을 의미한다.

그래서 능력들에 관한 원—이론proto-theory의 두 번째 구성 요소는 이 능력들이 자신들의 독특한 문제적 대상에 대응하여 초월적이고 편집광적인monomaniacal 방식으로 최초로 또 근본적으로 작동한다는 점이다.

들뢰즈 능력 이론의 세 번째 구성 요소는 공통감의 공준에 대응하는 그것이다. 이 구성 요소는 "상이한 사유 능력들이 어떻게 상호 작용하는가?" 하는 물음에 대답한다. 사유의 독단적 이미지의 경우, 대답은 능력들은 함께 조화롭게 기능한다는 것이다. 능력들은 자발적 조화를 나타내보이며, 이렇게 하여 감각의 대상은 기억, 지성 등등의 대상과 동일하다는 것이다. 하지만 이는, 우리가 방금 본 두 번째 논점을 고려할 때, 들뢰즈에게는 해당될 수 없다. 들뢰즈가 빈정대며 말하듯이, "거기에는 어떠한 우호 관계도 없다."(DR 145) 칸트가 『순수이성비판』에서 그리는, 지식의 봉사를 받으면서 평온한 조화 속에서 작업하는 능력들의 초상화는 우리에게 조금도 중요하지 않은 측면에서 사유를 제공할 뿐이다. 혹은, 들뢰즈가 또한 말하게 되듯이, "능력들 간의 조화는 오직 불협화적 조화discordant harmony의 형식으로만 나타날 수 있다. 왜냐하면, 각 능력은 자신을 그 자신의 차이와 마주치게 하는, 그리고 다른 능력들과의 차별과 마주치게 하는 폭력을 통해서만 다른 능력과 소통하기 때문이다."(DR 146) 간단하게 말해서, 만약 능력들이 서로 간에 소통한다면, 그것은 동일한 대상이라 추정되는 것과 관련하여 고요하게 이루어지는 것이 아니라, 서로 교란하고, 충격들을 전달하여 새로운 도약과 변형들을 위한 필요성을 서로에게 부과함으로써 폭력적으로 이루어진다. 쓰촨四川 요리를 최초로 마주쳤을 때 감성에 대해서뿐만 아니라, 또한 기억에 대해서도(최초로 마주친 쓰촨

요리는 과거의 좋은 음식의 만신전에 대한 여러분의 회상을 교란한다),

상상력에 대해서도(좋은 음식 — 심지어 음식 그 자체 — 은 어떠한 것이

리라 여러분이 상상하는 것), 그리고 등등에 대해서도 변형이 요구된다.

흐릿한 안개를 통과하며, 아무것도 다시 동일하게 되지 않으리라는 것이

분명해진다. 혹은, 키스의 맛에 대해 내 안에서 비자발적으로 일어나는

기억에 압도되어, 내가 한창 쓰고 있는 문장이 끊겨서, 내 주장을 진술하는

작업을 다시 시작하지 않을 수 없고, 집중은 깨지고 만다. 혹은, 최초로

들뢰즈를 읽는 예로 돌아가서 말해보면, 사유 불가능한 것을 사유하고자

하는 노력은 결국 때때로 도발적인 기억이 되기도 한다. 들뢰즈가 말하는,

사물들의 어떤 메아리는 여러분 기억의 구석에서 울리는 것처럼 보이지만,

여러분은 그 메아리들이 어디에서 오는지 분간할 수 없다.

시골 마을의 물레방아를 수채화에 담는 제1의 『비판』 대신에, 우리는

불협화적으로 작동하는 사유를, 소용돌이치는 번개 폭풍이 내부에서 볼

때 보이는 것처럼 그려 내야 한다. 압력과 온도의 급격한 차이들이 번쩍

하는 번개와 천둥소리를 일으켜서, 폭풍 전체를 이리저리 움직이게 하고,

압력과 열의 새로운 장소들을 마련하며, 상이한 수준에서 또 다른 폭발을

위한 전위potential를 전달한다.

마지막 네 번째 구성 요소는 사유 안에서 감각이 하는 특정한 역할을

들뢰즈가 강조하는 그것이다. 모든 능력들이, 오직 하나의 능력에게만

말을 건네는 문제적 대상과 마주칠 때 일어난다는 것은 사실이지만, 그럼에

도 우리는 감각에서 문제들을 **최초로** 마주친다는 사실을 이해할 필요가

있다. 달리 말해서, 『차이와 반복』에서 후의 어떤 중요한 전개를 미리

알리는 한 대문을 보면, "사유가 우리에게 다가오는 것은 언제나 강도에

의해서이다."(DR 144) 그래서 사유함에서 능력들의 도래는, 들뢰즈가 쓰고

있듯이, 감각에서 불붙은 도화선을 따라 일어난다. 나는 감각에서 문제를

마주치는데, 이 문제는 그 충격을 가령 기억에게 전달한다. 예를 들어,

나는 돌연 그 여자의 향수 냄새를 맡게 되고, 이로 인해 지하철에서 옴짝달싹도 하지 못하게 되고, 압도되어 얼어붙은 채 내가 회상할 수 없는 기억을 찾아 붙잡으려 한다.

오류에서 어리석음과 광기로

이제, 만약 공통감과 재인의 공준을 다시 살펴본다면, 우리는 더 큰 문제점을 발견할 수 있다. 함께 모아 말해본다면, 이 공준들은 우리에게 사유에는 근본적인 간극들이 결코 존재하지 않는다는 점을 말해준다. 공통감은 상이한 능력들 사이에는 어떠한 간극들도 존재하지 않는다고, 자기-동일적이라고 추정되는 대상 주위로 모여든다고 말한다. "재인"은 우리에게 우리와 세계 사이에는 어떠한 간극도 존재하지 않는다고, 우리가 마주치는 것은 이해하도록 이미 준비되어 있다고 말한다. 하지만 그렇다면, 우리는 어떻게 사유의 실패들을 설명할 수 있는가? 어떤 사물을 처음 대할 때 우리는 종종 그 사물을 다른 사물로 오인한다 ― 슈퍼마켓에서 한 작은 한라봉을 오렌지로 오인할 뿐만 아니라, 또한 아마도 나는 다른 어떤 사람을 내가 아는 사람이 아닌데도 잘못 알고 뒤에서 껴안을지도 모른다. 이보다 더 사정이 안 좋은 것은 때때로 우리는 사물들을 잊는다는 점이다. 가령 나는 라이터를 어디에 두었는지 기억이 안 날 뿐만 아니라, 가까운 친구들의 이름도 잊곤 한다. 더 사정이 안 좋은 또 하나는, 사유하는 능력이 완전히 붕괴될 수 있다는 점이다. 참으로, 우리는 실제로 미친 듯 화가 날 수 있으며, 우리 중 일부는 매일같이 그렇게 한다. 이 모든 것이 어떻게 설명될 수 있을까?

독단적 이미지는 또 다른 공준, 곧 **오류의 공준**postulate of error이라는 형식으로 이 물음에 대한 해답을 갖고 있다. 이 공준은, 만약 사유가 실패한다면 사유함 그 자체와 관련되지 않은 단지 경험적이고 우연적인 이유 때문에 실패하는 것이라고 진술한다. 이런 이유로 "오류"는 전형적인 예가 될 수 있다. 즉, 사유 그 자체는 본연적으로 진리를 추구하며, 인간 존재는 오류를 범할 수 있는 유한한 생명체이기 때문에 길에서 벗어나는 경우가 있다 ─ 하지만 사유하는 자이기 때문에 그러한 것은 아니다. "광기, 어리석음, 악의라는 끔찍한 저 삼개조"(DR 149)는, 이런 관점에서 보아, 특정한 사람들에게 속하는 단지 경험적인 상황들의 목록으로 나타나지, 우리에게 사유함 그 자체의 본성에 관해 아무것도 말해주지 않는다. 또, 데카르트는 우리에게 아마도 가장 유명하리라 생각되는 예를 제공한다. 『성찰들』의 바로 그 서두 무렵에서 그가 아마도 진짜가 아닌 사물들을 믿도록 인도되었으리라 생각되는 일련의 방식들을 고찰한다. 그러한 한 가지 방식은 감각들의 오류 가능성을 통해 존재한다. 나는 멀리서 둥근 모양의 탑을 보지만, 더 가까이 다가갈 때 그 탑이 실제로는 직사각형 모양이라는 점이 분명해진다. 또 다른 것은 내가 깨어 있기보다는 꿈을 꾸고 있을 가능성이다. 하지만 데카르트는 또한 이 이상의 가능성, 그 자신이 광인 중의 한 사람일 수 있을 가능성을 고찰한다.

> 나는, 지속적인 우울증의 망상으로 인해 뇌가 손상을 입은 광인들 중의 한 사람일 수 있다. 이러한 광인들은 극빈자인데도 왕이라고 굳게 믿고 주장하거나, 혹은 벌거벗고 있는데도 자줏빛 의상을 입고 있다거나, 혹은 머리가 도기로 만들어져 있다거나, 혹은 자신들이 호박이라거나, 혹은 유리로 만들어져 있다고 말한다. 하지만 그런 사람들은 정신이상자들이다. 또, 만약에 내가 그들을 나 자신의 모델로 삼아 무엇인가를 취한다면 나는 똑같이 미친 사람으로 간주될 것이다.
>
> (Descartes, *Meditations*, 13)

주목해야 할 첫 번째 것은 이 대문에서 데카르트의 광기 이미지들이 얼마나 진부한가 하는 것이다. 진정한 고통에 가까운 공포 ─ 예를 들어,

전 인생이 이러한 고통에 위태롭게 처해 있는 (정신)분열증 환자의 공포 — 는 여기서는 빠져 있고, 광대 같은 허울 뒤에 모호하게 숨어 있다. 들뢰즈는, 이러한 종류의 진부한 예들은 이 예들에 생기를 불어넣거나 혹은 매혹당하는 사유의 이미지의 성격을 드러내기 때문에, 우리는 이러한 예들에 주의해야 한다고 주장한다. "우리는 어떻게 그런 유치하고 인위적인 교과서의 예들이 사유의 이미지를 정당화할 수 있다는 점을 인정할 수 있는가?"(DR 154) 하지만 들뢰즈는 또한 또 다른 주장을 펴고자 한다. 데카르트는 그 자신이 사유 그 자체의 바깥에 놓여 있는 미친 사람일지도 모른다는 가설을 취한다. 그가 사유하는 합리적인 존재자인 한, 그는 (축자적으로) 미친 사람을 사유에서 잘못된 것일지도 모르는 것을 위한 모델로 취하는 (비유적으로) 미친 사람일 것이다. 달리 말해서, 광기는 살아 있는 존재자로서의 어떤 사람들에게 해당하는 단순한 사실이지만, 사유하는 사람들로서의 사람들에게는 해당하지 않는다. 사유 그 자체는 미칠 수가 없다. 즉, "어리석음, 악의, 광기는 외부로부터 사유의 정직한 성격을 전복시킬 수 있는 외적 힘들을 작동시키는 외적 원인들에 의해 야기되는 사실들로 간주된다 — 이 모든 것은 우리가 오직 사유하는 자가 아닌 한에서 생긴다."(DR 149)

이 공준에 대한 들뢰즈의 공격은, 플라톤, 루크레티우스, 스피노자, 그리고 18세기 프랑스 철학자들이 오류의 공준에 이미 최소한 물음을 제기했던 철학사에 등장하는 순간들을 간결하게 논함으로써 시작된다. 하지만 들뢰즈의 견해에 의하면, 사유는 그 자체의 위험들, 사유에 내재하는 위험들을 소유한다는 본질적인 발견을 한 사람은 바로 칸트이다. 칸트는 "전혀 회피할 수 없는"(Critique of Pure Reason, A298/B354) **본연적인** 회피 불가능한 **가상**인 초월론적 가상transcendental illusion이라는 표제하에 이 중한 종류를 발견했다. 앞의 예들로 돌아가 보면, 우리는 전체성 혹은 총체성의 이념이 경험의 대상이 아니라 지식의 체계화를 위한 규제적 지평이라는 점을 증명할 수 있을지라도, 그럼에도 불구하고 우리는 우주를 마치 우리가 직접적으로 알고 있는 어떤 것인 양 말하기 위하여, 이러한 이념을 실재적 사물로 다루는 일을 향해 표류하지 않을 수 없다.

여기서 칸트의 참신함이 두드러지게 나타나며 ― 사유는 그 자신을 오도한다 ―, 들뢰즈는 칸트의 중재에 진실로 충격을 받는다. 하지만 그럼에도 불구하고 그는 칸트의 통찰의 중요성은 그것이 완전하게 철저화되었을 때 실제로 나타날 뿐이라고 생각한다. 그가 생각하기에, 자기 자신의 자아와 사유를 희생하고 이러한 철저화를 성취한 사람은 바로 프랑스의 작가 앙토넹 아르토Antonin Artaud이다.

아르토는, (그에게) 문제는 사유의 방향을 정하는 것이거나, 혹은 사유하는 것에 관한 표현을 완전히 하는 것이거나, 혹은 적용과 방법을 획득하는 것이거나, 혹은 자신의 시들을 완전히 하는 것이 아니라, 어떻게 해서든 무언가를 사유하는 것이었다고 말했다. [⋯] 따라서, 사유는 또한 그 자체의 중심적 붕괴, 그 자체의 균열, 그 자체의 본연적 "무력함"을 사유하지 않을 수 없다. [⋯] 그는 사유함thinking은 선천적인 것이 아니라, 사유thought 안에서 생겨나야만 한다는 것을 알고 있었다. 그는 문제는 원리상 또 본성상 선재하는 사유를 지휘하거나 혹은 방법론적으로 적용하는 것이 아니라, 아직 실존하지 않는 것을 존재로 가져오는 것이라는 점(다른 작업은 존재하지 않고, 나머지 모든 것은 자의적이고 장식에 불과하다)을 알고 있었다. 사유한다는 것은 창조한다는 것 ― 다른 창조는 결코 존재하지 않는다 ― 이지만, 창조한다는 것은 무엇보다도 사유 안에서 "사유함"을 생겨나게 하는 것이다. (DR 147)

사유에 속하는 본질적이고 근본적인 어리석음이 존재하며, 우리가 어떻게 해서든 사유하도록 보장하는 것은 아무것도 존재하지 않는다. 그리고 이 동일한 논점이 광기에도 해당한다. "분열증은 인간적 사실일 뿐만 아니라 또한 사유를 위한 가능성이다."(DR 148) 그렇다면 가장 일반적인 수준에서, 들뢰즈는 사유의 본질적인 위험들은 사유 그 자체에 내재한다고 주장하고자 한다.

문화

> 능력들의 한계는, 차이를 간직하고 전달하는 부서진 형태로 한 능력이 다른 능력들에 감싸여 있다. 보물들을 발견할 방법이 존재하지 않는 것과 마찬가지로 학습을 위한 방법은 존재하지 않지만, 격렬한 단련, 모든 개인들에게 영향을 미치는 문화 혹은 고전적 교육 이념paideïa 은 존재한다. (DR 165)

이 대문에서 우리는 사유함에 관한 들뢰즈의 설명, 즉 "사유의 이미지" 장의 마지막 페이지들을 논하는 설명을 기초로 할 때 일어나는 이 이상의 문제를 효율적으로 확인할 수 있다. 사유함의 비자발적인 기원들, 그리고 능력들의 불협화적인 최초의 작동을 고려할 때, 재인을 모델로 하는 평온한 사유 방식이 매우 일반적이라는— 일반적일 뿐만 아니라 표준적이고 **표준화되기도 한**— 사실을 어떻게 설명할 수 있을까?

이 대문은 또한 우리에게 **문화**라는 대답을 제공한다. 들뢰즈에 호응하려면 우리는 문화 작업이 사유에 포함된 부가적인 비자발적 요소라는 점을 이해하지 않으면 안 된다. 우리는, 우리를 사유의 아동기에서 사유하는 자의 성숙기로 데려갈 자연적인 학습 방법을 따름으로써 평온한 일상적인 의미에서조차 "사유할 수" 없게 된다— 우리는 그런 길은 자연적으로 존재하지 않는다는 점을 이미 알고 있다. 대신에, 문화는 사유함을 산출하고 조직하기 위하여, 감각에서의 어떠한 마주침들에 우리가 봉착하는 경향이 있는지 사전에 규정함으로써, 그리고 이어서 무엇이 능력들의 적법한 활동을 구성하게 되는지 규정함으로써 기능한다.

아동은 어떤 특정한 음식들을 먹게 되고, 어떤 특정한 이미지들을 보도록 허용되고, 어떤 특정한 단어들을 알고 말하도록 가르쳐진다. 이미 이러한 연계는 감성의 학습을 위한(무엇이 느끼기 위한 올바른 방식인가?), 상상력의 학습을 위한(생산될 수 있는 모든 이미지들은 이미 본 것들에서 이끌려 나온다), 기억의 학습을 위한(회상하려면 무엇이 중요한가?) 암묵적 네트워크를 구성한다. 이것에서 더 나아가, 수련으로서의 문화는 능력 그 자체들 사이의 어떤 특정한 규제된 연관들을 확립한다. 여기서 들뢰즈는 니체의『도덕의 계보』에서 따온 한 대문을 다소 문맥과 무관하게 인용하기 전에 이 논점을 주해한다.

> 문화는 […] 니체가 말한 바와 같이, '생각하는 자들의 나라'를 단련하기 위하여, 혹은 '마음에게 단련을 제공하기' 위하여, 감성, 기억, 그리고 사유를 잔혹함들과 폭력에 연결시키는 학습의 운동, 즉 비자발적 모험이다. (DR 165-6)

니체는 개인들의 집단의 형성을 논하고 있다. 다른 한편으로, 들뢰즈는 "능력들의 공동체"의 단련에 관해 이야기하고 있다. 사유를 조직하는 일, 사유의 습관적인 형식들 및 용인되는 변경들을 단련하는 일은 문화의 영역이다. 따라서 어떤 면에서, 들뢰즈의 관점에서 볼 때 칸트 사유의 위대한 아이러니는 그의 의도와는 반대로 문화의 활동성을 발견했으며, 이러한 문화의 활동성을 보편적이고 필연적인 본성으로 규정했다 ─ 칸트는 주의 깊은 초등학생을 인간 사유 그 자체로 혼동했던 것이다.

건립

『차이와 반복』에서 들뢰즈의 긍정적 기획은 무엇인가?

이 지점에서 우리가 이제까지 논해온 것을 잘 살펴보고 들뢰즈가 전개하고자 하는 일반적인 긍정적 기획을 주시할 만한 가치가 있다. 우리는 기본적으로 두 단계의 주장을 보아왔다. 첫 번째 단계의 목적은 서양 철학사에 나타나는 차이에 대한 객관적 오해를 제시하는 데에 있었다 — 따라서 우리는 아리스토텔레스, 헤겔, 라이프니츠를 둘러보았다. 그렇지만 들뢰즈가 서양 철학사에서 발견하는 차이에 대한 오해는 훨씬 더 문제가 있는 기반인 사유의 독단적 이미지에 근거하고 있음이 판명되었다. 이는 두 번째 단계이었으며, 이 단계의 목적은 일단의 어떤 암묵적 전제들이 세계에 관한 우리의 사유를 조직한다는 점을 보여준다는 데에 있었다. 하지만 이제 우리는 이 단계를 더 두드러진 용어들로 기술할 수 있다. 즉, 동일성의 특질이 일어나고 그러한 명백함의 느낌을 소유하게 되는 것은 사유가, 같은 것the Same에 대한 재인 및 세계의 평온함 주위로 정향되어 있는 것으로 전제되기 때문이다. 그리고 후에 우리는 차이에 대한 객관적 오해와 주관적 오해 둘 모두를 마주 대하는, 훨씬 더 광범위한 세 번째 고찰이 여기서 작동하고 있다는 것을 보게 될 것이다. 즉, 실재 그 자체의 엄폐를 설명하는 것은 인간의 사유를 포함해서 실재 그 자체를 생산하는 조건들이다.

하지만 이것은 오직 들뢰즈 주장의 매우 중요한 면들을 열거하는 것일 따름이다. 앞에서 우리는 내가 아리스토텔레스 이후 차이의 철학을 위한 **세 가지 요건들**이라 칭한 것을 본 바 있다.

1. 동일성에 복속되지 않는 차이 개념을 창조하는 일.

2. 이 차이 개념을 긍정하는 일반적인 존재론적 체제.

3. 개체의 수준에서 실재를 조성하는 일에 대한 설명.

앞에서 본 바와 같이, 들뢰즈는 이 요건들 중 **첫 번째** 요건은 최소한 모호하게나마 라이프니츠가 지각에서의 재현이하적 차이들에 관한 이론에서 파악하고 있었다고 생각한다. 이어서, **두 번째** 요건은 존재의 일의성 이론에 의해 (최소한 부분적으로나마) 충족된다. 이 요건은, 대략적으로 말해서, 실체 대신에 시간—니체의 영원회귀를 따라갈 때 이해되는 바의 시간—을 근본적인 존재론적 범주로 만듦으로써 차이를 긍정하는데, 우리는 이 장 후반부에서 이 점에 관해 더 많은 것을 보게 될 것이다.

미분적, 발생적 존재론

이 점을 염두에 두고, 우리는 『차이와 반복』 나머지 부분에 보이는 들뢰즈의 목적은 **세 번째** 요건을 다루고자 하는 것이라고 말할 수 있으며, 그는 실재에 대한 발생적, 미분적 설명을 건립함으로써 이 작업을 수행한다. 미분적이어야 한다는 것은 차이를 맨 앞에 오도록 만들어야 한다는 점, 존재에 관해 사유할 때 차이를 근본적 범주로 취해야 한다는 점을 말하는 것이다. 하지만 미분적인 것은 또한 **발생적**이어야 하는데, 이는 서술을 전개해 나아갈 때 주요한 초점이 될 것이다. 발생적 존재론은 진행 중인 실재의 생산을 설명하는 존재론이다.

달리 말해서, 이 책의 매우 중요한 부분들로 길을 열어주고 난 후, 들뢰즈는 두 가지 물음에 대한 직접적이고 긍정적인 대답을 제시한다.

1. 새로움novelty의 조건들은 무엇인가? 무엇이 작동해야 사물들이 변하는가? 이 물음에 대한 대답은 들뢰즈를 조건들에 관한 설명으로, 즉 대략적으로 말해 칸트적인 전통에 보이는 초월론적 탐구로 이끌

것이다. 그리고 이 설명은 또한 시간 이론을 요구한다. 왜냐하면, 만약 사물들이 실제로 변한다면 이 사물들은 시간을 걸치면서 다른 것이 되기 때문이다.

2. 이 조건들은 어떻게 실현되는가? — 즉자적 차이difference-in-itself란 무엇인가?와 동일한 물음으로 판명되는 — 이 물음은 물질적 실재에 대한 사유를 요구할 것이다.

조건들, 시간, 물질성, 이것들은 각각 우리가 차례대로 논하게 될『차이와 반복』의 4장, 2장, 5장의 주제들이다. 하지만 이것들은 또한 들뢰즈의 저작에서 더 잘 알려진 술어들, 즉 잠재적인 것, 반복, 강도로 통하기도 한다. 일단 이 장들을 다 공부하고 나면, 우리는 다음의 두 주목할 만한 물음들에 대한 들뢰즈의 대답을 파악할 수 있을 것이다. 어떤 의미에서 즉자적 차이는 존재의 근본적인 이름인가? 또 존재에 있어서 새로움은 정확히 어떻게 일어나는가?

잠재적인 것 I: 칸트와 마이몬

우리가 여기서 고찰할 필요가 있는 최초의 주요한 긍정적인 기여는 조건들이라는 관념, 그리고 "새로운 것들의 조건들은 무엇인가?"에 관한 것이다. 다시 한번, 들뢰즈는 건립을 시작하기 위해 칸트로 향하는데, 이는 철학사에 등장하는 새로운 물음, 즉 "경험을 위한 가능성의 조건은 무엇인가?"가 최초로 물어지는 것은 바로『순수이성비판』에서이기 때문이다. 들뢰즈는 칸트의 주장으로부터 몇 핵심 자료들을 이끌어내지만, 이어서 이 자료들을 수많은 비판적 변형들에 처하게 한다. 이러한 비판적 변형들은 칸트의 위대한 동시대인 비판자들 중 한 사람인 솔로몬 마이몬

Solomon Maimon의 저작에서 이미 보고된 것들이다. 우리는 그의 발자취를 따라가 볼 것이다.

칸트에게 있어서 문제적 이념

우리가 앞에서 개요를 서술한 바 있는 칸트의 능력 이론을 다시 떠올리면서 시작해보자. 세 가지 능력들이 인식과 경험을 구성한다. 감성은 수용하는 능력이며, 감각과 대상들 그 자체와 접촉하는 지점이다. 감성은 시-공간화된 다양한 것들, 혹은 칸트가 직관들이라 부르는 것을 생산한다. 지성은 사유를 위한 규칙들 혹은 범주들의 능력이다. 이 규칙들 혹은 범주들은 상상력의 중재를 통해서 직관들에 능동적으로 적용된다. 사유의 논리적 구조의 일반성과, 감각에서 마주치는 것들의 개별성이 결합되는 것은 바로 상상력에서이다.

이 세 가지 구성적 능력들 외에 구성적이 아니라 규제적인 이성의 능력이 존재한다. 적법하게 기능할 때, 이성은 사유에게 지식의 개별적인 사례들을 체계화하여 체계적인 구조를 만드는 수단을 제공한다. 더 정확히 말하면, 이 체계화하는 기능은 경험에서 어떠한 상관자도 없는 사유의 "대상들"인, 이성의 이념들Ideas of Reason — 이 중 가장 일반적인 예들은 신, 영혼, 총체성이다 — 에 기인한다. 다시 한번 말하지만, 나는 결코 총체성(우주)을 경험하지 못하지만, 이념Idea(l)으로서 그것은, 바다 위의 수평선horizon이 내가 대상들을 공간 속에서 서로와 관련하여 위치시키는 일을 허용하는 것처럼, 지식의 개별적인 조각들을 체계적인 방식으로 조직화하는 일을 허용한다.

들뢰즈는 『차이와 반복』 제4장을 이념에 대한 칸트의 상세한 핵심적 설명을 따르면서 시작한다. 그는 칸트가 이념들을 "문제적problematic"인 것으로 부른다는 것을 언급한다 — 이념은 "문제적 개념", 즉 아무런 해solution가 없는 **문제**이다(*Critique of Pure Reason*, A339/B397; A328/B384).

결국, 칸트에게 이성은 "문제들 일반을 제기하는 능력"(DR 168)이다. 이모든 것은 무엇을 의미하는가? 이성의 이념들과 지평horizon 간의 유비를 다시 생각해보자. 이 창문 바깥으로, 건너편 다 타버린 집으로, 이어서 갈라진 참나무로, 이어서 하늘과 땅이 만나는 선으로 내다볼 때마다, 유의미한 전체가 생산된다. 하지만 대신에 만약 내가 일어나서 부엌 창문 바깥을 내다본다면, 동일한 일이 다시 일어나게 되어 있다. 내가 세계를 볼 때마다 지평은 내가 나의 지각 장을 통일하도록 허용한다. 이 별개의 모든 사물들을 "해결하기" 위하여, 나는 한 전체a whole를 들여다볼 수 있다. 하지만 지평 그 자체는 결코 소진되는 법이 없다. 이 점을 다른 방식으로 말할 수 있다. 즉, 내가 창문 바깥을 내다볼 때마다 지평이라는 "문제"는 개별적 사물들의 개별적인 조직화에 의해 해결되지만, 내가 한 번 더 볼 때까지 오직 순간적으로만 "해결될" 뿐이다.

이제 칸트의 총체성 이념을 다시 생각해보자. 내가 『차이와 반복』에 관한 나의 모든 지식을 "총체화"하거나 체계화할 때마다, 이념은 내가 이 책에 관해 알고 있는 모든 개별적인 것들에 의해 순간적으로 규정된다. 하지만 이어서 나는 다시 읽기 시작하고, 이 이전 규정은 내가 더 많은 것을 배우는 만큼 한쪽으로 제쳐놓아진다. 그렇다면 이념들이 영원한 해解가 없는 문제들이라는 것은 바로 이런 의미에서이다. "이념들은 그 자체 문제적problematic 혹은 문제제기적problematising이다."(DR 168)

그래서 칸트에게 이념들은 다소 별난 지위를 가진다. 이념들은 각자의 방식대로 미규정적이다undetermined. 총체성 개념은 경험에서의 어떤 것과도 일치하지 않는다. 그러나 그럼에도 불구하고 경험과 인식의 개별적인 사례들과 관련하여 규정 가능하다determinable. 말하자면 일시적으로 해결 가능하다. 하지만 이때 마지막 급격한 전환이 있다. 들뢰즈는 이념들은 또한 매우 특유한 의미에서 완전하게 규정되어 있다completely determined고 언급한다. 우리는, 칸트에게 있어서 경험과 인식은 지성의 범주들——

모든 사유의 규칙들— 을 전제한다는 점을 꼭 기억해둘 필요가 있다.
이는 이념이 **규정될** 때마다 이 범주들과의 관계에 들어간다는 것을 의미한
다. 하지만 지성과 이성의 이러한 관계는 경험에서 **언제나 현존하며**, 그래서
우리는 모든 경험과 인식의 윤곽은 언제나 이미 이성의 이념들을 완전하게
규정하고 있다고 말할 수 있다. 요컨대, 이념들은 "세 가지 계기들을
현시한다. 첫째, 이념들은 자신의 대상과 관련하여 미규정적이고, 둘째,
경험의 대상들과 관련하여 규정 가능하고, 셋째, 지성의 개념들과 관련하여
무한한 규정의 이상을 간직한다."(DR 169)

칸트의 비판철학에 대한 마이몬의 비판적 재건립

만약 내가 이러한 설명에 대해 그토록 오랫동안 숙고해왔다면, 이는
그것이 다음에 오는 것 — 즉, 잠재적인 것이라는 들뢰즈의 악명 높은
개념은 근본적으로 칸트에 기초하고 또 칸트로부터 유래한다는 것 —
을 실질적으로 뒷받침하기 때문이다. 그러나 들뢰즈는 이 잠재적인 것이라
는 개념에 어떤 다소 극적인 변양들을 입힌다. 이 중 첫 번째 것은, 칸트와
동시대에 살면서 칸트를 비판했던 사람들 중의 한 사람, 들뢰즈가 많은
찬탄을 보내는 솔로몬 마이몬Solomon Maimon으로 향할 때 가장 잘 이해될
수 있다. 그런데 사실 칸트도 마이몬에게 찬탄을 보냈었다. 칸트는 친구
마르쿠스 헤르츠Marcus Herz에게 편지를 쓰면서 "나를 반대하는 사람들
중 나를 이토록 잘 이해한 사람이 없었을 뿐만 아니라, […] 또한 이러한
방식으로 깊은 탐구를 하며 이토록 풍부한 통찰, 마음의 섬세함을 주장할
수 있는 사람은 또 있을까 말까 하다"라고 말했다. 피히테는 훨씬 더
많은 호의를 드러내었다. "나는 마이몬의 재능에 한없는 존경을 표한
다."(Beiser, *The Fate of Reason*, 285; 370n2)

잠재적인 것이라는 개념을 건립할 때, 들뢰즈는 칸트에 대한 마이몬의
비판 중 특히 두 가지를 따로 떼어 내어 전개한다. 이 중 첫 번째 비판은

칸트가 감성과 지성의 작업을 거치는 인식의 구성을 설명하는 방식에 관한 것이다. 마이몬은 이렇게 묻는다. "우리가— 지성의 범주들의 흔적이 없는— 이미 개념화되지 않은 어떠한 경험도 결코 갖지 않는다는 점을 고려할 때, 그렇다면 우리는 왜 굳이 경험과 인식에 비개념적인 요소들이 존재한다고 생각해야 하는가?" 칸트는 범주들을 감성적 직관들을 조건 짓는 것으로 생각하기를 원하지만, 자신의 방식대로 그가 이 감성적 직관들이 현실적으로actually 실존한다는 것을 보여주는 어떠한 방식도 갖지 않는다.

이제 두 번째 비판 방식으로 넘어가 보자. 버트런드 러셀은 라이프니츠 철학에 대한 첫인상을, "아마도 일관되기는 하겠지만 완전히 자의적인 일종의 환상적인 동화"(*The Philosophy of Leibniz*, xxi)로 기술했다. 이는 마이몬이 칸트에게 겨누는 것과 동일한 비난이다. 칸트는 모든 가능한 경험을 위한 조건들을 발견하기를 원한다고 말하지만, 우리가 어떻게 이 조건들이 실제로really 경험에 적용되는지 알 수 있는가? 아마도 칸트의 체계는 내적으로 일관되겠지만, 실재적real 경험과 전적으로 아무런 관련이 없을 수도 있다. 달리 말해서, 칸트는 이 물음에 대답할 수단을 갖지 않는다. "어떻게 그대는 가능한 경험의 조건들이 사실적으로in fact 적용되는지 아는가?"

들뢰즈의 견해에 의하면, 마이몬의 비판들은 사유와 경험 간의 관계는 조건 짓기conditioning의 관계라는 칸트의 중심 가정들을 표적으로 삼는다. 규제된 유의미한 자연을 생산하기 위하여, 비개념적인 물질은 그 자신을 사유에 현시하고, 사유는 물질을 어떤 일정한 조건들(특히 범주들)의 지배를 받게 한다. 하지만 마이몬은 칸트는 그 자신의 견해를 정당화할 수 없다는 점을 정확히 보여주었다. 대신에, 요구되는 것은 조건 짓기가 아니라 발생genesis을 중심 범주로 취하는 새로운 경험 이론이다. 경험은 어떻게 현실적으로actually 생산되는가?

그래서 요약하면,

1. 범주들이 감성적 경험을 위한 조건들이라는 칸트의 주장은 그 자신의 설명에 기초해서 증명될 수 없다.
2. 가능한 경험을 위한 칸트의 조건들이 실재적 경험에 적용될 수 있다는 것은 제1의 『비판』에 기초해서 증명될 수 없다.
3. 이 문제들의 뿌리는 최소한 제1의 『비판』에서 "칸트는 발생적 방법들의 요구를 간과했다"(DI 61)는 점이다. 그는 실재적 경험의 생산에 대한 설명explanation이 아니라 경험의 조건들에 대한 가설적 기술hypothetical description을 효과적으로 산출했다.

앞으로 갈 길은 다음과 같다. 마이몬과 들뢰즈는 (또한 피히테, 셸링, 헤겔 등은) 발생의 관점을 채택하고서, 묻는다. 경험은 어떻게 사유 안에서 생산되는가? 사유함thinking은 사유thought 안에서 어떻게 산출되는가? 마이몬의 해결을 — 최소한, 들뢰즈가 이를 해석하는 것으로 보이는 형식으로 — 먼저 생각해보자. 이어서 들뢰즈가 또 어떻게 이 해결을 변경시키고 있나를 보겠다.

마이몬에게 있어서, 경험의 대상들은 어떻게 생산되는가? 감각적 경험을 출발점으로 취하는 것 대신에, 그는 사유함 내에서 "대상[들]의 생산을 위한 규칙"(Essay, 40)으로 시작한다. 라이프니츠와 마찬가지로, 마이몬은 모든 대상들과 관련하여 일차적인 것은 어떠한 연장도 어떠한 동질성도 결여하는 미분 관계의 장이라고 생각한다. 우리가 대상들로 생각하는 것은 미분들의 적분들integrations, 즉 이 미분 관계들의 장으로부터 생산되는 분리된, 통일되고 동질적인 사물들이다. 혹은, 들뢰즈가 쓰고 있는 바와 같이, 그것은 "실재적 대상들을 생산하는 근원인 미분 관계들의 상호적 종합"(DR 173)이다.

마이몬 또한 이 미분들을 "지성의 이념들"(*Essay*, 9)이라고 부른다. 칸트의 술어들을 혼합해 놓은 이 다소 기이하게 보이는 용어는 두 가지 것을 전달하도록 의도되어 있다. 한편으로, 사유의 미분들이 대상들의 생산을 위한 규칙들로 기능하는 방식은 이성의 이념들이 칸트에게 있어서 기능하는 바로 그 방식으로 **문제적으로**problematically 존재한다. 이성의 이념들은 그 자체 감성적 경험의 대상이나 이성적 인식의 대상이 아니라, 이 두 종류의 대상 모두가 전제하는 것이다. 다른 한편으로, 이 이념들은 규제적일 뿐만 아니라, 칸트가 말하는 지성의 범주들이 그렇듯이 **구성적**이기도 하다. 다음을 생각해보자. L.A. 시내에 있는 금은방을 지나갈 때, 나는 우연히 창 안에 있는 금으로 된 구체를 보게 된다. 내가 그것을 구체로 인식하는 일과 대상으로 경험하는 일은 둘 모두 사유 내에서 구체를 대상으로 생산하는 조건들— 이 특정한 사례에서 작동하는 사유의 특정한 미분들— 이 제기하는 문제를 해결하는 일을 수반한다. 결국, 경험의 기원은 사유 바깥의 사물 그 자체thing-in-itself가 아니다. 마이몬은 칸트의 **누메나**noumena 개념을 취해서, 이 개념을 사유의 미분들 그 자체와 동일시한다.

내가 방금 시사한 바와 같이, 칸트의 감성과 지성의 이원론은, 두 종합은 두 상이한 방식으로, 동일한 "소재들raw materials"(사유의 미분들)에 관여한다는 주장을 기초로 하여 마이몬에 의해 해결된다. 감성은 (상상력과 더불어) 미분들을 경험의 대상들로 통합한다. 그리고 칸트와 달리, 지성은 그 자신을 감성의 대상들에 적용할 뿐만 아니라, 또한 사유의 미분들에 적용해서, 문제가 되고 있는 그 미분들의 적합한 개념을 생산하려고 작업한다.

> 지성은 […] 미분들의 실재적 관계들로부터 질들 그 자체의 실재적 관계들을 생산한다. 그래서 만약 우리가 불이 밀랍을 녹인다고 판단한다

면, 이 판단은 직관의 대상들로서의 불과 밀랍에 관계하는 것이 아니라, 그것들의 요소들에 관계하는 것이다. (Maimon, *Essay*, 183)

그래서 만약 내가 내 자신에게 "원의 면적이나, 혹은 원이 사각형과 맺는 관계"(*Essay*, 46)에 관해 묻는다면, 내 대답은 감각적 직관을 경유하여 가야 하는 것이 아니라, 곧바로 사유의 미분들로부터 원과 사각형이라는 대상을 생산하는 일을 수반하게 될 것이다. 이 모든 것을 염두에 둘 때, 우리는 마이몬이 왜 문제점들을 다음과 같이 요약하게 되는지를 알 수 있다.

> 따라서 감성은 규정된 의식에게 미분들을 제공한다. [⋯] 감성의 대상들인 이 상이한 미분들의 관계들로부터, 지성은 이 미분들에서 생기는 감성적 대상들의 관계를 생산한다.
> 대상들의 이 미분들은 이른바 누메나noumena이다. 하지만 이 미분들로부터 생기는 대상들 그 자체는 페노메나phenomena이다. [⋯] 이 누메나는 지성의 어떤 특정한 규칙들을 따라서 대상들이 어떻게 생기는가 설명하기 위한 원리들로서 역할하는 이성의 이념들이다. (Maimon, *Essay*, 21)

들뢰즈와 마이몬

내가 앞에서 말한 바와 같이, 들뢰즈는 마이몬에게 많은 찬탄을 보내며 『차이와 반복』에서, 마이몬이 변경한 초월론 철학으로부터 매우 심오한 것들을 이끌어낸다. 설사 이 찬탄이 명백하지 않을지라도, 여전히 우리는 두 사상가들이 교차하는 네 가지 논점을 발견할 수 있다.

첫째로, 들뢰즈는 발생이라는 주제로 전환하는 데에 전적으로 동의한다. "마이몬의 천재성은 조건 짓기의 관점이 초월론 철학에 얼마나 부적합한가를 보여주는 데에 있다."(DR 173) 달리 말해서, 들뢰즈는 사유와 실재를 이해하는 효과적인 유일한 접근법은 사유와 실재가 생산되는 방식에 의해서라고 생각한다. 초월론 철학은 더 이상 가능성의 조건들이 아니라 실재적 발생을 둘러싸고 전개된다.

둘째로, 마이몬과 마찬가지로, 들뢰즈는 문제적 이념이라는 칸트의 개념이 모든 발생적 초월론 철학의 결정적 부분이라고 생각한다. 최종적 분석에서, 실재의 생산은 실재의 고정된 구조(존재의 방대한 연쇄)나 혹은 자기–동일적 이념성들의 고정된 질서(어떤 경우의 플라톤)를 참조하는 것이 아니라, 문제들을 참조한다. 발생은 문제들에 대한 진행 중인 해결로 정의된다.

하지만 세 번째로,—이는 내가 바로 이 장의 끝 무렵에서 다시 논하고자 하는 주제이다— 들뢰즈의 목표는 경험의 대상들의 발생뿐만 아니라, 또한 전적으로 물질적인 실재의 대상들의 발생을 설명하는 것이기도 하다.

마지막 네 번째로, 들뢰즈는 수학 — 특히 라이프니츠가 창시한 미분법과 적분법 — 의 소환이 발생적 철학의 기획에 본질적인 구성 요소를 제공한다고 주장하는 마이몬에 전적으로 동의한다. 잠재적인 것이라는 들뢰즈의 탁월한 개념이 의미하는 것에 대한 종합적 요약을 하기 전에, 이제 우리가 향할 곳은 바로 이 지점이다.

잠재적인 것 II: 미분법

내가 여기에서 제시하고자 하는 매우 간단한 미적분법에 대한 설명은 일차 미분에만 한정된다. 매우 간단한 함수 $y = -x^2 + 5$를 예로 들어보겠다. 그래프로 바꾸면, 이 함수의 가장 관심을 끄는 부분은 다음의 그래프와 같이 나타난다.

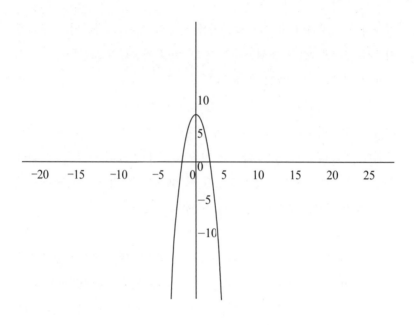

그리고 우리는 모든 점點들에서 단조로운 것으로 나타나는, 훨씬 더 간단한 함수 $y=x+5$와 비교해보겠다.

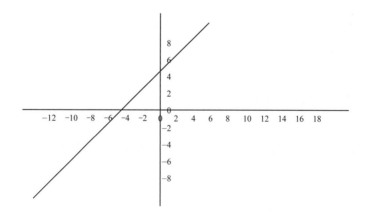

만약 이 함수들이 미적분법을 소개하는 학교 교재에 나온다면, 그것은 아마도 다음과 같은 지점들을 점진적으로 통과할 것이다.

1. 두 번째 함수와 그 그래프로 시작해서, 두 가지 물음들을 생각해보자. 어떤 주어진 점에서 함수의 변화도는 무엇인가? 또, x-축과 y-축 사이의 선 아래의 면적은 무엇인가? 이제, 이 함수는 직선형이기 때문에, 변화도를 계산해내기 위해서 이 함수의 어떤 부분을 우리가 선택하느냐 하는 것은, 어디서든 같을 것이므로, 중요하지 않다. 그래서 (-5, 0)에서 (0, 5)에 이르는 선택을 취해서 두 축들로 삼각형을 만들어보자. 이 직선의 경사를 규정하기 위해서, 우리는 y-축(우리는 이를 Δy 라고 부를 터인데, 이는 y 의 변화를 읽는다)을 따라 이동한 거리를 x-축을 따라 이동한 거리(Δx)로 나눈다. 그래서 우리는 $\frac{\Delta y}{\Delta x} = \frac{5}{5} = 1$ 을 얻는다. 또, 만약 우리가 한 구역을 두 배 긴 것 — 혹은 절반 긴 것 — 으로 취하더라도 같은 결과를 얻을 것이라는 점을 주목하라. 이제, 우리는 어떻게 동일한 가치들을 거치는 함수와, 축들 사이의 면적을 결정하는가? 음, 이 면적의 모양은 규칙적인 모양, 삼각형이며, 이 면적의 양(A)은 길이 곱하기 높이에 이를 2로 나눈 것이다. 그렇다면 $A = \frac{(5 \times 5)}{2} = 12.5$ 가 된다.

2. 이제, 첫 번째 함수와 그 그래프에 대해 같은 물음을 묻는다고 가정해보자. 두 경우 모두에서 우리로 하여금 위에서 채택한 간단한 접근법을 사용하지 못하게 하는 분명한 문제가 존재한다. 이 함수의 경사도의 경우, 문제는 그것이 직선형이 아니라는 점이다. 이는 이 함수의 경사도가 모든 점들에서 변한다는 것을 의미한다. 우리가 이전 공식 $\frac{\Delta y}{\Delta x}$ 을 적용하기 위해 곡선의 어떤 부분을 선택하더라도, 그것은 오로지 근접치일 뿐일 것이다. 역설적으로 보이는 요건은 이것이다. 즉, 어떤 점에서at a point 곡선의 변화도를 발견하는 것이다. 하지만 곡선의

변화도가 얼마인지, 계산하는 일이 어떤 거리를 거치는 동안 함수가 변하는 방식을 우리가 숙고해야 한다는 것을 요구할 때 우리가 어떻게 이 일을 해낼 수 있겠는가? x-축 위에 있는 곡선 아래의 면적의 경우에 문제가 훨씬 더 명백히 드러난다. 즉, 그것은 규칙적 모양이 아니다. 이 두 가지 관련된 문제들을 해결하는 일은 오직 두 분야의 미적분법calculus, 곧 미분법differential calculus과 적분법intergral calculus을 발명할 때만이 가능하게 된다.

3. 적분, 그리고 곡선 아래의 면적의 문제로 시작해보자. 이 문제를 풀고자 하는, 고대 그리스의 철학자들이 창안한 첫 번째 시도는 측정 불가능한 모양에 가장 가까이 근접한 측정 가능한 모양을 발견하려는 데에 있었다. 예를 들어, 원의 면적을 알아내고자 하는 아르키메데스Archimedes의 시도는 이와 유사한 과정을 따랐다.

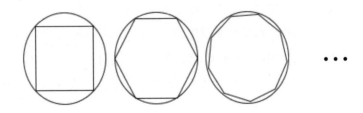

이 접근법은, 그 목적이 점점 더 많은 면들을 가진 다각형들을 고찰함으로써 남은 공간을 소진시키고 (영원히 거기에 도달함이 없이) 원의 둘레 그 자체로 향해 가는 것이므로, 소진법으로 알려져 있다. 이와 관련된 접근법이 우리의 문제와 씨름하는 데 사용될 수 있을 것이다.

여기서 이 두 번째 버전은 이 접근법의 한계들을 보여준다. 곡선 아래의 전체 면적을 소진하기 위해 우리가 해야 하는 것은 무한한

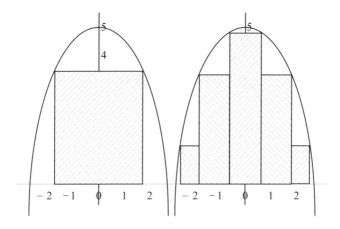

수의 무한히 얇은 사각형들을 포함하는 것이리라. 오직 그때만이 우리는 실제로 전체 면적을 결정했다고 할 수 있을 것이다. 그리고 다음과 같이 간결하게 말할 수 있다. 즉, 라이프니츠가 창안한 바의 극한산법infinitesimal calculus은 무한한 수의 무한히 작은 양들을 합계하는 수단이다. 우리의 경우, 적분 방정식과 그 결과는 (우리의 목적과 관련이 없는 계산을 차치한다면) A=$\int_{-5}^{5} (-x^2+5)dx$=33.3이다. 긴 S는 총계를 가리키며, 그래서 이것은 "면적 A는 x-축 상에 있는 -5와 5 사이의 함수의 공간을 구성하는 무한한 수의 무한히 적은 양들의 합계이다"로 읽을 수 있다.

4. 하지만 이제, 『차이와 반복』의 들뢰즈를 이해하려 할 때 중요한 열쇠가 되는 미적분법의 분야 곧 미분법을 생각해보자. 대답해야 하는 남은 물음은 이렇다. 우리는 어떻게 함수 $y=-x^2+5$의 곡선의 변화도를 계산할 수 있는가? 문제는 적분의 쟁점과 밀접하게 관련되어 있다. 후자의 경우, 쟁점은 무한한 수의 무한히 작은 양들의 합계를 얻는 일에 관한 것이었다. 변화도의 경우, 문제는 곡선의 무한히 작은 부분 위에 있는, 곡선의 경사도를 어떻게든 결정해내야 한다는

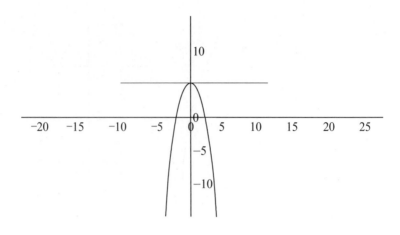

것이리라—사실상, 우리는 $\frac{\Delta y}{\Delta x}$이 무한히 작은 경우들에서 이 양들이 무엇인가 알아내기를 원한다. 이 경우에, 우리는 여기서 쟁점이 되고 있는 것 곧 $\frac{dy}{dx}$을 보여주기 위해 약간 다른 전문 술어를 사용하고자 한다. 다시, 상세한 것은 거치지 않고, $y = -x^2+5$의 미분방정식은 $\frac{dy}{dx} = -2x$이다. 이는 곡선의 경사의 변화도가 $-2x$라는 점을 말하는 것이다. 여기에 한 예가 있다. 즉, $x = 0$일 때, 곡선의 탄젠트의 함수는 $\frac{dy}{dx} = 0$이다. 즉, 방향이 바뀌는 바로 그 점의 곡선의 탄젠트는 경사지지 않은 선이다.

들뢰즈의 현대 미적분법의 형이상학

미적분법은 잠재적인 것에 관한 들뢰즈의 설명의 핵심적인 요소이지만, 그가 취택한 미적분법은 다양한 요인들과 전개들에 의해 심하게 굴절되고 변경된 것이다. 무엇보다도, 우리는 미적분법을 제시하는 이 방식이 7학년에서뿐 아니라 17세기에 이미 수렁에 빠져 있었다는 점을 인지할 필요가 있다. 이에 대해 서술되는 세 가지 주요 논점이 존재한다.

후대의 철학자들과 수학자들을 곤경에 빠뜨렸던, 라이프니츠와 뉴턴이 창안한 미적분법의 초기 공식의 주요한 요소들 중의 하나는 바로 그 한히 작은 혹은 "사라지는vanishing" 양이라는 관념이었다. 무엇보다도 수학에서 이 관념은 어떻게 정당화될 수 있는가? 비숍 버클리Bishop Berkeley의 경멸조 발언이 유명했는데, 이는 그럴 만한 것이었다. "그리고 이것들[무한소들]은 무엇인가? 이것들은 유한한 양들도 아니고 무한히 작은 양들도 아니고, 그렇다고 아무것도 아닌 것도 아니다. 떠나간 양들의 유령들Ghosts of departed Quantities이라 불러도 되지 않겠는가?"(The Analyst, §35) 베르나르트 볼차노Bernard Bolzano와 오거스틴-루이스 코쉬Augustin-Louis Cauchy에 의해 최초로 전개되고, 이어서 칼 바이어슈트라스Karl Weierstrass의 저작에서 엄밀하게 추구된 해결책은 이 관념을 완전히 폐기하는 일을 수반했다. 이들의 저작 이후로, 한계(=극한) 관념이 무한히 작은 양들에 관한 모든 언급을 대신하게 된다. 즉, dy와 dx가 두 축과 관련하여 곡선의 사라질 정도로 작은 부분을 가리키는 것으로 간주된 $\frac{dy}{dx}$일 때 함수의 탄젠트가 무엇인가 묻는 일 대신에, 이제 미분화가 한계와 관련한 함수의 행동, 즉 $\lim_{x \to 0} x^2 + 5$를 기술함으로써 작동된다. 즉, 무엇이 함수를 x가 0에 접근하는 것으로서 특징짓는가?

들뢰즈는 이 모든 점을 의심할 여지가 없는 당연한 것으로 간주한다. 그럼에도 불구하고, 그는 미적분법에 대한 어떤 형이상학적 개념들의 유산과 완전하게 결별하는 일에 저항하기를 원한다. 한 중요한 대문에서, 그는 다음과 같이 쓰고 있다.

상징 dx의 가치를 무한소들의 실존에 묶는 것은 잘못이다. 하지만 무한소들의 실존을 거부한다는 명목으로 그것이 지니는 모든 존재론적이거나 인식적인 가치를 거부한다는 것도 또한 잘못이다. 사실, 미분법에 대한, 오래된 이른바 원시적이거나 선-학문적인 해석들 속에는 보물이 매장되어 있는데, 이것은 무한소적 행렬로부터 분리되지 않으면 안 된다. 상징 dx를 진지하게 취하기 위해서는 많은 열의, 그리고 진정으로 철학적인 많은 순진함이 요구된다. (DR 170)

이 술어 dx는 왜 이처럼 눈에 번쩍 띄는 경고 딱지를 요구하는가? 만약 dx가 무한히 작은 양을 더 이상 지시하지 않는다면 이 술어가 무엇을 의미하는지 물을 때 대답은 분명해진다. 대답은 이 술어는 아무것도 의미하지 않는다인 것으로 보일 것이다. 들뢰즈가 말하는 바와 같이, "그러므로 그것은 전적으로 미규정적이다. dy가 y와 관련하여 무이듯이, 엄밀히 말해 dx는 x와 관련하여 무이다." 하지만 그가 곧바로 덧붙이듯이, "그러나 문제 전체는 이 제로의 의미에 놓여 있다."(DR 171) 우리는 미분들은 더 이상 양들로 간주되지 않으며, 그래서 미분들은 양이 영이라는 의미에서 제로로 결정될 수 없다는 점을 알고 있다. 대신에, 미분들은 그 자체에 있어서 또 그 자체로서 미규정된 요소들이다. 하지만 이제, 들뢰즈는 더 나아간다.

> y와 관련하여 dy가 그렇듯이, x와 관련하여 dx는 전적으로 미규정적이 지만, dx와 dy는 서로에 관련하여 완전하게 규정 가능하다. 이런 이유 때문에, 규정 가능성의 원리는 미규정적인 것 그 자체에 상응한다. […] 관계 $\frac{dy}{dx}$는 직관상의 특정한 양들 사이에 확립되는 분수와 같은 것이 아니지만, 그렇다고 대수적인 가변적 크기들 혹은 양들 사이의 일반적인 관계인 것도 아니다. 각 항은 다른 한 항과 맺는 관계 속에서만 절대적으로 실존한다. 독립변수를 지시한다는 것은 더 이상 필요하지도 않고, 혹은 심지어 가능하지도 않다. 이런 이유 때문에, 여기서 상호 규정 가능성의 원리 그 자체가 관계의 규정 가능성에 상응한다. (DR 172)

이는 두 번째 논점이다. 미규정적 dx와 dy는 $\frac{dy}{dx}$의 상호 규정에 상응한다. 이 항들 그 자체는 이 항들이 서로 간에 관계를 맺는 한에서 일관성을 얻을 뿐이다. 또 다른 방식으로 말하면, 이 항들 그 자체에 관련하여 미분 관계가 일차적이다.

우리는 방금 미규정적이라는 용어와 상호 규정적이라는 용어 — 우리가 앞에서 칸트의 이성의 이념들을 논할 때 본 것과 똑같은 용어들 — 를 다시 보았다. 물론 이는 우연의 일치가 아니다. 들뢰즈가 미적분법에서 찾고 있는 것은 칸트의 초월론 철학을 수정하고 확장하는 방식이다. 이 점을 감안하면, 세 번째 계기가 들뢰즈가 완결된 규정이라 부르는 것과 관련이 있다는 점은 전혀 놀라운 일로 다가오지 않을 것이며, 이는 칸트가 말하는 규정의 이상과 일치한다. 들뢰즈가 여기서 작동시키는 수학적 범주는 특이성이다. 앞에서처럼 우리는 여기서 이 분석의 더 복잡한 요소들을 제쳐놓고 주요 논점에 만족할 것이다.

우리의 주된 함수 $y = -x^2 + 5$의 그래프를 다시 살펴보자. $x = 0$일 때 이 곡선은 방향이 바뀐다. 이 점은 이웃에 있는 곡선을 조성하는 모든 상관관계적인 보통점들의 분배를 규정하는 특이성, 특이점이다. 특이성들의 이러한 분배는 한 함수와 다른 한 함수를 구별하는 그것이다. 들뢰즈는 이렇게 말한다. "이념들의 독특함은 […] 바로 보통의 것과 독특한 것, 특이한 것과 규칙적인 것의 배분에 있으며, 특이한 점이 규칙적인 점들을 가로질러 다른 한 특이성의 근방으로 연장되는 데 있다."(DR 176)

어떤 함수든 함수의 특이점들은 이 함수의 잠재성potentiality을 구성한다. 이는 이 특이점들을 기초로 하여 함수 그 자체를 발생시키는 일이 가능하다는 점을 말하는 것이다. 또 들뢰즈는 이 논점을 펼 때 칸트-이후의 철학이 재건립한 미적분법, 이번에는 호에네 브론스키Höene Wronski가 제안한 미적분법 — 이 미적분법에서 미분 관계는 함수가 발생될 수 있는 기반으로 전제된다 — 에 의지하고 있다. 혹은 다시 말하면, 미분 관계가 기술하는 특이점들과 보통점들의 배분은 함수 그 자체에 의해 해결되는 문제를 구성한다. 혹은, 한 번 더 말하면, 한 함수의 특이성들은 함수 그 자체를 완전하게 규정하는 수단을 제공한다.

잠재적인 것 III: 잠재적인 것을 정의하기

이제 우리는 우리가 방금 예행연습하며 다룬 자원들에 의지하면서 들뢰즈의 개념 "잠재적인 것"을 매우 정확하게 정의하는 일이 가능한 지점에 와 있다. 이 일을 하기 전에, 지금까지 논해온 것을 요약해보도록 하자.

1. 칸트와 더불어, 들뢰즈는 이념들이 문제적 성격을 지닌다고 주장한다.
2. 하지만 마이몬과 더불어, 그는 이 이념들을 규제적인 것이 아니라 구성적인 것으로 간주한다. 이념들은 발생적 조건들이다.
3. 마이몬과 달리, 들뢰즈는 문제적 이념들을 단지 실재에 대한 경험을 구성하는 것으로만이 아니라 실재 그 자체를 구성하는 것으로 간주한다.
4. 다시 마이몬과 더불어, 들뢰즈는 문제적 이념을 미분에 의해서 재정의한다.
5. 미분법의 현대 수학적 재구성에 의지하여, 그는 무한히 작은 것에 관한 라이프니츠와 마이몬의 논급을 거부하고, 미분을 미규정적 이념성으로 간주한다.
6. 그럼에도 불구하고 이 미규정적 이념성들은 서로를 상호적으로 규정한다. 이런 의미에서, 결정적으로 중요한 것은 이 미규정적 이념성들 사이의 관계이다.

7. 상호적 규정에 완결된 규정이 추가된다. 즉, 모든 함수는 우선적으로 특이점들과 보통점들의 배분에 의해서 기술될 수 있다.

이제, 공교롭게도 이 목록은 『차이와 반복』에서 말하는 잠재적인 것에 대한 정의를 이미 효과적으로 제공하고 있다. 잠재적인 것은 이념적이고, 문제적이고 미분적인 장으로, 실재의 생산을 위한 발생적 조건을 이룬다. "잠재적인 것의 실재는 미분적 요소들과 관계들, 그리고 이 관계들에 상응하는 특이점들로 이루어진다."(DR 209)

마지막으로, 한 단어를 그 단어 그 자체로 살펴보자. 왜 "잠재적"인가? 들뢰즈는 이 단어를 베르그손에게서 끌어온다. 들뢰즈는 이 단어로 문제적 이념들은 그가 볼 때 이념적이면서 발생적이지만 가능성들possibilities은 아니라는 사실을 전달하고자 의도하고 있다. 발생적 조건들로서, 이념들은 자신들이 생겨나게 하는 것과 닮아 있지 않다(이는 이미 마이몬의 견해였다고 떠올릴 수도 있겠다). 따라서 그가 프루스트에게서 따온 한 문구를 찬탄하는 것은 그다지 놀랄 일이 못 된다. "잠재적인 것은 실재적인 것과 대립하는 것이 아니라 현실적인 것과 대립한다. 잠재적인 것은 그것이 잠재적인 것인 한에서 완전히 실재적이다. 프루스트가 공명의 상태들에 대해 말한 것은 그대로 잠재적인 것에 대해 말해져야만 한다. '현실적이지 않고서 실재적이고, 추상적이지 않고서 이념적이다'."(DR 208) 동시에, 잠재적인 것은 부정적인 어떤 것으로도, 존재를 결핍하는 어떤 것으로도 환원 불가능하다. 잠재적인 것은 현실적인 것이 아니라는 점은 사실이다 ― 잠재적인 것은 세계 속의 또 다른 규정된 물질적 사물이 아니다. 또 이 기묘한 양상적 지위를 전달하기 위하여, 들뢰즈는 흥미로운 몇 문구들을 선택한다. "문제의 존재는 부정적이지 않다. 그것은 결핍이 아니다. 순수 긍정적positive 양상의 문제성problematicity이다. 비-존재가 아니라 '(비)-존재 혹은?-존재이다'."(DR 205)

하지만 이제 이 지평에서 새로운 물음이 나타난다. 만약 잠재적인 것이 실재의 생산을 위한 일단의 구조적 조건이라면, 이 생산은 어떻게 일어나는가? "사물들 그 자체에 있어서 현실화actualisation는 어떻게 일어나는가?"(DR 214) 후에 그는 이 물음을 던지고 이어서 이와 같이 대답한다. "이념은 어떻게 결정되어 그 자신을 육화하는가? [...] 대답은 바로 강도량들에 놓여 있다."(DR 245)

강도

그 여자의 환심을 사고자, 당신은 달걀 몇 개를 삶으려고 물을 담은 냄비를 스토브 위에 얹어 놓고 가스를 켠다. 만약 이런 일이 과학 교과서에서 나온 예라면, 그것은 냄비 안의 반쯤 찬 "물"이라고 부르는 동질적인 물질의 양, 혹은 열의 전도, 혹은 그 동일한 물의 끓는 온도에 관한 수업을 포함할지도 모른다. 하지만 모든 냄비의 물에 관해 기묘한 것은 동질적인 곳은 아무 데도 없다는 사실이다. 심지어 극도로 정화된 물조차도 다른 요소들의 흔적들을 가지는데 — 게다가 당신은 지금 식초를 한 번 뿌려 넣으려 하고 있다 —, 더욱 주목할 만한 것은 가스 불이 일어나기 전에도 물은 한 단일한 온도가 아니라는 사실이다. 우리는 복잡한 생태계 안에 들어가 있는, 상이한 온도들의 냇물과 강물의 이질적인 결합체로 바다를 생각하는 데 익숙하게 되었는데, 같은 것이 스토브 위의 냄비에 담긴 물을 포함하여 모든 용기에 담긴 물에도 해당한다. 냄비 안의 물이 데워지기를 기다릴 때, 당신은 여기저기에서 물 속의 일시적인 국소적 구조들인 작은 소용돌이들이 일고 있는 모습을 목격한다. 이 작은 소용돌이들은 물의 온도가 순수하지도 않고 동질적이지도 않다는 사실을 말해준다. 이 냄비의 물에 특정한 구조를 부여하는 복잡한 일련의 온도의 차이들이 존재한다.

한편, 부엌 위 하늘로 2킬로미터쯤 되는 곳에, 야생동물들 같은 적란운들이 형성되어, 여기서 꿈틀대며 생겨나는 점점 험악해가는 미류운의 덩굴들이 뒤엉키고 있다. 이 구름들 중 어떤 구름도 동질적이지 않고, 저 아래 지금 끓고 있는 냄비의 물 속에 있는 훨씬 더 작은 동료들과 같은 모습을 하고 있는, 이질적인 온도들과 난기류의 중심들의 역동적 상호 작용으로 이루어져 있다. 이 구름들은 내적으로 역동적이며, 내적인 경향들뿐만 아니라 다른 구름들, 대기를 둘러싸고 있는 냉기, 그리고 땅으로부터 넘실거리며 올라오고 있는 전보다 더 뜨거운 대기와도 관계를 맺으며 변해 간다. 그때 분극화가 진행 중에 있다. 구름들 안에서 양전하의 이온들이, 깨지기 전에 습관적인 형태의 한계에서 옥죄고 있는 분자들을 음전하의 전자들로부터 떼어 내고 있다. 풀린 이온들이 에너지가 쉽게 흐를 수 있도록 대기 속 플라스마의 궤도를 형성한다. 이어서 번개가 친다. 즉, ─ 불운한 참나무 윗가지들 위로 올라가면서 번개 그 자체의 번쩍임이 이는 동안, 전자들을 때려서 이 이온화된 경로들을 따라 내려가게 하는 ─ 강도상의 차이가 흩어져 사라진다.

그러고 나서, 다음 날 아침. 아주 짧게 깎은 잔디와 우듬지를 가로질러 바깥으로 나가 도시로 가는 마차를 즐겨 타고 있는 일 ─ 멀리 떨어져서 두루미들이 여전히 사그라다 파밀리아Sagrada Família에서 느긋하게 물어뜯고 있는 모습, 폭풍이 바다 위로 흩어져 사라지는 모습을 보는 일 ─ 대신에, 당신은 몬튜이크Montjuïc 케이블카를 타고 있는 동안 대부분의 시간을 발들 사이에서 필사적으로 움츠리고 앉아 쇼핑 백은 더러운 바닥에 놓고서 보낸다. 아무런 말도 미리 듣지 못한 채, 당신은 현기증에 사로잡히고, 돌연 모든 안정된 준거점이 미끄러져 사라지고, 세계는 이제 역겹게 여러분 주위에 마치 거대한 망가진 훌라후프처럼 내던져져 있다.

강도의 첫 번째 특성: 부등한 것

이 세 가지 사례들은 각각 상이한 방식으로, 들뢰즈가 『차이와 반복』에서 차이의 철학을 건립할 때 전개되는 또 다른 중요한 개념인 강도 개념을 예시하고 있다. 하지만 들뢰즈가 이 개념을 말하는, 때로 불투명한 방식을 논하기 전에, 우리는 이 개념이 어떤 알 수 없는 신비로운 초–형이상학적인 hyper–metaphysical 개념이 아니라 자연과학들의 기초적인 주춧돌이라는 점을 인식할 필요가 있다.

외연량extensive quantity인 길이와 강도량(=내포량intensive quantity)인 온도를 생각해보자. 길이는 본성상 동질적이며, 쉽게 분할 가능하다. 우리는 1미터 조각의 실을 네 조각으로 자를 수 있지만, 이 조각들을 다시 모아 붙여놓으면 전과 같이 동일한 미터의 길이가 된다. 다른 한편으로, 온도는 이와 같이 동질적인 부분들로 이루어져 있지 않다. 섭씨 50도를 섭씨 100도의 절반이라고 말하는 것은 비유적으로 말하는 것일 뿐이다. 두 통의 50도의 물을 합한다면, 온도는 길이와 같은 방식으로 더해지는 것이 아니다. 한 통의 물을 (약) 섭씨 100도로 끓이기 위해, 우리는 매번 1도씩 더하지 않는다. 매 순간마다, 물은 이전 상태와 차이가 있는데, 이 차이는 본성상의 차이인 것이지 단지 정도상의 차이에 그치는 것이 아니다.

하지만 그렇다면 섭씨 50도와 100도의 관계는 무엇인가? 여기서, 들뢰즈는 수를 사유하는 두 가지 방식 사이의 기본적인 수학적 대조를 활용한다. 첫 번째 방식은 수를 크기size 혹은 기수성cardinality으로 간주한다. 기수cardinal로 간주되는 수 5는 정확히 기수 10의 절반이며, 이 10은 동질적인 요소 수(5×2, 혹은 10×1)로 분해될 수 있다. 그러므로 기수들은 길이와 같은 동질적인 양들에 관해 사유하기 위한 관념적인 체제이다. 하지만 수들은 또한 서수들ordinals, 즉 순서가 정해져 있는 순위, 즉 제1, 제2, 제3 등등으로 간주될 수도 있다. 핵심적 차이는, 각 기수들 사이에 놓이는 표준적 "거리"와 달리, 어떠한 서수들이든 두 서수들 사이에는 고정되고 동질적인 척도가 존재하지 않는다는 점이다. 세 마리의 바닷가재(제라드, 티볼트, 살바도르)가 인조 잔디Astro Turf 트랙을 따라 경주를 벌이게 예정되어 있다. 반대편 끝에 도달하는 순서는 서수적 계열(1등, 2등, 3등)에서 완벽하게 확정되지만, 이는 우리에게 1등과 2등, 혹은 2등과 3등 간의 상대적 거리에 관해 아무것도 말해주지 않는다. 서수적 계열에는 어떠한 양의 미터도 함축되어 있지 않고, 오직 이 순위 그 자체가 있을 뿐이다. 이것들은 단지 공통 척도가 없는 차이들 혹은 거리들에 불과하다.

온도와 같은 강도량— 우리는 깊이, 거리, 고도, 속도, 저항성 등등에 대해서도 똑같이 생각할 수 있다— 은 바로 이와 같이 서수적이다. 우리는 50도가 40도보다 뜨겁다거나 100도만큼 뜨겁지 않다고 말할 수 있지만, 우리가 기수 계열이 제공하는 종류의, 기저에 깔려 있는 미터법과 관련되고 있기 때문에 그렇게 말할 수 있다고 생각하는 것은 잘못일 것이다. 서수들은 이런 의미에서 각각 더 이상 환원 불가능한 어떤 것을 표하는 고유명들proper names에 가깝다.

이 점들을 염두에 두고서, 그리고 앞에서 든 세 가지 예들을 배경에 놓고서, 우리는 이제 들뢰즈가 강도의 "세 가지 특징들"이라고 부르는 것을 논할 수 있다. "첫 번째 것을 따르면, 강도량은 그 자체 안에 부등한 것the unequal을 포함한다."(DR 232) 언뜻 보면 이것은 이상해 보일 터이지만, 서수 계열을 다시 생각해보라. 첫 번째와 두 번째 사이의 거리가 두 번째와 세 번째 사이의 거리와 비교 불가능한 이유는 동질적인 측정 기준이 존재하지 않기 때문이다. 실로, 강도량에는 어떠한 수준에서도 동질성이 존재하지 않는다. 들뢰즈는 이렇게 말한다.

온도는 다른 온도들로 이루어지지 않고, 혹은 속도는 다른 속도들로
이루어지지 않는다는 점이 지적될 때, 의도되고 있는 것은 각 온도는
이미 차이이며, 차이들은 동일한 질서의 차이들로 이루어지는 것이

아니며, 이질적인 항들의 계열을 함축하고 있다는 점이다. (DR 237)

그래서 요점은 가령 온도는 결코 물리적 사태로부터 빼내질 수 있는 것(모든 것은 온도를 "가진다")이 아니며, 또 냄비 안 물의 예가 보여주듯이, 심지어 동질적인 온도와 같은 그러한 것이 존재하는 것도 아니다(모든 것은 온도들의 이질적인 유희에 사로잡혀 있다). 정말 중요한 것은 온도는 그 자체로in itself 차이 나고, 그 자체로 부등하다는 점이다.

강도의 두 번째 특성: 즉자적 차이 및 감성적인 것의 존재

위 마지막 문장을 읽고 결국 『차이와 반복』의 주요 목적 중의 하나는 즉자적 차이difference-in-itself 개념을 전개하는 데에 있다는 점을 떠올렸으면 한다. 우리는 즉자적 차이를 강도량에서 발견했는가? 그렇다. "두 번째 특징이 첫 번째 특징에서 흘러나온다. 강도는 이미 차이 그 자체difference in itself이고 부등성 그 자체로 이루어지므로, 강도는 차이를 긍정한다. 강도는 차이를 긍정의 대상으로 만든다."(DR 234) 그래서 불현듯 ─ 들뢰즈 그 자신은 특별한 팡파르를 울리며 이를 알리지 않는다 ─ 우리는 우리가 찾고 있었던 것을 발견하게 되었다.

들뢰즈는 서로 보완이 되는 두 관점에서 이 주장을 제시한다. 첫 번째 관점은 존재론적이다. 즉, 강도는 존재 그 자체를 위한 이름이다. 강도는 "감성적인 것의 존재"(DR 236)를 구성한다고 그는 말한다. 그래서 강도는 강도적 차이들의 산물인 번개가 아니라, 이 차이가 형성되는 구름, 대기 일반, 그리고 결국 모든 것이다. 실존하는 모든 것은 강도량들 혹은 즉자적 차이들의 상호 작용에서 생겨난다. 사태를 이렇게 보면, 들뢰즈가 그 자신을 위해 설정한 과제가 막대하다는 느낌을 받는다. 그는 연장되고 질을 부여받은 사물들(2리터의 물, 달걀, 바닷가재, 인조 잔디)이 강도의 체제를 기초로 하여 어떻게 생겨나는지 설명해야 할 것이다. 우리는 잠시 후에 이 발생적 관점을 논하게 될 것이다.

두 번째 관점은 강도를 우리가 인식할 수 있는 안정된 대상들의 세계를 넘어서는 어떤 것으로서 마주치는 인간의 관점이다. 평온하고 확립된 사유에서 보면, 존재에서 역동성을 발견하는 일은 "질이 부여된 연장qualified extensity의 이면 세계를 통과하는 거의 인식 불가능한 강도적 길들을 추적하는"(DR 236) 작업이다. 이는 과학자의 탐구 작업과 유사한 어떤 것이다. 하지만 강도와 직접 마주치는 일은 실제로 발생하고 있으며, 이런 일이 발생할 때 우리는 재인의 습관들 바깥에 처하고 되고, 사유하는 존재로서의 우리의 바로 그 한계들에 봉착하게 된다.

> 감성의 독특한 한계를 구성하는 것은 강도 혹은 강도적인 차이이다. 그러므로, 강도는 그 한계의 역설적 성격을 가진다. 즉, 강도는 지각 불가능한 것, 감각될 수 없는 것이다. [⋯] 하지만 또 다른 의미에서, 강도는 감각될 수 있을 뿐인 것 혹은 감성의 초월론적 실행을 정의하는 것이다. 왜냐하면, 강도는 우리가 감각할 수 있도록 해주고, 그리하여 기억을 일깨우고 사유를 강요하기 때문이다. (DR 237)

앞에서 본 현기증의 예를 우리가 이해할 수 있는 것은 바로 이 관점에서이다.

> 약역학적 경험들, 혹은 현기증 같은 신체적 경험들은 같은 결과에 다다른다. 즉, 이 경험들은 질이 부여되지도 않고 연장되지도 않은 최초의 순간에 저 차이 그 자체, 저 깊이 그 자체, 혹은 저 강도 그 자체를 우리에게 드러낸다. 이 점에서, 강도의 강탈하는 성격은, 제아무리 약할지라도, 자신의 진정한 의미를 회복한다. (DR 237)

현기증 경험은, 우리가 보통 생각하듯이, 전혀 일탈이 아니다. 그렇기는 커녕, 현기증 경험은 우리가 존재와 맺는 지각적 관계의 최초의 본성을 우리에게 드러내는데, 이러한 최초의 본성은 안정되고 재인 가능한 대상들로 깔끔하게 묶이는 것이 아니라, 강도적인 마주침들로 이루어지는 것이다. 이 안정되고 재인 가능한 대상들의 일부는— 우리의 습관, 기대, 세계와의 신체적 뒤얽힘에 — 그야말로 너무 많이 다가와 있다. 하지만 너무 많이 다가와 있는 것은 최초의 국면에 있는 존재 그 자체이다.

우리는 이 점을 다시 논하게 될 터이지만, 앞으로 더 나아가기 전에, 강도 혹은 강도량 개념은 이렇게 해서 내가 아리스토텔레스 이후 차이의 철학의 요건들이라고 부른 것 중 앞의 둘에 어떤 정도 상응한다는 점을 주목할 만한 가치가 있다. **첫 번째** 요건은 적합한 차이 개념을 전개하는 것이었다. 우리는 방금 강도가 이 경우에 부합한다는 것을 보았다. **두 번째** 요건은 이 차이 개념에 적합한 존재론을 상술하는 것이었다. 이 요건의 일부는 영원회귀라는 형식의 일의성 개념에 의해 대답이 된다. 하지만 또 다른, 동등하게 중요한 일부는 즉자적 차이로서의 강도 개념에 의해 제공된다. 들뢰즈에게, 일의성은 차이를 긍정하지만, 이제 우리는 차이의 존재가 무엇인지 적절하게 알고 있다. 이 강도와 시간의 보완성은 『차이와 반복』의 적극적 기획의 바로 그 중심에 있다. 우리는 다음에 오는 것에서 반복을 논하게 될 때 이 점을 다시 한번 다룰 것이다. 하지만 **세 번째** 요건, 즉 개체가 사유의 수준 아래에 놓인다고 주장하는 대신에 개체를 직접 사유할 수 있는 일, 각 사물의 실재를 그 자체의 방식대로 사유하는 일이 남아 있다. 실로, 아리스토텔레스는 개체가 개념적이고 재현적인 사유함의 수준 아래에 있다고 생각했는데 이는 올바르다고 들뢰즈는 말한다. 하지만 그럼에도 불구하고, 개체를 사유하는 방식이 여전히 남아 있다. 이 방식이 어떻게 작동하는지 알기 위해서 우리는 "강도적 개체"에 관한 다음 절에 이를 때까지 기다려야 할 터이지만,

당분간 주안점은 이 강도 개념이 들뢰즈의 기획에 얼마나 중요한 것인지, 또 이 개념이 그에게 얼마나 많은 것을 할 수 있도록 해주는지 인지하는 일이다.

강도의 세 번째 특성: 양의 함축

강도의 세 번째 특질은 우리를 다시 서수 개념, 그리고 경주하는 바닷가재의 예로 데리고 간다.

> 다른 둘을 포함하는 세 번째 특징에 의해서, 강도는 함축되고, 봉인되고, "배아화된embryonised" 양이다. 강도는 질 안에 함축되는 것이 아니다. 왜냐하면 질 안에 함축되는 것은 오직 이차적으로만 함축되는 것이기 때문이다. 강도는 그 자체 안에서 일차적으로 함축된다. 즉, 함축하는 것이면서 함축되는 것이다. 우리는 함축을 존재의 완전하게 규정된 형식으로 간주해야만 한다. 강도 안에서, 우리는 실제로 함축하고 봉인하는 것을 차이라 부르고, 실제로 함축되거나 봉인되는 것을 거리라고 부른다. (DR 237)

우리의 바닷가재들을 두고 이야기하자면, 세 번째 바닷가재는 두 번째와 첫 번째 바닷가재를 봉인하지만, 그들 사이의 거리들을 측정하기 위한 규칙을 제공하지 않고 그렇게 한다. 수를 이해하는 두 가지 방식을 두고 이야기하자면, 들뢰즈는 "자연수들은 우선은 서수적이다 — 달리 말해서, 본래는 강도적이다. 기수들은 서수들에서 기인하고, 서수의 전개(=펼침)explication로서 제시된다. [⋯] 서수적 건립들은 가정된 동일한 단위를 의미하는 것이 아니라 오직 [⋯] 환원 불가능한 거리 개념을 의미한다"(DR 232)고 들뢰즈는 주장한다. 그리고 같은 것이 다시 온도에도 (그리고 이외의 모든 강도량들에도) 해당한다. 100도는 50도를 봉인하거나 함축하고, 이어서 50도는 48도를 함축하고, 이어서 …를 함축한다. 여기에는 매우 분명한 구조 관념이 존재하지만, 그것은 결코 아무것도 규정하지 않는 구조—다른 거리들을 포함하는 거리들, 다른 차이들을 포함하는 차이들—이다.

이 특성은 앞의 두 특성에 비교할 때 상대적으로 중요하지 않은 것으로 보이지만, 강도가 외관상 안정되고 주어진 사물들의 세계와 관계를 맺는 방식에 관해 중요한 어떤 것을 드러낸다. 강도는 어떻게 해서든 그 자체의 함축된 상태에서 나와 사물들로 "펼쳐져야unfurl" 할 것이다. 달리 말해서, 물질적 실재의 발생은 강도의 전개를 거쳐서 갈 것이다. 이제 우리는 잠재적인 것 안의 막–주름운동perplication(상호적 규정), 강도 안의 함축(= 안–주름운동implication), 현실적 사물들 영역 안의 전개(=밖–주름운동explication)과 질화qualificaton를 가진다.

강도의 네 번째 특성: 발생적 선행성

강도의 특질들에 관한 들뢰즈의 명시적인 목록은 오직 이 세 가지 특성만을 포함한다. 하지만 『차이와 반복』 제5장의 나머지 부분을 풀어놓는 좋은 방식은 또 다른 두 특질, 즉 앞의 세 특질의 의미 중 일부를 이끌어내고 확장하는 항목을 이 목록에 추가하는 것이다. 강도의 네 번째 특성은 이렇다. 강도는 연장되고 질화된 물질적 세계(타들어 가는 리마의 담배, 이 물고기 떼, 인쇄기)보다 발생적으로 선행한다. 이는 함축된 강도가 연장된 실재보다 논리적으로 또 인과적으로 선행한다는 것을, 그리고 안정된 대상들의 실재는 강도로 "이루어져 있다"는 것을 의미한다.

어떤 의미에서, 이는 『차이와 반복』에서 가장 파악하기 어려운 주장이다. 우리는 온도와 같은 강도량은 연장적 용어들로 파악될 수 없다는 점을, 혹은 심지어 (번개의 예로 전달하고자 의도한 바와 같이) 변화의 벡터라는 점을 동의하는 데에는 아무런 어려움이 없을지도 모른다. 하지만 들뢰즈가 우리를 납득시키고자 하는 것은, 모든 상대적으로 안정되게 주어진, 세계 속의 대상과 사태는 강도로 이루어져 있다는 점, "유동적인 강도적 요인들의 장들"(DR 152)은 안정된 사물들의 세계를 교란하는perturb 것이 아니라, 최초 상태의 이 사물들이라는 점이다.

이 모든 것을 풀어내려면, 우리가 당장 제기해야 하는 것보다 약간 더 많은 것 ─ 뒤에서 보게 될 것이다 ─ 이 필요하지만, 약간 진전을 보기 위해서 들뢰즈가 드는 예들 중의 하나를 생각해보는 일은 쓸모가 있을 것이다. 사실, 이것은 『차이와 반복』에 나오는 그 중요한 예, 그가 수차례 반복하고 그의 전 체계를 상징한다고 간주하는 예, 즉 알 혹은 배아이다. 여기에 배경이 되는 것은 아직 덜 알려져 있는 주목할 만한 프랑스의 철학자, 레이몽 뤼이에Raymond Ruyer의 저작인데, 그의 저작은 똑같은 예에 의해 정향되어 있다. 두 철학자 모두 결국, 기본적으로 한 지점, 즉 배아들은 적어도 발달의 어떤 순간에 이를 때까지 어떠한 고정된 구조도, 어떠한 동질성도 소유하지 않는다는 사실을 둘러싸고 전개되는, 현대 태생학embryology의 놀라운 발견들에 의존한다. "정상적으로" 신경계로 발달해갈 조직들tissues은, 만약 이식된다면, 대신에 표피가 된다 ─ 그리고 만약 추정상 한 배아의 피부가 될 조직이 알맞은 장소에서 또 다른 배아에 이식된다면, 그것은 그 동물의 신경계가 될 것이다. 태생학자 한스 드리슈Hans Driesch는 그 자신이 충격을 받을 만큼, 우리가 성게 배아의 최초의 두 개 세포를 두 개의 절반으로 자른다면, 이 절반들 각각은 완전히 새로운 동물로 발달한다는 점을 발견한 일로 유명하다.

이 모든 실험적 결과들은 배아 조직은 아직 한 사물이 아니라는 점을 우리에게 보여준다. 실로 배아 조직은 엄밀한 의미에서 한 사물이 아니다. 그것은 고정된 연장도 확립된 질들도 소유하지 않고, 규정하는 구조도 미리 규정된 운명도 소유하지 않는다. 대신에, 이 조직은 유기체의 모든 부분이 될 수 있으며, 방대한 범위의 이종 발생적인heterogenic 과정을 위한 터전이다. 간단히 말해, 그것은 즉자적 차이의 한 예이다. 결과적으로, 배아적 발달은 한 고정된 대상이 무관심한 부분들로 조합되는 일과는 완전히 다르다. 대신에, 우리는 배아적 발달을 "축들을 따라가며, 이 극에서 다른 한 극으로 [⋯] 차이를 분배하는, 원형질 도처에 있는 변이의 파도를 형성하는 강도의 면에서" 생각해야 한다. "강도적 깊이 혹은 알의 공–간spa-tium을 깊게 하기 위하여, 방향과 거리, 역동성dynamism과 드라마, 전위potential 와 잠재성potentiality이 증대되어야만 한다."(DR 250)

알의 예를 염두에 두고 있어야지 들뢰즈가 『차이와 반복』의 이 중요한 제5장에서 암시하고 있는 것을 유용하게 파악할 수 있다.

강도의 다섯 번째 특성: 초월론적 가상

다행히도, 들뢰즈는 우리가 강도의 발생적 우위성에 직면할 때 겪는 당혹감을 해소하는 좋은 설명을 제시하고 있다. 위에서 언급한 강도의 첫 번째 특성은 강도는 양의 면에서 취소 불가능하다는 점이다. 하지만 들뢰즈는 강도 또한 동시에 **취소된다**고 분명하게 말한다. 이것은 어떻게 작동하는가? 한 핵심을 이루는 대문으로 돌아가 보자.

> 강도는 양의 차이에 있어서 취소 불가능하지만, 그러나 이 양의
> 차이는 연장extension — 강도적 차이가 자신이 창조하는 외연extensity
> 속에서 일소되고, 상쇄되고, 동등하게 되는 그러한 방식으로 뒤집어지고
> 분배되는 과정 그것인 연장 — 에 의해 취소된다. (DR 233)

우리는 물질적 실재의 발생은 강도의 전개를 거쳐서 간다는 것을 방금 보았다. 하지만 이제 우리는 이 발생은 동시에 강도적 조건들을 모호하게 하지 않고서는 일어나지 않는다고 추가해서 말할 수 있다. 이 때문에 세계는 우선 고정되고 안정된 것으로, 신뢰 가능하고 재인 가능한 것으로 나타난

다. 강도는 세계의 가장 심원한 상태, 다른 모든 것을 설명할 수 있는 상태라고 생각해도 틀린 말이 아니다. 이와 같이, 세계에 대한 모든 상식적 경험은 초월론적 가상의 그림자 밑에서 고투한다.

초월론적 가상 개념은, 우리가 앞에서 사유의 독단적 이미지를 이야기할 때 본 바와 같이, 칸트에게서 유래하는 것이지만, (적어도 제1의 『비판』에서) 오직 인식과 관련된 가상일 뿐이다. 이성은 자신의 힘의 부적법한 실행으로 경도되면서, 마치 자신이 실재에 직접 접근한다는 듯이 주장을 편다. 들뢰즈가 볼 때, 여기에는 상당한 위험이 존재한다. 사실, 들뢰즈가 관심을 두고 있는 초월론적 가상은 물질적 세계 그 자체의 발생과 분리 불가능한데, 이 때문에 그는 이를 "객관적 혹은 초월론적 가상"(DR 208)이라고 부른다. 전개될 때 강도는 실재적으로really 또 물질적으로 덮이고, 모호하게 되고, 소비된다. "차이가 질적으로 또 연장 안에서 취소된다는 것은 전적으로 사실이기 때문에, 그것은(=물질적 세계 그 자체의 발생)은 초월론적 가상이다. 그럼에도 불구하고, 차이의 본성은 차이를 덮는 질에도, 차이를 전개하는 외연에도 놓여 있지 않으므로, 그것은 가상이다."(DR 266)

이 논점은 들뢰즈가 볼 때 매우 중요한데, 이는 우리가 안정되고 재인 가능한 세계를 왜 실제로 존재하는 세계로 간주하는지를 말해준다. 그래서 이 점을 강조하기 위해 반복해보겠다. 개체 발생의 과정 그것은, 강도적 근거들을 모호하게 하므로, 그 자신이 오해를 받는 이유가 된다. 뤼이에를 다시 한번 호출해보자. 그는 다음과 같은 재미있는 대문에서 이 점을 예시하고 있다.

한 태생학자가 발달 현상에 관한 자신의 관찰들을 간행할 때, 학술적인 방식이거나 다른 방식으로 자신의 업적들의 목록과 더불어 자신의 이름을 따를 때, 자신이 배아로부터 나왔다는, 자신의 환경에 가장 중요한 것을 잊고 만다. […] 태생학자 ─ 달리 말해서, 완전히 성장한 배아 — 는 분명 연구 중에, 눈들과 뇌를 갖지 않는다 — 아직 홈통과 다름없다 — 는 사실 때문에 배아는 생물학자를 관찰하지 못한다는 듯 어린 배아를 관찰한다. 하지만 무엇보다도, 이 생물학자의 우월함은 오래가지 못한다. 그 무엇도 관찰된 배아가 결국 저명한 생물학자나 위대한 신경외과 의사가 되는 것을 막지 못한다. 배아들은 깊이 우월함을 느끼며 이전 관찰자의 이제는 결함이 있는 뇌를 관찰할 것이다. 그리고 무엇보다도, 이 관찰은, 약 30년 전에 자리 잡은 수정된 알 혹은 "신경배 neurula"의 상태에서부터, 눈들과 기능적 신경계가 부여된 성인 유기체의 상태로 이동해, 관찰자의 유기체에서 발달이 일어난 토대적인 조건들을 기초로 하여 분명 발생한다. (Ruyer, *La genése*, 217–8)

실로, 들뢰즈에 따르는 한, 서양 철학사는 대부분 또 대규모로 유비적 관점, "바깥에서 [개체 발생을] 관조하는 성인 관찰자"(DR 214)의 관점에서 쓰여졌다.

강도적 개체

물은 왜 100°C에서 끓는가? 사실, 이 물음은 이렇게 말하는 것이 더 좋겠다. 즉, 주어진 양의 물은 모두 왜 정확히 100°C에서 끓지 않고, 어떤 다른 온도에서 끓는가? 어느 온도에서, 왜 이 온도에서 끓는가? 왜 한 알은 거북이를 생겨나게 하고, 또 다른 알은 오리너구리를 생겨나게 하는가? 물이 끓는다는 **사실**, 배아가 발달한다는 **사실**은 우리가 지금까지 강도와 강도의 역동성에 관해 말해온 것에 의해 설명될 수 있지만, 이런 종류의 특정성specificity은 현재 우리의 탐색을 넘어서 있다. 달리 말하면, 우리가 지금까지 기술해온 것은 강도의 이종 발생성heterogeneity이지만,

이 이종 발생성은 이 모든 것에 대해 **무작위적인**random 것이 아니다. 무엇이 그것에게 그것의 구조와 특정성을 제공하는가? 이 물음에 대한 대답은 우리를 다시 라이프니츠로 데리고 간다.

모나드의 기억들

라이프니츠가 하는 설명의 얼개를 다시 한번 상기해보자. 가장 일반적인 수준에서 우리는 세계를 갖는다. 신의 관점에서 볼 때, 세계는 모두가 서로 완벽하게 들어맞는 주어와 술어 간의 논리적 관계들의 총체성(미리 확립된 조화의 원리)이다. 레드 불 제로Red Bull Zero의 이 캔이 이 테이블 위에 있다는 것은 우주가 전개될 때 이 특정한 순간에 두 주어가 또한 서로의 술어가 되는 것을 요구한다. 공교롭게도 나는 오늘 일찍 이 테이블을 방 가운데로 옮겼기에, 그래서 나도 또한 캔이 현재 존재하는 대로 테이블 위에 있기 위한 선-조건들pre-conditions의 집합의 일부이며, 등등 이렇게 하여 세계의 총체성으로까지 나아간다(충족 이유의 원리).

우주를 이루는 유한한 존재자들 혹은 모나드들의 관점에서 볼 때, 세계는 모나드 자신의 특정한 관점에서 더 혹은 덜 명료하게, 더 혹은 덜 모호하게 지각된다. 즉, "각 단순 실체는 우주의 영속적인 살아 있는 거울이다." (Leibniz, *Monadology*, §56) 내 신체가 중심이 된 나의 관점은 내 셔츠와 구두, 이 컴퓨터와 테이블, 레드 불의 빈 캔을 수용한다. 창문 바깥으로 한 건물이 철거되고 있는데, 이 소리를 내 헤드폰을 통해 흘러나오는 지오틱Geotic의 노래 소리를 넘어 여전히 어렴풋이 들을 수 있다. 또 만약 내가 주의를 기울인다면, 바깥에서 나는 차량들의 웅웅거리는 소리를 들을 수 있다. 그러나 이 지대는 영속적인 변화 속에 있다. 만약 내가 듣던 음악을 끄면, 이 웅웅거리는 소리는 바깥으로부터 더 많은 소리들을 모아들여 커질 것이며, 만약 레드 불이 아니라 진과 토닉을 마셨다면 이 소리는 줄어들고 있을 것이다.

또 더 중요한 것은 내가 명료하게 지각하는 것은 실제로는 라이프니츠가 미세 지각 — 작은 지각들, 내 의식적 파악의 분계점threshold 아래에 있는 세계의 웅얼거림 — 이라 부르는 것의 통합이라는 사실이다. 여러분은 이 장 한참 앞에서 논한 바 있는 라이프니츠가 든 바다의 예를 상기할지도 모른다. 나는 바다의 으르렁거리는 소리를 명료하게 지각하지만, 이 명료한 지각은 또한 혼잡한 것이기도 한다. 혼잡한 것은 함께 부딪치는 파도들, 파도를 이루는 작은 물방울들, 나아가 무한히 더더욱 작은 물방울들이 만드는, 무한한 수의 무한히 작은 소리들이다. "물질의 각 부분은 식물들로 가득 찬 정원, 물고기들로 가득 찬 연못으로 간주될 수 있다. 하지만 한 식물의 가지, 한 동물의 각 사지, 이 동물의 체액의 각 방울은 여전히 또 다른 그러한 정원이나 연못이다."(*Monadology*, §57) 차량들의 소음은 같은 종류의 또 다른 좋은 예이다 — 그래서 물질의 각 부분은 정체 상태의 웅얼거림이고, 나아가 무한히 더더욱 작은, 정체 상태의 웅웅거림이다. 모든 곳에, 차들의 지각 불가능한 웅얼거림이 있다. 별들의 지각 불가능한 웅얼거림이 있다.

나는 세계 전체를 지각하지만, 오로지 작은 부분만이 명료하게 표현된다. 이 표현 관계는 매우 중요하다. 세계 혹은 우주는 마치 고립된 사물인 양 모나드 바깥에 존재하는 것이 아니다. 세계는 오직 각 모나드 안에서만 실존한다. 하지만 또, 행운이 쿠키 안에 있는 방식으로 각 모나드 "안에" 존재하는 것이 아니다. 그래서 세계는 각 모나드 안에, 실존한다exist기보다 존속하거나subsist 내존한다insist고 말하는 편이 더 좋을 것이다. 각 모나드는 세계 전체를 표현한다. 세계는 오직 각 모나드의 표현들 속에서만 실존한다. 따라서 표현 자체에 대한 들뢰즈의 정의는 이렇다. "'표현expression'이란 말로 우리는, 늘 그렇듯, 표현하는 자와 표현되는 것 간의, 한쪽 끝은 고정된 비틀림을 포함하는 그 관계를 의미하며, 그래서 표현하는 자가 완전히 다른 어떤 것과 관계를 맺듯이 표현되는 것과 관계를 맺을지라도,

표현되는 것은 표현하는 자와 분리되어 실존하지 않는다."(DR 260)

한 번 더 상세하게 말해보겠다. 한 모나드와 다른 한 모나드를 구별하는
것은 명료한 지각들의 늘–변하는 지대ever-shifting zone이다. 하지만 이 지대
는 이 지대에 두드러진 어떤 특이성들을 특징으로 하고 있다.

> 예를 들어, 바다 관념은, 라이프니츠가 보여준 바와 같이, 이 관계들
> 사이의 변이도들에 상응하는 개별적인 것과 특이한 것 사이의 접속liaison
> 들 혹은 미분 관계들의 체계이다— 파도들의 실재적 운동 속에 육화되
> 어 있는 체계의 총체성이다. (DR 165)

한 파도는 최고점에 도달한다. 한 파도의 최고점은, 최고점 다음에
형성되는 최저점이 그렇듯이, 물속 운동의 역동적 체계에서 생긴 특이성이
며, 이 파도가 다른 한 파도를 때릴 때 형성되는 난류亂流, turbulence의 장소이
다. 들뢰즈는, 라이프니츠의 경우 모나드의 지각을 특징짓는 이 특이성들은
사건들events이라고 언급한다. 최고점에 달한 파도는, 사건 "사과를 먹음"이
아담과 이브의 실존을 확정하듯이, 또 사건 "루비콘강을 건넘"이 카이사르
의 실존을 확정하듯이, 물의 주위 운동에 대해 중요성을 가지는 사건이다.

라이프니츠에 대한 이 설명의 작은 종결부로서, 마이몬의 체계를 또한
간략하게 상기해보자. 라이프니츠의 지각 모델을 수용하면서, 마이몬은
미세 지각들을 사유의 미분들로 재구성한다. 그는 경험의 대상들은 이
미분들의 해resolution 혹은 적분integration의 결과라는 생각을 라이프니츠와
공유한다. 그리고 칸트에 의존하면서, 그는 지각의 대상들과 이 대상들의
조건들 사이에는 본성상의 차이가 있으며, 이 조건들은 이 조건들을 건립의
규칙으로 삼는 대상들을 닮지 않는다고 주장한다. 이미 본 그 중요한
대문을 다시 한번 인용해보겠다. "대상들의 이 미분들은 이른바 누메나이
다. 하지만 이 미분들에서 생겨나는 대상들 그 자체는 페노메나이다.

[…] 이 누메나는 대상들이 어떻게 생겨나는가 설명하기 위해 원리들로서 역할하는 이성의 이념들이다."(Maimon, *Essay*, 21)

개체

바라건대, 미분 관계들과 특이성들에 관한 이러한 이야기가 친숙하게 들렸으면 좋겠다. 왜냐하면 실로, 들뢰즈는 대상의 미분적 구성에 대한 라이프니츠의 설명을 (마이몬을 경유하여) 받아들일 뿐만 아니라, 우리가 이 절의 서두에서 제기했던 특정성specificity과 개체성individuality에 관한 바로 그 물음을 설명하기 위해서 "미분들과 특이성들–표현–대상" 계열을 한 전체로 받아들이기 때문이다.

『차이와 반복』 마지막 장의 이 후반부에서 벌어지고 있는 일을 파악하는 가장 좋은 방법은 두 가지 물음을 묻는 것이다. 첫 번째 물음은 만약 들뢰즈가 라이프니츠를 수정한 버전을 활용하려 한다면, 무엇이 모나드를 대신하는가?이다. 대답은 **강도적 개체**이다. 들뢰즈의 경우 개체는, 라이프 니츠와 달리 우리는 여기 물질성의 영역에 있긴 하지만, 표현적 중심 장소locus이다. 만약 (대체로 말해) 물질적인 건축 블록에 상응하는 어떤 것이 존재한다면, 이 어떤 것이 개체일 것이다. 그리고 사실, 우리는 이미 강도적 개체의 한 예 — 알, "개체화 장에서의 개체–배아"(DR 214) — 를 본 바가 있다.

이제, 두 번째 물음은 무엇이 우리로 하여금 개별적 개체를 정의하고, 따라서 강도적 개체들을 구별하도록 해주는가? 라이프니츠에게, 모나드들 은 1) 그들의 특정한 명료성 지대와 2) 이 지대를 조직하는 특이성들에 의해 구별된다. 3) 모나드들이 세계 전체를 표현할지라도 말이다. 들뢰즈에 게, 대답은 매우 유사하다. 즉, 개체들은 1) 그들이 명료하게 표현하는 잠재적인 미분 관계들과 2) 미분 관계들에 상응하는 특이성들에 의해 구별된다. 3) 모든 개체는 잠재적인 것 자체를 표현할지라도 말이다.

그래서 우리는 잠재적 이념들은 "개체화하는 요인들 속에서, 강도적 양들의 함축된 세계 속에서 표현된다"(DR 259)는 논점으로 시작하겠다. 이는 우리가 여기서 두 존재론적 권역을 다루고 있다는 점을 말하는 것이다. 즉, "개체화는 본질적으로 강도적이고, […] 전-개체적 장은 미분 관계들로 이루어진 잠재적-이념적 장이다."(DR 246) 이 둘 사이에는, 라이프니츠에게서처럼, 표현 관계가 존재한다. 잠재적인 것은 초월적인 것이 아니라, 강도적 개체성의 수준에서 자신의 표현들 속에 실존한다. 아니 오히려 내속한다.

다시 한번 더 라이프니츠와 마찬가지로, 들뢰즈는 개체들 간의 차이는 **명료한-혼잡한**의 짝에 의해 사유될 수 있다. 즉, 각 개체들은

> 이념들의 변하는 총체성, 미분 관계들의 변이 가능한 총체를 표현한다. 그러나 각 강도는 오직 변이의 일정한 관계들 혹은 정도들만을 **명료**하게 표현한다. 각 강도가 명료하게 표현하는 그것들은 각 강도가 **봉인**하는 역할을 가질 때 집중하는 바로 그것들이다. **봉인되는** 것으로서 역할을 할 때, 강도는 여전히 모든 관계들과 모든 정도들을 표현하지만, 혼잡하게 그렇게 한다. (DR 252)

이 봉인하고 봉인되는 구별이 무엇을 의미하는지 알기 위해서, 배아로 한 번 더 돌아가 보자. 대부분의 동물들에게 배아 발생에서 구조를 도입하는 최초기 과정 중의 하나는 장배형성腸胚形成; gastrulation, 안면과 바깥면의 형성이다. 뤼이에Ruyer는 바다에 사는 작은 무척추동물 활유어amphioxus를 위한 이 과정을 다음과 같이 기술하고 있다.

> 성장하지 않고, 알은 두 개의 세포로 분할되고, 이어서 네 개의 세포로, 이어서 대략 똑같은 크기의 여덟 개의 세포로 분할된다. 계속 분할되는

그 세포들은 블랙베리 크기의 작은 구체(상실배morula)를 이루고, 마침내 빈 주머니(포배blastula)가 된다. 하위 부문은, 보이지 않는 엄지손가락이 고무공을 누르고 있는 듯이, 납작해지고 주저앉고 가라앉아서(장배형성) 상위 반구가 된다. 이어서 포배의 강腔, cavity은 줄어들고, 최초기의 창자intestine를 이루는 새로운 강腔이 형성된다. 이 최초기의 창자는 잔여 구멍인 포배공胚孔(=원구原口; blastopore)을 통해서 바깥면과 소통한다. (Ruyer, *La genése*, 14)

각 세포에 국한된 과정들의 하위의 혹은 봉인된 성격은 우리가 앞에서 다룬 종류의 이식 실험들에 의해서 또한 증명된다. 만약 발달의 이 단계에서 배아 안의 세포들 중 어느 것이라도 다른 곳으로 이식된다면, 그것들은 그것들의 새로운 장소에 속하는 역할, 전면적이고 역동적이고 중단되지 않는 역할을 취할 것이다. 하지만 같은 점이 또한, 훨씬 더 높은 비율의 활동성이 발견되는, 장배의 "머리" 쪽(구부린 등dorsal arch)에서 발생하는 과정들이 "꼬리" 또는 배 쪽에서 발생하는 과정들을 봉인하고 지휘하는 방식으로 전달된다. 들뢰즈가 말하듯이, "최대한의 활동성의 영역은 이에 상응하는, 낮은 속도의 부분들의 발달에 지배적인 영향을 행사한다. 즉, 알 안의 개체는 가장 높은 곳에서 가장 낮은 곳으로 가며, 이 개체를 이루고 이 개체가 강하하는 차이들을 긍정하는 차이들이다."(DR 250) 달리 말하면, 배아 발생은 어떤 특정한 외재적 결과를 성취하기 위해 한 무더기로 결합하는 일단의 분리된 부분들에 의해서 이해될 수 있는 것이 아니라, 대신에 낮은 정도의 강도의 그것들을 함축하는 일단의 내포되거나nested 봉인된enveloped 역동성들이다. 그리고 어떤 수준에서도 어떠한 고정된 구조도 없으며, 또한 그것이 도처에 있는 것으로 존속하는 어떠한 안정되고 연장된 질량도 없다.

머리

포배공

꼬리

장배

장배형성

장배

이제, 들뢰즈가 라이프니츠의 입장을 전적으로 거부하는 두서너 논점들이 존재한다. 이 논점들은 미리 확립된 조화의 원리, 그리고 폐쇄의 원리에 관한 것이다. 들뢰즈의 경우 세계는 최종적인 것이 아니며, 개체들은 언제나 다른 개체들과 맺는 관계에, 더 일반적으로는 강도적 장과 맺는 관계에 휘말려 있다. 가령, 노란 월아이walleye[6]의 배아 발생은 플린트강Flindt River 만곡부의 동적인 강도적 체계의 일부이며, 이 강은 또 그 자체가 비료들로 뒤덮인 상류의 농지들, 그리고 비소, 수은, 납, 석유 성분들을 강물에 내버리는 플린트 제너럴모터스 공장을 포함하는 늘 넓어지고 있는 역동적 과정의 일부이다. "미규정적이고, 표류하고, 유동적이고, 소통하는 것"(DR 258), 그러한 것이 강도적 개체의 본성이다. 그래서 그 한계에서, 강도적 개체 개념은 강도적 개체화라는 특정한 과정 이외의 것이 아니다. "강도적 양들의 본질적 과정은 개체화이다. 강도는 개체화하며, 강도적 양들은 개체화하는 요인들이다."(DR 246)

이제 우리는 들뢰즈가 "이 냄비의 물은 왜 저 온도에서 끓는가?" 혹은 "저 알은 부화해서 병아리가 되지 왜 오리너구리가 되지 않는가?"와 같은 물음에 어떻게 답할지 알 수 있다. 언제나 그의 대답은 어떠한 주어진 강도적 개체 혹은 개체화의 과정도 **특정한** 집합의 미분 관계들과 특이성들을 명료하게 표현한다는 사실을 둘러싸고 전개될 것이다.

● ●

6. 눈알이 큰 물고기.

이 지점에서 들뢰즈가 그리는 실재의 그림에 대해 매우 거친 윤곽이나마 나타나기 시작하길 희망한다. 이 지점에서 그것은 다음과 같은 구성 요소들을 가질 것이다.

1) **잠재적 이념들**
2) **동적인 강도적 개체들**
3) **현실적 대상들과 주체들**

1) 잠재적 이념들은 2) 동적인 강도적 개체들에 의해 표현되는데, 이 개체들은 3) 현실적 대상들과 주체들의 발생적 핵들이다.

하지만 여전히 상당히 긴급한 문제가 남아 있다. 그것은 이제까지 한 설명이 완전히 정적이라는 사실과 관련이 있다. 들뢰즈가 실재의 진행 중인 생산을 위한 발생적 조건들을 찾아냈다고 말하는 것도 괜찮기는 하지만, 만약 이러한 발생적 조건들을 찾아내는 것이 목표라면, 사물들이 **왜 사실상 변하는지**에 대한 설명 또한 요구된다.

시간적 종합: 시간 속의 동일성과 변화

그렇다면, 이 퍼즐의 마지막 중요한 조각은 시간일 것이다. 먼저 몇 마디 논평으로 시작하겠다. 일의성 이론을 논할 때, 우리는 시간이 『차이와 반복』에서 중요한 역할을 한다는 것을 이미 본 바가 있다. 거기서, 들뢰즈는 니체의 영원회귀(들뢰즈의 독해에 의하면, 본질적으로, 시간성의 환원 불가능성에 대한 강조)는 일의성에 대한 진정한 긍정, 그리고 차이 그 자체를 긍정하는 유일한 근본적인 존재론적 견해로 이해되어야 한다는 주장을 개진한다. 이는, 모든 것에 영향을 미치는 한 시간은 필연적이거나, 절대적이거나, 본질적이거나, 혹은 시간 속의 자기-동일적인 모든 것을 배제하기 때문에 그러하다. 만약 존재가 생성이라면, 아무것도 존재 속에서 영원성을 갖지 못한다.

이 관념은 『차이와 반복』 제2장 「대자적 반복」의 중심점이자 논리적 종착점을 이룬다. 하지만 또한 똑같이 중요한 또 다른 관념이 있는데, 이는 이 장 전체를 관통하는 더 온건한 관념, 처음에는 영원회귀 사상과 모순되는 것처럼 보이는 관념, 즉 시간성은 종합적이라는 관념이다. 사실, 들뢰즈의 주장은 시간성은 무엇보다도 **수동적** 종합의 문제라는 것이다. 이 문제의 직접적인 배경에는 칸트와 후설이 자리 잡고 있다. 수동적 종합에 대한 매우 철저한 설명을 최초로 전개한 사람은 후설이었다. 그의 사상은 경험 대상들의 구성 — 예를 들어, 전장[7]의 식초병이 천천히 회전식 테이블 주위를 돌고 있다 — 이 모든 의식적 작용에 선행하는 수준에서 일어난다는 것이었다. 식초병이 테이블 위에 놓여 있다는 것, 식초병의 뒷면에 영어로 성분들을 밝히는 스티커가 부착되어 있다는 것, 이 모든 것이 세계에 대한 내 경험 속에서 구성되지만, 의식적 존재로서의 내 쪽에서 어떠한 활동을 가하지 않아도 구성된다. 내가 내 친구에게 식초를 나에게 건네달라고 부탁할 수 있는 일, 혹은 내가 생각을 되돌려 이 식초를 맛본 최초의 순간을 기억하는 일 — 이런 일들은 의식적 **작용들이다** — 은 이 종합적 기층을 전제한다. 하지만 후설과 들뢰즈에게 이러한 사상의 배후에 놓여 있는 것은 칸트가 제1의 『비판』에서 개진한 종합 개념이다. 제1의 『비판』에서 이 종합은 "영혼의 필수불가결하지만 맹목적인 기능으로 정의되는데, 이 기능이 없다면 전혀 인식을 갖지 못하는데도 우리는 이 기능을 심지어 거의 의식하지 못하고 있다."(*Crique of Pure Reason,*

---

7. Chinkiang(鎭江). 중국 장쑤(江蘇)성 남부의 도시, 양자강에 접해 있는 항구 도시.

A78/B103) 그래서 수동적 종합은, 설사 이 종합이 의식적 사유자들이 사유하는 대상을 구성할지라도, 그들의 작용이 아니다. 그럼에도 불구하고, 수동적 종합은 활기 없는 수동성이 아니다. 이 종합의 특징은 통제하는 개념에 대한 어떠한 참조 없이도 결합하는 데 있다.

무엇의 수동적 종합인가? 이 물음은, 각 시간적 권역대마다 상이한 대답을 가지므로, 연기되어야 할 것이다. 하지만 들뢰즈의 이 장을 마주칠 때 종종 물어보지 않은 채 남아 있는 또 다른 물음이 존재하는데, 이 물음을 빼놓으면 심각한 혼란이 초래된다. 그 물음은 이렇다. 수동적 종합들에 의해 무엇이 생산되는가? 결과 혹은 성과는 무엇인가? 대답은, 처음에는 정말 매우 이상하게 보이긴 하지만, 수동적 종합들은 시간 그 자체를 생산한다는 것이다. 더 정확히 말하면, 현재와 과거는 이에 상응하는 두 수동적 종합들을 통해 생산되지만, 미래는 약간 다른 문제이다. 하지만 이 모든 것을 일반적인 수준에서 풀려고 하는 대신에, 사례들로 내려가 시작하는 것이 더 유용할 것이다.

첫 번째 종합: 습관과 현재

시간의 첫 번째 종합은 습관의 종합 혹은 하비투스이다. 이 종합은 현재를 생산한다. 하지만 어떻게, 그리고 어떤 자료를 기초로 해서? 시간과 반복에 관한 들뢰즈의 논의는 순간으로 시작된다. 그가 드는 예들 중의 하나는 똑딱 시계이다. "똑"과 "딱"은 모두 독립적인 순간들이다. 이 순간들은 필연적 관계를 갖지 않을뿐더러, 이 순간들 중 어느 것도 단독으로 실재적 시간성을 소유하거나 혹은 전달하지 않는다. "순간들의 계기는 시간을 구성하지 않는다."(DR 70) 물론 내가 내 정신과 의사의 대기실에서 시계 소리를 듣고 있을 때, 시간 안에서 "틱 톡"이 일어나지만, 이는 들뢰즈의 논점이 아니다. 순간들의 수집은 그 자체만으로는 현재를 구성하기에 충분하지 않다. 정확히 말해, 어떤 종합이 요구된다. "시간은 순간들의 반복에 대해서 작동하는 본원적 종합에서 [⋯] 구성된다.'(DR 70) 요구되는 것은 "틱"과 "톡"이 서로를 함축하기 위해 일련의 순간들이 함께 회집되는 것이다.

내가 위에서 말한 바와 같이, 들뢰즈는 이 종합을 습관의 종합이라고 명명한다. 이 종합의 특징은 이 순간들을 수축하는 데에 있다. 말하자면, "습관은 수축이다."(DR 73) "틱" 소리를 들을 때, 나는 이어서 "톡" 소리를 듣기를 기대한다. 이 수축된, 습관적 기대는 내 쪽에서 하는 의식적 작용의 결과가 아니다. 일련의 순간들에 대한 나의 파악을 습관화하기 위하여 분명 나는, 타호Tahoe 호수의, 딜러를 민첩하게 밀어붙이는 카드 도박사처럼, 이 일련의 순간들에 주의를 기울여 작업할 수 있다. 하지만 내가 습관을 수축하는 것은 의식적 행위자 수준 아래에서 일어나는 수동적 종합의 결과이다. "수동적 종합은 [⋯] 우리의 생활 습관, '그것'이 계속되리라는 우리의 기대를 구성한다.'(DR 74) 우리의 세계 내 자기−의식적 활동에 앞서, 우리는 그것을 세계의 일부로서 파악한다. 우리의 현재들은 보유된 과거의 순간들로 채워지고, 우리의 습관들은 올 것을 예기하면서 미래로 뻗어나간다. 라이프니츠가 말한 바와 같이, 우리는 과거로 가득하고, 미래로 충만하다(*Monadology*, §22).

이러한 것이 첫 번째 단계의 분석이다. 하지만 사태를 기술하는 이러한 방식은 문제의 핵심에 결코 다다르지 못한다. 문제는, 내가 새로운 습관들을 들일 수 있는 안정된 주체로서, 새로운 재주를 배우는 이미 늙은 개로서, 사전에 존재한다고 전제하는, "톡"이 "틱"을 뒤이을 것이라고 기대하는 습관을 수축하는 것이 아니라는 점이다. 들뢰즈의 더 급진적인 논점은 습관의 수동적 종합은 무엇보다도 나를 조성한다compose는 점이다. "여기서 습관은 그 자체의 완전한 일반성을 드러내 보인다. 즉, 그것은 우리가 (심리학적으로) 가지는 감각−운동적 습관들에 관련될 뿐만 아니라 또한 이보다 앞서, 우리 자신인 최초의 습관들, 우리를 조직적으로 구성하는 무수한 수동적 종합들에 관련된다."(DR 74) 혹은, 조금 후에 그는 다음과 같이 기억에 남을 만한 말을 하고 있다.

> 행위하는 자기 아래에, 행위와 능동적 주체를 가능하게 만드는 응시하는 작은 자기들이 있다. 우리는 우리 안에서 응시하는 이 무수한 작은 증인들에 힘입어서만 우리의 "자기"에 대해 이야기한다. 즉, 언제나 이 자기는 "나"를 말하는 제삼자이다. 이 응시하는 영혼들은 심지어 미로 안의 쥐, 그리고 쥐 안의 각 근육에 배속되지 않으면 안 된다. (DR 75)

이 대문이 이미 보여주는 바와 같이, 들뢰즈가 여기서 개진하는 습관의 철저화는 인간 경험과 주체성에 관련될 뿐만 아니라, "유기적이고 심령적인 생명 전체"에 관련된다(DR 78). 일반적으로 존재한다는 것은 우리의 진행 중인 조성composition에 원인이 되는 무수한 수동적인 습관적 종합들에 관여한다는 것이다. 들뢰즈는 이 취지로 랩소디 한 곡을 작성한다.

> 우리가 밀이라고 부르는 것은 토양과 습기의 수축이며, 이 수축은 응시이자 그 응시의 자가-만족이다. 존재하는 것만으로도, 들판의 백합은 하늘의 영광을 노래한다. […] 어떤 유기체가 요소들 및 반복의 사례들로, 응시되고 수축된 물, 염화물들, 황산염들로 만들어지지 않겠는가? 그리하여 그 유기체를 조성하는 모든 습관들을 혼합해 놓지 않겠는가? (DR 75)

이 비의적인 언어를 잠시 제쳐 놓고 더 일반적인 관점을 채택하여, 우리는 이 점을 말할 수 있다. 첫 번째 종합이 작업하는 대상 혹은 자료는 강도 그 자체이다. 하비투스는 강도의 수축이자, 이 강도들로부터 대상들을 조성하는 것이다.

이제, 첫 번째 종합에 대한 이러한 기술은 이 종합이 실제로 두 가지 것을 생산한다는 인상, 즉 하나는 수축을 경유하여 대상들을 생산하고, 또 하나는 이 대상들이 실존하는 현재를 생산한다는 인상을 줄지도 모른다. 하지만 들뢰즈에게 이 두 가지 것은 동일한 것이라는 점을 아는 것이 핵심이다. 현재는 사물들이 일어나는 빈 용기가 아니며, 또한 시간 안에 수축적인 존재자들이 담겨 있는 것도 아니다. 밀의 살아 있는 현재는 밀의 실존 그 자체이다. 나 자신인 습관들의 조직tissue은 살아 있는 현재의 진행 중인 발생이다.

이와 상관적으로, 이런 이유로 현재 자체the present와 같은 그러한 것은 결코 없다. 내가 바닷가재 경주에서 게라르에게 걸었다는 것을 보여주는 명세서를 가지고 바에 앉아 있는 나의 현재, 게라르의 현재, 그리고 서서히 식어가고 김빠져 갈 때의 맥주 그 자체의 현재는 상이한 리듬을 소유하고 있다. 각 경우에, 한계가 있는 "현재를 고수하는" 탄성 용량이 존재한다. 호사가들이 바닷가재들을 리본에 매고 시내를 구경시키는 19세기의 환상적인 이미지에도 불구하고, 바닷가재들은 친숙하지 않은 뭍에서의 활동에 금세 지치고 만다. 게라르의 (완전히 예측 가능한) 일련의 경주 실패에 계속 관여하는 나 자신의 역량 역시 제한되어 있다. 들뢰즈가 쓰고 있는 바와 같이, "피로는 영혼이 자신이 응시하는 것을 더 이상 수축할 수 없는 지점, 응시와 수축이 분리되는 순간을 표한다. 우리는 응시들만큼 피로로 이루어져 있다."(DR 77)

능동적 종합

들뢰즈의 다음 조치는 습관이라는 이 첫 번째 수동적 종합은 개략적으로 말해 능동자성agency 혹은 능동성activity의 토대라고 주장하는 것이리라. 꿀벌은 50피트 안 되는 곳에 떨어져 있는 음식 냄새를 맡을 때, 원을 그리며 춤을 추면서, 다른 벌들에게 음식이 가까운 곳에 있다고 신호를 보낸다. 하지만 환경에 대한 이 능동적인 반응은 공기로부터 냄새를 수축하는 일 — 이 일은 습관화되어 있고, 미세한 뉘앙스들을 갖고 있다 — 을 전제한다. 들뢰즈는 "세포 유전cellular heredity"(DR 73)은 단지 한 벌에게만 해당하는 것이 아니라 이 벌의 모든 혈통에 해당하는 일단의 수동적 수축들을 구성한다고 언급하기까지 한다. 마찬가지로, 카드놀이의 명수는 카지노를 운용하는 조직 폭력배들의 과도한 주의를 끌지 않고서 승리들을 최대한 얻어내는 딱 알맞은 시간에 베팅을 하겠지만, 하지만 이는 포커를 치는 이전의 시간 동안 이루어진 정보의 수축, 이미 카드놀이를 했다는 사실들의 "섭입taking in" 등을 전제한다.

들뢰즈는 (칸트의 포착, 재생, 재인의 종합들이 배경에 있긴 하지만) 결코 확정적인 목록의 능동적 종합들을 제시하지 않는다. 그렇지만 그가 실제로 말하고 싶어 하는 것은 습관의 수동적 종합이 반성적 재현, 기억, 지성이라는 능동적 능력들을 위한 토대라는 점이다(DR 77). 이 세 가지 능력들은 실질적으로 현재("이것은 파이프다"), 과거("스페이드 에이스를 이미 내놓았다)", 미래("나는 내일 비가 오리라고 예상한다")에 상응한다. 이 모든 능력들은 습관화된 살아 있는 현재에 포섭되지만, 그럼에도 불구하고 진정한 능력들이다. 나는 어젯밤 먹은 음식을 회상할 수 있다. 나는 슈퍼마켓에서 레몬들을 훑어볼 수 있고, 잘라 놓은 라임을 고를 수 있다. 나는 비네그레트 드레싱[8]에 레몬 대신 라임을 사용한다면 일어날 일을 시큼하게 예상할 수 있다.

첫 번째 종합의 불충분함
습관에 관한 설명은 우리에게 이미 시간에 관한 매우 풍요로운 이론을

---

8. vinaigrette. 식초에 갖가지 허브를 넣어 만든 샐러드용 드레싱.

제공하고 있다. 들뢰즈는 "시간의 이 종합은 시간 안의 현재를 구성한다. 현재는 시간의 차원인 것이 아니다. 즉, 현재만이 실존한다. 오히려, 종합이 시간을 살아 있는 현재로서 구성하며, 과거와 미래를 이 현재의 차원들로서 구성한다"(DR 76)고 말하기까지 한다. 그러나 현재는 이 모든 것을 위해 시간에 관한 충분한 설명이 아니다. 왜 아닌가? 이 물음에 대한 들뢰즈의 대답은 난해한 몇 페이지를 점하는데(DR 80-82), 이는 관련된 두 논증 방식에 의해 요약될 수 있다.

첫 번째 논증 방식은 다음과 같다. 현재는 지나간다. 이는 다음의 현재 순간이 존재하며, 그러고 나서 지금의current 현재는 지나간 현재가 될 것이라고 말하는 것이다. 하지만 우리가 시간이 지나간다고 말할 때 그것은 어떤 시간을 향해 지나가는가? "우리는 시간의 첫 번째 종합이 일어날 수 있는 또 다른 시간이 존재하지 않으면 안 된다는 필연적 결론을 피할 수 없다."(DR 79)

두 번째 논증 방식은, 대략 칸트에게서 끌어온 것인데, 능동적인 기억 능력을 둘러싸고 전개된다. 카드놀이의 명수가, 딜러가 카드 한 벌을 마지막으로 바꾼 이후 얼마나 많은 에이스가 나왔는가 기억하기 위해서, 그는 현재 안에서 지나간 현재에 접근해야 한다. 하지만 이 회상 작용은 지나간 순간을 지나가고 있는 현재들의 흐름으로 되돌리는 것은 아니다. 왜냐하면, 중요한 것은 에이스가 나왔을 때에 대한 회상은 현재 안에서 **현재 그 자체와 더불어** 회상되는 것이기 때문이다. 이런 이유로 들뢰즈는 "그러므로 현재와 이전 현재는 '시간의 선' 상에 놓여 있는 두 계기적인 순간들과 같은 것이 아니다. 오히려, 현재 순간은 이전 순간을 표상하고 또한 그 자체를 표상하는 가외의 차원을 필연적으로 내포한다"(DR 80)고 쓰고 있다. (들뢰즈가 말하기를) 만약 우리가 이에 대해서 생각한다면, 기억 작용에만 해당하는 것이 아니라, 모든 사유 작용에 해당한다. 예를 들면, 슈퍼마켓에서 레몬들 가운데서 라임을 알아보기 위해, 나는 이 두 과일에 대한 과거의 이해를 환기할 수 있어야 하고, 이 두 과일을 구별하기 위해 이 지식을 현재에 동시에 활용할 수 있어야 한다. 그렇다면, "과거는 모든 표상들이 전제하는 것이다."(DR 81)

두 논증은 동일한 결론을 가져온다. 즉, 두 번째 수동적 종합, 현재가 그리로 향해 지나가고, 현재의 사유 작용들이 의지하는 과거가 존재하지 않으면 안 된다.

두 번째 종합: 기억과 과거

두 번째 종합인 기억 혹은 므네모시네는 시간 안의 과거를 구성한다. 우리가 방금 본 바와 같이, 두 번째 종합은 지나가는 현재의 본성이 요구하는 것이다. 이 논증들은, 사실상, 과거와 지나간 현재들의 총체성을 엄밀히 동일시할 수 있는 방식 — 과거를 구성하는 것에 관한 상식적 견해와 가까운 방식 — 이 결코 없다는 점을 보여준다. 하지만 그렇다면 그것은 무엇인가?

들뢰즈는 대답을 주로 앙리 베르그손, 특히 그의 걸작인 『물질과 기억』에서 끌어낸다. 그는 베르그손을 따르면서 자신이 과거의 세 가지 역설이라 부르는 것에 의해 과거를 제시한다. 이 논제들은, 친숙하지는 않을지라도, 명확한 의미에서, — 의견(=doxa)에 반하는, 일반적으로 용인된 것과 반대되는— 희랍어 *paradoxa*가 가리키는 의미에서 역설적이다. 이 세 가지 역설은 내가 방금 언급한 과거에 대한 상식적인 견해의 관점에서 볼 때 모순적이거나 혹은 난센스일 뿐이다. 하지만 그럼에도 불구하고 이 역설들은 과거의 본성에 대한 진정한 기술을 이룬다.

첫 번째 역설은 "과거와 지나간 현재의 동시성"(DR 81)을 주장한다. 만약 우리가 우리 자신에게 기억이 형성되는 것은 언제인가 하고 묻는다면, 우리는 금세 오직 하나의 실행 가능한 대답이 있을 뿐이라는 것을 깨닫게 된다고 베르그손은 언급한다. 기억은 후에 이 기억이 되는 지각 이전에 형성될 수 없다. 하지만 기억은 지각 이후에도 형성될 수 없다. 지각과 필연적인 관계를 맺고 있는 기억이 일정량의 시간이 지나간 후에도 자발적으로 돌연히 발생하는 일을 무엇이 설명할 수 있겠는가? 만약 우리가 내가 열쇠들을 어디에 두었지 하고 기억하는 것과 같은 예들에서 미루어 추정하여 이제 끝난 전체 관계를 기억하려 한다면, 이 생각의 터무니없음은 특히 분명해진다. 어떻게 해서 나는 **무로부터**ex nihilo 저 비극적인 전체 과정에 상응하는 회상들을 어떻게 해서든 생산할 수 있는 것일까? 그래서 사실인즉 기억들은 마주침 그 자체의 바로 그 순간에 생산되지 않으면 안 된다. 『정신적 에너지*Mind-Energy*』에서 베르그손은 들뢰즈가 무척 찬탄하는 한 이미지로 이 상황을 묘사한다. "현재의 운동은 완전히 대칭적인 두 분출물로 쪼개지는데, 그중 하나는 과거를 향해 뒤로 물러나고, 반면에 다른 하나는 미래를 향해 앞으로 튀어 오른다."(160) 달리 말해서, 과거는 현재의 반복이다.

두 번째 역설은 하나의 현재 순간과 그것의 기억이 아니라, 과거 전체에 관한 것이다. 들뢰즈는 이렇게 말한다. "만약 각 과거가 한때 자신이었던 현재와 동시적이라면, 모든 과거는 그것이 이제는 과거인 새로운 현재와 공존한다."(DR 81-2) 그러므로 우리는 과거를 하나의 거대한 기억, 즉 새로운 기억들이 추가되면서 모든 순간 성장하고 변화하는 기억으로 생각하지 않으면 안 된다. 달리 말해서, 과거는 모든 지나간 현재의 완전한 반복이며, 그것들 모든 것의 암묵적이지만 개방된 전체를 형성한다.

마지막으로, 세 번째 역설에 따르면, 과거 그 자체가 시간적 권역대로서 미리 실존한다. 현재는 어떤 시간으로 지나가야만 하기 때문에, 이 어떤 시간은 이미 실존해야만 한다 — 이는 첫 번째 수동적 종합이 전제하는 것이다. 참으로 이 세 번째 역설은 들뢰즈가 펴고 싶어 하는 주장의 범위를 조명해주는 그것이다. 과거는 이전 현재들을 위한 묘지가 아니라, 시간의 지나감과 기억 그 자체의 존재의 근거이다. "우리는 과거가 존재했다고 말할 수 없다. 과거는 더 이상 실존하지 않는다. 실존하는 것이 아니라, 내존하고insists, 공존하고consists, 존재한다is. 과거는 이전 현재와 함께 내존하고, 새로운 혹은 현재적 현재와 함께 공존한다. 과거는 시간 추이의 최종적 근거로서의 시간의 즉자in-itself이다. 이런 의미에서 과거는 모든 시간의 순수하고, 일반적이고, 선험적인 요소를 형성한다."(DR 82)

지나간 각 현재의 이미지가 점진적으로 포함되는, 언제나 개방되어 있을지라도, 총체적인 기억, 이것이 과거에 대한 존재론적 통찰이다. 하지만 이 통찰은 들뢰즈가 기억의 **초월론적인 수동적 종합**이라 부르는 것의 결과이다. 현재의 습관적 종합은 **경험적**empirical이고 물질적이며, 강도의 문제와 관련을 맺게 된다. 하지만 이 종합은 매 시점에서 기억의 초월론적 종합을 전제한다. 즉, 과거는 현재를 위한 초월론적 근거이고, 기억은 습관 및 습관에 수반되는 능동적 종합들을 위한 초월론적 근거이다. 이와 상관적으로, 기억은 뇌 안의 일단의 물질적 흔적들로 간주될 수 없다. 들뢰즈가 종종 말하고 싶어 하듯이, 기억은 결코 현재인 적이 없었던 과거이다.

비자발적 기억과 잠재적 과거

논증 과정의 이 지점에서, 들뢰즈는 다음과 같은 겉보기에 기묘한 물음을 제기한다. "과거 전체는 즉자적으로in itself 보존되는데, 어떻게 우리는 우리 자신에 대하여for ourselves 과거 전체를 저장할 수 있는가? 어떻게 우리는 과거 전체를 자신이 한때 그것이었던 이전 현재로 환원하지 않고서, 혹은 과거 전체를 지나간 것으로 만드는 현재적 현재로 환원하지 않고서, 그 즉자in-itself를 꿰뚫어 볼 수 있는가? 어떻게 우리는 과거 전체를 우리 자신에 대하여for ourselves 저장할 수 있는가?"(DR 84) 두 가지 분출물로 쪼개지는 시간의 이미지를 다시 생각해보자. 현재의 진행 중인 지나감이 한 분출물이며, 그것은 습관의 종합이 생산한 살아 있는 현재의 이 시간에 있어서이다. 들뢰즈가 말하듯이, 이것은 "우리가 사는" 시간이다(DR 84). 하지만 다른 분출물은 기억의 무감각하고 비활동적인 즉자적 과거 past-in-itself로 흘러 들어간다. 그래서 들뢰즈는 우리가 과거 그 자체를 살 수 있는 방식이 있는가? 하고 묻고 있다. 이 물음에 대한 두 가지 대답이 사전에 배제된다 — 분명 살아지지만 습관을 기초로 해서 살아지는 기억의 능동적 종합에 그는 관심이 있지 않으며, 또한 우리는 과거가 언제나 현재 안에 전제되는 여기 이 방식에 관심이 있지도 않다. 물론, 내가 그렇게 하듯이, 과거의 음들과 악절들이 수동적으로 상기되는 기억 없이 한 곡의 음악을 들을 수 없다는 것은 사실이며, 이런 의미에서 산다는 것은 언제나 모든 것을 풍요롭게 하는 기억의 주변 맥락 속에서 산다는 것이다. 이렇게 묻는 것이 더 정확하다. 즉, 과거 그 자체in-itself가 과거로서 간직될 수 있는, 다시 말해, 중요하게 될 수 있는 방식이 있는가?

들뢰즈는 그의 유명한 논제들 중 하나, 즉 비자발적 기억과 관련하여, 위대한 마르셀 프루스트의 저작에서 자신의 대답을 발견한다. 『잃어버린 시간을 찾아서』 제1권의 한 유명한 대목에서 화자는 작은 과자인 마들렌 한 조각을 적은 양의 차와 함께 스푼으로 떠먹는다. 이 맛에 그는 어린 시절 콩브레의 바닷가 마을에서 보낸 휴가 때의 기억에 어떤 식으로든 매여 있는 황홀경에 가까운 상태에 휩싸이게 된다. 하지만 들뢰즈가 지적하듯이, 화자 안에서 솟아오르는 콩브레의 기억은 과거로부터 한순간을 재생산한 것이 결코 아니다 — 그 기억은 지나간 현재의 이미지가 아니라, 정확히, 결코 현재인 적이 없었던 과거이다. "콩브레가 다시 나타나지만, 한때 과거였던 모습이거나 과거일 수 있었던 모습으로서가 아니라, 결코 살아본 적이 없는 광휘 속에서 나타난다."(DR 85) 들뢰즈의 설명에 따르면, 이 기억은 실제로 결코 살아본 적이 없다는 것을, 심지어 애당초 살아본 적이 없다는 것을 상기하자. 한편으로, 이 기억은 지나가는 현재를 위한 초월론적 근거이고, 다른 한편으로, 이 기억은 지나가는 현재의 이미지들로 이루어져 있지, 지나간 현재들 그 자체로 이루어져 있는 것은 아니다(또 말하지만, 두 가지 분출물들의 이미지). 따라서 비자발적 기억의 경험은 습관의 살아 있는 현재에 매개되지 않은 이질적인 과거 그 자체의 솟아오름을 포함한다.

그렇긴 하지만, 비자발적 기억의 모든 경험들이 마들렌의 경험처럼 즐거움으로 가득 차 있는 것은 아니다. 한 슈퍼마켓에서 맡은 옛 연인의 향수 냄새는 바로 그 자리에서 우리를 마비시키기에 충분하지만, 그러나 침대의 빈자리를 보면 우리는 순식간에 슬픔으로 무너진다. 배아 발생이 색소결핍증을 초래하는 열성 유전자를 표현하는— 활기찬 붉은 옻나무에 알을 까는— 희귀한 멧누에나방Luna moth을 생각해보자. 비자발적 기억은 과거가 즉자적으로 살아지는 방식이다— 비자발적 기억은 **감각**에서 **문제와의 마주침**으로 살아진다.

나는 방금 이 어구를 고딕체로 표시했다— 또 프루스트와 관련하여 이 점을 잠깐 논한 바 있다. 왜냐하면, 이 어구는 우리에게 『차이와 반복』 전체의 주장에 관한 매우 중요한 통찰을 제공하기 때문이다. 들뢰즈에게 있어서 문제란 무엇인가? 그것은 잠재적 이념이다. 하지만 만약 이것이 사실이라면, 비자발적 기억은 우리가 칸트, 마이몬, 그리고 미적분법을 경유하며 위에서 논한 바 있는 잠재적인 것의 미분 구조와의 마주침을 수반할 것이다. 그렇다. 그래서 여기에 핵심 논점이 있다. 즉, 이 잠재적 미분 구조는 즉자적 과거에 지나지 않으며, 들뢰즈에게 과거는 베르그손에게서처럼 잠재적이다.

들뢰즈 그 자신은, 『차이와 반복』을 단일하고 일관된 주장으로 읽으려 해온 모든 사람들에게 유감스럽게도, 기억의 즉자적 과거와 미분 구조로서의 잠재적인 것 간의 이러한 동일성을 간략하게 또 대부분 간접적으로 암시할 뿐이다. 그럼에도 불구하고, 이 둘은 실로 동일한 것이다. 그렇다면 잠재적인 것에 관한 모든 설명을 요약하는 세 가지 논제들은 이렇다.

1. 즉자적 과거는 새로운 기억들이 추가되면서 부단히 변하고 있는 잠재적 기억이다.
2. 즉자적 과거의 구조는 칸트의 문제적 이념들에 대한 수학화된 버전의 렌즈를 통해서 가장 잘 사유된다.
3. 이런 식으로 요해된 즉자적 과거는 미래에 이루어지는 실재의 생산과 조직을 위한 일단의 구조적이고 발생적인 조건들이 된다.

시간이 경과하는 동안의 동일성: 습관과 기억의 보존적 성격

더 나아간 물음을 제기함으로써 비자발적 기억에 대한 우리의 고찰을 계속해보자. 이 경험은 왜 그토록 희귀한가? 우리는 이미 대답을 알고 있다. 습관 때문이다. 첫 번째 종합은 살아지는 현재를 생산할 때 강도들을 모은다. 말하자면, 첫 번째 종합은 안정되고 자기-안정화하는 수축적 형성물들을 만드는 변화의 벡터들을 모은다. 프루스트의 예로 보면, 감각에서 어떤 마주침 — 마들렌의 맛 — 은 콩브레의 비자발적 기억을 유발하지만, 이 과자를 곁들여 차를 마시며 "전능한 즐거움all-powerful joy"의 현존에 놓이게 되는 사람은 드물다(Proust, *Swann's Way*, 60).

이 문제의 진짜 핵심은 습관에서 행하는 기억의 역할이다. 비자발적 기억들은 습관의 종합이 극복되는, 이 종합이 자신이 마주치는 것을 수축할 수 없는 맥락에서만 일어난다. 그렇지 않다면, 기억은 현재의 종합을 근거 짓고 보완하기 위해서만 기능할 뿐이지, 결코 그러한 것으로 나타나지 않는다. 즉, 기억은 "그 자신을 이전 현재로서 표상하는 경향이 있고, 원리상 자신이 조직하는 원환 속으로 들어가는 경향이 있다."(DR 274) 혹은, 들뢰즈의 매우 수수께끼 같지만 또한 이상하게도 아름다운 표현 방식들 중의 하나를 사용한다면, "근거는 기묘하게 굽어져 있다."(DR 275) 현재의 근거로서의 과거는 현재를 향해 굽어 있고, 현재를 선호하여 첫

번째 종합의 성공이라는 이름으로 현재에게 그 자신을 넘겨준다.

우리는 정적인 삼개조 "잠재적인 것–강도–현실성"이 어떻게 역동적으로 기능하는가 설명하기 위해 시간에 관한 이러한 논의를 시작했지만, 문제가 더 진지하게 이루어지는 방식으로만 그렇게 했다. 왜냐하면, (비자발적 기억은 차치하고) 습관과 기억, 현재와 과거가 안정성과 자기–동일성이란 이름으로 결탁하기 때문이다. 시간은 그 본성상 변화에 저항한다 … "우리가 최후의 단어를 아직 발견하지 못했다면, 시간의 세 번째 종합이 없다면 …"(DR 85)

미래 I: 칸트, 니체, 그리고 시간의 빈 형식

첫 번째 종합은 시간 안의 현재를 구성한다. 두 번째 종합은 시간 안의 과거, 즉 현재가 지나가 들어가는 과거를 구성한다. 하지만 정확히 왜 현재는 지나가는 것인가? 이 물음에 대한 대답은 또 다른 물음, 즉 단어 "미래"는 무엇을 의미하는가?를 고찰함으로써 드러난다. 한 분명한 대답은 미래는 미래 현재라는 점이다. 미래는 현재 순간과 같은 다음 순간일 것이며, 또 끝없는 현재들의 연속 속에서 그러할 것이다. 하지만 우리는 이것이 들뢰즈의 대답일 리가 없다는 점을 이미 알고 있다. 이런 식으로 이해된 미래는 전적으로 현재에 속하고, 습관의 첫 번째 수동적 종합과 이 종합에 토대를 둔 지성의 능동적 능력에 속한다. 달리 말해서, 그것은 사실 전혀 미래가 아니다.

만약 이 단어가 무언가를 의미한다면, 그것은 현재 혹은 과거 그리고 이들의 각각의 내용에 복속되지 않는 시간 양상temporal modality을 기술하지 않으면 안 된다. 결국, 만약 미래가 — 아직 존재하지 않는 시간으로서 — 이미 어떤 내용을 가지고 있다면, 이 내용은 필연적일 것이다. 만약 모든 미래에 어떤 신이 존재한다면, 이 신은 필연적이어서 현재의 아무것도 이 신을 쫓아내기 위해 행위할 수 없을 것이다. 이것은 단어 미래가 아무것도 의미하지 못하게 만드는 또 다른 방식이지만, 이번에는 현재가 아니라 영원의 이름으로 그렇게 한다. 따라서, 만약 미래가 있다면, 그것은 철저하게 빈 것이지 않으면 안 된다.

두 명의 철학 선구자들이 이 배경에 있다. 첫 번째 선구자는, 또 등장하지만, 칸트이다. 다음은 제1의 『비판』에 나오는 유용한 대문이다.

> 표상들의 연합을 통한, 의식의 경험적 통일은 그 자체가 나타남에 관한 것이며, 전적으로 우연적이다. 이와 반대로, 시간에서의 직관의 순수 형식은, 주어진 잡다를 내포하는 단지 직관 일반으로서, 직관의 잡다가 **나는 생각한다**라는 하나와 맺는 필연적 관계에 의해서만, 따라서 경험적 종합을 **선험적으로** 근거 짓는 지성의 순수 종합을 통해서, 의식의 본원적 통일하에 있다. (Kant, *Critique of Pure Reason*, B 140)

칸트가 여기서 확인하는 세 가지 주요 요소들을 고찰해보자. 첫째로, 일상적인 경험적 경험empirical experience의 내용은 전적으로 우연적이라는 점이다— 비록 이 경험적 내용이 능력들의 작동을 전제할지라도, 그것은 우리가 우연히 마주치는 것에 의존한다. 둘째로, 주체성에 필요한 유일한 것은 "의식의 본원적 통일", 말하자면, 모든 경험이 나의 경험으로 간주될 수 있게 하는, 전적으로 형식적이고 공허한(=빈) "나는 생각한다"라는 점이다. 하지만 셋째로, 이것이 핵심인데, 나의 경험experience의 경험적empirical 내용과 이 내용의 통일을 보장하는 형식 사이에는 시간의 순수 형식이 놓여 있다.

이제 들뢰즈는 통각의 초월론적 통일— "나는 생각한다"의 정적이고 형식적인 통일로서 이해되는 주체—에 대한 칸트의 언질 중 어떤 부분도 원하지 않는다. 사실, 그가 펴고자 하는 한 논점은 주체적 경험의 통일을 설명하기 위해 그러한 관념을 호출할 필요가 없다는 것이다. 왜냐하면,

이 주체적 경험의 통일은 이미 습관의 수동적 종합에 의해 주어져 있기 때문이다. 하지만 그는 내감inner sense의 ― 즉, 사유 그 자체의 경험을 포함하는 모든 경험의 ― 순수 형식으로서의 시간에 대한 칸트의 설명은 서양 사상사에서 근본적인 전환의 순간을 이룬다고 생각한다. 모든 우연적인 일어남은 예외 없이 시간에 복속된다. 시간 그 자체는 절대적이다.

하지만 들뢰즈는 문제적 이념들과 관련해서 수정하는 것과 동일한 방식으로 이 점에서도 칸트를 수정한다. 칸트의 주체성을 폭파시켜서 그는 이 주장을 실재 전체에 관한 것이라고 간주한다. 따라서 시간의 빈 형식은 주체성의 능동적 계기와 수동적 계기 사이의 분열split로서 주장될 뿐 아니라, 존재의 구조에 고유한 균열rift 혹은 탈근거ungrounding를 이룬다. 시간의 빈 형식은 어떠한 통일의 가능성도 배제하는 것이 된다.

두 번째 선구자는 니체인데, 우리는 이 철학자를 바로 이 주제를 논할 때 이미 마주친 바가 있다. 만약 칸트가 주체성의 외관상의 통일을 위해 시간의 빈 형식이 의미하는 것에 관한 그림을 우리에게 제공한다면, 니체는 우리에게 그 자신의 방식으로 시간의 빈 형식에 관한 그림을 제공한다. 들뢰즈에게, 영원회귀 이론은 같은 것이 되풀이해서 회귀하는 것으로 기술되지 않고 또 기술될 수도 없다는 점을 상기하자. 대신에 그것은 시간의 본성에 관한 논제, 즉 시간보다 더 근본적인 것은 없고, 시간 바깥에는 아무것도 있지 않다는 논제로 이해되지 않으면 안 된다. 그런데 이는 영원회귀와 시간 그 자체의 빈 형식을 동일시하는 것이다. 만약 시간의 실재성이 근본적인 실재성이라면, 이는 더 근본적인fundamental 아무 것도 시간의 범위와 기능 바깥에 실존하지 않는다는 점을 의미한다.

니체와 마찬가지로, 들뢰즈 또한 영원회귀를 시험test과 선별selection로 이해한다. 영원회귀에 의해 "선별되어 배제되지" 않는 것만이 긍정되지만, 그러나 영원회귀는 시간의 빈 형식이므로 자신이 "선별하거나" 긍정하는 모든 것은 차이 나는 것이다. 왜 그런가? 자기-동일적인 것은 시간이 경과하는 동안 존속하지 않기 때문이다. 다소 비유적인 한 방식으로 이점에 대해 말해본다면, 미래, 시간의 빈 형식은 동일성을 위한 "방"을 갖지 않는다. 영원회귀가 아마도 긍정할 수 있는 모든 것은 변형을 겪을 수 있는 어떤 것이다.

미래는 시간의 세 번째 종합을 이룬다. 그러나 다른 두 종합과 달리, 이 종합은 수동적 종합이라기보다 정적 종합이다. 모으는 대신에, 미래는 단지 빈 형식으로서, "엄격하게 형식적이고 정적인 순서"로서, "통일을 부수는 것"(DR 111)으로서 부과될 뿐이다. 혹은 오히려, 이 종합은, 이 종합이 모으거나 긍정하는 것은 현재와 미래 간의 비대칭 혹은 파열rupture 이므로, 그 자체의 바로 그 한계에서 모으는 양식의 종합이다. 들뢰즈가 말하고 싶어 하듯이, 그 자신을 플라톤에서 시작되는 긴 철학적 궤적 안에 위치시키면서, "시간은 가장 근본적 형식의 변화이지만, 변화의 형식은 변화하지 않는다."(DR 89) 그 차이는 들뢰즈는 존재와 사유를 위한 모든 중요성들을 가지고 가장 진지한 의미 외에는 그 어떤 것도 기꺼이 취하려 하지 않는다는 점이다.

여기서 두 가지 논점을 요약해서 제시할 수 있다. 들뢰즈는 습관화될 수 없는 강도, 즉 잠재적 문제를 표현하는 강도와 더불어 현재에서 일어나는 마주침을 소환함으로써 새로움이 어떻게 일어나는가라는 물음에 답한다. 하지만 새로움이 일어난다는 사실 자체는 세 번째 종합으로서의 미래에 의해 설명된다. 무엇이든 변화할 수 있다는 것은 오직 시간의 빈 형식 때문이다. 또, 모든 것이 변화하리라고 보장하는 것은 바로 시간의 빈 형식이다. 이런 의미에서, 『차이와 반복』의 근본적인 동인은, 그 자신을 현재에 부과하는 "최종적으로"의 확고한 법칙으로서, 시간 그 자체이다. 들뢰즈가 말하는 바와 같이, "영원회귀의 구축적驅逐的; expulsive이고 선별적 인 힘, 영원회귀의 원심력은 첫 번째 두 반복이 돌아오지 않는다는 것, 이 반복들은 오직 최종적으로만 일어난다는 것, 그리고 그 자신을 중심으로

하는 세 번째 반복만이 영원히 돌아온다는 것을 보증하는 […] 데에 있다."(DR 297)

미래 II: 세 가지 특질

들뢰즈는 미래에 대한 그의 설명에 살을 붙이기 위해 수많은 위상학적 특질들을 사용하는데, 우리는 그중에서 세 가지를 사용해서 우리가 방금 미래에 대해 말한 것을 예시하고 요약할 것이다. 첫 번째 특질은 들뢰즈가 그리스 비극에 대한 프리드리히 휠덜린Friedrich Hölderlin의 수수께끼 같은 논의로부터 취하는 용어인 중간 휴지caesura라는 특질이다. 미래가 시간 안으로 도입하는 것은 절대적 파열, 중단, 그 무엇도 메꿀 수 없는 간극이다. 즉, 미래는 "일종의 비평형, 균열 혹은 금crack […] 원리상 소외, 원리상 극복될 수 없는 것을 도입한다."(DR 58) 이런 의미에서, 본질적으로 미래는 현재와 과거가 제시하는 안정된 조직에 닥치는 트라우마 혹은 재앙으로 생각될 수 있다. 기억에 남을 만한 몇 말들로, 들뢰즈가 이 특질을 기술하는 방식은 이렇다.

> 중간 휴지는, 어떤 종류이든 간에, 독특하고 방대한 사건의 이미지 속에서, 전체로서의 시간에 적합한 행위의 이미지 속에서 규정되지 않으면 안 된다. 시간의 총체성에 적합한 […] 이 이미지는 많은 방식으로 표현될 수도 있다. 즉, 시간을 비틀어 내던지기, 태양을 폭발하도록 만들기, 자기 자신을 화산 속으로 내던지기, 신 혹은 아버지를 죽이기. 이 상징적 이미지는 그것이 중간 휴지, 이전, 이후를 한데 끌어모으는 한에서 시간의 총체성을 이룬다. (DR 89)

휠덜린이 소포클레스의 비극들에 대해 말하듯이, "시작과 끝은 더 이상 서로 운을 맞출 수 없을 따름이다."("Remarks on Oedipus", 108)

이는, 그 목표가 미래가 야기하는 철저한 탈근거를 전달하는 것임을 고려할 때, 처음에는 가망 없어 보이는 두 번째 특질로 이끈다. 즉, 그것은 선line의 특질이다. 들뢰즈는 이 이미지를 원환의 이미지와 대조하기 위해 제시한다. 현재와 과거는 결탁하여 습관의 이미지 속에서 시간을 만들어낸다. 즉, 원환적인 것으로서, 같은 것의 반복으로서 시간을 만들어낸다(증권 중개인의 틀에 박힌 일상 업무, 매미의 수명 주기). 이 보수적이고 습관적인 운동은 빈 형식으로서의 미래에 의해 깨져 열리게 된다. "시간 안에서 사물들이 전개되는 것이 아니라 […] 시간 그 자체가 전개된다."(DR 88) 중간 휴지는 "너무나 많은 것"이 그렇듯이, 이 새로운 선적 분배의 동인이다. 들뢰즈가 종종 『햄릿』의 유명한 대사 "시간은 탈구되어 있다"를 호출하는 것은 이 특질과 관련해서이다.

세 번째 특질, 계열series은 이전 두 특질에 함축되어 있으며, 이 두 특질을 완성한다. 기억과 공모하는 습관의 원환을 깨서 열 때, 중간 휴지로서의 미래는 더 이상 습관적 현재를 기초로 하지 않고 미래 시간의 관점으로부터 시간 권역들을 그 각각의 장소 안으로 분배한다. 이 관점에서 볼 때, 과거는 마주침을 다루기에 부적합한 사태로 나타난다. 햄릿의 최초 행위를 생각해보라고 들뢰즈는 말한다. 그는 아버지가 삼촌에게 살해당했다는 것을 알고 있지만, 얼어붙어 꼼짝 못 하고 있어서 이 사건이 요구하는 대로 기꺼이 행위하고자 하지도 않고 행위할 수도 없다. 그렇다면 현재는 "이 행위와 동등하게 되는 순간" ― 햄릿의 항해 ― 을 기술한다. 하지만 그때

미래가 나타나는 세 번째 순간이 존재한다. 이는 사건과 행위가 자기self의 그것을 배제하는 비밀스러운 일치를 소유한다는 것을 의미한다. 또 이는 사건과 행위는 자신들과 동등한 것이 된 자기에게 등을 돌리고, 자기를 산산이 부순다는 것을 의미한다. 마치 새로운 세계의

담지자가 자신이 낳는 다양성의 충격에 의해 휩쓸려 나가고 흩어지는 듯이. 자기는 그 자체 안의 부등한 것과 동등한 것이 된다. (DR 89–90)

여기서 햄릿의 운명은 가장 극단적인 예인데, 보다 세속적인 용어로 말한다면, 들뢰즈의 논점은 문제와 마주치는 일이 요구하는 것은 문제를 마주치는 자의 변형이라는 점이다. 과학자가 쥐가 마시는 물의 염도를 증가시킬 때, 마치 이혼한 사람이 이전 배우자가 알아볼 수 없는 어떤 사람이 됨으로써 살아남듯이 쥐는 변화하거나 혹은 죽게 마련이다. 요약하면, 시간의 진리는 이 계열적 순서이지, 반은 깨어 있고 반은 꿈꾸고 있는 습관과 기억의 삶인 것은 아니다.

인간 존재

이제 우리는 『차이와 반복』의 주장에 관한 매우 중요한 두 가지 사실들을 명기할 위치에 와 있다. 첫 번째 사실은 들뢰즈가 인간의 사유와 경험에 특유하게 관련되어 있는 철학적 견해들로부터 무언가를 이끌어내는 동안, 그는 인간 사유와 존재 일반 둘 모두를 성찰하기 위하여 그렇게 한다는 점이다. 이에 대한 분명한 사례가 칸트이다. 칸트의 비판철학 전체는 모든 보편적이고 필연적인 주장들을 인간의 사유에 근거 짓는 일과 관련되어 있다. 들뢰즈가 의지하는 칸트의 부분들은 분명 인간의 사유에만 적용 가능한 것으로 보인다. 하지만 들뢰즈는 칸트 철학의 부분들을 취해 이것들을 지극히 일반적인, 존재론적인 용어들에 적용하고 싶어 한다.

두 번째 사실은 『차이와 반복』에서 들뢰즈는 존재 일반으로부터 인간 실재를 구별해내고, 밭에서 자라고 있는 밀, 혹은 거북이의 배아 발생을 설명하는 데 요구되는 것 이상으로 인간을 설명하기 위하여 말하지 않으면 안 되는 것들이 있다고 생각한다는 점이다. 이 논점을 펴는 가장 좋은 방법은 이 책에서 단어 "사유"가 두 가지 주요한 의미를 가진다고 말하는 것이다. 어떤 때에, 이 단어는 인간의 능력을 가리킨다. 이것은, 예를 들어, 제3장 「사유의 이미지」에서 말하는 사유thought와 사유함thinking의 일차적 의미이다. 또 어떤 때에, 이 단어는 실재 그 자체의 생산을 가리킨다. 제5장은 단도직입적으로 이 점을 표명한다. "사유하는 자는 개체이다."(DR 253) 이 개체는 잠재적 이념들을 사유한다 — 들뢰즈는 "이념을 표현하는 강도"가 "이념을 사유하는 개체"와 같은 뜻을 가진다고 생각한다(DR 253). 이 책을 읽을 때 특히 힘든 부분은, 전자가 아무런 예고 없이 매우 급속히 후자를 따를 때가 분명 있기 때문에, 어떤 주어진 순간에 이 두 권역 중 작동하는 쪽을 정해서 나아가는 것이다.

여러분이 알아차렸는지 모르겠지만, 이 두 논점은 밀접하게 관련되어 있다. 사실, 이 논점들은 매우 밀접해서 이렇게 근접해 있는 것이 중대한 오해의 근원이 되었다. 예를 들어, 들뢰즈는 인간 존재에 대한 아무런 명확한 설명을 하고 있지 않다고 생각하는 것은 흔히 볼 수 있는 일인데, 들뢰즈의 수준 높은 독자들은 심지어 정반대 쪽의 주장을 펴오기도 했다. 그러한 두 가지 설명은 반대자들의 견해를 지지하는 명시적인 진술들을 무시하기 위해 분투해야 한다. 그래서 이 장에서 행한 우리의 논의를 마무리 짓기 위해, 이제 우리는 들뢰즈가 특히 인간 존재에 관해 말하는 것과, 강도에서부터 이 특정한 권역의 시간적 종합들을 통해 가는 궤적을 반복하는 『차이와 반복』의 보다 광범위한 기획을 분리할 것이다.

심적 체계로서의 인간 존재들

한 줄기의 밀, 한 마리의 거북이가 존재하는 것과 똑같은 방식으로 인간을 생물학적 체계로 이해하는 데에 들뢰즈는 아무런 어려움도 겪지 않는다고 주장함으로써 시작하도록 하겠다. 밀이나 거북이와 마찬가지로,

우리는, 생명체로서, 강도들이 표현하는 잠재적 문제들에 대한 해결의 결과물이다. 인간 배아는, 거북이의 배아와 마찬가지로, 미분 관계들과 잠재적인 것의 특이점들을 표현하지만, 아직 질화되고 연장되지 않은 경향들의 특징을 지니는 강도 장intensive field이다. 인간 배아는 (현실화된) 성인 인간이, 생물학적 존재자로서, 도저히 겪을 수 없는 많은 것들을 겪을 수 있다.

하지만 우리는 포유동물 이상이며, 동물의 왕국과는 본성상의 차이가 있는 저쪽 편에 있다. 들뢰즈의 용어를 사용한다면, 우리는 또한 심적 체계들psychic systems이다. 밀의 생물학적 생은 그 안에 부수적인 화학적 과정들("수축된 물, 질소, 탄소, 염화물, 황산염"[DR 75])을 포함하고 있다. 역으로, 인간 신체의 생물학적 생은 의식과 표상적 사유를 가능하게 하는 부수적인 물질적 요소이다.

그래서 이 마지막 절의 기획은 이제 더 초점을 받게 된다. 우리가 이해할 필요가 있는 것은 『차이와 반복』의 주요 범주들이, 존재의 다른 권역들과 관련하여 우리가 이미 본 것을 넘어, 어떻게 심적 체계들을 위해 작동하느냐 하는 것이다. 들뢰즈는, 우리가 곧 보게 되겠지만, 프로이트와 라캉의 정신분석학과 밀착 격투를 벌이면서 이 작업을 수행한다.

이드와 쾌락 원칙

심적 체계들의 구성은 생물학적 인간과 더불어 시작된다. 이 구성은 밀이나 거북이의 구성과 동일한 방식으로, 강도적 차이들의 습관적 수축과 더불어 시작된다.

> 생체심리학적biopsychical 생은 강도상의 차이들이 흥분들의 형식으로 여기저기에 분배되어 있는 개체화 장을 의미한다. 그런 차이들의 질적이고 양적인 해결 과정은 우리가 쾌락이라 부르는 것이다. 이러한 종류의

총체성 — 강도 장 안에서의 차이들의 가동적 분배와 국소적 해결 —
은 프로이트가 이드Id라고 부르는 것, 혹은 적어도 일차적 층의 이드에
상응한다. (DR 96)

그렇다면 마음psyche은 한 차등적disparate 장 — 강도 장 — 으로서 시작
된다. 하지만 이 해결들의 체계화를 구성하는 것은 정확히 무엇인가 —
쾌락을 일반 원칙으로 만들고 강도에서 현실성으로 향하는 추이를 개시하
는 것은 무엇인가 — 하고 들뢰즈는 묻는다. 대답은 프로이트를 따라
묶기binding라는 이름을 붙인 첫 번째 종합이다. "묶기는 순수 수동적 종합,
즉 쾌락에게 만족 일반의 원칙이라는 가치를 부여하는 하비투스를 나타낸
다. 습관은 이드 조직의 기저를 이루고 있다."(DR 97) 그래서 들뢰즈에게
주체성의 첫 번째 수준은 인간 행위자라는 어떠한 관념과 관련해서도
철저하게 수동적이다. 이것은 한참 후에 사물들의 질서 속에 놓이게 될
것이다. 이제까지, 이것은 완벽하게 프로이트를 따라가고 있다.

자아와 현실 원칙

마음에서 첫 번째 수동적 종합의 결과들은 이 종합에 토대를 두는
능동적 종합에 상응한다. 프로이트의 용어로, 이것은 자아의 형성이나
현실 원칙과 관련된다. 하지만 들뢰즈는 두 가지 점에서 프로이트와 결별한
다. 먼저 들뢰즈는 자아의 일차적 기능이 이드의 각 요구들과 외적 세계를
중재하는 것이라는 프로이트의 견해에 동의하지 않는다. 다음은 들뢰즈가
거의 전적으로 동의하지 않는 그 견해의 한 가지 전형적인 정식적 서술이다.

자아는 외적 세계의 영향을 이드 및 이드의 경향들과 관련을 맺게
하려고 애쓰고, 이드 안에서 아무 제한을 받지 않고 군림하는 쾌락
원칙을 현실 원칙으로 대체하려고 노력한다. 자아에게, 지각은 이드

안에서 본능에 떨어지는 역할을 행한다. 자아는 격정들을 내포하는 이드와 대조적으로, 이성과 상식이라고 부를 수도 있는 것을 나타낸다.

(Freud, *The Ego and the Id*, 25)

들뢰즈의 견해에 의하면, 오히려 자아는 세계 속에서 마주치는, 이드 안의 충동들을 만족시킬 수 있는 (미리—주어진 것으로 상정되는) 대상들을 인식하기|recognize 위해서가 아니라, 의식적 활동을 위한 모형이나 지침으로서 기능할 수 있는 심적 대상들을 건립하기|construct 위해서 우선적으로 기능한다.

능동적 종합은 수동적 종합들의 토대 위에서 확립된다. 즉, 이것은 묶인 흥분을 실재적이고 우리 행위들의 목적이어야 하는 대상에 관계를 맺게 하는 데에 있다. [⋯] 능동적 종합은 대상체적objectal 관계에 있어서 실재의 테스트에 의해 정의되는데, 자아가 "활성화되는" 경향이 있고 능동적으로 통일되는 경향이 있는 것은 바로 현실 원칙에 따라서이다.

(DR 98)

갈증을 해소하는 어떠한 자연적 종류의 대상도 이 세계에는 하나도 없다고 생각해보라. 한 잔의 물을 마시는 일이 그렇듯이, 오렌지를 먹는 일은 갈증을 해소한다. "마실 것" 일반의 관념은 이전의 습관적 수축들을 기초로 하여 자아에 의해 생산된 것이다 — 그것은 소진되는 것도 아니고, 확정적인 것도 아니지만, 그러나 이 필요와 관련하여 의식적 활동을 조직하는 수단으로서 기능한다. 더 일반적으로 말해서, 자아는 마주침들의 유동으로부터 이끌어냄으로써, 충동들을 만족시킬 일반적 대상들을 건립하기 위해 기능한다.

따라서 들뢰즈는 현실 원칙이 마음에 제약을 가한다고 표현하는 엄격히 부정적인 방식으로서, 혹은 쾌락 원칙에 대립하는 원칙으로서 기능한다는 관념을 물리친다. 대신에 현실 원칙은 우선적으로 쾌락 원칙을 실재의 방향으로 **확장한** 것이다. 현실 원칙은 쾌락 원칙에게 전개될 일단의 미리 주어진 방향을 부여한다. "두 원칙은 비록 한 원칙이 다른 한 원칙보다 더 멀리 나아가긴 하지만, 동일한 트랙에 있다."(DR 98)

또한 이 지점에서 들뢰즈의 현실 원칙 재구성이 프로이트의 현실 원칙의 단순한 복제가 아니라— 이 재구성은 심적 조직에 있어서 "현실 세계real world"의 역할을 단순히 설명하도록 의도되어 있지 않다—, 매우 중요한 내포를 가진다는 점에 주목할 만한 가치가 있다. 인간이 세계와 맺는 관계를 구성하는 사유 내부의 자기–동일적이고 안정된 대상들(동일성의 생산)을 창출하기 위해 이 능동적 종합이 기능한다는 사실을 생각해보라. 결국, 현실 원칙은 인간 사유의 안정성을 설명한다. 사유의 대상들은 **해결된 충동들**의 이미지 속에서 주체에 의해 구성되므로, 이 대상들의 평온함이 예상될 수 있다. 바로 본론으로 들어가 보자. 현실 원칙의 도래와 자아의 능동적 종합은 사유의 독단적 이미지를 일으키는 그것이다. 양식의 첫 번째 공준과 관련하여 들뢰즈는 이렇게 말한다. "양식good sense은 시간의 종합, 특히 우리가 첫 번째 종합 곧 습관의 종합으로서 규정한 것에 기초한다."(DR 225) 그리고 만약 우리가 "사유의 이미지" 장에서 논하는 연속적인 비판으로 돌아간다면, 우리는 또한 이 공준이 다른 공준들과 관련하여 작동하는 것을 볼 수 있을 것이다.

과거 그리고 욕망의 대상

이제까지, 심적 체계들의 경우에 나타나는 세 가지 종합들에 대한 들뢰즈의 설명은 더 일반적인 설명과 더불어 나아가고 있다. 이것은 두 번째 수동적 종합에 대한 그의 설명과 함께 계속된다. 따라서 우리는 습관의 첫 번째 종합은 단독으로는 심적 생을 설명하기에는 불충분하고, 그래서 추가적인 잠재적 권역이 요구된다고 읽기를 기대해야 한다.

첫째로, 이 특정한 예에서 첫 번째 수동적 종합의 불충분함을 이루는 것은 무엇인가? 들뢰즈는 유아기에 관한 기억에 남을 만한 몇 대문들에서 이 질문을 구성한다.

> 걷기 시작하는 아이는 수동적 종합 속에서 흥분들을 묶을 뿐만 아니라 심지어 이것들이 그 자신의 운동에서 생긴 내생적內生的, endogenous 흥분들이라고 상정한다. 그 누구도 내생적으로 걸어본 적이 없다. 한편으로, 아이는 묶인 흥분들을 넘어, 노력의 목표, 즉 "현실 속에서in reality" 능동적으로 도달될, 성공과 실패가 측정될 수도 있는 목적으로서, 엄마와 같은 대상의 상정 혹은 지향을 향하여 간다. 하지만 다른 한편으로 또 동시에, 아이는 그 자신을 위해 또 다른 대상을, 즉 잠재적virtual 대상 혹은 중심이자 그때 현실적real 활동의 진전들과 실패들을 통제하고 보상하는 매우 다른 종류의 대상을 건립한다. 즉, 아이는 손가락 몇 개를 입 안에 넣고, 다른 팔을 이 잠재적 중심을 감싸 안고, 이 잠재적 엄마의 관점에서 전체 상황을 평가한다. (DR 99)

이 대상이 정확히 무엇인지 아직 말하지 않고, 대략적으로 말해서, 들뢰즈가 여기서 지적하고 있는 것은 아이의 심적 생에서 행위의 정향orientation 혹은 의미meaning의 구성이다. 걷기를 배우려 하는 어떤 아이도 자신을 첫 번째 수동적 종합의 수준에 머물게 하지 않아야 한다 ─ 이 점이 들뢰즈의 주장이다. 엄마는, 이 행위의 동기로서, 무엇보다도 자아의 능동적 종합이 생산하는 만족의 전반적 대상으로서 나타난다. 하지만 엄마가 앞에 있는데도 불구하고 아이를 만족시키지 못할 때, 아이는 누구를 향해 울겠는가? 엄마가 실망시킬 때조차도 무엇이 아이를 현실적 엄마에 계속 애착하도록 놓아두는가? 여기에 또 다른 버전의 물음이 있는데,

이번에는 재생산 스펙트럼의 다른 끝에서 온다. 즉, 우리가 때로 침대에서 다른 어떤 사람의 이름을 외쳐 부른다는 사실을 무엇이 설명하는가?

두 경우에서, 또 더 일반적으로는 심적 생에서, 심적 체계를 기능하게 하는 것은 두 정향하는 대상들의 현존인데, 그중 한 대상(잠재적 대상)은 다른 대상(현실적 대상)에게 깊이와 의미significance를 부여한다. 결과적으로 들뢰즈는 우리는 주체성의 구조를 8자 모양으로 생각해야 한다고 제언하는데, 이 모양에서 두 고리는 각각 두 대상, 곧 현실적 대상과 그 잠재적 대응자 중 하나가 차지하게 된다. 두 고리의 교차 지점에서 우리는 자아 그 자체를 발견한다. 즉, 자아는 더 이상 사물 혹은 안정된 인격으로 이해되는 것이 아니라, 대신에 자아는 두 대상 사이의 공간에서 일어나는 진행 중인 종합적 산물이다.

잠재적 대상은 두 번째 수동적 종합인 기억 혹은 과거의 산물이다. 언뜻 보기에 이는 독특해 보인다. 현실적 엄마를 정향하고 대리 보충하는 compensate 잠재적 엄마가 과거와 어떤 관계가 있는가? 더 일반적으로 말해서, 왜 우리는 욕망의 대상을 이런 식으로 이해하려 하는가? 두 번째 종합을 대략적으로 상기해보자. 두 번째 종합은 한 번도 현재였던 적이 없는 잠재적 과거를 생산하는 데 있다. 잠재적 엄마는 현실적 인격이 아닐뿐더러, 심지어 이전 현재 순간에 있었던 현실적 엄마에 대한 기억도 아니다. 잠재적 엄마는 대리 보충supplement으로서의 엄마, 의미meaning로서의 엄마, 소진 불가능한 깊이로서의 엄마이다. 마찬가지로, 내가 다른 어떤 사람의 이름을 외쳐 부를 때, 나는 그들을 직접 소환하는 것이 아니며, 그들이 거기에 존재하라고 실제로 부르는 것이 아니다. 대신에 나는 한 번도 실존한 적이 없었지만, 섹스를 대리 보충하여 그것을 동물적 충동의 과정 대신에 욕망의 문제로 만드는 잠재적 연인을 소환하고 있는 것이다. 물론, 문제의 그 이름이 발해진 것, 또 그 이름이 침대에 있는 현실적인 인격과 일치하지 않았다는 것은 부끄러운 일이다 ― 그래서 잠재적 연인의 많은 가명(아기baby, 아빠daddy 등)이 존재한다. 하지만 그럼에도 불구하고, 두 번째의, 잠재적 대상—"순수 과거의 단편"(DR 101)—은 욕망의 형성과 기능에 필요한 요소이다.

정신분석학과 관련하여, 들뢰즈는 이 대상을 라캉이 말하는 욕망의 대상-원인object-cause, 곧 *l'objet petit a*(=대상 *a*)와 동일시한다. 라캉에게, 이 대상은 실존하지 않고, 고유한 장소를 갖지 않으며, 구성적으로 불완전하다—이는 들뢰즈가 잠재적 대상과 동일시하는 모든 특질들이다. *a*는, 방 안의 한 사람을 두드러지게 만드는 "특별한 어떤 것"이 참신하고, 예외적이고, 전혀 알지 못하고 신비로우며, 알 수 없는 것으로 보이는 바로 그것이다. *a*는, 숨겨진 깊이(심원) 그리고 다른 모든 것과 구별되는 차이를 내가 경험하는 바의 그 사람에게 부여함으로써 그 사람의 물질적 현실성reality을 대리 보충한다. 즉, 욕망의 대상은, 특정한 관점(대상 그 자체의 관점)에서 깊이 혹은 차이를 암시하면서, 광학 효과 혹은 신기루와 유사한 효과를 가진다. 들뢰즈가 잠재적 대상의 위장하고disguising 전치하는displacing 성격을 주장하는 것은 바로 이러한 이유 때문이다.

이것은 경험의 장 안의 대상인 것이 아니라, 경험의 장 그 자체를 변양시켜서 이 장에다 깊이를 부과하고 무대상적인anobjective 유의미성을 부여하는 대상이다. 이런 이유 때문에, 역으로, 들뢰즈는 모든 추억은 성애적erotic 이라는(DR 85) 수수께끼처럼 보이는 주장을 펴곤 한다. 마음속에서, 욕망의 대상이라는 형식으로, 기억은 습관 속에서 작동하고, 과거는 현재 속에서 작동한다.

들뢰즈는 왼손잡이에서부터 치료로서의 정신분석학의 효과성에 이르기까지 매우 다양한 일들을 해명하기 위해 이 설명을 택한다. 하지만 아마도 들뢰즈가 이 설명으로 하는 가장 인상적인 적용—여기에서 우리에게 예시로서 가장 유용한 적용—은 아동기 트라우마에 관한 매우 유명한 정신분석학적 설명에 관한 것이리라. 아동기 경험을 강조하는 정신분석학에 대한 잘 알려진 비판은 트라우마의 원인이라고 주장되는, 다시 떠오르는resurfacing 사건들은 (옛 기억들이고 아동의 기억들이므로) 필시 허구일 수 있다는 주장에 대한 것이리라. 또한 과거의 연속적인 사건들을 유발하고 현재에 효과들을 일깨우는 것은 어떠한 직접적인 방식으로도 과거의 연속적인 사건들과 닮지 않았다는 사실이 존재한다. 하지만 질문을 구성하는 이 전반적 방식은 완전히 부차적이고 오도하는 것이다.

> 프로이트가 **환상**phantasy은 적어도 두 계열, 즉 하나는 유아기와 전–성 기기의 계열, 다른 하나는 성기기와 사춘기–이후의 계열을 기초로 하여 구성된다는 것을 보여줄 때, 문제가 되고 있는 주체의 유아론적 무의식의 관점에서 보아 이 계열들이 시간 속에서 서로 간에 계승한다는 것은 분명하다. 그렇다면, 추정컨대 본원적인original 유아기 장면이, 그 장면을 닮은 우리가 "파생된derived" 것이라고 부르는 성인 장면 속에서, 거리를 두고 그 효과를 생산하기 위해 드는 시간에 수반되는 "지연delay" 현상을 어떻게 설명할 것인가 하는 물음이 생겨난다. […] 사실상 두 계열은 동일한 주체 내에서 구분되어 있지 않다. 아동기 사건은 두 현실적real 계열 중 한 사건이 아니라, 오히려 우리가 아동기에 알고 있었던 성인들의 계열과, 다른 성인들과 다른 아동들 중의 한 사람인 성인의 계열이라는 기본 계열들 사이의 소통을 확립하는 어두운 전조이다dark precursor. (DR 124)

그렇다면, 사실상, "파생적"이거나 "결과로서 초래된" 연속체 속에 나타나는 이후의 트라우마적 영향들을 설명하는, 현재 순간들의 "본원적original" 혹은 "근원적originary" 연속체는 결코 존재하지 않는다. 현재 순간들의 두 연속체 혹은 계열들이 존재하지만, 이 계열들을 결합하는 것은 실사건들

occurrences의 사실적인 순서factual sequence가 아니라, 이 계열들 간의 엄격한 물질적 동일성에 부합해서 하나가 다른 하나를 따르게 함이 없이, 이 둘을 소통으로 가져오는 이 "어두운 전조" — 잠재적 문제, 욕망의 대상, 문제적 이념 — 이다.

달리 말해서, 현재에 겪는 트라우마의 실재적 원인, 그리고 현재 순간들의 두 계열을 공명하게 만드는 것은 한 번도 실존한 적이 없고 고유한 장소를 갖지 않는다. "문제적인 것의 객관적 본성을 따르기에, 우리는 언제 혹은 어디서 그것을 보았는지 알지 못한다. 그리고 결국, 친숙한 것은 오직 기이한 것일 뿐이고, 반복되는 것은 차이일 뿐이다."(DR 109) 정확히 이 동일한 생각이 더 일반적으로는 욕망의 작업에 해당한다. 즉, "평생 동안 나는 그대를 기다려 왔다고 느낀다feel like", "그대는 심지어 내가 원했다는 것을 알지 못하는 어떤 것을 나에게 주었다" 등등. 모든 일련의 낭만적인 상투어구들은 아마도 언제나 전치되지만 결코 현존하지 않는 욕망의 대상의 결과일 것이다.

이 논의는 또한 앞의 두 종합의 보수성이 작동하는 장소를 드러내 준다. 일반적 수준에서, 습관과 기억이 동일성의 특질 주변을 도는 원환을 형성한다는 점을 상기하자. 이는 습관적 현재가 과거를 지나간 현재로 간주한다는 사실에서 기인한다. 마음에서, 문제가 동일한 방식으로 생겨난다. 과거는 이전 현재, 즉 모든 욕망의 힘으로 가득 찬 현재 — 첫 번째인 것들firsts의 신비로운 현재(첫사랑, 실패한 첫사랑, 첫 관계, 첫 "범죄" 등) — 의 형식으로 나타난다. 그 결과로, 순수 과거의 단편으로서의 욕망의 대상이 탈중심화하고, 탈선하는 효과가 현재에 진행 중인 주체의 동일성에 복속되고 만다. 이런 방식으로 욕망과 자아는 자신들이 토대를 두는 강도적 역동성들과 수동적 종합들을 완전히 뒤덮는 경향이 있다 — 언제나 근거 쪽에 있는 같은 양면성: 그것이 자신이 근거 짓는 것에다 강요하는 원환 속에서 그 자신을 재현하는 것, 그것이 원리상 규정하는 재현의

회로 속의 한 요소로서 회귀하는 것.(DR 110)

미래 III: 나르시스적 자아

마지막으로, 심적 생에서 미래의 정적 종합의 장소는 무엇인가? 여기서 파악하고자 하는 핵심은 세 번째 종합이 몸소 ― 시간의 빈 형식 속에서 차이와 반복 간의 협정으로서 ― 나타나는 것이 아니라 심적 체계들에 대한 영향으로서 나타난다는 점이다. 그 끝에서, 이 종합은 마음에서 죽음의 형식을 취할 것이다. 왜냐하면, 죽음은 동일성의 해체를 위한 이름이기 때문이다. 하지만 어떤 의미에서 죽음인가? 그리고 그것은 다른 어떤 보다 "온건한" 변형들을 보증하는가? 다음과 같은 핵심적인 대문이 있다.

> 나르시스적 자아는 실로 시간 안에서 나타나지만, 시간 내용 ― 즉, 나르시스적 리비도, 자아로 향하는 리비도의 역류, 모든 내용으로부터 추출한 것들 ― 을 구성하지는 않는다. 오히려, 나르시스적 자아는 자신을 채우지 않는 시간의 빈 형식에 상응하는 현상이다. (DR 110)

나르시시즘은 자아가 그 자신 안에 리비도적으로 투여된 상황을 기술한다. 나르시시스트들에게 다른 사람들은 그들 자신 안의 요소들로서, 목적의 수단 혹은 그들 자신의 욕망의 대리인으로서 나타난다. 그러므로 나르시스적 자아는 더 이상 능동적 종합의 현실적 대상 혹은 수동적 종합의 잠재적 대상 속에 투여되지 않는다. 하지만 도대체 이것이 어떻게 가능한가? 엄격히 말하면, 그런 상태를 살 수는 없다. 왜냐하면, 그런 상태는 이드 안의 모든 묶음, 그리고 자아 안에 또 자아를 통해서 있는 모든 동일화와 투여를 와해한다는 것을 의미하기 때문이다. 이런 상태에서, 마음은 글자 그대로 빈 형식, 우로보로스ouroboros 모양의 자아일 것이다. 그리고 실로,

들뢰즈는 나르시시스트를 어떤 종류의 이상적인 주체성의 형태로 제시하지 않고, 또 심지어 주체성의 실행 가능한 형태로 제시하지도 않는다. 그가 펴는 논점은 더 섬세하고 심오하다. 문제, 곧 트라우마에 봉착할 때 마음은 변하지 않을 수 없다. 달리 말해서, 이드 안의 실존하는 묶음과 자아 안의 투여와 동일화는 새로운 상황에 알맞은 새로운 연관들을 구축하기 위해 — 필연적으로 — 와해된다. 위의 인용문이 보여주는 바와 같이, 나르시스적 자아는 바로 이 파열의 순간에 상응한다. 이러한 종류의 파열들의 충격 — 직설적으로 말해서, 트라우마의 충격 — 이 없다면, 묶인 이드와 투여된 자아 간의 결탁은 어떠한 새로움과 변화도 차단하게 될 것이다.

들뢰즈가 사유 그 자체를 설명하고자 하는 것은 또한 바로 이 트라우마적 파열들을 기초로 해서이다. 실존하는 투여들이 와해될 때, 이 투여들이 묶고 있었던 에너지가 방출되어, 마음에게 어떤 특정한 양의 "중립적이고 전치 가능한"(DR 114) 에너지, 즉 탈성화된desexualized 리비도, 더 정확히 말해 어떠한 종합에도 묶이지 않은 강도를 제공한다. 그리고 더 일반적으로 말해, 이 묶이지 않음unbinding은, 미래의 정적 종합에 의해 긍정된 동일성으로부터 도피하는 차이와 같이, 모든 개별적인 묶음은 미래의 정적 종합에 의해서, 혹은 들뢰즈가 타나토스Thanatos라고 부르기를 주저하지 않는 것에 의해서 우연적인 것이 되기 때문에 가능할 따름이다.

이제, 사유함은 한 관념에서 다른 한 관념으로 옮겨갈 수 있는 것, 이 관념들을 뒤집을 수 있는 것, 이 관념들의 타당성을 평가하기 위해 개념들을 영입할 수 있는 것, 가설을 세우고 기획할 수 있는 것, 놀라움을 표할 수 있는 것, 예측할 수 있는 것을 수반한다. 이 모든 것은 모든 강도가 묶여 있고 그것의 해결이 정향되어 있는 습관과 기억의 수준에서는 불가능하다. 내가 아주 오래전 연인과 함께 있었을지도 모르는 것에 관해 생각할 때, 나는 어떠한 주어진 이미지(능동적 종합) 속에 투여되지 않는 마음에서, 혹은 어떠한 습관적 수용 혹은 잠재적 동일화(앞의 두 수동적 종합) 속에 투여되지 않은 마음에서 가동적이고 전치 가능한 에너지를 사용한다. 대신에, 나는 아무런 투여 없이 이 대안적 가설을 사유할 수 있다. 이 경우에 또 일반적으로, 사유함은 이러한 탈-투여된dis-invested 에너지를 요구하며, 이것이 없다면 오직 습관과 욕망만이 가능할 뿐이다. 그러므로 사유는 엄격히 말해 죽은 욕망dead desire이다.

첫 번째 종합은 필요need에 복무하는 충동들의 체계화를 가져온다. 두 번째 종합은 필요들의 해결을, 이중 대상 덕분에, 욕망으로 정향된 실존으로 변형시킨다. 하지만 오직 세 번째 종합만이 사유가 가능하다는 것을 보장한다. 즉, 심적 에너지가 중화되어, 사전에 모든 투입으로부터 벗어나고, 사유함에 대한 요구가 사유하는 자에게 확고한 사건으로서 닥치는 텅 빈 미래에 열려 있는 것이 가능하다는 점을 보장한다.

심적 체계들에서 개체성과 트라우마
이제까지, 우리는 세 가지 종합의 관점에서 심적 체계들을 검토해 왔는데, 하지만 또한 개체 발생 과정의 두 가지 극점에서, 즉 한편으로는 강도, 그리고 다른 한편으로는 능동적 종합의 최종적 산물들에서 인간 존재가 어떻게 보이는가 물어보는 것도 가치가 있다.

마음에서 강도적 개체화의 수준을 구성하는 것은 무엇인가? 들뢰즈의 놀라운 최초의 대답은 이렇다. "꿈들이 우리의 알들이요, 우리의 애벌레들, 그리고 엄밀한 의미에서 우리의 심적 개체들이다."(DR 250) 처음에 이것은 위에서 주어진 설명과 충돌하는 것처럼 보인다. 결국, 어떻게 꿈들이 마음 그 자체를 구성하는 요소들로서 마음 그 자체의 형성보다 앞서 존재할 수 있는가? 들뢰즈가 여기서 사용하고 있는 꿈꾸기 개념은, 매우 넓은 의미에서, 정신분석학적이다. 이는 프로이트의 "꿈 작업dream-work" 개념과 거의 유사하다.

이러한 엄밀한 의미의 꿈-작업은 꿈들이 형성되는 동안 심지어 심적 기능의 가장 완강한 강탈자에 의해 상정되어 온 것보다 우리의 깨어 있는 사유의 그림으로부터 더 멀리 이탈해 있다. 꿈-작업은 깨어 있는 사유보다 단지 더 부주의하거나 더 불합리하거나 더 망각적이거나 더 불완전한 것이 아니다. 꿈-작업은 깨어 있는 사유와 질적으로 완전하게 다르며, 그 이유 때문에 그것과 직접적으로 비교될 수 없다. 꿈-작업은 어떤 방식으로든 사유하거나, 계산하거나, 판단하지 않는다. 꿈-작업은 그 자체를 사물들에게 새로운 형식을 부여하는 데 제한한다. [⋯] 꿈-작업은 심적 강도들의 전치를 모든 심적 가치들을 재평가하는 지점으로까지 사용한다. (Freud, *Interpretation of Dream*, 510-11)

이제, 들뢰즈는 — 라이프니츠와 마이몬의 전철을 따라 — 무의식과 의식적 사유 간의 대립 관계라는 관념을 거부하고, 대신에 통합과 생산의 모형을 두둔한다. 하지만 프로이트에서 따온 이 대문은 들뢰즈 자신의 꿈 이론을 이해하는 데에 좋은 기반을 제공한다. 작동하는 심적 과정들은 깨어 있는 사유의, 무엇보다도 능동적 종합의 모든 반성적 책략의 습관화되고 구조화된 과정들과 질적으로 다르다 — 선-판단적이고, 이종적이고het-erological, 비의미화적asignifying이다. 더 중요한 것은, 들뢰즈에게 일차 이드층을 형성하는 것은 이 역동성 그 자체이다. 이런 의미에서, 그는 프로이트보다 훨씬 더 심오한 어떤 것을 기술하기 위하여 "꿈"이란 용어를 사용한다 — 이는 단지 억압된 욕망을 탐구하고자 노력하는 것이 아니라 주체성 그 자체의 개체발생적 문제로 회귀하는 것이다.

그래서 꿈들에 관한 언급을 이렇게 설명하고 있는 것이다. 하지만 알의 주제로 회귀한다는 것은 무엇을 의미하는가? 우리는 배아가 들뢰즈에게 강도적 개체의 주요한 예를 제공한다는 것을 이미 본 바가 있다. 그가 이 논제들을 결합하는 방식이 다음 대문에 명백히 보인다.

태생학은 체계적인 생기적 운동들, 뒤틀림들과 표류들이 존재한다는 진리, 오직 배아만이 지속할 수 있다는 진리 — 이로 인해 성인은 갈기갈 기 찢어져 있을 것이다 — 를 이미 내보여주고 있다. 우리가 오직 수동적 행위자일 수밖에 없게 만드는 운동들이 존재하며, 그 결과 수동적 행위자는 오직 애벌레일 수밖에 없다. 진화는 열려진 허공 속에서 일어나지 않으며, 오직 나선형처럼 안으로 휘감겨져 있는 것만이 진화한 다. 어쩌면 악몽은 깨어 있을 때도 심지어 **꿈꿀** 때도 지속될 수 없는, 오직 깊은 잠 속에서만, 꿈 없는 잠 속에서만 지속될 수 있는 심적 역동성일 것이다. 이런 의미에서, 사유는, 그것이 철학적 체계들에 특유 한 역동성을 이루는 한에 있어서, 데카르트의 코기토와 같은, 실체적이 고 완성되고 잘 구성된 주체와 관련될지도 모른다는 것은 결코 분명하지 않다. 즉, 사유는 오히려 애벌레 주체의 조건하에서만 지속될 수 있는 끔찍한 운동들 중의 하나이다. (DR 118)

트라우마이다. 그렇다면, 인간 사유의 수준에서 우리의 애벌레 자기들인 강도적 개체들로 되돌려지는 것은 우리의 강직한 개념들이 더 이상 연줄을 찾지 못하고, 사물들의 고유명들이 젖은 우표처럼 미끄러져 떨어져 나가는 심적 생의 와해된 층으로 되돌려지는 것이다. 심적 체계들로서, 더 나아가 깨어 있는 사유하는 자들로서, 우리는 여전히 부분 배아로 남아 있으며, "깨어 있는" 사유의 안정된 형성물들 — 합리적이고, 체계적인 사유, 능동 적 종합들의 결실 — 은 모두 강도의 무의식적 역동성의 저수지에서 도출 되는 최종적 분석 속에 있다.

사유의 독단적 이미지의 발생
마지막 한 단계가 남아 있다. 만약 인간 사유가 이러한 종합적 개체

발생의 과정을 통해 생겨난다면, 우리는 또한 왜 인간 사유는 이 과정 그 자체를 선천적으로 오해하는가를 설명할 수 있어야 한다. 내가 지나가듯 한두 차례 언급한 바와 같이, 이 점이야말로, 즉 단지 실재의 도래가 아니라 실재 그 자체의 오해를 설명하는 일이야말로 발생적 철학을 향한 들뢰즈의 가장 전면적인 야망이다. 우리는, 이 오해의 뿌리가 강도 자체에서 발견된다는 점을, 더 정확히 말해 강도가 자신을 펼치는 과정에서 완전히 뒤덮이는 방식에서 발견된다는 점을 이미 본 바가 있다.

재인의 현실적 대상들을 생산하고, 결국 예측, 재현, 재인 — 이것은 한 조각의 밀랍이다, 태양은 내일 떠오를 것이다, 좋은 아침입니다, 테아이테토스 — 을 위한 안정된 기반을 제공하는 자아의 능동적 종합의 역할을 상기하자. 들뢰즈가 언급하듯이, 이러한 종류의 사유 작용들은, 비록 우리가 치명적인 실수를 범한 나머지 "사유의 운명은 이러한 작용들 속에서 위태롭다"(DR 135)고 생각할지라도, "우리 일상의 대부분을 차지한다." 이러한 작용들을 가능하게 만드는 것은 습관과 기억의 공모이지만, 나아가 이 공모가 사유의 독단적 이미지를 근거 짓기도 한다. 경험의 두 대상 각각의 안정된 동일성, 그리고 그 경험의 이름으로 행하는 이 대상들의 공모는 사유가 왜 동일성 범주로 시작되는 경향이 있는지를 말해준다.

하지만 이것은 마침내 아리스토텔레스, 헤겔, 라이프니츠를 순차적으로 검토하는 『차이와 반복』의 제1장으로 돌아가는 길, 우리의 탐구의 원환을 닫는 길을 우리에게 제공한다. 이제 우리는 서양 철학사가 왜 차이를 동일성에 명시적으로 또 체계적으로 예속시키는 경향이 있었는지 이해할 수 있는 위치에 있다. 이는 아리스토텔레스가 멍청한 사람이었기 때문이 아니다. 인간의 사유는 언제나 독단적 이미지에 의해 지탱된다. 이것은, 방금 보았듯이, 사유를 낳는 개체발생적 과정들을 기반으로 해서 일어나기 때문에, 단지 우리가 최종적으로 완전하게 제거할 수 있는 어떤 것이 아니다. 혹은, 우리가 시작한 용어를 사용한다면, 차이에 대한 객관적 오해들(차이를 동일성에 복속시키는 명시적 주장들)은 차이에 대한 주관적 오해들(독단적 이미지)에 근거하며, 결국 이 주관적 오인들은 의식적 인간 경험의 실재를 포함하는, 실재 자체를 발생시키는 바로 그 과정들에 의해 야기된다. "차이는 처음에는 차이를 동일성에 복속시키는 재현의 요구들에 의해 전도되지만", 이것은 그 자체로 연장과 질이 […] 강도를 덮거나 펼친다는 사실에 의해 최종적으로 설명된다"(DR 235)는 것이 분명하다.

개체-극-미/분화INDI-DRAMA-DIFFERENT/CIATION

『차이와 반복』에서 자신의 견해를 요약하고자, 들뢰즈는 분명 매우 깔끔하지 않은 신조어, 개체-극-미/분화를 도입한다. 그럼에도 불구하고, 이 용어는 여전히 유용한 접점으로 남아 있고, 우리에게 들뢰즈의 기획을 단번에 훑어볼 수 있는 좋은 방식을 제공한다. 잠재적인 것은 미분화되어differentiated 있다. 말하자면 잠재적인 것은 특이성들이 거주하는 상호적으로 규정된 미분 구조이다. 이 구조는 들뢰즈가 개체화individuation라고 부르는 과정에서 강도적 개체들 안에서 또 이 개체들을 통하여 표현된다. 이 강도적 개체들은 극화dramatization라고 불리는 과정에서 세 가지 종합이 다루는 직접적 자료들이다. 앞의 두 종합은 대상들 일반의 실존을 생산하고 유지하는 데에 원인이 된다. 즉, 현실적인 것이 분화된다differenciated. 이것은 우리가 주체들(심적 체계들)이라고 부르는 대상들의 특수한 부분집합을 포함한다. 마지막으로, 세 번째 종합은 언제라도 서서히 멈추는 이 절차적 존재론을 배제하기 위해 기능한다. 분화된 대상은 계속해서 실존하도록 결코 보장되지 않는데, 왜냐하면 시간 그 자체, 시간의 빈 형식, 혹은 세 번째 종합은, 최소한 이 종합이 종극에 가서는 감당할 수 없는 어떤 것에 부닥칠 때까지는 계속해서 새로운 마주침을 겪는 것을 보장하기 때문이다. 이 어떤 것은 죽음, "문제적인 것the problematic의 마지막 형식"(DR 112)이다.

제8장

의미의 논리

『의미의 논리』가 1969년에 간행되긴 했지만, 들뢰즈는 이 책의 작성이 『차이와 반복』과 더불어 60년대 초에 이루어졌음을 내비치고 있다(N 7). 그해는 들뢰즈에게 바쁜 한 해였다 — 아니 오히려, 전혀 바쁘지 않은 한 해였다. 그해는 병원에서 시작되었고, 결절이 있는 폐를 봄에 제거한 후 아내 파니 리무쟁Fanny Limousin의 시골집에서 요양하면서 남은 해를 다 보냈다. 12월 말경에 들뢰즈는 피에르 클로소프스키Pierre Klossowski에게 편지를 써서 한결 몸이 좋아졌고, "추잡한 수술"이 자신의 병든 폐의 "비겁한 유기적 퇴보"를 처리해냈다고 말했다(LAT 58).

『의미의 논리』는 그 나름대로 주의 깊고 체계적인 주장을 펼치고 있지만, 그럼에도 이 책은 출간되기 몇 해 전에 발표되었던 일련의 두 편의 논문과 관련이 있다. 한편으로, 들뢰즈는 60년대에 아르토Artaud와 루이스 캐럴 Lewis Carroll, 분열증과 언어에 관한 논문들을 발표했다. 보게 되겠지만, 설사 들뢰즈의 최종 견해가 때로 앞의 논문들이 개진하는 것을 수정한 것일지라도, 분열증과 언어가 이 책에 담겨 있는 핵심 요소들이다. 다른 한편으로, 그는 또한 『의미의 논리』 본문에서는 "오직 간략하게 다루었을 뿐인 어떤 특정한 논점들"(LS xiv)을 전개하는 여러 논문들을 발표했는데,

이 책의 부록으로 수록되어 있다. 이 논문들은 플라톤, 루크레티우스Lucretius, 클로소프스키와 언어, 미셸 투르니에Michel Tournier의 소설에 보이는 타자 개념, 졸라Zola와 자연주의 등, 『의미와 논리』 그 자체가 품고 있는 충분한 의미를 전달하는 다양한 주제들을 다루고 있다.

하지만 어쩌면 이 책 전체 중 가장 주목할 만한 측면은 정신분석학을 명시적으로 지지하고 활용하는 정도일 것이다. 들뢰즈는 이 책을 "논리학적이고 정신분석학적인 소설"(LS xiv ─ 번역자가 유감스럽게도 이 점을 놓치고 "심리학적인 소설"로 번역했다)을 전개하고자 하는 시도로 묘사하기까지 한다. 우리는 단지 프로이트에 관해서만 이야기하고 있는 것은 아니다. 즉, 멜라니 클라인Melanie Klein과 자크 라캉Jacques Lacan은 들뢰즈가 『의미의 논리』에서 건립하는 주장에 무시 못 할 역할을 하고 있다. 후에 정신분석학의 탁월성을 성찰할 때, 들뢰즈는 정신분석학의 의미를 폄하하지만(가령, N 144), 그러나 이는 수정주의적 견해일 뿐이다. 들뢰즈는 사유의 한 양태로서 또 임상적 실행으로서 정신분석학의 가치를 긍정하는데, 이는 이 책에서 진정성 있게 나타난다. 그리고 공교롭게도 서로 간에 존중하는 모습을 보였다. 1969년 3월 12일 세미나에서 라캉은 자신의 책상 위에서 들뢰즈의 새로운 책을 발견하고는 즐겁게 놀라움을 표한다. 그는 이 책이 결국 그 자신의 책을 공들여 서술한 것이라고 인식하면서 들뢰즈의 저서에 대한 찬탄을 독특한 방식으로 표현한다. "명성에 맞게, 그는 시간을 내서 내 담론이 진술하는 내용의 핵심에 포함되어 있는 것뿐만 아니라, […] 내 담론에 자양분을 주었던 이 모든 것들을 단 하나의 텍스트에서 명확히 표현하고 정리해내었다."(*Le Séminaire Livre XVI*, 208-9).

출발하는 이 지점에서 논의되어야 할 『의미의 논리』의 다른 일반적인 특질이 하나 더 있다. 이 특질은 들뢰즈가 책을 편성하는 일을 두고 최초로 드러내 놓고 고심하기 시작한다는 데 있다. 『의미의 논리』는 장들이 아니라 **계열들**로 편성되어 있다. 이 선택의 전면적 의미는 출발하는 이 지점에서는 이해하기 어려울 수 있는데, 왜냐하면 『의미의 논리』는 계열의 본성에 관한 그 자신의 설명을 전개하기 때문이다. 그렇지만 핵심 사상은 이렇다. 즉, 그 어떤 계열도 또 다른 한 계열과 맺는 관계 없이는 아무런 의미를 갖지 않는다. 고전적 경우라면 계열과 계열의 관계는 기표들의 계열(언어에 수반되는 소리와 시각적 표식)과 이 계열이 기의들의 계열(관념들, 개념들, 의미들)과 맺는 필연적 관계일 것이다. 후자가 없다면, 사실상 전자는, 아무리 잘 분화되어 있다 하더라도, 단지 소리에 불과하다. 구조주의적 언어학은 이 두 계열의 상호적 규정을 그 출발점으로 삼는다.

그래서 『의미의 논리』의 경우, 이는 그 어떤 장도 다른 장들과 맺는 관계 이외에서는 의미를 갖지 않는다는 것을 뜻하는 것으로 보일 것이다. 하지만 그래서 어떠하단 말인가? 이 말은 다른 어떠한 책의 편성에도 해당하지 않는가? 그 차이는 장들의 통상적인 편성(제1장, 제2장, 제3장 …)은 우리가 이 장들을 주어진 순서대로 읽으리라는 것을 가정한다는 점이다. 들뢰즈가 계열들로 편성된 책을 저술할 때 전달하고 싶어 하는 것은 그렇게 읽어야 하는 고정된 순서가 존재하지 않는다는 점이다.

어떤 책이든 우리가 원한다면 순서를 따르지 않고 읽을 수 있다는 사소한 사실을 제쳐 놓는다 하더라도, 『의미의 논리』에서 이 점은 단지 어떠한 심오한 방식으로도 해당하지 않는다는 유감스러운 문제가 존재한다. 두서너 가지 다소 고립된 계열들 — 가장 좋은 예는 한 작은 문고본으로 간행하려 한다면 간행될 수 있었던 격조 높은 "제18계열 세 가지 이미지의 철학자들" — 을 예외로 한다면, 『의미의 논리』는 상당히 선형적인 구조를 가지고 있다. 또한 이전 계열의 작업을 명시적으로 이음으로써 시작하는 계열들도 존재한다. "제29계열: 선한 의도가 불가피하게 벌받는다"라는 가장 근사한 제목의 장은 "그러므로 그것은 필연적이다"(LS 202)라는 말로 시작한다. 그래서 우리는 이 책을, 뚜렷이 순서가 구분되는 진행을 형성하는 세 가지 전면적인 부분들에다 특정한 주제들에 관한 몇 막간이 더해지는 것으로 보는 것이 더 나을 것이다.

『의미의 논리』의 세 가지 주도적 물음들

이 세 가지 주요 부분들은 세 가지 물음들에 상응한다.

1. 사건들이란 무엇이며, 어떻게 사건들은 한편으로는 물리적 세계에, 다른 한 편으로는 언어에 관련되는가?
2. 무엇이 비판적 사유는 물론이고 언어–사용을 가능하게 하는가? 즉, 우리는 어떻게 앙앙대고 우는 갓난애에서 시인이나 철학자로 옮겨가는 일을 설명할 수 있는가?
3. 만약 물리적 세계가 인과적으로 규정된다면, 어떤 의미가 윤리학에 주어질 수 있는가? 혹은, 자유와 사건들 간의 관계는 무엇인가?

이 물음들 각각은 결국 『의미의 논리』에서 펴는 주장의 한 부분을 차지하며, 들뢰즈는 이 물음들에 답하기 위하여 일단의 특정한 철학적이고 문학적인 자원들에 의존한다.

첫 번째 물음에 대한 대답은 들뢰즈를 실재의 구조— 존재와 사건 —에 관한 설명(우리는 이 계기를 **구조적 설명**으로 부를 것이다)을 제시하도록 이끈다. 이 구조는 신체들, 언어–사용, 사건들의 인과적 네트워크를 위한 장소들을 포함한다. 이 설명을 상세히 서술하기 위하여, 들뢰즈는 광범위한 사상가들, 즉 스토아와 에피쿠로스의 철학자들, 라이프니츠와 니체, 라캉과 버트런드 러셀, 그뿐만 아니라 또한 루이스 캐럴과 앙토냉 아르토에도 의지한다. 거칠게 말하면, 이 책의 앞 18계열들, 그리고 이어서 제23계열에서 제26계열까지는 이러한 설명에 할애하고 있다.

두 번째 물음은 말하는 주체의 발생적 설명을 기초로 하여 다루어진다.

이 물음은 성sex과 표면들surfaces에 관한 것이다. 『의미의 논리』의 이러한 측면은 정신분석학에 의존할 뿐만 아니라, 또한 급진적 프랑스 작가 두 사람, 즉 다시 또 나오는 아르토, 피에르 클로소프스키에게도 의지한다. 이 설명은 대략 제27계열에서 제34계열에 이르는 이 책 후반을 이루는 장들이 지향하는 목적이다.

세 번째 물음은 구조적 설명에서 상세히 서술된 사건의 존재론에 기초를 두고 있는 윤리학에 관한 것이다. 여기서 명시적으로 언급되는 것은 스토아 학파 그리고 다시 또 나오는 아르토뿐만 아니라, 또한 다른 두 문학 쪽 인물들인 F. 스코트 피츠제럴드Fitzgerald와 조 부스케Jöe Bousquet이다. 암암리 에 니체가 핵심 인물이 되어 있다. 이들 각각은 들뢰즈에게 자유와 죽음이라 는 맞짝 개념에 약간의 빛을 던져주고 있다. 구조적 설명과 발생적 설명의 연속성을 더 잘 보기 위하여 우리는 이 윤리적 물음을 최후에 숙고할 터이지만, 사실 이 물음에 대한 상세한 서술은 제20, 제21, 제22계열을 가로지르는 이 책의 중간 부분쯤에서 발견된다.

두 종류의 사건

1918년 5월 27일 이른 아침, 독일군은 파리에서 북동쪽으로 80마일가량 떨어져 있는, 셰멩 데 담므Chemin des Dames로 알려진 전략적으로 매우 중요한 산등성이에 있는 프랑스 진지에 기습적인 공격을 개시했다. 4,000문 의 포에서 나온 거대한 포격 ── 어떤 사람들은 약 2백만 개의 포탄이 발사되었다고 추정한다 ── 에 이어 독가스 공격이 따랐는데, 이 공격의 목적은 포 방어기지를 무력화하는 것이었다. 그 위로 17개의 독일 돌격 사단들 ── 거의 30만 명의 병사들 ── 이 걸어서 들어왔다. 이날이 끝날 즈음에, 양쪽 진영의 병사들을 모두 계산에 넣을 때, 25만 명 이상이

전사했다.

이 사건은 엔느의 제3전투the Third Battle of the Aisne로 알려져 있는데, 이는 우리가 사건에 대한 들뢰즈의 정의를 고찰할 때 두 주도적 예들 중 하나로 역할을 할 것이다. 왜 암울한 예로 시작하는가? 들뢰즈에게 "전투는 다른 사건들 중의 한 사건an event이라는 한 예가 아니라, 본질적인 사건the Event이기"(LS 100) 때문이다. 무엇이 전투에다 그러한 의미를 부여하는가? 엔느의 제3전투는 사건으로서 무엇을 수반했는가에 관해 사유하기 시작할 때, 우리는 이에 관해 단순한 점은 결코 아무것도 없다는 점을 알기 시작한다.

명백히 단도직입적인 물음으로 시작하도록 해보자. 언제 전투가 있었는가? 제1차 세계대전의 표준적인 전사戰史에서, 엔느의 제3전투는 별도의 시기를 점한다. 독일군은 새벽 1시에 공격을 개시했고, "40마일 진격 후에 [이] 전술적인 일품이 전략적인 소품으로 사라지고만"(Cowley, "The Ludendorff Offensive", 274) 그날 저녁 종결되었다. 하지만 이 전투는 또한 프랑스군에게 사건이기 몇 주 전에 이미 독일군에게 사건이었다. 에리히 루덴도르프 장군이 전투 계획을 짰는데, 결과적으로 루덴도르프에게 엔느의 제3전투는 1918년 몇 년 전에 일어나고 있었다. 하지만 전투가 "끝난" 후에도 그는 전투의 삶을 살기를 그치지 않았다는 것 또한 사실이다. 만약 그에게 더 많은 수의 병사들이 주어졌다면 그는 전투에서 승리했으리라 확신했겠지만, 그의 남은 인생은 실패의 유령으로 인해 심한 고통을 겪었다. 이 심한 고통은, 예를 들어, 총력전 이론을 제창한 책인 『총력전론 Der Totale Krieg』을 저술하게 만들었다. 따라서, "언제 전쟁이 있었는가?"라는 물음에 대한 대답은 역사적 시간의 단순하고 분리된 용어들로 주어질 수 없다. 이에 대해 말할 수 있는 가장 좋은 방법은 전투는 어떠한 하나의 현재 순간에 의해서도 소진되지 않는다는 점이다. "결코 현재이지 않지만 언제나 아직 오지 않고 이미 지나간 것."(LS 100)

자신 쪽에서 들뢰즈는 똑같이 복잡한 대답을 갖는 또 다른 물음을 제기한다. "전투는 어디에 있는가?" 음, 엔느의 제3전투는 셰멩 데 담므 주변에 집중되었지만, 이 전투는 전쟁 끝에 패배자 루덴도르프가 도망간 스웨덴에도 있었다. 이 전투는 베를린의 독일 국군의 부서들에도 있었고, 또 여러분이 이 책을 읽는 지금 여러분과 거기에 함께 있다.

우선은 마지막 한 물음을 곰곰이 더 생각해보자. 엔느의 제3전투는 누구에게 사건이었는가? 최초에 공격의 표적이 된 병사들은 대부분 프랑스 병사들이었다는 점은 위에서 말한 바 있다. 하지만 미들섹스, 데본, 웨스트 요크 등에서 온, 영국 4개 사단의 병사들 또한 5월 27일에 전사했는데, 그들 중 많은 사람은 초기 맹공격에 전사했다. 그리고 물론 이 전투는 연합군에게만 사건이었던 것이 아니라 독일 병사들에게도 사건이었다. 독일군이 파리로 진격할 때 그 당시 전투에 가담한 군대의 일원이 아닌 수천 명의 모든 사람들 — 그야말로 군대가 지나가는 길에 있었던 사람들, 그뿐만 아니라 소식을 들으면 듣는 대로 소식을 듣지 못하면 듣지 못하는 대로 두려워하며 집에 머물고 있었던 모든 사람들 — 이 있었다. 이 전투는 전사를 연구하는 학자들에게 사건이며, 그뿐만 아니라 카미유 클로델 Camille Claudel의 전원 일대를 찾지만 전흔이 남은 땅을 우연히 만나게 되는 관광객들에게도 사건이다. 그렇다면, 전투는 누구에게 사건이었는 가? 이 늘 확장하는 방대한 주인 — 엔느의 제3전투의 주체 — 은 일종의 익명적이고 비인격적인 "어떤 이someone", 즉 살아남은 자들과 죽은 자들, 승리한 자들과 패배한 자들, 1918년 4월 몇 달 전에 전투의 삶을 산 자들과 여러분과 나처럼 지금 전투의 삶을 살고 있는 자들 등등을 지칭할 만큼 충분히 애매하지 않으면 안 되는 이름이다.

그래서 우리는 엔느의 제3전투 사건이 단순하지 않다는 점을 알기 시작한다. 물론 우리는 전투가 (우리가 그 의미를 알아야 할 전문 용어를 사용한다면) 현실화된actualized 매우 정확한 물질적 상황들 — 가령, 루덴도르프의 신체적 실존)을 찾아낼 수 있다. 하지만 사건 그 자체를 찾아낸다는 일은 완전히 다른 어떤 것임이 판명 난다. 사건 그 자체는 거대한 검고 중성적인 구름과 같은 어떤 것, 혹은 오직 전투원들을 더욱더 분간할 수 없게 만들기 위해서만 그들 위를 맴돌면서 그들을 분리시키거나 분산시키는 떠들썩한 까마귀와 같은 어떤 것으로 나타나기 시작한다(LS 101).

앨리스의 모험

이제, 더 종잡을 수 없긴 하지만 그러나 그 못지않게 진지한 다른 사례를 택해보겠는데, 들뢰즈는 『의미의 논리』를 이 사례로 시작한다. 루이스 캐럴의 『이상한 나라의 앨리스』 전체를 통해서, 앨리스는 자신이 늘어나고 줄어드는 다양한 과정들에 놓이게 되었음을 알게 된다. 이 소설의 서두에, 앨리스는 "버찌 파이, 커스터드, 파인애플, 구운 칠면조 고기, 땅콩 사탕, 버터 바른 토스트" 등 매우 다양한 음식들이 혼합된 맛이 있는 작은 한 병을 마신다(Wonderland, 19). 마시기를 마치자마자, 앨리스는 자신이 "망원경처럼 오므라들 듯이"(Wonderland, 19) 줄어들어 결국에는 키가 10인치가 되고 있음을 알게 된다.

이 특수한 예의 가치는 그것이 우리에게 제시하는 무한한 혼합에 놓여 있지만, 그러나 앨리스가 늘어나고 줄어드는 일에 관한 들뢰즈의 다양한 논의는 아마도 이 이야기 뒤에 나오는 더 유명한 사례를 소환하는 것이리라.

> 이때쯤 앨리스는 창가에 테이블이 있는 한 아담한 작은 방으로 찾아 들어갔는데, 그 테이블 위에 (그녀가 희망한 대로) 부채와 작고 흰 어린애 장갑 두서너 켤레가 있었다. 앨리스는 부채와 장갑 한 켤레를 집어 들고 막 방을 나가려는 참이었는데, 그때 거울 가까이에 있는 한 작은 병이 눈에 띄었다. 이번에는 "**나를 마셔라**"라는 말이 써 있는 꼬리표가 없었지만, 그럼에도 앨리스는 뚜껑을 열고 병을 입술에 가져갔

다. "무언가를 먹거나 마실 때마다 재미있는 어떤 일이 분명 일어나리라는 걸 난 알고 있어. 그러니 이 병이 무엇을 하는지 보고 싶어. 나는 이 병이 나를 다시 늘어나게 했으면 좋겠어. 그렇게 조그마한 것이 되는 게 정말 지겹기 때문이야!" 하고 혼잣말을 했다.

정말로 이 병은 앨리스가 기대하기가 무섭게 그렇게 만들어놓았다. 반 병도 채 마시기 전에, 앨리스의 머리는 천정을 밀어 올리고 있었고, 그래서 앨리스는 몸을 구부려 목이 부러지지 않도록 하지 않으면 안 되었다. 앨리스는 급히 병을 내려놓고 혼잣말을 했다. "이걸로 충분해 — 더 이상 늘어나면 안 돼 — 이대로라면 문을 나갈 수 없을 거야 — 그렇게 많이 마시지 말았어야 했는데!"

아 이런! 그걸 바라기에는 너무 늦었어! 앨리스는 계속해서 늘어나고 또 늘어났고, 곧 바닥에 무릎을 꿇고 앉아야 했다. 다음 순간 이렇게 할 여지조차 없었기에, 앨리스는 한쪽 팔꿈치를 문에 대고 눕는 효과를 시도했고, 다른 쪽 팔로 머리를 감쌌다. 여전히 계속해서 늘어났으며, 최후의 수단으로, 앨리스는 한쪽 팔은 창밖으로 쭉 뻗고, 한쪽 발은 굴뚝 속으로 밀어 올리며 혼잣말을 했다. "무슨 일이 일어나도 이제는 더 이상 아무것도 할 수 없어. 난 어떻게 되는 걸까?"(*Wonderland*, 45-6)

들뢰즈는 이렇게 말한다.

『이상한 나라의 앨리스』와 『거울 나라의 앨리스』는 매우 특별한 것들의 범주, 즉 사건들, 순수 사건들을 담고 있다. 내가 "앨리스는 더 커지고 있다"고 말할 때, 나는 그녀가 이전보다 더 커지고 있다는 것을 의미한다. 그러나 똑같은 이유로, 그녀는 지금보다 더 작아지고 있다. 확실히, 그녀는 동시에 더 크거나 더 작은 것이 아니다. 그녀는 지금 더 크고, 이전에는 더 작았다. 하지만 이전보다 더 커지는 것과

이후보다 더 작아지는 것은 똑같은 순간에서이다. (LS 1)

이 대문은 현혹될 정도로 단순하고, 여러분이 앨리스가 동시에 더 커지고 더 작아지는 방식에 관해 생각하기 시작할 때 명백해지는 어떤 것이다. 우리는 먼저 이 발언의 두 권역 혹은 수준을 구분할 필요가 있다. 한편으로, 우리는 고정된 사태 그리고 시간의 선형적이고 단일방향적인 운동과 관련된 수준을 가진다. 이 수준에서 앨리스는 모든 순간에 특정하고 고정되고 측정 가능한 키를 가진다고 들뢰즈는 지적한다. 그 결과 우리는 앨리스의 다양한 상태들을 비교할 수 있다. 하지만 또한 앨리스를 위한 고정된 존재 상태와 관련되는 것이 아니라 "늘어남"이라는 사건과 관련된 두 번째 수준이 있다. 만약 우리가 이 관점에서 본다면, 사물들은 매우 다르게 나타난다. 확실히 앨리스^{2}는 앨리스^{1}보다 크지만, 앨리스^{2}는 또한 만약 우리가 사물들을 앨리스^{3}의 관점에서 볼 때 나타나는 앨리스보다 작아지고 있다. 이 관점에서 보면, 전체 과정은 역으로 움직인다. 즉, 앨리스^{3}은 작아져서, 앨리스^{2}가 되고, 또 이어서 앨리스^{1}이 되며, (이 이야기 앞부분에서 하듯이) 앨리스^{0}이 되는 것을 걱정한다.

하지만 여러분은 시간은 오직 한 방향으로 움직인다 ─ 앞 방향으로, 과거에서 미래로 ─ 하며 이의를 제기할지도 모르겠는데, 그렇게 되면 이 역의 관점을 부가하는 것에는 전혀 아무런 의미가 없게 된다. 이러한 이의 제기는 첫 번째 수준의 안정되고 분리된 동일성들이 사물들의 본질과 사물들의 변화 방식을 이해하기 위한, 유일하고 올바른 기반이라는 생각에 기초하고 있다. 대신에 들뢰즈는 우리는 사건 그 자체의 관점을 채택할 수 있다고 주장하고 싶어 한다. 별도로 고찰할 때, 사건 "늘어남"은 현재, 과거, 미래와 관련하여 자연적인 정향을 갖지 않는다. 사건 "늘어남"은 오직 크기에 영향을 미치는 됨^{becoming}의 운동을 포함할 뿐이다. "더 작게 됨"과 "더 크게 됨"은 "전투에서 이김"과 "전투에서 짐"과 같다 ─ 여러분이 채택하는 관점에 따라서 둘 모두 참이다. 하지만 두 사례들에서, 만약 주의를 사건 그 자체로 이동한다면, 우리는 완전한 한 조의 역설적인 특징들을 발견하게 된다. 즉, 우리는 반대 방향으로 늘어날 수 있고, 전투에서 승리할 수도 있고 동시에 패배할 수도 있다. 순수 사건은 그 자신의 방식대로 이해될 필요가 있는 순수 과정이다.

전투의 사건과 "늘어남"의 사건 간에는 우리의 이해를 돕는 또 다른 연관이 존재한다. 사건의 관점에서 혹은 앨리스의 무제한적 됨의 관점에서 앨리스의 모험들을 검토할 때, 이름 "앨리스"는 다소 불안정하다. 이제 이름 "앨리스"는 규정된 특질들을 지닌 안정된 인격(앨리스1 또는 앨리스2)을 지시하는 것이 아니라, 전혀 안정성이 없는 과정(모든 앨리스를 모아놓은 것, 앨리스X)을 지시한다. 거울의 다른 면에서 본 이 다른 앨리스는 익명적이고, 변칙적이고, 비고정적이고, 유동적이다. 앨리스는 "어린 병사들"과 동류의 사람이고, 들뢰즈가 전투의 주체로서 간주하는, 스티븐 크레인Sthepehen Crane의 『붉은 무공훈장The Red Badge of Courage』의 또렷하지 않은 주인공이다.

나는 방금 단어 "역설적paradoxical"을 사용했다 ─ 그리고 실로, 이 모든 것은 분명 역설적이다. 하지만 우리는 이 형용사의 어원학적 의미에 주의를 기울일 필요가 있다. 파라독사paradoxa는 독사doxa 곧 의견(=억견)과의 단절이다. 확실히, 상식은 반대 방향으로 늘어나는 어떠한 유의미한 논의도 배제하며, 그리고 아이들 책에 쓰여 있는 것은 거기에 그대로 놓여 있어야 한다고 말하는 일이 훨씬 쉬울 것이다. 이것, 즉 "우리는 역설이 [러셀과 화이트헤드의] 『수학의 원리』에서보다 캐럴의 저작에서 더 가치가 있다고 말함으로써 역설들을 제거할 수 없다. 캐럴에게 유효한 것은 논리학에도 유효하다"(LS 74)는 것이 들뢰즈가 예상하는 이의 제기이다. 달리 말해서, 역설적인 것으로서의 사건에 관한 이 기이한 캐럴의 논지를 내버리지 말고, 우리는 사건 그 자체의 역설적 성격을 진지하게 취해야 한다. 여기에서 더 나아가, 독사 혹은 상식에 대항하는 투쟁이 언제나 철학의 과업이었다고 들뢰즈는 주장한다. 상식은 쉽게 인식될 수 있고, 쉽게 소화될 수 있고, 근본적으로 결코 변화하지 않는 세계와 함께한다는 믿음을 견지한다. 하지만 만약 우리가 변화를 진지하게 생각할 필요가 있다면, 우리는 모든 역설적 성격 속에 있는 사건과 당당하게 맞붙어볼 필요가 있을 것이다.

그렇지만 우선은, 이 두 가지 예가 들뢰즈가『의미의 논리』에서 사건의 본성에 관해 펴는 까다로운 주장을 이해하는 데에 유용한 준거점을 제공한다고 언급하는 것으로 그치겠다. 다음 과제는, 사건이 이러한 독특한 특질들을 가진다는 점을 감안할 때, 사건 그 자체의 본성을 이해하는 것, 그리고 사건들과, 사건들이 현실화되는 개별적인 물질적 사태 혹은 신체들 간의 관계의 본성을 이해하는 것이리라.

스토아학파가 행하는 신체들과 사건들 간의 구별

들뢰즈는, 우리가 앨리스의 사례에서 발견하는 존재(안정된 사태들)와 생성becoming(사건들)의 이원성이 이미 플라톤의『필레보스*Philebus*』와『파르메니데스*Parmenides*』에서 핵심을 꿰뚫어 보며 상세하게 논의된 바가 있다고 지적한다. 하지만 들뢰즈가 광범위하게 의지하는, 철학사에서 얻는 최초의 자원은 아리스토텔레스 이후 그리스에서 일어난 헬레니즘 철학의 한 학파인 스토아학파의 철학이다. 우리는 들뢰즈가『의미의 논리』 전체를 통해 몇 번이고 스토아학파로 돌아간다는 것을 알게 될 터이지만, 그가 스토아학파에게 지고 있는 가장 중요한 최초의 빚은 그들의 사건 이론, 그리고 사건이 신체들의 체제와 맺는 관계에 관한 것이다. 보게 되겠지만, 그가 이어서 이 이원론에 관해 말하는 모든 것은 이러한 설명에 근거하고 있다. 하지만 들뢰즈가「제2계열: 표면 효과들의 역설」에서 쓰고 있는 것을 기본적으로 따라가며, 간략한 소묘로 시작해보자.

스토아학파의 신체

스토아학파의 물리학은 우리들에게 신체들의 무한한 혼합체로 이루어진 것으로서의 자연에 대한 완전한 비전을 제시한다. "완전한"이라는 말로, 나는 스토아학파에 관한 한, 오직 신체들만이 실존한다는 것을 의미한다. 예를 들어, 영혼들이 거주하는 제2 수준의 실재, 혹은 자기 동일적인, 플라톤이 말하는 이념들의 영역은 존재하지 않고, 오직 하나의 물체적corporeal 영역만이 존재한다. 사실 스토아 철학자들은 영혼의 실존을 믿지 않았는데, 영혼 또한 물체적이며 일종의 신체이다.

다음에, "혼합체"라는 말로 나는 자연에는 전연 외부성exteriority이 존재하지 않는다는 것을 의미한다. 신체가 된다는 것은 상호 혼합된다는 것이다. "혼합체는 신체들 속에, 신체들의 심층 속에 존재한다. 대양 속의 술 한 방울처럼, 혹은 쇠 속의 불처럼, 한 신체는 다른 한 신체를 관통하고, 모든 부분들에서 다른 신체와 공존한다. 마치 꽃병으로부터 빠져나오는 물처럼, 한 신체는 다른 한 신체로부터 빠져나온다."(LS 5–6) 따라서 20세기 스토아주의자 빌리 아이돌Billy Idol은 아래에서 다시 언급하게 될 한 텍스트에서 이에 대해 이렇게 쓰고 있다. "이 세계에는 순수한 것은 아무것도 존재하지 않는다."("White Wedding") 일단 보기에는 충격적인 일련의 결과들이 이로부터 나온다고 들뢰즈는 주장한다. (아마도 이것이 비록 스토아학파에 대한 탄탄한 독해를 극한으로 밀어붙인 것이라고 할지라도 말이다.) 만약 자연이 단지 혼합체라면, 어떠한 한 혼합체도 다른 어떠한 혼합체에 비해 더 자연적이지도 덜 자연적이지도 않다. 과식은 굶주림과 동등하며, 근친상간이나 식인 풍습에 대한 적법한 금지가 전혀 존재할 수 없을 것이다.(LS 130)

이제, 스토아학파의 철학자들에게 자연 전체는 인과 관계의 총체적 네트워크 속에서 전개된다. 한 신체는 이 신체가 원인이 되어 변화하는 다른 한 신체에 대하여 능동적이며, 다음으로 이 신체가 다른 신체가 원인이 되어 변화할 때는 수동적이다. 신체적 인과 관계causation의 전 네트워크는 어떠한 결과들도 포함하지 않는다는 것을 ― 우리가 곧 보게 될 이유 때문에 ― 주목하는 것이 매우 중요하다. 한 신체가 원인이 되어 어떤 방식으로 다른 한 신체를 변화시킬 때, 변화된 신체는 그 자체 결과가 아니라, 단지 상이한 신체일 뿐이다. 따라서 자연은 신체들의 상호 관통을 변경하는 인과 관계들causal relations의 무한한 연속으로 정의된다. 스토아 철학자들이 이 체제에 부여한 다른 이름은 아마도 놀라움으로 다가오지 않을 것이다. 즉, 운명, "원인들의 연속, 곧 회피 불가능한 배치ordering와 상호 연관interconnexion." (Aetius, "Causation and Fate", 55J)

물체적 자연에 관해 인식해야 할 다른 최초의 것은 이 무제한적 인과 관계들의 계열이 현재에 일어난다는 점이다. 자연은 오로지 신체들로 구성되어 있다는 스토아학파의 주장에 동반되는 논지이다. 들뢰즈가 말하는 바와 같이, "오직 신체들만이 공간 속에 실존하고, 오직 현재만이 시간 속에 실존한다."(LS 4)

스토아학파의 사건

그렇다면, 사건은 일단 제쳐놓고 볼 때, 결과들이 얼마나 정확히 다시 이 그림 안으로 들어올 수 있는가? 섹스투스 엠피리쿠스Sextus Empiricus에서 따온 다음과 같은 단편이 가장 직접적인 대답을 제공한다.

스토아학파의 철학자들은 모든 원인은 비물체적인 어떤 것의 신체에게 원인이 되는 신체라고 말한다. 예를 들어, 신체 외과용 메스는 비물체적 술어 "베어짐"의 신체 살에게 원인이 된다. 그리고 또, 신체 불은 비물체적 술어 "태워짐"의 신체 나무에게 원인이 된다. (Sextus, "Causation and Fate", 55B; 인용자 강조)

나는 핵심이 되는 두 전치사, "에게to"와 "의of"를 고딕체로 표기했다. 스토아학파의 철학자들에게, 신체들은 서로에게to 원인들이지만 — 이 점은 이미 본 바가 있다 —, 또한 이 원인들의of 결과들이 존재한다. 결국 이 결과들은 사건들이다. 한편으로, 불은 능동적 당사자이고, 나무는 수동적 당사자이기 때문에 불은 나무에게 원인이다. 다른 한편으로, 불과 나무는 둘 모두 사건 혹은 결과, 즉 "태워짐" 혹은 "태움"의 인과적 선행자들이다.

이제, 들뢰즈는 사건은 신체의 질quality이 아니라는 점에 주목하라고 말한다. 당구공의 무거움은 사건 혹은 부대물attribute이 아니다. 그러나 당구공의 무거움은 어떤 특정한 사건들 — 가령, 당구공에 맞아 칭따오TsingTao가 그녀의 『현상학』 복사본 위로 쓰러졌다 — 에 핵심적인 것이 될지도 모른다. 들뢰즈가 사건들은 동사의 부정사형으로 가장 잘 표현된다고 주장하는 것은 (우리가 보게 되겠지만, 오직 이 이유 때문은 아닐지라도) 바로 이 이유 때문이다. 나무가 푸르다고 말하는 것은 신체의 질을 식별하는 것이고, "나무가 푸르게 되다"(LS 21)라고 말하는 것은 나무에 의해 표현되는 한 사건을 파악하는 것이며, 마지막으로, 사건 그 자체는 "푸르게 됨to green"이다. 이 관점들 각각은 장점을 가진다. 첫 번째 관점은 현재에 있는 신체의 본성에 대해 말하고, 두 번째 관점은 현재를 넘어 가리키는 방식으로 신체를 특징짓는 과정들 혹은 사건들에 대해 말한다. 그리고 세 번째 관점은 사건이 신체적 원인들의 결과이면서 자연 전체와 관련하여 독립성 혹은 중립성(=중성neutrality)을 소유한다는 점을 인식한다. 사건들이 그러한 상이하고, 심지어 명백히 모순적인 방식들로 일어나도록 허용하는 것은 우리가 상세하게 논할 바로 사건의 중요한 측면인 중립성이다. 즉, 전투에 승리한 것이자 패배한 것이고, 끝난 것이자 아직 오지 않은 것이고, 등등.

다음과 같은 다양한 표현들은 "벰" 같은 동사의 부정형이 활용될 수 있는 다양한 방식들과 정확히 일치한다. 나는 너를 벤다, 너는 나를 벤다, 너는 나를 벨 것이다, 나는 너를 베었다, 그 여자가 너를 베었다, 만약 네가 나를 벤다면, 그 여자가 나를 베었을 때, 그리고 등등 … 여기서 동사의 모든 양상들이 작동하고 있고, 사건의 모든 양상들이 작동하고 있다.

이제 우리는 어떤 용어를 정의할 수 있다. 사건은 원인의 결과이고, 신체들에 내속하는inhere 것이다. 이 논점의 즉각적인 결론은 ― 이 단어의 일상적인 의미나 더 정치한 현대 과학과 철학의 설명과 달리 ― 사건들은 원인들이 아니라는 점이다. 그러므로 들뢰즈는 사건들은 초연하거나im-passive 혹은 중립적이라고 말한다. 하지만 만약 이 점이 사실이라면, 그저 우리는 사건들이 결과들이 아니라 부수-결과들, 순수 부수 현상들을 말하고 있는 셈은 아닌가? 또 그렇게 말할 때 결과들이 아니라 무를 의미하는 셈은 아닌가? 들뢰즈는 이 실망스러운 결론을 표현과 의사-인과 성quasi-causality이라는 (우리가 의사-인과성은 잠시 보류하겠지만) 두 가지 용어를 추가로 도입함으로써 피해 간다.

사건은 "일어난다taking place"기보다 신체 혹은 사태에 의해 표현된다ex-pressed by고 들뢰즈는 말하곤 한다. 표현 관계는 본성상 매우 특수하다. 표현 관계에서, 표현되는 것은 표현하는 것으로부터 독립하여 실존하지 않는다. 그럼에도 불구하고, 표현하는 것은 표현되는 것에 의해 특징지어진다. 한 좋은 예가 정서이다. 즉, 과도할 정도로 낙관적인 신경생물학자들이 가설을 세우고 있음에도 불구하고, 그들이 밝히려고 열중하고 있는 것은 화학적 상호 작용에 의해 설명될 수 없다. 수반되는 복잡한 일단의 정서들은 문제의 그 연인들로부터 독립하여 실존하는 것이 아니라, 대신에 행동에 그것을 표현함 ― 가령, 동사 활용을 할 수 없음, 쑥스러워 얼굴을 붉힘, 앞뒤 맥락을 놓치는 경향 ― 으로써 완전히 발견된다.

또 다른 유용한 예는 인종 차별과 같은 체계적 차별이다. 개탄스러운 자유주의적 관점과는 달리, 인종 차별은 오로지 (적어도 만약 이런 경우가 있다면) 어떤 특정한 집단의 사람들에 관한 일단의 의식적으로 견지된 신념들로서 설명될 수 없다. 에두아르도 보닐라-실바Eduardo Bonilla-Silva의 사회학 고전인 『인종 차별주의자들이 없는 인종 차별Racism without Racists』이 증명하는 바와 같이, 사실상 인종 차별은 개인적 행동을 통해서 또 개인적 행동 안에서 표현되는 일단의 사회-정치학적이자 경험적인 규범들― "지배의 상징적 수준에 있는 표현들"(54) ― 이다. 실로 인종 차별의 표현적 성격은 이를 표현하는 자인 주체들이, 더 이상 실존하지 않는다고 생각할지도 모르는 바로 그 체계를 자신들이 재생산하고 있다는 점을 매우 종종 결코 알아차리지 못하는 그러한 것이다.

그래서, 이른 봄 몇 주 동안 점점 푸르게 되면서, 나무는 햇빛, 온도, 토양 속의 자양분 등등 광범위한 다른 인과적 상호 작용들에 따라서, 진행 중인 가변적인 방식으로 사건을 표현한다. 사건 그 자체는 독립적으로 실존하지 않거니와, 나무의 변화 속에서 인과적 행위자도 아니고, 변화들 그 자체도 아니다. 사건 그 자체는 변화가 없거나, 혹은 실존하거나, 혹은 변화하거나 하는 이러한 각각의 방식들 속에서 표현될 수 있는 바로 그것이다.

신체들의 총체로서, 자연은 실존하는exist 모든 것이다. 플라톤주의와 달리, 이념들의 초월적 영역은 실존하지 않는다. 그러나 결과들로서의 사건들은 내속하거나insist 혹은 존속한다subsist. 이는 사소한 문제가 아니다. 플라톤이 봉착하는 주요 문제들 중 하나는 이념들Ideas과, 이념들에 참여하는 물질적 사태들 간의 상호 작용을 어떻게 설명해내는가이다. 『크리톤Crito』의 주제를 들어 말한다면, 정의의 이상Ideal of Justice과 정의로운 사람just person 간의 관계는 무엇인가? 이 문제는 플라톤의 추구하는 종류의 이원론 때문에 해결하기가 매우 어렵다― 그에게는, 순수성과 동일성(이념들)에 의거해 분배되는 존재, 그리고 그 이후 물질적 복제물들로 격하되는 존재, 이렇게 두 수준의 존재Being가 있다. 정확히 어떻게 이 참여는 기능하는가? 한편으로는 실존하는 것(신체들)과, 다른 한편으로는 실존하지 않고 신체들 안에 내속하는, 신체들의 부대물(사건들) 간을 구별함으로써이다. 결과적으로, 일반 존재론적인 범주는 어떤 식으로든 이념적인 것과 물질적인 것, 영원한 것과 무상한 것이 분할되는 "존재Being"일 수 없다. "그러므로 최고의 항은 이 항이 존재와 비–존재, 실존과 내속을 포섭하는 한, 존재Being가 아니라 어떤 것Something(aliquid)이다"(LS 7). 한편, 스토아학파는 이념적 사건들을 신체적 상호 작용들의 중립적 결과들로 만듦으로써, 이념적인 것이 어떻게 완전하고 영원한 것에서 물질성의 "절충된compromised" 체제에로 전달될 수 있는가를 설명해야 하는 일을 피해 갔다.

표면의 철학

이 후자의 발언이 시사할 수도 있었던 바와 같이, 들뢰즈는 스토아학파의 이원론을, 후대의 철학자들이 자주 추종하지는 않은 것이라 할지라도, 철학사에 등장하는 최초의 독창적인 조치라고 간주한다. 철학의 역사는 다양한 형태의 플라톤주의에 의해 지배되어 왔으며, 사건들의 내재성에 대해 말하는 데에 만족하지 않고, (우리가 방금 본 바와 같이) 반드시 이념의 초월성을 소환한다. 따라서 플라톤주의는 상층heights의 철학이며, 우리가 상투어구 "구름들 속에 머리가 있는 철학자의 널리 알려진 이미지"(LS 127)를 생각할 때 소환하는 것은 바로 이렇게 정향되어 있는 철학이다. 소크라테스가 독약을 마시기 직전에 말한, 다음과 같은 유명한 대문이 전형적으로 이에 해당하는 것이라고 생각된다.

어떤 것을 탐사하기 위해 영혼이 들음이나 봄 또는 다른 어떤 감관을 통해서 육체를 사용할 때 — 왜냐하면 육체를 통해 어떤 것을 탐사한다는 것은 감관들을 통해서 그것을 탐사한다는 것이기 때문이다—, 그것은 결코 같은 것이 아닌 사물들에로 신체에 의해 끌려가며, 영혼 그 자체는 그러한 종류의 사물과 접촉하는 한, 마치 술에 취한 듯 헤매고 혼란스럽고 어지럽다. […] 하지만 다른 것 없이 혼자서 탐사할 때 영혼은 순수하고, 늘 실존하고, 불멸하고 불변하는 것의 영역으로 들어간다. (Plato, *Phaedo*, 79c–d)

철학사에서 이와 반대되는 경향은 더 이상 상층이 아니라, **심층**depths을 소환한다. 들뢰즈에게, 자연의 구성에 몰두하는, 소크라테스 이전의 위대한 철학자들은 주요한 예들의 일부를 이룬다. 들뢰즈는 그들에 대해 "철학자-물리학자들은", "지질학자의 망치를 […] 들고 철학했다"(LS 128)고 말한다. 하지만 심층의 위대한 현대 철학자는 니체이며, 들뢰즈는 『선악의 저편』으로부터 다음과 같은 (마찬가지로 유명한) 대문을 일부 인용한다.

은둔자는 철학자가 — 철학자는 우선 언제나 철학자였다는 것을 감안할 때 — 자신의 실제적이고 최종적인 의견들을 책들 속에 표현해 왔다는 것을 결코 믿지 않는다. 즉, 사람들은 바로 자신들이 숨기는 것을 비밀로 하기 위해서 책들을 쓰지 않는가? 사실, 은둔자는 철학자가 심지어 "최종적이고 실제적인" 의견들을 가질 수 있다는 것을, 또 철학자에게는 모든 동굴이 그 뒤에 훨씬 더 깊은 동굴 — 표면 너머의 더 광범위하고 더 기이하고, 더 풍요로운 세계, 모든 근거ground 뒤의 심연, 모든 "근저groundwork" 밑의 심연 — 을 갖지 않는다는 것을, 가져서는 안 된다는 것을 의문시할 것이다. 모든 철학은 전경foreground 철학이다 — 그것은 은둔자의 판단이다. 즉, "그가 여기서 더 깊이 파지 않고 삽을 치워버릴 때 그가 여기서 정지하는 데에는 자의적인 어떤 것이 있다 — 또한 거기에는 수상쩍은 어떤 것이 있다." 모든 철학은 또한

철학을 감춘다. 즉, 모든 의견은 또한 숨기는 장소이고, 모든 세계는
또한 가면이다. ("What is Noble?", §289)

그러므로 이 두 번째 정향은 위태로운 날을 갖고 있다. 이 정향은
이념을 심층에서 일어나고 있는 것의 파생태, 즉 이념의 타당성에 언제나
의문을 제기하는 중지 지점에서 일어나고 있는 것의 파생태로 간주한다.
심층의 사상가들은 신체들의 영역이 절대적 불순성과 혼합물의 영역이라
는 데에 대해서는 소크라테스에 동의하지만, 그가 옹호하는 이념적 순수성
같은 것에 대한 주장은 거부한다. 이 경우 니체의 충동 개념이 전형적인
예가 될 수 있다. 즉, 어떠한 관념, 표상, 철학적 개념도 복잡하고 길항하는
신체적 역동성에 의해 활기가 불어 넣어진다.
　스토아학파는 이 두 관점과 철저하게 결별하면서 설명을 시작한다.
스토아학파는 존재being와, 자연Nature의 무제한적 혼합체를 동일시하는
데에 — 이 자연의 무제한적 혼합체가 유래하는 상위의 존재Being는 없다는
데에 — 기탄없이 동의한다. 그러나 또한 스토아학파는 불변하는 이념적
형상들Forms의 존재가 아니라, 이념적 사건들의 존속subsistence 혹은 내속in-
herence을 긍정함으로써 플라톤주의에 동의한다. 이 사건들은 신체적 상호
작용들의 결과이지, 신체처럼 실존하는 것이 아니다 — 사실상, 사건들은
전혀 실존하지 않고, 대신에 자신들을 표현하는 신체들의 순수한 이념적
부대물들로서 존속한다. 그리고 사건들은 신체들의 **표면**에서 존속한다고
들뢰즈는 말한다.

사건에 관한 다섯 가지 명제

이제 우리는 『의미의 논리』의 구조적이고 발생적 계기들 — 심층 속에

혼합되어 있는 신체들, 이에 수반되는, 사건들이 거주하는 이념적 혹은 형이상학적 표면 — 을 지탱하는 기본적인 존재론적 체제에 대해 충분히 알게 되었다. 이와 더불어, 이제 우리는 들뢰즈가 논하는 사건이 언어 및 의미 개념과 어떤 관련을 갖는지 고찰하기 전에, 이 사건에 대한 이해를 상세하게 서술할 수 있는, 준비가 되어 있는 위치에 있다. 들뢰즈의 사건에 관한 다섯 가지 명제를 상세하게 서술함으로써 앞엣것을 착수하겠다.

첫 번째 명제: 사건은 우유성이나 본질이 아니다

들뢰즈에게, 첫 번째 명제는 필연적인 경고를 의미한다. 사건의 까다로운 형이상학적 지위를 궁구하려 할 때, 우리는 이 지점에서 심층과 상층으로 향하는 정향들과 상관이 있는 두 상반되는 유혹에 봉착하게 된다.

첫 번째 유혹은 사건을 단지 지속적인 지위나 의의가 없는 실사건occurrence 혹은 현사건happening으로 정의하려는 것이다. 들뢰즈는 이를 — 사건을 심층 속 신체들의 유희와 혼동하는 — "경험론적 혼동"(LS 54)이라고 부른다. 그런 견해와 상반되게, 들뢰즈는 『의미의 논리』에서 "사건들은 이념적이다"(LS 53)라고 주장한다. 경험론적 유혹은 또한 사건과 표현 사이의 간극을 와해시켜서 전자의 손상을 초래하는 경향을 수반한다.(LS 22) 예를 들어, 그런 견해는 바에서 때려 마시는 맥주, 이혼, 시poem의 작성 등을 오로지 수반되는 물질적 상황에 의해서만 설명할 것이다. 그렇지만, 다시 또 말하지만, 들뢰즈에게 사건의 이념적 지위는 이런 점을 배제한다. 경험론적 유혹은 또한 사건들을 사물들의 우유적accidental 특질들과 동일시하는 형태를 취한다. 이 경우 들뢰즈는 아마도 우유성accident은 실체의 부차적이고 비본질적인 특질이라고 말하는 아리스토텔레스를 생각했을 것이다. 아리스토텔레스의 경우, 나무의 푸름은 우유적이다 — 잎들이 겨울이 오기 전 노랗게 변하는데도 나무는 본래 그대로의 것으로 남아 있다. 이 특유한 경험론적 견해 — 일차적 성질과 이차적 성질의 구분은 흄에 선행하는 초기 과학의 사유와 경험론적 사유의 두드러진 특질이다 — 는 사건으로부터 한 번 더 매우 중요한 어떤 것, 즉 사건의 표현 능력을 앗아간다. 사건들은 부수 현상적인 것이 아니라 표현적인 것이다. 즉, 사건들은, 그리고 사건들만이 신체들에게 의미를 부여한다. 설사 우리가 이 의미가 어떻게 작동할지 아직 모른다 할지라도 말이다.

두 번째 유혹은 상층으로 향한 정향을 내보이려 하는 것이다. 이는 한 형태의 플라톤주의적 사건을 이룬다. 사건들을 이념적인 것으로 간주함으로써, 들뢰즈는 이념적인 것은 영원하고, 보편적이고, 불변하는 것, 말하자면 자기-동일적이지 않으면 안 된다는 플라톤의 견해 — 가령, 정의의 이념은 최종적으로 완전히, 일반적으로 또 예외를 두지 않고, 행위들이 측정될 수 있는 기준을 이루고, 정의로운 행동이 형성될 수 있는 모본을 이룬다 — 에 도전한다. 이제, 우리는 들뢰즈에게 사건들은 신체들 간의 특정한specific 인과 관계의 효과들이라는 점을 알고 있다. 그러므로 사건들은 시초에 특정성specificity을 소유한다. 하지만 들뢰즈는, 사건들은 결코 단 하나의 의미를 갖지 않고, 우리가 엔느의 제3전투의 사건에서 본 바와 같이, 무한한 수의 다양한 방식들로 표현될 수 있다는 사실에 더 관심을 갖는다. 플라톤의 이념과 달리, 들뢰즈는 더할 나위 없이 다양한 표현들로 이념적 사건을 언명하고 싶어 한다.

우리는 또한 사건에 대한 들뢰즈의 반-플라톤주의를 더 비판적인 용어들로 표현할 수도 있겠다. 우리는 신체들 간의 모든 다른 상호 작용들을 위한 보편적이고 필연적인 조건들을 구성해야 한다는 듯이 개별적인 사건들을 물화하는 일을 피하지 않으면 안 된다. 이 견해에 의거할 때, 유혹은 사건 — 가령, 아테네 민주주의를 정초하는 일 — 이 최종적으로 완전할 수 있다는 믿음의 형태를 띠게 된다.

두 번째 명제: 사건은 현재 시간을 피해 간다

이제, 들뢰즈는 사건의 "영원한 진리"에 대해 말하기를 주저하지 않지만, 여기서 "영원한"이라는 단어는 가령 『필레보스』에서 플라톤이 "실제로 또 영구히 모든 방식으로 존재하는 것은 영원히 자기-동일적 것이다"(58a)라고 소크라테스가 말하는 것을 적고 있는 경우 플라톤이 의미하는 바를 의미하지 않는다. 대신에 들뢰즈는 사건의 고유한 시간성에 대해 언급하고 있는데, 이것이 두 번째 명제의 논점이다.

사건의 독특한 시간성은 서두의 두 예에서 이미 나온 바 있다. 엔느의 제3전투는 어떠한 특수한 현재 순간에 의해서도 소진되지 않는다 — 그것은 언제나 이미 끝난 것이자 아직 오지 않은 것이다. 같은 것이 앨리스의 경우에도 해당한다. 앨리스는 매 순간 어떤 고정된 키를 갖지만, 그가 표현하는 "늘어남"은 이 순간을 넘어서 미래로(이후보다 키가 작다), 과거로(이전보다 키가 크다) 향한다. 따라서 우리의 두 번째 명제는 이렇다. 사건은 어떠한 현재 순간으로도 환원 불가능하다.

하지만 우리는 더 정확하게 말할 수 있다. 「제10계열: 이념적 게임」, 이후 「제23계열: 아이온」에서, 들뢰즈는 우리가 사건의 시간성을 두고 곤혹스러워하는 것은 암암리에 또 다른 시간의 의미에 의존하고 있기 때문에 일어난다는 점을 보여준다. 이 또 다른 시간은 들뢰즈가 **크로노스** Chronos라는 이름을 붙여주는 신체들 혹은 사태들의 시간이다.

크로노스는 현재의 시간이다. 이 시간에서, 우리는 진행 중인 혼합체들에 연루되어 있는 신체들만을 발견한다. 자연은 근본적으로 이종적인 혼합체이기 때문에, 이 시간은 전혀 순일하지 않다. 심장이 1분에 1,200번 이상 박동하는 벌새와 참제비고깔꽃 간의 마주침에 수반되는 각각의 현재를 생각해보라. 먹을 때, 벌새는 1초에 15번까지 혀를 꽃 속에 담갔다 뺐다 하며, 먹는 것을 20분 내에 완전히 소화할 수 있다. 자연에서 벌새의 행위들을 포함하는 현재는 지극히 수축되어 있다. 참제비고깔은,

다년생 식물인데도 불구하고, 1년에 고작 두 번 꽃을 피운다. 따라서 참제비고깔의 현재는 비교적 팽창하는 편이어서, 계절 사이를 채우기 위해 뻗어나간다. 따라서 자연의 과거와 현재에 대해 말할 때, 사실 우리는 이미 더 적은 현재들을 품고 있는 더 큰 크기의 현재를 소환하고 있는 것이다. "크로노스는 상대적 현재들을 감싸 안음, 휘감음이며", "과거와 미래를 흡수하는 더 방대한 현재가 존재한다."(LS 162) 스토아학파에게 외부 한계는 모든 것을 병합하는 영원한 현재를 사는 제우스 그 자신이다.

하지만 사건의 시간은 감싸 안겨진 현재들의 이 자연적이고 물체적인 영역을 피해 간다. 소크라테스 이전 철학자인 아낙시만드로스Anaximandros가 창안한, 플라톤도 사용하는 용어를 활용하며, 들뢰즈는 이 시간을 아이온Aion이라고 부른다. 아이온은 우리가 이미 언급한 바 있는 핵심 특질 — 아이온에는 현재가 존재하지 않는다 — 을 소유한다. 사건은 의미들을 가진 바 있고, 표현된 바 있지만, 이 과거에 귀속되는 것들은 같은 사건의 미래를 움켜잡지 않는다. 이제, 들뢰즈가 말하듯이, 우리는 사건의 가능한 한 가장 작은 시간인 "순간"에 대해 형식적으로 말할 수 있다. 하지만 이는 순수하게 논리적인 특질이다. 순간의 시간이 아무리 작을지라도, 그것은 미래와 과거로 분할될 것이며, 미래와 과거가 만나는 시점은 다시 한번 비워질 것이다. 따라서 아이온의 이 무제한적 분할 가능성은 크로노스에서의 다양한 현재들의 무한한 감싸 안음에 대한 형식적인 대응자이다.

그렇다면 우리는 요약해서 다음과 같이 말할 수 있다.

크로노스는 그 자신을 원인들과 물질로 완전히 채우는 신체들과 분리 불가능한 데 반해, 아이온은 그 자신을 결코 채우는 일이 없으며 그 자신에게 끊임없이 붙어 다니는 결과들이 거주하고 있다. […] 양쪽 방향으로 한없이 직선 속에서 펼쳐지는 아이온. 언제나 이미 지나간

것이며 영원히 아직 오직 않은 것으로서, 아이온은 시간의 영원한
진리, 즉 현재의 물체적 내용으로부터 벗어난 시간의 순수한 빈 형식이다.
(LS 165)

내가 이 두 가지 시간을 합치되지 않는 대응자들로서 제시한다는 사실
― 존재의 각 권역을 위한 "시간"의 의미들― 에도 불구하고, 들뢰즈에
따르면, 아이온은 크로노스에게 그 자신을 강요하고 또 크로노스를 괴롭힌
다는 것을 파악하는 일이 중요하다. 신체들 혹은 사태들에 의한 사건들의
표현은 필연적으로 현재를 미래에 "열어 놓는다." 자연은 이 정확한 이유
때문에 원인들의 닫혀진 체계가 아니다. 즉, 일어나는 것은 언제나 사건들
에 휘말려 있고, 이 사건들의 표현은 현재적 순간을 피해 간다. 사건은
"현재를 비틀어서 내속하는 미래와 과거로 밀어넣는다."(LS 165) 앨리스는
어떤 주어진 현재에 어떤 특정한 키를 가질 수도 있겠지만, 그러나 그는
사건 "늘어남"에 휘말려 있기 때문에, 그 사태는 사건이 현실화되는 것을,
말하자면, "중단시킬" 수 없다. 만약 전체 자연(스토아학파의 제우스)의
관점으로 돌아간다면, 전 인과적 네트워크는 인과적 규정을 받지 않는
사건들에 열려 있기 때문에, 사실 결국 수축되고 있는 어떤 종류의 쇠
우리가 아니라는 점을 우리는 알게 된다.

『의미의 논리』에서 주체성 혹은 행위자성agency에 대해 이것이 의미하는
바를 간략하게 다시 성찰해보자. 나는 현재에 "어떤 일을 하며" 다른
신체들에 관여하지만, 이 인과적 행위들에서 결과하는 사건들은 해석에
의해, 혹은 내가 후에 대응하여 행하는 일들에 의해 결코 장악되거나,
확정적으로 파악되거나, 소진될 수 없다. 존 애쉬베리John Ashberry의 『다른
전통Other Traditions』에서 유명한 대사를 소환한다면, 개인적 행위자agent는
언제나 이미 "사건의 전임 회장ex-president"(Three Books, 4)이다. 역으로,
이는 모든 사건은 트라우마의 구조를 가진다는 점을 의미한다. 즉, 사건은

어떤 방식으로 과거에 속하긴 하지만, 언제나 미래로부터 예측 가능하지 않게 우리에게 다가올 것이다. "나는 언제 다시 트라우마를 겪을 것인가?" 이 물음은 대답될 수 없다. 또 "사건은 무엇을 의미하게 되는가?", "그 사건은 내 생에서 언제 다시 활동하기 시작할 것인가?"와 같은 물음들도 똑같은 이유 때문에 대답될 수 없다. 그래서 들뢰즈는 "순수 사건의 고통스러운 측면은 그것이 언제나 또 동시에 방금 일어난 어떤 것이고, 또 곧 일어날 어떤 것이라는 점, 지금 일어나고 있는 어떤 것이 아니라는 점이다"(LS 63)라고 쓰고 있다.

또한 이 선언에는 긍정적인 의미가 존재한다. 빌리 아이돌의 『순백의 결혼식』을 다시 한번 상기해보자. 이것은 사건의 노래이다. 순백의 결혼식은 혼합체의 특수한 상태에 있는 신체들을 포함하는 결혼식이다. 하지만 사건으로서, 순백의 결혼식은 어떠한 특수한 실사건occurrence에 의해서도 결코 소진되지 않는다. 순백의 결혼식은 과거에 속하는 만큼 미래에 속하며, 언제나 다시 시작될 수 있고, 다시 한번 현실화될 수 있다. 다시 시작할 수 있고, 관계나 약속을 재개할 수 있는 역량은 결코 소진되지 않는다. 어떠한 결혼식도 사건 "순백이 됨to whiten"을 표현할 수 있다. 그리고 만약 결혼식이 언제나 "순백의 결혼식을 위한 멋진 날"이라면, 이는 그 결혼식이 ― 사건에 고유한 시간성에 힘입어서 ― 언제나 "다시 시작하는 멋진 날"이기 때문이다.

세 번째 명제: 모든 사건들은 그 자체의 차이 속에서 공존한다

이 세 번째 명제는 밀접하게 관련된 두 물음들에 대한 대답을 제공한다. 첫 번째 물음은 이렇다. 만약 모든 신체들이 혼합체들의 형태로 현재에 실존한다면, 이와 상응하는, 표면 위의 사건들 사이의 관계의 본성은 무엇인가? 두 번째 물음은 앞의 명제에서 따라 나온다. 만약 사건들이 (자연에 속하지 않으므로) 인과적 규정을 받지 않는다면, 어떤 규칙 혹은

규칙들이 사건들의 상호 관계를 통제하는가?

이 물음들에 대한 대답은 사건이라는 주제를 두고 철학사에 대해 일종의 간략하고 비판적인 개관을 하는 「제24계열: 사건들의 소통」과 「제25계열: 일의성」에 주어져 있다. 이 개관은 들뢰즈가 지지하는 결론에 도달하기 전에 (스토아학파와 라이프니츠) 두 시기를 통해 지나간다. 우리는 각각을 차례대로 고찰하겠지만, 접점으로 기능할 수 있는— 조르주 캉길렘Georges Canguilhem의 저작에서 발췌한— 예를 제공함으로써 시작해보도록 하자.

> 예를 들어, 한 나비 종은 회색 빛깔이면서 동시에 활기찰 수는 없다고 주장되는 경우가 있다. 나비의 표본들은 회색 빛깔이면서 활기가 없거나 혹은 활기차면서 검정 빛깔이다. 우리는 인과적인 물리적 메커니즘 — 예를 들어, 술어 회색 빛깔이 의존하는, 그리고 이와 상응하는 부류를 연약하게 만들거나 허약하게 만드는 호르몬 — 을 이 양립 불가능성을 설명하는 데에 언제나 배당할 수 있다. 또 우리는 이 인과적 조건으로부터 회색 빛깔과 활기참 사이에 논리적 모순이 존재한다고 결론 내릴 수 있다. 하지만 만약 순수 사건들을 분리해낸다면, 우리는 회색 빛깔이 됨은 검정 빛깔이 됨만큼이나 적극적positive이라는 점을 알게 된다. 회색 빛깔이 됨은 검정 빛깔이 됨이 활기의 증가(활기차게 하는 것)인 것만큼 이나 안전의 증가(숨겨져 있는 것, 나무껍질로 오인되는 것)를 표현한다. (LS 171)

자, 우리는 들뢰즈를 따라 스토아주의가 신체들 또는 사태들과, 사건들 간의 관계에 대해 적합한 사유를 전개하는 최초의 철학적 전통이었다는 것을 보아왔다. 이는 무엇보다도 그들이 이 둘 간의 본성상의 차이를 파악하고서, 마치 우리가 신체들에 관해 사유하는 것과 동일한 방식으로 사유할 수 있다는 양 사건들을 다루는 "경험론적 혼동"을 폐기했기 때문이다. 달리 말해서, 스토아주의는 "검정 빛깔이 됨"과 "회색 빛깔이 됨"을, 이 빛깔들을 표현하는 나비들에서 결과하기는 하지만 이 나비들로부터 독립한 것으로 사유하는 최초의 철학이다.

하지만 이 최초의 성공은 적어도 실패가 후속할 수 있다는 위협의 그림자가 드리워져 있다. 들뢰즈의 주장에 따르면, 스토아학파는 사건들 간의 관계를 사건들의 수준에서 고찰하게 될 때, 물리적 신체들 간의 상호 작용들(원인들)에 속하는 기준들을 들여와서, 이 기준들을 외삽하여 사건들에 적용될 개념적 모순으로 만드는 경향이 있어서, 회색 빛깔의 활기찬 나비는 용어 모순 혹은 물리적 불가능성이라는 사유에 아마도 굴복하고, 이렇게 하여 신체-사건 구조를 뒤섞어 놓았을 것이다. 우리에게 는 놓고 연구할 텍스트가 단편들만이 있을 뿐이라는 점을 인지하면서, 들뢰즈는 "스토아학파는 단순한 물리적 인과성으로 되돌아가거나 혹은 논리적 양립 가능성이라는 이중 유혹에 저항할 수 없었을지도 모른다"(LS 200)고 쓰고 있다. 들뢰즈는, 회색 빛깔 나비들은 약하고 검정빛 나비들은 강하다고 주장한다면 — 실로, 이렇게 사유하는 데에는 충분한 인과적 이유가 있을지도 모른다 — 이는 그릇되다고 말하는 것이 아니라, 신체들 수준의 이 차이가 모순의 논리를 따라, 회색 빛깔이 됨과 검정 빛깔이 됨 간의 관계에로 투사되어서는 안 된다고 말한다는 점에 주목하자.

들뢰즈에 의하면, 이 물음에 관해 거대한 진전을 이룬 철학자는 "최초의 비논리적 양립 불가능성 이론가이면서 또 이런 이유 때문에 최초의 중요한 사건 이론가"(LS 171)인 라이프니츠이다. "비논리적 양립 불가능성alogical incompatibility"이라는 어구는 으스스해 보이지만, 이는 단지 모순은 더 이상 사건들 간의 관계를 사유하기 위한 규칙으로 간주되지 않을 것이라는 점을 의미할 뿐이다. 달리 말해서, 라이프니츠는 "회색 빛깔이 됨"과 "검정 빛깔이 됨", 혹은 "활기차게 함"과 "약하게 함"과 같은 양립 불가능한 사건들 간의 관계에 관해 사유할 수 있는 새로운, 적극적인positive 방식을 창안해냈다. 이는 무엇인가?

라이프니츠는 다음과 같은 방식으로 추리한다. 우리 세계(실존하는 세계)에서, 검정 빛깔 나비들은 활기차고, 반면에 회색 빛깔 나비들은 힘이 약하다. 하지만 활기찬 회색 빛깔 나비라는 개념에는 논리적으로 모순되는 것은 아무것도 없다. 그런 나비들은 이 세계와 양립 불가능할 뿐이다. ― 혹은, 유명한 일이지만 라이프니츠가 주장하는 바와 같이, 활기찬 회색 빛깔 나비들은 이 세계와 **불공가능하다**incompossible. 들뢰즈는 더 정확히 할 필요가 있음을 강조한다. 즉, 이 세계에서, 사건 "활기차게 함"은 회색 빛깔 나비 종의 실존의 궤적을 이루는 사건들과 불공가능하다. 대신에, 마음에 품고 있긴 하지만 창조한 것은 아닌 무한한 수의 세계 중 하나인 또 다른 가능한 세계에서, 사건 "활기차게 함"은 검정 빛깔 나비들과 불공가능할 것이다.

그러므로 라이프니츠의 천재성은 양립 불가능성들을 사건들 사이로 옮겨놓는 데 있는데, 이제 양립 불가능성들은 신체들과 사건들 사이나 혹은 개념들과 술어들 사이가 아니라, 가능한 세계들 사이에 적용된다. 들뢰즈는 이 혁신적인 생각에 큰 감명을 받아, 이를 "의미 이론의 본질적인 구성 요소"(LS 172)라고 선언하기에 이른다. 이러함에도 불구하고, 들뢰즈는 또한 라이프니츠 역시 스토아학파를 괴롭힌 동일한 유혹에 **빠졌다**고 생각한다. 결국, 공가능성의 규칙은 여전히 "배중률"(LS 174)이 되고 만다. 여전히 라이프니츠는 서로 양립 불가능한 사건들이 이 세계, 우리 세계에서 공존할 수 있다고 말할 방법을 갖고 있지 않았다. 그의 신학적인 언질은 여기서 그를 제약하는 그것이다. 양립 불가능성과 합리성을 동시에 긍정하거나 혹은 정하는 세계를 창조할 수 없었다. 전자는 후자가 규칙으로 채택될 수 있도록 다른 가능한 세계들로 추방되어야 했다.

이제, 엄격히 말해서 들뢰즈는 이 절차에 추가적 조치를 취하지 않는다. 대신에, 그의 조치는 어떤 다른 곳에서 유래하는 용어들로 사건들의 양립 가능성을 사유하고자 하는 욕망을 제지시키는 것이다. 대신에 우리는 공존 속에 있는 사건들을 특징짓는 차이의 긍정을 인정하지 않으면 안된다. 다음은 이에 대한 핵심 대문이다.

> 일반적으로, 두 사물은 자신들의 차이가 안으로부터 부인되고 억압되는 한에서만 동시에 긍정된다. [⋯] 대립물들이 동시에 긍정되는 것은 일반적으로 동일성을 **통해서**이다. [⋯] 이와 반대로, 우리는 두 사물 혹은 두 규정이 자신들의 차이를 **통해서** 긍정되는 작동에 대해서 말한다. 즉, 자신들의 차이가 그 자체로 긍정되고 그 자체로 긍정적인 한에서만 자신들이 동시적인 긍정의 대상들이 되는 것에 대해서 말한다. (LS 172)

들뢰즈가 이 긍정에 붙인 이름은 이접적 종합disjunctive synthesis으로, 이 어구의 역설적 성격을 그는 충분히 알아차리고 있었다. 통상적으로, 종합synthesis은 다수성을 동일성에 복속시키는 일을 포함한다(검정 빛깔 나비들은 활기차다). 또 통상적으로 이접disjunction은 어떠한 적극적positive 의미에서의 종합이 아니라 차별(이것 또는 저것either/or)의 규칙으로 간주된다. 하지만 사건들은 서로를 폐기하거나 배제하지 않고서, 실로 차이가 나고, 자신들의 다수성 속에 존속한다. 사건들은 다른 사건들과의 차이 속에서 공존한다. 하나의 총체an ensemble로서, 들뢰즈는 모든 공존하는 사건들을 "대사건the Event"이라고 부른다.

프로이트의 충동 이론은 우리에게 유용한 유비를 제공한다. 무의식 속에는 모순이 없다 — 나는 내 생에서 모든 중요한 사람을 사랑할 수 있고 동시에 미워할 수 있으며, 또 실제로 사랑하고 미워한다. 그 자체로 충동들은, 설사 세계에 대한 내 의식적 경험의 수준에서는 이 다수성이 만족이라는 일반적 목적을 갖고서 다양한 방식들로 조직될지라도, 다수적이고 동시에 상이하다. 자위행위하고자 하는 욕망, 잠자고자 하는 욕망은 차례대로 조직되고, 그래서 하나는 뒤로 연기된다. 내 친구에 대한 미움은 억압되거나 혹은 승화된다. 요컨대, 나의 의식적 실존은 모순에 대처하는 일이 필수적인 활동들의 조직적인 연속이다. 하지만 충동들 그 자체는 의식적 사유의 논리의 지배를 받지 않고, 대신에 복속이나 부정 없이 자신들의 다수성 속에서 존속한다. 이 경우의 무의식적 충동들은 들뢰즈가 의미하는 사건들과 유사한 것이다 — 신체들과 관련된 어떠한 규칙들의 지배도 받지 않고서, 사건들은 자신들의 다수성 속에서 존속하며, 그 자체로서 긍정된다. 양립 가능성의 물음은 사건들이 신체에 현실화되는 한에서만 일어난다.

네 번째 명제: 사건들은 상호-표현적이다

다섯 번째 명제: 사건들은 신체들이 조직될 때 의사-원인적 요인들이다

이 마지막 명제들은 이전 명제들에서 따라 나온다. 이접적 종합은 공존 그리고 서로 간의 거리 속에서 사건들의 다수성을 긍정한다. 하지만 들뢰즈는 이 논점을 확장한다. "사건들의 소통은 술어들의 배제를 대체한다."(LS 174) 사건들은, 불모의 이념성들로서, 서로 간에 어떻게 소통하는가? 그리고 신체들에게 이것은 무엇을 의미하는가? 우리는 이 물음들을 차례대로 취하겠지만, 두 대답은 모두 『의미의 논리』에서 가장 불가사의한 개념들 중의 하나, 곧 의사-원인quasi-cause 개념 주변을 맴돈다. 신체적 인과성이 비물체적 효과들을 일으키긴 하지만, 사건 그 자체는 "그럼에도 불구하고 의사-원인의 장소이다."(LS 150) 사건들 간의 관계, 그리고 사건들과 신체들 간의 관계는 이 범주를 포함한다.

사건들은 — 비물체적 부대물로서 — 자신들의 원인인 신체들과 관련하여 중립적이며, 실로 신체들 상호 간의 인과 관계에 관여할 수 없다. 그러나 사건들은 상호 관련되어 있다. 외과용 메스가 신체를 절개할 때,

사건 "절개함"은 가령 "치유됨", "흉터를 남김" — 그리고 실로, "죽음"과 "삶" — 과 같은 다른 사건들의 전 계열에 연루된다. 따라서 사건들은 다른 어떤 사건과도 전연 독립되어 있지 않은, "상호-표현적인inter-expressive"(LS 177) 것으로 이해되어야만 한다.

이 일반적 수준에서, 이런 주장이 부가하는 것은 알기가 어렵다 — 이는 우리를 당혹스럽게 하는 것이다. 결국, 절개하는 행위는 혹은 흉터를 남기거나 남기지 않고 치유할 수도 있겠지만, 어떤 사람이 감염으로 죽는 일을 초래할지도 모른다. 우리가 알고 있는 바와 같이, 사건들은 원인들이 아니므로, 사건의 본성에 관한 그 무엇도 이 양자 중 하나가 왜 일어나는지에 대해 우리가 설명하는 일을 허용하지 않는다. 무엇이 부상으로부터 사는 것과 죽는 것의 차이를 만드는가? 대답은 사건들의 함축된 장이 특정한particular 신체들에서 표현되거나 현실화되는 방식과 관련되어 있다. 다음은 이에 대해 말하는 매우 중요한 대문이다.

> 비물체적 결과들은 그 자체 결코 서로에 대하여 원인이 아니다. 대신에, 비물체적 결과들은 아마도 각 경우에 —자신들의 실재적 원인들을 위해 의존하는—신체들의 상대적 통일 혹은 혼합을 표현하는 법칙들을 따르는 의사-원인들일 뿐이다. (LS 6)

달리 말하면 이렇다. 모든 주어진 현재 순간에 각 신체는 사건들의 장 전체, 이 신체의 본성과 관련되어 있는 각 사건들, 그리고 이 신체가 연루되어 있는 인과 관계들을 표현한다. 예를 들어, 부상당한 신체는 적절한 환경에서 치료될 수도 있겠지만, 만약 이 신체가 적절한 약 또는 간호에 접근할 수 없거나, 혹은 회복을 방해하는 앞서 존재하는 조건들을 가진 어떤 사람의 신체라면, 그는 병들어 죽을지도 모른다 — 즉, 이 신체의 운명은 "감염됨", "쇠약해짐", "죽음"의 순서를 거쳐서 "치유됨", "건강해

짐", "삶"을 점차적으로 배제하는 일에 이르는 사건들을 표현하는 것이리라. 사건들을 특이성들로 생각하는 들뢰즈의 관심을 감안할 때, 우리는 일어나고 있는 일을 더 예시하기 위하여 카타스트로피 이론으로부터 한 이미지를 빌려올 수 있다.

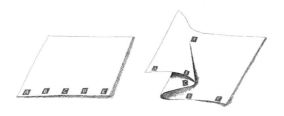

좌측은 일종의 가정적인 중립적 상태에 있는 사건들의 장을 제시한다. 하지만 사실 모든 개별 신체는, 사건들의 장을 마치 이 장이 지배적인 특이점들 주변에서 "잠기거나" "접히는" 듯이 표현한다. X를 외과용 메스에 의한 사건 "절개함"을 바로 지금 표현하는 신체의 장소라고 생각해보자. 이 신체와 관련된, 이 사건과 의사–인과적으로 관련 있는(혹은 "상호–표현적인") 다른 사건들에 힘입어, 사건들의 전체 구조는 특히 몇몇을 전경으로 하면서 변형된다. 이 예에서 우리는 B "잠듦", D "감염됨" 등을 이것들이 어떤 정도로 현실화될 때 E "치유됨"의 돌출에 영향을 미치게 되는 사건들로 간주할 수 있다.

이 모든 것들로부터 도출되는 두 가지 보완적인 논점들이 있다. 한편으로, 우리는 사건들의 장 그 자체 — 대사건the Event 혹은 **사건 자체**eventum tantum — 는 신체들 혹은 사태들의 변화의 **의사–인과**라고 말할 수 있다. 이것은 신체들은 사건들을 **표현한다**거나, 혹은 신체의 인과적 활동은 사건들의 진행 중인 육화라는 특징을 갖는다고 말하는 것이다. 나무에서 또 나무의 환경에서 일어나는 인과적 변화들이 이 나무의 "푸르게 됨"의 원인이라는 것은 물론 사실이지만, 사건들의 장이 이 나무가 연루될 미래

원인들을 위한 정향 혹은 장소를 이룬다는 것도 역시 사실이다― 한 범위의 우세적 경향들이 그 자체를 내보일 것이다. "나무가 푸르게 되기" 때문에― 나무 신체가 사건 "푸르게 됨"을 표현하기 때문에―, 그것은 또한 "(꽃이) 핌", "(열매를) 맺음"과 같은 다른 사건들에 근접하는 일을 전개할 것이다. 이 사건들 각각은 차례대로 나무 신체와, 사건들의 전체 장 간의 관계를 형성할 것이다― "(열매를) 맺음"은 "시듦"과 "(씨가) 여묾"에 근접하는 일을 전개할 것이다.

다른 한편으로, 이 개별 사건들은 모든 종류의 필연성 때문이 아니라, 나무라는 신체의 종류 때문에 나무에 의해 표현될 것이다. 사건 "푸르게 됨"의 표현은 사건들의 표면 위에서 어떤 사건들은 더 근접적이고 다른 어떤 사건들은 덜 근접적인, 다른 사건들과 맺는 관계를 변형할 만큼 나무에 의해 표현될 것이다. 멍 혹은 곰팡이가 핀 치즈 또한 사건 "푸르게 됨"을 표현할 수도 있지만, 문제의 그 발목이나 또는 치즈와 관련 있는 일단의 모든 다른 사건들과 관련해서도 그렇게 표현할 수 있다. 달리 말해서, 사건들 그 자체 사이에서 전개되는 의사―인과 혹은 상호―표현적인 관계들의 **특정성**specificity은 문제의 그 신체의 특정적specific 본성에 의해 설명된다.

유명한 일이지만 『우상들의 황혼』에서 니체는 "나를 죽이지 않는 것이라면 무엇이든 나를 더 강하게 만든다"("Maxims and Barbs", §8)라고 선언한다. 이 규정은 단순하기 그지없는데, 그 자신이 이전에 몇 마디 안 되는 말을 선언할 때처럼, 단순한 진리라는 바로 그 관념은 "복합적인 거짓말"(§4)이다. 이 경구에 담겨 있는 진리의 핵심은 그것이 니체 자신을 가리킨다는 사실에 놓여 있다― 그것은 그의 진리이다. 트라우마가 그것이 표현하기 쉬운 다른 사건들로 근접하는 일을 규정하는 것은 바로 각 개인의 신체이다. 일반적인 윤리적 격률은 존재할 수 없다. 하지만 거짓인 것은 단순한 대립이다― 무엇이든 일어날 때마다 많은 사건들의 근접을 보장하는 사건들 간의 무제한적 친연성, 의사-인과성이 존재한다. 그럼에도 불구하고, 니체가 말하는 (나를) 죽이지 않는 사건은 또한 약하게-됨에도 연루된다. 『우상의 황혼』의 타자 원고를 받고 난 후 단 몇 주도 안 되어서, 니체는 토리노에서 쓰러져서 결국 다시 일어나지 못했다. 그는 자신이 지배할 수 없었거나, 혹은 더 이상 지배할 수 없었던 원인들의 수동적 행위자patient였던 것이다.

하지만 여전히 신비로운 점이 남아 있다. 우리는 어떻게 우리의 통상적인 실존을 구성하는 원인들과 결과들의 합 이상일 수 있는가? 왜 "니체"라는 이름은 "그가 겪었던 전신 마비, 눈 편두통, 구토"의 이름으로 환원되어서는 안 되고, "신체의 혼합체 대신에 그의 저작을 가리키고, 전작œuvre의 스타일을 가리켜야 하는가?"(LS 108) 이 장의 마지막 절에서 우리는 존재론이 아니라 윤리학의 물음인 이 물음을 다룰 것이다.

요약

우리는 이제 『의미의 논리』의 한복판에 놓여 있는 원인과 결과의 완전히 새로운 체계를 기술할 수 있는 위치에 와 있다.

1. 신체들, 혹은 사태들은 인과적으로 상호 작용한다. 신체들의 변경은 결과들 ― 즉, 원인인 신체들의 비물체적 부대물인 **사건들**― 의 생산에 의해 증진된다(부대물 "절개됨"은 외과용 메스가 신체와 맺는 인과 관계의 결과이다).
2. 사건들은 서로 차이를 이루며 공존한다co-exist. 즉, 사건들은 상호-표현적이거나, 혹은 의사-인과적 구조를 구성한다.
3. 이 구조는 이 구조를 표현하는 신체들의 변화를 따라서 영속적으로 변하고 있다("절개함"은 "치유됨", "흉터를 남김", "감염됨" 등등과 관련되어 있다).

4. 이 특정화된 구조는 미래 신체의 인과적 능동들과 수동들을 정향시키는 일단의 경향들을 구성한다(신체의 미래와 이 신체가 할 수 있는 일의 윤곽을 잡아주는 "치유됨"과 "감염됨"이 서로 상대적으로 우세할 때를 생각해보라).

우리가 방금 니체의 사례에서 본 바와 같이, 들뢰즈는 사건들의 총체가 자신의 특정성particularity 속에, 주어진 신체 속에 표현되는 방식에다 다소 놀라운 이름, 곧 스타일style(LS 108)을 부여한다. 각 신체는 어떤 사건들을 다른 사건들보다 더 많이 대비적으로 표현하는, 어떤 사건이 오직 다른 사건들로 인해서만 일어나는 살아감의 스타일을 가진다.

언어와 의미

들뢰즈의 책은 제목이 의미의 논리Logique du sens이지 사건의 논리Logique des l'Evénément가 아니다. 결과적으로, 우리는 이제 두 가지 문제에 직면한다. 첫째로, 들뢰즈는 의미sense라는 말로 무엇을 뜻하는가? 그리고 둘째로, 우리가 그동안 따라온 과정을 감안할 때, 의미는 사건과, 신체 또는 사태 간의 이원론과 어떤 관계가 있는가? 이 두 물음에 대한 대답은 매우 직접적으로 진술될 수 있다. 즉, 언어는 사건들을 표현하기 때문에 유의미하다. 사건은 신체의 비물체적 부대물이지만, 또한 발화의 표현 가능한 것이기도 하다. "일어나는 것과 말해지는 것은 같은 것이다. 즉, 모든 신체 또는 사태에 부대 가능한 것과 모든 명제의 표현 가능한 것은 같은 것이다."(LS 180) 따라서 이것이 가장 주요한 표제이다. 즉, "사건들은 언어를 가능하게 만든다."(LS 181) 하지만 이는 무엇을 뜻하는가? 그리고 실로, 언어에 관한 한, 의미란 정확히 무엇인가?

지칭작용, 현시작용, 함의작용을 넘어

「제3계열: 명제에 관하여」에서, 들뢰즈는 명제의 본성에 의거해서 이 물음을 생각해보도록 우리를 이끈다. 그는 명제의 세 가지 두드러진 기능들 (혹은 명제와 다른 어떤 것 간의 관계들)이 있다고 언급한다. 첫 번째 기능은 **지칭작용**denotation이다. 내가 "저것은 남아메리카의 도마뱀이다!" 하고 말할 때 명제는 어떤 외적 사태 ― 문제의 그 테구tegu 도마뱀 ― 를 가리키도록 기능한다. 들뢰즈가 보여주듯이, 언어–사용에 있어서 참과 거짓의 일상적 의미를 우리에게 제공하는 것은 바로 지칭작용이다. 즉, 만약 이 도마뱀이 사실 오스트레일리아의 토종 뱀 고안나goanna라면, 이 명제는 거짓일 것이다. 쟁점이 되고 있는 지칭작용이 설사 간접적일지라도 같은 점이 해당한다. 명제 "나는 흡연을 하면 쇠 맛이 난다" 역시 이 단어의 통상적 의미에서 진리값을 검토받을 수 있는 사태를 소환한다.

두 번째 기능은 명제와 말하는 사람 간의 관계에 관한 **현시작용**manifestation 이다. 이 경우 명제는, 외적 사태를 가리키지 않고, 욕망이나 신념을 표현하 도록 기능한다. "나는 늘 너의 옹졸한 모습에 정말 넌더리 난다." 이제, 들뢰즈는 지칭작용이 현시작용을 전제한다는 점에 주목하라고 말한다 ― 말하는 화자 쪽에는 반드시 동기가 있다. 더 전문 용어를 써 보면, 이는 세계에 관한 신념들이 우리가 마주칠지도 모르는 것에 있어서 유의미 한 것을 이미 예기하고 있다고 말하는 것이다. 거미 공포증 환자의 경우, 어떤 심리학적인 경향들이 현존하는데 이것이 ― 잠재적으로 주목될 수 있는 다른 모든 종류의 사물들로 가득 찬 방에서 ― 창틀에 숨어 있는 작은 짐승을 골라낼 수 있다는 사실을 말해준다. 결국, 들뢰즈가 지적하듯 이, 단어 "나"의 사용은 현시작용의 우위성을 암시한다. 내가 명제에서 계속해서 무엇을 말하든 간에, 그것은 나의 사유들, 나의 신념들과 욕망들과 관련해서 일어나기 때문에만 해명 가능하다.

세 번째 기능은 **함의작용**signification이다. 이 경우 명제는 더 이상 실재적 사태, 혹은 신념들과 욕망들의 체제와 관련되는 것이 아니라, 가능성들 ─ "보편적 혹은 일반적 개념들" ─ 과 관련된다(LS 14). 과학자가 도마뱀이나 거미에 대해 말할 때, 그들은 개별적인 동물이 아니라, 일반적 유형의 사물에 대해 언급하고 있는 것이다. 아마추어 파충류 예찬자는 그가 숲에서 보는 비늘로 뒤덮인 동물에게 다가가서는 이 동물을 일반적 범주에 맞추어 보려고 한다 ─ 뱀인가 도마뱀인가? 독이 있는가? 야행성인가?

동물을 정의하고자 하는 이러한 종류의 시도는 루이스 캐럴의 『스나크 사냥*The Hunting of the Snark*』에 나오는 어떤 극단으로 우리를 데리고 가는데, 여기서 우리는 개념 "스나크"의 경계들을 표시하도록 취해질 수도 있는 다양한 특징들을 쉽게 믿도록 추동된다. 이 시의 「두 번째 경련: 종잡이의 연설」 절에서, 우리는 다음과 같은 "정의"를 읽는다.

자, 들으시오, 대원들이여,
내 다시 한번, 어디를 가든 혼동의 여지 없이
보증된 진짜 스나크를 알아볼 수 있는
틀림없는 다섯 가지 특징을 알려주겠소.

순서대로 들겠소. 첫 번째는 맛이오.
마치 허리가 다소 꽉 끼는 외투에
도깨비불 향을 가미한 듯한,
빈약하고 공허한, 그러나 바삭바삭한 맛이오.

또 그것은 늦잠 자는 버릇이 있소.
다섯 시 티타임에 아침을 먹고
그다음 날에 저녁을 먹는 일이 다반사라면

도가 지나치다는 데 여러분도 동의할 거요.

셋째는 농담을 알아듣는 데 굼뜨다는 것.
행여 그것에게 과감히 농담을 걸면
그것은 심히 괴로운 듯이 한숨 쉴 거요.
말장난에 항상 정색한다오.

넷째는 그것이 이동 탈의실을 좋아하며
항상 그 물건을 끌고 다닌다는 것.
의문의 여지가 있는 견해이지만 그것은
그 물건이 경치에 아름다움을 더해준다고 믿고 있다오.

다섯 번째는 야심이오. 이건 다음에
무리별로 나누어 설명하는 편이 옳을 듯하오.
깃털이 있고 무는 놈들과,
수염이 있고 할퀴는 놈들을 구분해서 말이오.[9]

(Carroll, *The Hunting of the Snark*, 13–14)

이 정의는 또한 또 다른 매우 유명한, 호르헤 루이스 보르헤스Jorge Luis Borges의 소설적 설명을 상기시킨다. 이는 또 다른 소설이 만들어낸, 단어 "동물"이 의미하는 것과 관련이 있다. 즉,

『자애로운 지식의 천국 백화점Heavenly Emporium of Benevolent Knowledge』이 라고 불리는 어떤 중국 백과사전. 이 사전의 먼 페이지들에서 동물은

---

9. 루이스 캐럴, 『운율? 그리고 의미?/헝클어진 이야기』, 유나영 옮김, 워크룸프레스, 2015, 190~191쪽.

다음과 같이 나뉜다고 쓰여 있다. (a) 황제에 속하는 동물, (b) 술에 취한 동물, (c) 훈련받는 동물, (d) 젖을 빠는 돼지, (e) 인어들, (f) 엄청난 동물, (g) 길 잃은 개, (h) 이러한 분류에 포함되는 동물, (i) 미친 듯 떠는 동물, (j) 셀 수 없이 많은 동물들에서, (k) 매우 고운 낙타 솔빗으로 그린 동물, (l) 기타 등등, (m) 방금 꽃병을 깬 동물, (n) 멀리서 보면 파리를 닮은 동물. (Borges, "John Wilkins' Analytical Language", 231)

이 정의들의 난센스적 성격은 명백한데, 우리가 보게 되겠지만, 이는 들뢰즈에게 매우 중요하다. 하지만 우선은 이 정의들은 함의작용이 기능하는 방식에 관한 매우 분명한 이해를 제공한다는 점에 일단 주목해보자. 즉, 그것은 사물들을 그 표제하에 수집해주는 특징들을 제공함으로써 일반적 유형의 윤곽을 잡아준다. 들뢰즈가 말하듯이, "함의작용 혹은 그렇게 이해된 증명 작용의 논리적 가치는, 가설적 방식의 함축들이 보여주는 바와 같이, 더 이상 진리가 아니라, 진리의 조건, 명제들을 참'일 수 있게 하는' 조건들의 집적이다."(LS 14)

이제, 한 관점에서 보아, 함의작용은 또한 현시작용을 전제한다는 것이 분명해 보인다. 명제가 아무리 추상적인 것 — 가령, "실존하는 모든 것은 성격상 엄격히 물리적이다" — 이라 할지라도, 화자의 동기들을 전제한다. 그러나 들뢰즈가 지적하듯이, 함의작용이 분명히 일차적인 또 다른 의미가 존재한다. 이는, 진술이 아무리 특정적이거나 사적인 것 — 가령, "이것은 내가 지금까지 맛본 소스 중 가장 좋은 소스이다" — 이라 할지라도, 이 진술은 내가 방금 먹은 대상을 여러 종류의 소스 중에서 한 소스로서, 한 로메스코 소스[10]로서, 그리고 등등으로서 지칭하도록 해줄 일반 개념들의 체제를 전제하기 때문이다. 그리고 동시에 — "논리학의 한복판에 놓여

• •

10. romesco sauce. 해산물에 사용되는 걸쭉한 빨간 소스

있는 역설"(LS 16) ─, 애초에 지칭작용이 없는 함의작용, 즉 일반 개념들로 상승하는 작용은 있을 수 없다. 일반적인 것은 **일반화**를 통해 획득된다. 개념 "나무"는 실재적이거나 혹은 재현되는 특수한 나무들로 출발함으로써만 도달될 수 있다.

그래서 우리는 다소 특별한 상황에 도달한다. "지칭작용에서 현시작용으로, 이어서 함의작용으로, 그뿐만 아니라 또한 함의작용에서 현시작용과 지칭작용으로, 이렇게 우리는 원환, 곧 명제의 원환 주위를 돌게 된다."(LS 16-17)

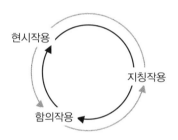

달리 말하면, 개념들은 일반화의 기반이 되는 대상들을 전제하고 ─, 이어서 대상들은 자신들에 대해 말하는 주체들(들뢰즈가 인격들persons이라 부르는 것)을 전제한다. 동시에 주체들은 특수한 대상들을 전제하고, 이어서 특수한 대상들은 일반 개념들의 예화일 따름이다. 우리는 정초함이라는 진중한 문제에 봉착한다. 이 기능들 중 어느 것도 결국 다른 기능에 비하여 일차적이지 않다. 현시작용은 말이 무언가에 관한 것이고자 한다면 함의작용을 전제하는 반면, 함의작용은 만약 이 작용이 허용하는 지칭작용의 대상이 현시자에 의해 선택되지 않는다면 공허한 형식주의로 환원된다. 그리고 이는 단순히 추상적인 문제가 아니다. 왜냐하면, 만약 우리가 계속해서 원환에 사로잡혀 있다면, 말이 실제로 어떻게 **시작되는지** 설명할 방법이 없을 것이기 때문이다.

가능한 한 직접적으로 요점을 지적해보겠다. 만약 우리가 "이 명제는 무엇을 의미하는가?" 하고 묻는다면, 우리는 대답하는 데 대체로 아무런 어려움을 겪지 않는다. "이것은 확실히 감이 아니다"라는, 설사 이것이 확실히 감이라 할지라도, 그다지 어려움을 겪게 하는 주장이 아니다. 하지만 만약 우리가 명제의 어떤 기능이 그 유의미성을 말해주는가 묻는다면, 주체도, 대상도, 개념도 이 물음에 대한 적합한 대답이 될 수 없다. 이는 이 각 사례들 그 자체의 의미는 다른 사례들로 역행하지 않고도 고정될 수 있기 때문이다. 요컨대, 언어 사용이 포함하는 의미는 "개별적 사태들, 특수한 이미지들, 개인적 신념들, 보편적 혹은 일반적 개념들로 환원 불가능한 것으로 나타난다."(LS 19)

결과적으로, 우리는 언어가 어떻게 의미와 관련되는가, 그리고 언어가 어떻게 시작되는가를 설명해줄 네 번째 요소가 요구된다고 결론을 내리도록 이끌리는 것으로 보인다.

> 의미는 명제의 네 번째 차원이다. 스토아학파는 사건과 더불어 의미를 발견했다. 의미, 명제의 표현되는 것은 사물들의 표면에 있는 비물체적인(=무형의), 복잡하고, 환원 불가능한 존재이며, 명제 안에 내속하고 혹은 존속하는 순수 사건이다. (LS 19)

렉타: 들뢰즈와 스토아학파의 언어철학

들뢰즈는 의미sense or meaning의 발견을 스토아학파의 공적으로 돌린다. 스토아학파의 이 발견은 또한 우리가 방금 보았던 들뢰즈 그 자신이 추진하는 것과 유사한, 탁월한 작업을 포함하고 있다. 한편으로, 말해지는 대상what is spoken of은 신체들이다. 다른 한편으로, 말함 그 자체의 행위가 존재한다. 이 둘은 들뢰즈의 지칭작용과 현시작용 범주에 가깝다. 하지만 이 둘 외에 신체들에 관해 말해지는 것what is said이 있다. 이것을 스토아학파는 렉타lekta라고 불렀다. 렉타는 신체들에 관해 말하는 행위에 있어서 진술들에 의해 표현되는 비물체적인(=무형의incorporeal) 부대물이다. 들뢰즈에 따르면, 스토아학파는 렉타를 비물체적인 것으로 간주할 때 의미에다 매우 특수한 존재론적 지위를 부여한다. 의미는 나름의 방식대로 실존하는 것이 아니라, 명제 혹은 발화(스토아학파의 용어는 포네phōnē이다) 안에 "존속하거나 혹은 내속한다"고 말할 수 있다.

설사 바로 전 절의 말미에 나와 있는 인용문이 여기서 내 논점을 전달하지 못했을지라도, 의미에 대한 이러한 규정은 섬뜩할 정도로 친숙하게 보여야 한다. 들뢰즈는 의미에 관한 스토아학파의 설명을 자신이 사건을 기술한 방식으로 기술하고 있는 것으로 보인다. 아니 그렇게 기술하고 있다. 들뢰즈에 따르면, "스토아학파는 그것[의미]을 단지 사건과 더불어 발견한 것에 그치는 것이 아니다"(LS 19) — 그것은 동일한 발견이다.

그러므로 『의미의 논리』 전체를 통해서 들뢰즈가 사건에 대해 말하는 것과 의미에 대해 말하는 것 사이에서 — 그가 언어(또는 명제)와 맺는 관계를 고찰하고 있는가, 혹은 신체들(또는 사태들)과 맺는 관계를 고찰하고 있는가에 따라서 — 오가는 것은 놀랄 일이 아니지만, 그가 사건과 의미 둘에 관해 말하는 것은 매우 유사하다. 이 둘은 단연코 동일하다. 명제의 의미sense or meaning는 사건들, 즉 a) 신체적 상호 작용들의 결과, b) 신체들의 비물체적 부대물들, c) 신체들의 의사-원인들, 혹은 신체들의 정향하는 경향들과 동일한 사건들이다. 이런 이유 때문에, 나도 또한 "사건"을 언급하는 것과 "의미"를 언급하는 것 사이에서 오갈 테지만, 가장 통용되는 용어는 들뢰즈의 복합어 "의미-사건"(LS 22)이다.

들뢰즈의 언어철학을 요약하다

이 점들을 염두에 두면서, 우리는 이제 『의미의 논리』에 나타나는 들뢰즈의 언어철학에 대해 요약적인 설명을 제시할 수 있다. 말하는 존재자들로서 우리는 언제나 이미 의미를 가지는 세계 한가운데에 있다는 점을 인지하면서 — 즉, 누군가가 어떻게 그리고 왜 말하기 시작하는가 하는 물음을 제쳐놓고서 — 시작할 필요가 있다. 클로드 레비-스트로스Claude Lévi-Strauss의 유명한 말, "사람들이 우주가 무엇을 의미하는지 알기 시작하기 오래전에 이미 우주는 의미를 가지고 있다"(*Introduction to the work of Marcel Mauss*, 61)를 상기해보라. 혹은, 들뢰즈가 베르그손을 인용하면서 말하듯이, "우리는 애당초 의미 안에 확립되어 있다. 의미는 내가 이미 확립되어 있는 영역과 같은 것이다. […] 의미는 내가 말하기 시작하자마자 언제나 전제되어 있다."(LS 28)

의미는 언제나 이미 작동하고 있다. 그러나 일상적인 말에서, 사실 우리는 "명제의 통상적 차원들이 우리를 이끄는 원환에 기반하여, 의미를 간접적으로 추리할 수 있을 뿐이다."(LS, 20) 명제의 의미는 언어-사용의 행위에 있어서 고립된 어떤 것으로서 결코 분리될 수 없다. 그렇게 하려고 할 때, 우리는 결국 주체, 대상, 개념으로 다시 돌아가게 된다. 그리고 같은 이유 때문에, 들뢰즈는 어떠한 명제도 그 자신의 의미를 결코 말할 수 없다는 점을 강조한다. 우리는 언제나 또 다른 명제의 의미에 관해 ("그가 말하고자 의미한 것은 …이었다") 말할 수 있지만, 그러나 명제 그 자체는 오직 간접적으로 자신의 의미를 — 지칭하거나 현시하거나 함의하거나 해서) 소환할 수 있을 뿐이다. 이것은 들뢰즈가 『의미의 논리』 앞부분에서 인용하는 다음과 같은 일련의 장면들(LS 29)에 생기를 불어넣는 그것이다. 백 기사는 앨리스에게 다음과 같이 말함으로써 시작하는 노래를 한 곡 불러주겠노라고 선언한다.

> "이 노래의 이름은 '대구의 눈'이라 불린다." — "오, 그게 이 노래의 이름이군요, 그렇지요?" 애써 관심을 보이며 앨리스가 말했다. — "아니다, 넌 이해하질 못하는구나." 기사가 약간 화가 난 듯 말했다. "그것은

이 노래의 이름이 불리는called 것이다. 이름은 실은 '늙디늙은 남자'이다."
— "그렇다면 '그것은 이 노래가 불리는 것이다'라고 말해야 했군요?"
앨리스가 고쳐서 말했다. — "아니다, 그렇게 말하면 안 된다. 그것은
아주 또 다른 것이다! 이 노래는 '방법과 수단'이라고 불린다. 하지만
그것은 오직 그것이 불리는 것일 뿐이다, 너도 알다시피!" — "음, 그렇다
면 이 노래는 무엇인가요?" 앨리스는 이번에는 완전히 당황해서 말했다.
— "그 말을 하려던 참이었다." 기사가 말했다. "이 노래는 실은 '대문
위에 앉아 있는 사람'이다!" (Carroll, *Through the looking-Glass*, 81)

그렇다면 명제에서 의미는 어떻게 나타나는가? 아마도 들뢰즈가 제시하
는 가장 간결한 대답은 다음과 같을 것이다. 즉, "따라서 의미는, 명제들이
개별적인 응답들을 지칭하고, 일반적인 해solution의 사례들을 함의하고,
주체적인 결의resolution 작용들을 현시하는 한에서 명제들이 상응하는 문제
로서 표현된다."(LS 121) 명제는 아무리 성격상 추상적이거나 혹은 공허할
지라도, 언제나 문제로서의 사건에 대한 복잡한 응답이다. 혹은 또, 언어-사
용은 결코 철저하게 자유롭고, 자주적인 주체의 작용이 아니라, 사건의
현실화에 휩쓸려 있는 (언제나, 신체화된 행위자 한가운데 있는) 유한한
인격에게 제기되는 문제에 대한, 상황에 처해 있는 해결이다. 나는 나의
신체 그리고 나를 둘러싸고 있는 세계에서 현실화되는 사건들에 의해 말하도록
자극을 받는다. 나의 신체와 세계가 수반하는 변화들은 내가 말하는 바로 그것이
다. 그리고 우리가 세계에 관해 말하고 이해하기 위해 전개하는 범주들은 일어나
고 있는 것의 기저에 깔려 있는 구조를 파악하고자 하는 시도들이다.

다음 주제로 넘어가기 전에 언급되어야 할 마지막 논점이 있다. 들뢰즈는
우리에게 각 명제가, 세 가지 상관관계적 방식으로 실연될 하나의 사건에
상응한다는 인상을 주기를 원하지 않는다. 그리고 참으로, 우리는 어떠한
한 사건도 결코 다른 사건들로부터 고립되어 표현되지 않는다는 점을

— 사건의 상호-표현적인 본성에 힘입어 — 이미 알고 있다. 따라서 우리는 어떠한 명제든 주어진 명제가 표현하는 것은 재현이하적 의미를 가지는 늘 변화하는 장이며, "어떠한 명제적 논제thesis로도 환원되는 것을 허용하지 않는 복합 주제theme"(LS 122)로서의 사건들 전체 장이라는 점을 알 필요가 있다. 물론, 사건들은 내가 앞에서 언급한 바 있는 종류의 위상학적 변양들을 보장하면서 부단히 발생하고 있기 때문에 이 장은 변화하고 있다.

의미와 무의미

들뢰즈는 『의미의 논리』에서 무의미 이론으로 의미에 대한 분석을 배가한다. 그는 이 면에서 두 가지 주요한 주장을 강조한다. 첫 번째 주장은 무의미는 의미의 실패로, 혹은 어떤 종류의 파생적이고 빈곤한 담화 상태로 간주될 수 없다는 점이다 — 이는, 만약 우리가 지칭작용을 명제의 일차적인 기능으로 여길 때만, 그리고 "참"과 "거짓"을 명제의 두 근본적인 상태로 여길 때만, 일어나는 진단이라는 점에 주목하자. 제대로 이해한다면, 의미와 무의미는 상호-함축co-implication이라는 독특한 관계, "본원적 유형의 내재적 관계, 공-현존co-presence의 양식"(LS 82)을 향유한다. 무의미와 의미의 관계는 참과 거짓의 관계가 아니라, 의미가 유래하는 언제나 현존하는 장이다. 두 번째 주장은 언어로 의미를 표현하는 능력은 취약하다fragile는 점이다 — 실로, "이보다 더 취약한 것은 없다."(LS 82) 이 능력은 끊임없이 위협에 처해 있다. 들뢰즈는 이 두 주장을 각각 루이스 캐럴과 앙토냉 아르토에 관련시킨다.

캐럴의 무의미

이제 우리는 들뢰즈에게 사건은 의미라는 점을 알고 있다. 언어로 표현되는 것은, 그리고 언어를 뜻meaning을 수반하는 일종의 활동으로 만드는 것은 의미sense이다. 이 점에 비추어서, 우리는 이미 논한 바 있는 사건의 몇 특징들을 재고할 수도 있겠지만, 이번에는 의미의 관점에서, 그리고 의미가 언어에 대해 뜻하는 바를 논해보겠다. 여기서 이루고자 하는 우리의 목적을 위하여, 사건의 한 가지 핵심적인 특징, 즉 서로 간에 차등disparity이 있는 모든 사건들의 긍정, 혹은 들뢰즈가 모든 사건들의 상호-표현성inter-expressivity이라고 부른 것을 염두에 두어야 한다. 모든 사건들은 서로 간의 차등 속에서 긍정된다 ─ 이는 의미 또한 동일한 방식으로 완전하게 긍정된다는 점을 뜻한다.

핀란드는 실존하지 않는다는 음모적인 주장을 (매우 간략하게) 고찰해 보자. 명제의 수준에서, 그리고 명제의 지칭적인 기능에서, 우리는 "핀란드는 실존한다"는 진술과 "핀란드는 실존하지 않는다" ─ 이는 지도 제작자들과 일본 수산회사의 음모이다 ─ 는 진술은 **모순된다**contradictory고 말할 수 있다. 이제, 모순이든 참과 거짓의 기준이든 의미에는 적용 가능하지 않은데, 이는 이런 종류의 주장들이 지긋지긋할 정도로 한없이 계속될 수 있는 한 가지 이유이다. 달리 말해서, 이러한 음모는 터무니없긴 하지만, 난센스한 것은 아니다. 이러한 주장을 펴는 양쪽 사람들 모두 명제의 지렛대를 적법하게 작동하고 있다(결국, 이는 단어 "핀란드"의 지칭작용에 관한 논쟁이다).

하지만 이제 이 상황을 들뢰즈가 『의미의 논리』에서 수많은 경우에 되돌아가는, 캐럴이 혼성어들portmanteau words을 사용하는 유명한 상황과 비교해보자. 일단의 첫 번째 예들의 특징은 한 명제 전체를 한 단일한 단어, 캐럴이 "발음 불가능한 단음절"이라고 부르는 것으로 와해시키는 데에 있다. 들뢰즈는 『실비와 브루노』에서 뽑은 한 예를 제시하는데, 이 예에서 "*y'reince*"는 "*Your royal Highness*"를 대신하며, "명제 전체의 전반적 의미를 추출하여 한 단일한 음절로 명명하는 것을 목적으로 하고 있다."(LS 43) 혼성어를 이해하는 데 도움이 되는, 몇 관련되는 예들, 가령 *slithy*(lithe–slimy–active)와 *mimsy*("flimsy–miserable")가 험프티 덤프티Humpty Dumpty에 의해 제공되고 있다. *slithy*의 의미는 결코 최종적으로 규정될 수 없는데, 왜냐하면 세 가지 "구성 요소", *lithe, slimy, active*의 순위, 따라서 중요도를 정당화할 방법이 없기 때문이다. 여기에는 일종의 불확정성indeterminacy이 존재한다 ― 혹은, 더 적절하게 말하면, 혼성어는 우리에게 미리 주어진 해가 없는 문제를 제시한다. 좋은 결과로 나아가는 유일한 방법은 이 무의미의 단어를 기초로 하여, 혹은 들뢰즈가, 라이프니츠를 따라서, "애매모호한 기호ambiguous sign"(LS 114)라고 부르는 것을 기초로 하여 매번 새로운 의미를 창조하는 것이다.

그래서 다음과 같이 정리될 수 있다. 무의미의 단어나 명제가 지니는 의미는 다수의 의미들이 수렴함으로써 창조된다 ― "slithy"는 이 단어를 읽는 이들에게 그러한 수렴을 통하여 그들 자신을 위한 의미를 생산하도록 강요한다. 그렇지만, 이와 상관적으로, 의미 그 자체의 장은 수렴을 위한 어떠한 요건들에 의해서도 통제되지 않는다. 결과적으로, 의미의 장은 자신의 불협화음 곧 무의미 속에서 모든 의미들을 일시에 긍정한다. 우리가 전에 사건들의 의사–인과적 상호–표현성이라고 부른 것은 의미–무의미의 장과 다른 것이 아니다. 즉, 그것은 언어로 표현되는 관점에서 볼 때 의미의 장이다. 그것은 그 자신의 방식대로 취해질 때 무의미의 장이다. "이 의사–원인은 이 표면의 무의미이다."(LS 176)

아르토와 의미의 취약성

캐럴의 무의미는 의미 그 자체의 무의미, 즉 의미가 신체들에 대하여 끊임없이 발생되고, 신체들에 의해서 또 신체들을 통해서 표현되는 표면의 무의미이다. 하지만 또 다른 무의미, 들뢰즈가 신체적 심층의 무의미라고 부르는 것이 존재한다. 들뢰즈는 이 무의미의 발견과 트라우마에 관한 탐구를 앙토냉 아르토가 해냈다고 하며 이 점을 몇 가지 기억에 남을 만한 말로 표현하고 있다.

> 우리는 캐럴에게는 모든 페이지를 할애하면서도 아르토에게는 한 페이지도 할애하려 하지 않았다. 아르토만이 문학에서 절대적 심층에 있었으며, 생기적 신체 및 이 신체에 대한 엄청난 언어를 발견한 곳에 있었다. 그가 말하는 바와 같이, 그는 고통을 통해서 이것들을 발견했다. 그는 오늘날 여전히 미지로 남아 있는 하부—의미infra-sense를 탐색했다.
> (LS 93)

캐럴의 저작이 옹호하는 무의미 — 무의미의 적극적이고 구성적인 측면 — 와 달리, 이 시초의 무의미는 의미의 발산을 수렴하게 하는 바로 그 능력이 붕괴함으로써만 도달된다.

들뢰즈는 『의미의 논리』에서 우리를 괴롭히는 경험 — 여러분이 듣고 있는 것이 더 이상 언어로 그 자신을 표현하려 하는 어떤 사람이 아니라, 광기의 직접적인 음향적 현존이라는 점을 깨닫는 순간 — 을 포획하는 놀라운 작업을 행한다. 그것은 우리가 한 번쯤은 가졌을 법한 경험이다. 즉, 버스 정류장에서 기다릴 때, 혹은 공립 도서관의 현관에서 서성이고 있을 때, 여러분은 이 사람의 신체와 얼굴, 말과 제스처들이 우리 모두가 서로에 대해 품고 있는 암묵적인 기대들로부터 벗어나 있다는 것을, 그들이 아닌 **사물**이 대신에 지금 움직이고 있고 말하고 있다는 것을 갑자기 깨닫는다. 문제의 그 대문은 캐럴의 「재버워키」를 번역하는 아르토의 시도에 관한 것이다. 다음은 이 시의 서두 연인데, 아르토의 번역은 이렇다.

'Twas brillig, and the slithy toves
Did gyre and gimble in the wabe:

All mimsy were the borogoves,

And the mome raths outgrabe.

(Carroll, *Through the Looking Glass*, 10)[11]

Il était roparant, et les vliqueux tarands

Allaient en gibroyant et en brimbulkdriquant

Jusque là lò la rourghe est à rouarghe a rangmde

Et rangmd a rouarghambde:

Tous les falomitards étaint les chat—huants

Et le Ghoré Uk'hatis dans le Grabugeument. (LS 342)

들뢰즈가 말하듯이, 처음에는 모든 것이 합당해 보인다.

● ●

11. 지글녘, 유끈한 토브들이
사이넘길 한쪽을 발로 빙돌고 윙뚫고 있었네.
보로고브들은 너무나 밈지했네.
몸 레스들은 꽥꽥 울불었네.
(루이스 캐럴 원작·마틴 가드너 주석, 『Alice-이상한 나라의 앨리스, 거울 나라의
앨리스』, 최인자 옮김, 북폴리오, 2005, 215쪽.

위 시의 뜻은 다음과 같다.
"저녁나절이었습니다. 몸이 유연한 토브들이 언덕 한쪽을 발로 긁으며 구멍을 파고
있었습니다. 보로고브들은 너무나 불행했습니다. 그리고 엄숙한 레스들은 꽥꽥 비명을
질렀습니다." 위의 책, 217쪽.

토브(tove)는 오소리의 일종. 부드러운 하얀 털과 긴 뒷발, 그리고 수사슴 같은 짧은
뿔을 가졌으며 주로 치즈를 먹고 삶. 보로고브(borogove)는 멸종된 앵무새의 한 종류.
날개가 없고 부리가 위로 구부러져 있으며, 해시계 밑에 둥지를 튼다. 송아지 고기가
주식임. 레스(rath)는 육지 거북이의 일종. 머리는 수직으로 섰고 입은 스나크 입과
같다. 앞발은 구부러져서 무릎으로 걸어 다닐 수가 있다. 연한 초록색 몸체. 제비와
굴을 먹고 삶. 위의 책, 216–217쪽.

430 _ 질 들뢰즈의 저작 1

아르토가 번역한 대로 「재버워키」의 첫 연을 읽을 때, 우리는 맨 앞 두 행은 여전히 캐럴의 기준과 일치하고, 캐럴의 다른 프랑스 번역자들이 일반적으로 견지하는 번역의 규칙을 따르고 있다는 인상을 받는다. […] 하지만 두 번째 행의 마지막 단어로 시작해서 세 번째 행 이후, 일탈이 생산되고, 심지어 창조적이고 중추적인 붕괴가 생산되어, 우리를 또 다른 세계 속에, 완전히 다른 언어 속에 있게 한다. 공포와 함께, 우리는 쉽사리 이 점을 알아차린다. 그것은 분열증의 언어이다. (LS 82)

이 텍스트는 1947년 아르토가 죽기 1년 전쯤 최후로 대중 공연을 하던 날 저녁을 상기시킨다. 그는 죽기 전 10년 대부분을 정신병원에서 보내며, 전기 충격요법을 무수하게 받아 몸이 망가지고 말았다. "앙토냉 아르토와의 대화Tête-à-tête avec Antonin Artaud"라는 표제로 홍보된 공연에는 비외-콜롱비에Vieux-Colombier의 수용 인원을 훨씬 초과하는 900명을 상회하는 사람들이 참석했다. 오후 9시에 시작해서 한밤중까지 공연되었다.

아르토는 혼자 무대로 나온다. 거지clochard처럼 차려입고, 수척해 보이고, 약간 놀란 듯하다. 서류 한 묶음을 들고 읽기 시작할 때 목소리가 무기력하지만, 부인할 수 없을 정도로 강력하게 들린다. 야유하는 소리가 약간 있지만, 이내 침묵으로 꽉 찬다. 아르토는 낭랑하게 읊고, 속삭이고, 포효하더니 어색하게 멈추었다. 그는 장소 또는 신경을 상실한 듯하고, 서류들을 섞고, 포기한 듯 머리를 손으로 감싼다. 하지만 그는 다시 시작한다. 이제 그는 읽지 않고 청중에게 장광설을 늘어놓는다. […] 언어를, 섹스를, 그 자신을 맹렬히 비난하기를 계속하고 계속한다. 아르토는 돌이킬 수 없게 사로잡혀 있고, 미쳐 있는 사람으로 보인다. 하지만 여전히 그는 광대 짓을 하고, 그 자신을 조롱하고, 분노를 내뿜고,

또 자신의 과도함을 의식하며 그것을 강요하는 배우, 고통을 겪는 서투른 배우로 남아 있다. 그 앞에 있는 궁지에 몰린 청중들과 더불어, 그는 그 자신의 마음의 연소를 지켜보고 있다. 그는 단어들이 아니라 폭탄들을 떨어뜨리고 싶어 한다. 앙드레 지드Andre Gide가 무대로 올라와서 두 팔로 지친 연기자를 껴안기까지 이것에는 끝이 없고, 그를 저지할 것이라고는 아무것도 없다. (Roger Shattuck, *The Innocent Eye*, 169-70)

신체적 소음과 말의 구분은 붕괴하고, 이와 더불어 아르토 그 자신이 붕괴한다. 소리들이 구분되려면 소리들 사이의 필연적인 단절이 있어야 하는데 침묵은 더 이상 그러한 단절로서 기능하지 않고, 또 다른 폭행으로 기능한다.

캐럴의 방법이 보여주는 것은 언어에 있어서 무의미와 의미가 공존하고 공동-근원적co-originary이라는 점이다. 하지만 아르토의 경우는 완전히 다르다. 「재버워키」의 그의 번역본에 나오는 "rouarghambde"와 같은 단어들은 언어에 있어서 무의미와 의미가 내재적으로 근접해 있음을 보여주는 것이 아니라, 의미를 가지는 언어가 소음으로 붕괴하고 있음을 보여준다. 들뢰즈가 지적하듯이, 심지어 "혼성어들도, 어중음 탈락syncope에 휘말려 있고 후두음들로 과적되어 있어서, 다르게 기능하는 것으로 보인다."(LS 84) 어중음 탈락(한 단어에서 모음을 "빼먹거나" 놓치는 것)을 강조한다는 점이 특히 아르토의 무의미를 이해하는 데 도움이 된다. 의미의 무제한적 분기lithe *and* slimy *and* active에 뚜렷이 보이는 무의미 대신에, 아르토의 무의미는 단어들이 단연코 음향적이고 물리적인 수준으로 재발함을 통해서 출현한다. 그리고 이것이 핵심 논점이다. 아르토가 고통스러운 질환을 앓으면서 우리에게 보여주는 무의미는 "하부-의미"이며, 언어 사용과 신체적 소음들이 난해하게 근접해 있음을 드러낸다. 그의 작품에서, "명제가 신체들로 퇴각하는 일을 막고, 음향적인 요소들이 신체의 후각적이거나 미각적이거나 또는 소화적인 효과들과 뒤섞이는 일을 막는 것은 더 이상 아무것도 없다." "라타라 라타라 라타라 아타라 타타라 라나 오타라 오타라 카타라."(LS 91, 83) 아르토 자신이 끊임없이 이 점에 대해 언급한다. "모든 진정한 언어는 / 이해 불가능하다. 거지의 이빨이 / 딱딱 맞부딪치는 소리처럼."(*Selected Writings*, 549)

정신분석학의 요소들

「제26계열: 언어」의 서두에 나오는 문구는 들뢰즈가 『의미의 논리』에서 펴는 주장의 큰 변화를 다소 급격하게 나타내고 있다. "사건들은 언어를 가능하게 만든다. 하지만 가능하게 만든다는 것은 시작하게 한다는 것을 의미하지 않는다."(LS 180) 사실, 이 두 문장은 이 책의 두 가지 주요한 목적을 깔끔하게 기술하고 있다. 우리는 사건들이 언어를 어떻게 가능하게 하는지 ─ 사건들은 언어가 표현하는 의미이다 ─ 를 기술하는 구조적 설명을 이미 본 바가 있다. 하지만 들뢰즈가 보여주듯이, 대답되어야 하는 완전히 다른 물음이 남아 있다. 이 물음은 **발생적** 물음이다. 소리를 내고, 먹고 (혹은 물건을 빨고) 토하고 하는 일 외에는 더 이상 입으로 할 수 있는 일이 없는 갓난애가 어떻게 언어를 사용하여 세계를 언급하고 (지칭작용), 자기 자신을 표현하고(현시작용), 일반성의 영역 내에서 조작할(함의작용) 수 있게 되는가? 달리 말해서, 도대체 어떻게 의미의 요소가 인간 동물에 의해 획득될 수 있는가? 우리가 방금 논한 아르토의 경우 또한 밀접하게 관련되어 있다. 즉, 어떻게 의미로부터 떨어져 나오는 일이 가능하고, 본질적인 방식으로 말하는 능력을 상실하는 일이 가능한가?

이 모든 물음들에 대한 해답은 이 책의 후반 여덟 계열에 걸치는 정신분석학적 사상들에 대한 지극히 새롭고 극적인, 그뿐만 아니라 조밀하고 난해한 활용을 경유하여 가게 된다. 예를 들어, 들뢰즈는 "정신분석학은 사례들을 지시하는 작용, 역사들을 현시하는 작용, 콤플렉스를 함의하는 작용에 만족할 수 없다. 정신분석학은 의미의 정신분석학이다. 정신분석학은 역사학적이기 이전에 지리학적이다."(LS 92-3) 이 주장은 후에 증폭된다.

> [프로이트의] 『토템과 터부』는 훌륭한 사건 이론이며, 더 일반적으로 말해 정신분석학은, 사건이 그 의미가 추구될 수 있고 또 분리될 수 있는 어떤 것으로 취급되지 않는 조건하에서, 사건의 학문이다. 사건은, 사건을 생산하고 또 현실화하는 사태들과 분리되거나 혹은 구분되는 한에서, 의미 그 자체이다. (LS 211)

이런 대문들은 『의미의 논리』를 작성한 들뢰즈가 볼 때, 또 들뢰즈 자신의 용어로 볼 때 정신분석학의 근본적 지위를 나타낸다. 하지만 또한 더 명확하게 말하는 것이 중요하다. 이 책의 중심에 있는 존재론적 구분을 ― 적어도 들뢰즈의 견해에 의하면 ― 지지하는 것을 넘어, 이 책이 들뢰즈에게 제공하는 것은 우리가 방금 제기한 발생적 물음에 대답할 때 들뢰즈가 기꺼이 의지하는 일군의 발달적 설명이다. 그러한 세 가지 가장 중요한 설명들은 프로이트, 라캉, 그리고 누구보다도 멜라니 클라인에서 제시된 것들이다. 그러므로 들뢰즈로 다시 돌아가기 전에 이들을 간략하게 검토하는 일이 도움이 될 것이다.

프로이트의 아동기 성애와 오이디푸스 콤플렉스

우리는 아동기 성애에 관한, 그리고 오이디푸스 콤플렉스의 도래와 해결에 관한 지그문트 프로이트Sigmund Freud의 주요 주장들을 우리의 목적을 위해 여덟 개 주요 논점들로 요약할 수 있다. 그리고 비록 프로이트의 분석을 차후에 사용할 때 이러한 사용이 아동의 성별과 무관하더라도, 프로이트는 남자 아동을 전형적인 것으로 취한다는 점을 마음에 간직하는 일이 늘 그렇듯 중요하다.

1. 아동의 생에 나타나는 성적 쾌감sexual pleasure의 첫 번째 원천은 입을 수반한다. 입은 무엇보다도 아동이 영양분을 섭취하는 수단으로 기능하는 반면, 입의 자극— 예를 들어, 엄지손가락 빨기thumb-sucking — 과 관련된 감각들은 생을 단순히 유지하는 일과 분리되어, 쾌락의 원천이 된다.

2. 프로이트에게, 아동 발달에서 다음의 중요한 단계— 그는 이 단계를 생의 3세나 4세 때에 위치시킨다— 는, 본질적으로, 배변 훈련toilet training을 수반한다. 똥 누지 않을 수 있는 것, 언제 그렇게 할지 결정할 수 있는 것, 이 면에서 부모의 요구에 따를 수 있는 것(혹은 따를 수 없는 것), 그뿐만 아니라 이런 것에 수반될 수도 있는 쾌락의 감각, 이 모든 것이 열쇠가 된다. 프로이트에게, 성애 일반과 마찬가지로, 항문 단계는 성애sexuality 일반이 수반하는 쾌락들이 그렇듯이, 물리적이면서 동시에 사회적이다.

3. 프로이트의 세 번째 유명한 단계는 성기 단계genital phase인데, 이 단계와 더불어 우리는 오이디푸스 콤플렉스에 가까이 다가간다. 이름이 시사하듯이, 오이디푸스 콤플렉스는 아동의 성애적erotic 생에서 성기 지대genital zone에 놓이는 주의의 초점이 증가된 것과 관련이 있다.

우연적인 자극은 물론이고, 이 지대의 해부학적 상황, 이 지대가 씻길 때의 분비물, 아동이 용변을 볼 때 이 지대가 씻음과 문지름을 받음으로 인해서 이 부분의 몸이 생산할 수 있는 쾌락의 느낌들을

유년기 초기의 아동들이 알아차리지 않을 수 없다. (Freud, "Three Essays", 187-8)

4. 하지만 성기 지대에 지배적으로 초점이 놓임과 더불어, 아동의 욕망들이 발생하는 새롭고 복잡한 사회적 맥락이 번성한다. 한편으로, 아동은 어머니를 욕망의 대상으로 여긴다. 프로이트의 경우, 이 애착의 메커니즘은 그가 동일시라고 부르는 것이다. 아동은 아버지와 동일시하고, 어머니를 완전한 만족감을 주는fully satisfying 사랑의 대상이라고 생각한다.

5. 다른 한편으로, 또 결과적으로, 아동이 아버지와 맺는 관계는 심히 애매모호하다. 아동은 아버지를 사랑하지만(이 동일시 모델을 따라 그렇게 한다. 아동은 그 자신을 사랑하듯이 아버지를 사랑한다), 동시에 아버지를 미워한다. 어머니가 사랑하는 사람이 바로 아버지이기 때문이다. 어머니에 대한 아동의 사랑이 강화됨에 따라 사정은 악화하는데, 아동의 두려움, 아버지가 "그것", 곧 쾌락의 원천을 제거하지 않을까 하는 두려움 또한 강화된다. 이것은 물론 프로이트의 유명한 개념, "거세 불안castration anxiety"이다.

6. 프로이트가 볼 때, 이 복잡한 사회적이고 리비도적인 상황— 오이디푸스 콤플렉스 그 자체 — 은 아동이 어머니로 향한 자신의 욕망과 아버지로 향한 적대감을 포기하고 억압할 때 해결된다. 이 포기는 어머니의 대체자를 찾고자 하는 기도 속에서 성숙한 최종적인 형태를 취하게 된다.

7. 거의 성공한다는 것을 가정한다면, 콤플렉스를 통해 가는 추이의 다른 하나의 결과가 존재한다. "아버지 혹은 부모의 권위는 자아 내로 투입되며, 거기에서 이 권위는 초자아의 핵을 형성한다."(Freud, "Dissolution", 176) 프로이트에게 초자아는 "아버지의 엄격함이 내면

화된 형태"("Dissolution", 176), 즉 무의식적 충동들의 요구들과 현실 세계의 압박들 사이에서 균형을 유지하고자 하는 자아의 노력들을 판단하는 자기비판적이고, 도덕적인 권위이다.

8. 프로이트에 따르면, 초자아의 도래는 그가 **탈성화**desexualization라고 부르는 과정을 수반한다. 이 새로운 작인은 마음에서 힘을 갖기 위하여 다른 곳으로부터 이 힘을 획득하지 않으면 안 된다. 아동이 오이디푸스 콤플렉스를 해결하면서 투여의 대상으로서의 어머니를 포기할 때, 리비도적 충전력의 어떤 부분은 '중성화되어neutralised', 새로운 목적을 위해 사용 가능하게 된다. 그리고 다른 목적에 맞게 초자아를, 힘과 강고함 속에서, 가능하게 만드는 것은 바로 이 탈성화 된 리비도이다.

라캉의 거세

이제, 이러한 프로이트의 설명이 『의미의 논리』에서 발생적 설명을 달성하고자 하는 야망에 있어서 핵심적으로 중요하긴 하지만, 사실 들뢰즈 는 동일한 주제들에 대한 라캉의 해석에 더 가까이 가 있다. 생물학적 권역의 중요성을 대체하는 이러한 해석은 아동기 발달을, 프로이트 자신의 설명을 받쳐주는 생물학적 권역보다는 이 과정의 사회적이고 상징적인 성격에 훨씬 더 가깝게 관계를 맺게 한다. 여기서, 비록 라캉의 학설과 『의미의 논리』의 주장 사이에는 일련의 풍부한 일치가 존재하긴 하지만, 다음의 다섯 가지 논점이, 관건이 되고 있는 것의 적절한 의미를 우리에게 제공할 것이다.

1. 아동의 초기 심적 생은 자신에게 중요한 타자들이 원하는 것을 이해하 고자 하는 시도에 의해 방향이 정해진다. 이 "타자Other"는, 아동의 생에서 가장 빈번히 마주친다는 점을 제외한다면, 생물학적인 어머니

일 필요도 없고, 혹은 실로 특별한 누구일 필요도 없다.

2. 이 "타자가 원하는 것"에다 라캉이 부여하는 이름은 팔루스phallus이다. 팔루스는 아동의 관점에서 볼 때, 이상화된 "완전한 만족감을 주는 대상fully satisfying object"이다. 그것은 페니스가 아니며, 혹은 어떠한 다른 별개의 물리적 대상도 아니다. 그러므로 이 대상이 무엇인가 확인하고자 하는 어린 아동의 목적은 이 대상이고자 하는, 타자를 향한 욕망과 딱 들어맞는다.

3. 아버지가 개입하는 것은 바로 이 지점에서이다 ─ 그리고 다시 또 말하지만, 이것은 생물학적 아버지일 필요가 없으며, 아동이 환상적으로 주인, 즉 권위의 원천이라고 여기는 인물, 라캉이 상상적 아버지 imaginary father라고 부르는 인물이다. 그리고 이 인물의 주된 행위는 아동이 팔루스와 동일시하는 것을 아동을 위해 배제하는 것이며, 이렇게 해서 사랑 대상으로서의 어머니의 위치를 배제하는 것이다. 이것을 일어나게 하는 행위는 거세 그 자체이다. 그래서 라캉에게, 프로이트와 달리, 거세의 사건은 단지 아동이 두려워하는 것에 그치는 것이 아니라 현실적으로 겪는 것이다. 하지만 이 거세는 라캉에게 물리적 사건이 아니라 상징적 사건이다. 거세의 특징은 *le non du père*, 즉 아버지의 "아니다"를 언명하는 데에 있다. 주인과 권위로서의 상상적 아버지는 아동의 욕망을 최종적으로 완전히 배제하는 확정적 인 단어를 말한다.

4. 이제, 라캉의 천재성이 보여주는 바와 같이, 어구 *le non du père*는 또 다른 어구 *le nom du père*, 즉 아버지의 이름name과 동음이의어이다. 그러므로 거세는 두 측면, 두 방향의 얼굴을 가진다. 첫째 측면은 우리가 본 바가 있는 금지이다. 하지만 이 금지는 결국 아동에게 ─ 아버지의 이름surname이 전달하는 모든 것과 더불어 아버지의 이름 속에 체현되어 있는 ─ 법에 구속되어 있는 전체 사회적 세계가

실존한다는 것을 효과적으로 알려주게 된다. 또 어머니에게로 향한 아동의 사랑을 배제하는 것은, 상상적 아버지의 우라누스Uranus 같은 무서운 인물이 아니라, 바로 이 사회적 세계이다. 그리고 아동과 마찬가지로, 아버지는 이 세계의 일부, 또한 거세에 의해 상징적 아버지symbolic father로 변형된 아버지이다. 그러므로 거세의 긍정적 결과는 거세가 아동에게 다른 사람들의 세계, 즉 상상적 아버지의 전-거세pre-castration 왕국의 무서운 드라마들이 더 이상 (일차적으로) 지배하지 않는 세계로 규칙 구속적인 안정된 접근을 행할 수 있게 해준다는 점이다.

클라인의, 어린 아동의 심적 생

프로이트는 들뢰즈에게 자신의 발생적 설명을 제공하고, 라캉은 들뢰즈에게 들뢰즈가 사용할 많은 자료들을 제공한다. 하지만 들뢰즈가 『의미의 논리』에서 더 광범위하게 사용하는 것은 멜라니 클라인의 저작이다.

프로이트와 달리, 클라인은 아동의 심적 발달에 있어서 어머니에게 일차적 역할이 있고, 프로이트가 오이디푸스 콤플렉스라고 부르는 것의 핵심은 훨씬 일찍, 늦어도 두 살 무렵에는 일어나며, 환상fantasy이 아동 발달에 있어서 훨씬 더 의미심장한 역할을 한다고 주장한다. 다음은 마지막 목록이다. 이 목록은 들뢰즈의 설명에서 중요한 역할을 하게 되는 클라인 이론의 여섯 가지 요소들을 보여준다.

1. 아동의 심적 생의 최초기 순간들은 어떤 대상들에 대한 리비도적 투여를 수반한다. 이 대상들은 필시 우리가 일상적으로 마주치는 최초의 대상들, 즉 어머니의 얼굴, 가슴일 것이다. 하지만 이 대상들은 결코 순전하지simple 않다. 사실, 클라인은 이 대상들을 쪼개진 것split, 파편이 된 것fragmented, 혹은 부분적인 것partial으로 정의하곤 한다. 클라

인의 예들 중 가장 특징적인 것을 든다면 가슴을 들 수 있다. 가슴은 한 가지가 아니라 두 가지다. 하나는 **좋은** 가슴, 아동을 먹이고 편안하게 해주는 가슴이다. 다른 하나는 **나쁜** 가슴, 부재하는 가슴이다. 아동은 가슴이 부재하는 것을 박해받는 것으로 경험한다.

2. 초기 인격적 동일성 — 자아의 최초기 형태 — 은 좋은 대상과 동일시하는 것, 그리고 나쁜 대상에 절대적 적대감을 품는 것을 수반한다. 그러한 상황은 아동을 무서움에 떨게 하고 동시에 기진맥진하게 하는 것이라고 클라인은 강조한다. 이 극히 양극화된 리비도적 드라마를 감안할 때, 클라인이 왜 그것을 생의 첫 6개월을 특징짓는 **편집증적-분열증적 위치**paranoid-schizoid position라고 부르는지 알기 어렵지 않다.

3. 클라인의 경우, 프로이트가 오이디푸스 콤플렉스와 동일시하는 갈등conflict은 아동의 더 원초적인 위치에 의해 근거 지어지며, 이 위치보다 후에 일어난다. 아동이 물리적으로 또 정신적으로 발달함에 따라, 그들은 환영적인phantasmatic 부분대상들이 실제로, 통일된 현실적 대상real object, 어머니의 신체의 부분들이라는 점을 이해하기 시작한다. 이러한 실현realization에 비추어, 나쁜 부분대상을 향한 가학적인 증오와 적대감은 불안과 죄책감을 낳는다 — 내가 나쁜 대상을 향해 느낀 폭력이 어머니를 해치면 어떻게 하나? 또 만약 그것이 어머니가 나를 영원히 떠나가 버리게 하면 어떻게 하나? 분열증적 위치를 특징짓는 양면 가치는 증발하지 않고, 초기 공격성을 다시 아동 그 자신들에게 돌리는 초자아의 초기 형태를 도입함으로써 변형된다. 따라서 아동은 클라인이 **우울증적 위치**depressive position라고 부르는 것을 이룬다.

4. 이 위치에서, 불안과 죄책감에 대응하여, 또 초자아의 시선하에서, 아동은 클라인이 **보정**reparation이라고 부르는 새로운 유의 활동들 — 편집증적-분열증적 위치 속에서 "깨진 것*kaput*"을 "다시 좋은

것*weider gut*'으로 만드는 일단의 시도들 전체 ─ 에 참여하기 시작한다. 어떤 의미에서, 클라인에게 보정은 ─ 보정에 참여하고자 하는 충동은 아동의 마음에 현존하는 최초기의 적대감들로부터 나온다는 점을 우리가 마음에 간직하고 있는 한 ─ 욕망과 현실을 화해시키고자 하는 자아의 시도들 전체를 위한 이름이다. 우리가 보게 되겠지만, 들뢰즈의 경우 보정은 사실 아동에게 가슴 아프지만 불가피한, 예기치 않은 불가피한 재앙의 순간이며, 이는 그가 클라인보다는 라캉에게 신뢰를 보내는 순간을 나타낸다.

5. 우울증적 위치로 향하는 이 이동을 특징짓는 통합의 운동은, 매우 대략적으로 말해서, 모든 성숙한 심적 생의 특징이다. 쾌락의 모든 근원, 충동들의 만족은 또한 최소한 잠재적으로, 고통의 근원, 불안의 원천이다. 성숙함은 이 양면성을 잘 다룰 줄 아는 데 있다. 달리 말해서, 우울증적 위치는 마음의 성숙한 위치이며, a) 통일된 능동적 행위 주체들로서의 자아와 타자 간의 분명한 구별, b) 나는 나 자신의 행위들에 책임을 진다고 할 만큼 초자아가 작동하는 것, c) 쾌락의 모든 근원들에서도 발견되는, 고통과 난관을 다룰 줄 아는 능력을 특징으로 삼는다. 그렇다면, 어떤 의미에서 우울증적 위치로 향하는 이행은, 안정되고 통일된 대상들의 근본적인 괴리적 성격이 확 타오를 때마다, 생 내내 반복되어야 하는 어떤 것이다.

6. 마지막 항목이다. 심적 긴장 상태를 다룰 때, 특히 우울증적 위치에서 우선적으로 중요한 것 중에 **상징화**symbolization, 즉 부재하는 것을 대리하는 상징들의 사용이 있다. 클라인에게, 상징들은 일차적으로 언어적인 면에서가 아니라 환영적인phantasmatic 면에서 이해되는 어떤 것이다. 상징들은 특별한 종류의 심적 대상들이다. 이 논점은 클라인의 사상에서, 프로이트의 사상에서보다 훨씬 큰, 매우 넓은 범위를 가진다. 상징들은 환영들phantasms, 즉 무의식적 충동들의 심적 대리자들이

다. 결과적으로, 상징들은 합리적 사유와 심층의 신체적 충동들 간의 어떤 종류의 중재자이다.

첫 번째 발생 시점: 분열증적 심층의 시뮬라크르

이 상이한 정신분석학적 설명들을 자유롭게 끌어오고 변경하면서, 들뢰즈는 유아기에서부터 언어 사용 시기에 이르기까지의 추이에 대한 그 자신의 견해를 빚어내고, 이렇게 해서 "소리들을 해방시켜서 신체들로부터 독립하게 만드는 역사"(LS 186)를 다시 그려낸다. 이 발생적 설명은 네 시점 혹은 네 단계를 가지며, 이는 들뢰즈의 견해에 의하면 모든 인간의 생에 나타나는 (사건이라는 단어의 온전한 의미에서) 최초의 사건들에, 즉 거세와 살해를 이루는 것에 방점이 찍힌다.

들뢰즈는 "현실적인 바깥 세계"에 대한 어떠한 이해에도 선행하는 심적 생의 최초 시기에서 시작한다. 이 시기에, 전적으로 우리는 아직 밝혀지지 않은 마음의 **심층** 내에 있으며, "심층의 역사는 매우 무서운 것으로 시작된다. 즉, 그것은 멜라니 클라인이 그린 정녕 잊지 못할 그림을 떠오르게 하는 공포의 극장으로 시작된다."(LS 187) 우리는 들뢰즈가 여기서 심층에 대해 말하리라는 것을 이미 알고 있다 — 이 단계에서, 의미의 표면으로 접근하는 길은 존재하지 않는다. 하지만 그렇다면 거기에는 무엇이 존재하는가? 들뢰즈는 클라인을 따라 대답한다. **부분대상들**partial objects이다. 전형적인 예를 든다면, 좋은 가슴과 나쁜 가슴이다. 이제, 이 대상들은 아동이, 자신이 미지의 물리적 풍경을 향해 여행을 떠나는 탐험가인 양, 마주치는 현실적real 사물들이 아니다. 이 대상들은 아동이 직접적으로 파악할 방법이 없는 현실적인 것the real과 마주치는 일을 기초로 하여 아동이 생산하는 환영적인 대상들이다. 플라톤에게서 빌려와서, 들뢰즈는 이 대상들을 **시뮬라크르**simulacre라고 부른다 — 이 대상들은 현실적인 것의 심적 복제물이 아니라, 아무것도 참조하지 않고 조제된 대상들이다.

하지만 이제 들뢰즈는 이 그림을 두 가지 방식으로 변경한다. 첫째로, 그는 클라인이 어떠한 파편화된 부분대상들도 **좋을** 수 있다는 점을 보여주는 데에 있어서 오류를 범했다고 주장한다 — 이 대상들은 **부분적이기 때문에** 나쁘다. 부분대상들이 안고 있는 문제 그것은 이 대상들은, **파편화되어** 있어서, 언제나 고통의 매개체들이라는 점이다. 만약 좋은 대상들이 있다면, 이 대상들은 **온전한**whole 대상들이어야 할 것이고, 심층 이외의 다른 권역대에 속해야 할 것이다. "모든 단편은 원리상 나쁘며(즉, 박해와 박해자), 오직 건전하고 완전한 것만이 좋다."(LS 199)

이것은 어느 정도까지는 술어상의 문제이다. 들뢰즈가 언급하듯이, 클라인의 우울증적 위치는 아동이 부분대상들을 하나의 전체a whole로 통합할 수 있는 한 달성된다. 말하자면 사실상 클라인은 어떠한 강력한 의미에서도 "좋은 부분대상"이 좋다고 생각하지 않는다. 매우 단도직입적이다. 따라서 그렇지만 — 당분간 좋은 대상은 설명하는 역할로부터 제외되었으므로 —, 편집증적–분열증적 위치의 폭력적 역동성을 설명하는 또 다른 요소가 존재함이 틀림없다. 아르토에 다시 의지하면서, 들뢰즈는 이 특수한 시뮬라크르를 **기관들 없는 신체**body without organs라고 부른다. 위협적인 부분대상들과 마찬가지로, 실로 기관(들) 없는 신체는 신비로운 신체적 마주침들의 무섭고 예측 가능하지 않은 성격에 대응하여 이 마주침들에게 어떤 연고를 마련해주기 위해서 아동이 생산하는 시뮬라크르이다. 하지만 이 대상은 안정되고, 조용하고, 초연함을 특징으로 삼는다. 이 대상은 유아의 내면적 생에 동요 영도와 동일시하는 방법을 제공한다. 중요한 사례를 들면, 먹일 때 아기가 느끼는 만족은 유아에 의해 좋은 어떤 것의 현존과 동일시되는 것이 아니라, 부분대상들의 출몰을 특징짓는, 적대감의 일시적인 중단과 동일시된다(언제 나를 다시 먹여주나?).

마지막으로, 심층에는 전혀 언어가 존재하지 않는다 ─ 사실, 심지어 뚜렷하게 음성 같은 어떠한 것도 작동되지 않고 있다. 아기의 옹알거림은 말하고자 하는 일시적인 시도, 의미의 가장자리를 파악하는 행위가 아니라, 다른 시뮬라크르들과 구분 불가능한, 아기의 의미 없는 소음일 따름이다. 우리는 여기서 아르토의 분열증적인 무의미의 현존에 와 있다. 라타라 라타라 라타라 아타라 타타라 라나 오타라 오타라 카타라.

두 번째 발생 시점: 상층의 아이콘

요컨대, 그렇다면 분열증적 심층은 "우주적인 오물통universal cesspool"(LS 187)인데, 이 심층의 유일한 두드러진 특징은 적대적인 부분대상들과 기관 없는 신체의 어두운 무덤덤함 사이를 왔다 갔다 한다는 점이고, 거기에는 언어가 존재하지 않고 오직 소음만이 존재한다는 점이다. 이제, 클라인의 경우처럼 들뢰즈의 경우에도, 이 순간의 바깥으로 나가는 통로는 좋은, 온전한 대상의 도래를 요구한다. 하지만 클라인과 반대로, 이 대상은 분열증적인 신체적 심층에 속할 수 없다.

대신에, 좋은 대상, 혹은 들뢰즈가 아이콘icon이라고 부르는 것은 새로운 차원, 상층의 차원에 속한다. 이 점은, 무엇보다도, "높은 곳에서"부터의 음성과 마주치는 데에서 비롯되는, 초자아의 도래에 대한 프로이트의 설명을 따르고 있다. 유아는 적어도 이 지점에서 개별적 충동들과는 아무런 관련이 없는 이 아이콘적 음성Voice에서 심리극의 새로운 요소를 발견한다. 결과적으로, 유아는 심층 폭력 드라마의 어떠한 역도 맡지 않는다 ─ 이 새로운 대상은 그러한 어떠한 연합에 의해서도 훼손되지 않고, 온전하고 순수하고 좋은 것으로 나타난다.

그럼에도 불구하고, 이 새로운 대상은 아동의 심적 생에서 매우 기묘한 모습을 띠고 있다 — 이 대상은 무엇보다도 되돌아온 것으로, 부재하는 것으로부터 다시 온 것으로 경험된다. 들뢰즈가 말하듯이, "좋은 대상은 본성상 상실된 대상이다. 좋은 대상은 애초부터 그 자신을 이미 상실된 것lost으로, 상실되어 온having been lost 것으로 보여주며 또 그렇게 나타난다."(LS 191) 아동은, 사실상, 만족의 긍정적인 순간을 이 대상과 결부지으며, 그리고 심층의 폭력적인 우발성으로부터 탈출하고자 하는 노력 속에서 이 대상과 동일시한다. 하지만 좋은 대상이 사라진 이유는 무엇이었는가? 아동은 그 대답을 알고 있다. 즉, 박해하는 부분대상들은 좋은 대상을 상층으로 물러나도록 만들었다. 이는 발생의 세 번째 시점에서 중요한 요인이 될 것이다.

들뢰즈가, 비록 수정된 방식이긴 하지만 그 자신의 방식대로 클라인의 주요 논제들 중의 하나를 지지하는 것은 이와 관련해서이다. 이것은 나쁜 부분대상들과, 상층의 좋은 대상 간의 극심한 긴장 상태, 심지어 적대 상태에 대한 인식이다. 불행히도, 아동은 이 두 권역 사이에 붙잡혀 있다. 아동이 세계와 평화를 이루려고 하면서 좋은 온전한 대상과 동일시하는 한, 아동은 부분대상들의 희생물이다. 즉, 거기에는 어머니의 부재가 그들의 적대감을 다시 유발할지도 모르는 위협이 항상 존재한다. 하지만 자아가 부분대상들과 결연을 맺는 한 — 즉, 아마도 어머니의 가슴이 돌아오지 않으리라 하는 불안과 다시 싸우면서, 세계를 이 관점에서 파악하는 한 —, 자아는 또한, 이제 초자아의 적대적 측면을 채택하는 좋은 대상의 표적이 된다(어떻게 네가 감히 좋은, 영양분을 공급하는 가슴의 존재를 의심하는가?). 따라서 좋은 대상은 프로이트의 초자아의 핵심, 즉 심층의 역동성들을 판정하는 심적 조직의 그 요소이다. 결과적으로, "모든 사람이 자신이 가한 만큼의 타격을 받는"(LS 190) 이 두 번째 시점은 첫 번째 시점만큼 걱정스럽다.

마지막으로, 심층의 소음이 이제 목소리Voice의 울림sounding에 의해 대체되었다는 사실에도 불구하고 아동은 여전히 의미 바깥에 남아 있다는 점에 주목하자.

> 아동에게, 언어로 향한 최초의 접근법은 언어를, 선재하는 것의 모델로, 이미 거기에 존재하는 것의 전 영역을 지시하는 것으로, 그리고 전통을 실어 나르는 가족의 목소리로 파악하는 데 있다. 언어는 심지어 아동이 이해하기 이전부터 아동에게 이름의 담지자로서 영향을 미치고, 그의 개입을 요구한다. [⋯] 그렇지만 목소리는, 목소리 그 자체가 언어일 수 있도록 만드는 조직 원리를 우리가 아직 파악할 수는 없어도, 우리에게 조직화된 언어의 차원들을 제공한다. 그래서 우리는 의미 바깥에, 의미로부터 떨어져서 놓여 있게 되는데, 이번에는 상층의 전-의미pre-sense 속에서 그러하다. (LS 193-4)

세 번째 발생 시점: 신체적 표면과 팔루스의 이미지

현재로서는 사정이 좋지 않아 보인다. "유아의 신체는 좋은 대상을 덥석 잡아채려고 애쓰는 투입된introjected 맹수들로 가득 찬 소굴과 같다. 나아가 좋은 대상은 아동의 면전에서 잔혹한 맹금처럼 행동한다."(LS 190) 이 난해한 긴장 상태는 매개적인 통일체 ─ 신체 ─ 를 생산함으로써 의미심장한 정도까지 해결될 것이다. 물론, 복잡한 시뮬라크르-아이콘 체계는 이미 아동에게 자신의 (리비도적이고, 환영적인) 신체이지만, 이는 어떤 종류의 통일체라는 특징을 지니기에는 오래 걸리는 길이다. 이 상황을 피하기 위해서, 첫째로, 심층에도 상층에도 속하지 않는, 들뢰즈가 이미지라고 부르는 일단의 새로운 욕망 대상들이 먼저 출현해야 하고, 둘째로,

이 이미지들이 어떻게 해서든 체계적으로 통일되어야 할 것이다.

들뢰즈는 이 목표 중 첫 번째 것의 성취를 아동기 발달에 대한 프로이트의 설명에 의지해서 기술한다. 우리가 앞에서 본 바와 같이, 이는 어떤 충동들의 순차적인 지배를 포함하는데, 각 충동은 구강, 항문, 성기라는 신체적 지대와 결부되어 있다. 각 시점에, 아동은 국소적 충동을 만족시키는 이미지를 생산한다. 예를 들어, 구강 지대를 통해 획득될 수 있는 쾌락은 가슴, 엄지손가락, 어쩌면 어떤 숟가락, 어쩌면 고무 젖꼭지와 연합된다. 이것들을 취합함으로써, 아동은 입 안에 무엇을 넣으면 좋을지에 관한 일종의 소묘 혹은 도식화를 형성한다. 이 이미지들은 특수한 구체적인 대상들이나 개념들이 아니라, 특수한 충동들의 만족을 예기하는 원초적인 습관적인 수단이다.

하지만 이 이미지들은 어떻게 **통일성**의 의미, 그리고 상층과 심층의 이중 박해로부터 탈피하는 수단을 제공하는가? 신체가 통일되기 위해 요구되는 것은 아동이 동일시할 수 있는 **통일성**의 **이미지**이다. 그리고 아동은 그런 이미지를 생산할 수 있는 대상, 즉 상층의 좋은 대상을 이미 갖고 있다고 들뢰즈는 말한다. 심층의 시뮬라크르(가령, 가슴)와 달리, 이 대상은 아동을 결코 실망하도록 놓아두지 않는다는 점을 상기하자 ─ 이 대상은 단점도, 박해하는 분신도 갖지 않는다. 그래서 동적 발생에서 결정적으로 중요한 다음 시점의 특징은 유아가 이 좋은 대상의 이미지를 동일시하는 데에 있다. 분명히 말해보자. 아동은 자신이 좋은 대상을 갖고 있다고 생각하지 않는다. 대신에 아동은 이 대상을 본으로 삼아, 자신이 동일시할 수 있는 대상(프로이트의 이상적 자아)을 그 자신을 위해 생산한다. 달리 말해서, 아동은 카오스적인 시뮬라크르에 의해서가 아니라, 이 대상에 의거하여 그 자신을 생각하기 시작한다. 라캉을 따라서, 들뢰즈는 이 이미지를 팔루스phallus라고 부른다.

아동이 좋은 대상에 귀속시키는 완전한 만족감을 주는 성격은 팔루스–이미지와, 특수한 성감대와 연합된 다른 이미지들 간의 중요한 차이를 설명해주는 그것이다. 아동은 **전체로서의(=온전함으로서의)** 그 자신을 팔루스의 이미지와 동일시한다는 점을 기억하자. 따라서 "이 점에서, 팔루스는 기관의 역할을 하는 것이 아니라, 어린 남자애의 경우는 물론 어린 여자애의 경우도 이 특권적인 (성기) 지대에로 투사된 특수한 이미지의 역할을 한다."(LS 200) 하지만 결과는 욕망의 전체적 정향의 변형이다. 요컨대, 팔루스는 통합integration의 원리로서 기능해서, 다양한 국소화된 지대들과 이 지대들의 특수한 이미지들이 상호 관련될 수 있도록 해준다. 들뢰즈는 이것이 어떻게 작동하는가 예시하고자 세르주 르클레르Serge Leclaire가 제안한 체제를 사용한다. 우리는 신체의 각 국소적 지대를 고립된 글자들로 볼 수 있는데, 이 글자들이 집적되면 신체 그 자체는 "글자들의 집적체aggregate 혹은 연속체sequence"(LS 231)로 나타난다. 말하자면, 팔루스는 모든 글자들을 끌어모아서, 이 글자들에다 유의미한 진술을 형성하는 데에 요구되는 통합coordination을 부여한다 ─ 이는, 숟가락이 수프에서 글자들을 건져 올림으로써, 알파벳 수프 사발로부터 문장을 이끌어내는 것과 다소 유사한 점이 있다.

완전한 동일시와 신체적 통합의 이 이중 운동은 이 이상의 중요한 결과를 낳는다. 이 지점에 이르기까지, 아동의 자아 이야기 ─ 자신이 누구인가 하는 바로 그 감각 ─ 는 투쟁에 대한 묘사이다. 아동은 부단히 두 가닥의 요구 ─ "좋은 대상을 그 자신의 본으로 삼는 것, 혹은 그 자신을 나쁜 대상들과 동일시하는 것"(LS 227) ─ 를 받게 된다. 하지만 이제, 자아는 프로이트가 이상적 자아ideal ego라고 부르는 것으로 기능하는 팔루스와의 신뢰할 만한 동일시라는 견고한 기반을 가진다. 그러므로 통일성에 입각한, 자기self에 대한 새로운 감각이 생산된다. 우리는 아래에서 인격적 동일성에 대한 물음으로 돌아가겠지만, 이미 분명해진 것은 자아–이상적 자아 복합체가 "나는 누구인가"라는 물음에 대한 최초의 신중하고 안정된 대답이라는 점이다. 불행히도, 우리가 곧 보게 되겠지만, 아동은 팔루스와 매우 강력하게 동일시하는, 가능한 한 거의 가장 나쁜 순간을 선택했다.

이제, 우리로 하여금 이 주장을 앞으로 더 밀고 나아가게 해주는 핵심 논점은— 오이디푸스 콤플렉스에 대한 프로이트의 설명과 달리 — 팔루스 이미지는 죄책감과 불안으로 가득 차 있는 어떤 방식으로 일차적으로 배치되지 않는다는 점이다. 우리가 위에서 본 클라인의 설명을 따라서, 들뢰즈는 이 죄책감과 불안은 훨씬 더 일찍부터 온다고 주장한다. 사실 죄책감과 불안은 아동이 분열증적 위치에서 어머니를 향해 채택한 폭력적이고 공격적인 반응에서 오는데, 이러한 반응은 어머니가 한 명의 사람이라는 점, 또 좋은 연합들과 나쁜 연합들이 어머니에게 누적된다는 점을 아동이 알게 됨에 따라 서서히 약화된다.

따라서 오이디푸스 콤플렉스의 의미는 완전히 변형된다. 아동은, 완전한 만족감을 주는 대상의 이미지로서의 팔루스와 동일시하면서, 자신이 두 가지 문제를 바로잡는 수단을 최종적으로 가진다고 믿게 된다. 이 두 가지 문제 중 하나는 어머니에게 가한 해악이고, 다른 하나는 언제나 이미 상층으로 물러나 있고, 또 아동이, 어머니 행동이 동요하는 이유가 될지도 모르는 아버지나 권위의 장소와 동일시하는 좋은 대상 그 자체의 부재이다. (이 점이 핵심이기 때문에) 한 번 더 요약하자면, 만약 팔루스가 소환된다면 이는 분열증적 위치에서 폭력적이고 무서워하는 아동이 어머니에게 가한 해악을 치유할 수 있는 좋은 대상의 이미지로서이다. 그리고 좋은 대상의 이 이미지를 휘두를 때, 그 목표는 상층으로 물러난 아버지를 도로 데려오는 일이다. "어머니의 복원과 아버지의 소환이 목표이다. 이것이 진정한 오이디푸스 콤플렉스이다."(LS 205) 따라서 들뢰즈는 "그러므로 오이디푸스를 오직 천진난만한 것으로서뿐만 아니라, 열의와 좋은 의도들로서 가득 찬 것으로서 상상하는 일이 필요하다"(LS 202)고 주장한다.

거세와 환영

유감스럽게도, 일은 계획대로 진행되지 않는다. 이와 관련 있는 계열, "제29계열: 좋은 의도들이 불가피하게 벌받는다"에는 『의미의 논리』에서 가장 참신한 몇 조치들이 담겨 있다. 이 계열에는 또한 아주 멋진 몇 문구들이 있다. 다음은 막 일어나려는 재앙의 도입부로 역할을 할 수 있는 후자의 일부이다.

> 어머니의 부상당한 신체와 관련하여, 아동은 이 복원적인 팔루스를 갖고서 이 신체를 보정하여 손상되지 않은 것으로 만들기를 바란다. 아동은 자신의 신체를 위해 표면을 창조하는 동시에 어머니의 신체에다 표면을 재창조하기를 바란다. 물러난 대상과 관련하여, 아동은 이 대상이 회귀하기를 바라고, 또 이 대상을 환기적인 팔루스로 현존하도록 만들기를 바란다. […] 무의식 속에서, 모든 사람은 이혼한 부모의 자식이며, 어머니를 복원하기를 꿈꾸고, 물러남으로부터 아버지를 도로 잡아당겨서 그가 회귀하기를 바란다. […] 아동은, 자신의 나르시스적 자부심 속에서, 결코 더 좋은 의도를 가진 적이 없고, 결코 다시 전처럼 좋다고 느끼지 못할 것이다. (LS 204)

어머니와 아버지의 운명

아동은 이 계획, 즉 클라인이 보정reparation이라고 부르는 것을 하고자 하는 시도를 실행한다. 어머니의 신체는, 아동의 환상 생에서, 분열증적 위치에서 유래하는 폭력적인 공격의 대상이었다. 이제 팔루스의 치유하는 이미지를 소유하면서, 아동은 어머니를 보정할 수 있다. 남자애든 여자애든 아동은 부상을 치료하는 연고이면서 동시에 어머니의 욕망을 완전히 만족시킬 욕망의 (근친상간적) 대상일 수 있다.

그러나 들뢰즈가 금언적으로 말하듯이, "근친상간-복원을 행하겠다는 욕망 속에서 오이디푸스는 보았다." 아동은 무엇을 보는가? 아동은 어머니가 자신의 이전 공격에 의해서 손상을 입었을 뿐만 아니라, 또한 어머니의 신체는 "거세된 신체와 같이 손상을 입었다"(LS 205)는 것을 본다. 더 평이한 용어로 말하자면, 남자애든 여자애든 어머니를 만족시킬 수 있는 이미지-대상을 소유한다는 아동의 바로 그 믿음은 그들로 하여금 어머니그 자신은 그 대상을 결여하고 있다는 것을 깨닫게 한다. "투사된 이미지로서의 팔루스는 […] 어머니 쪽의 결여를 가리킨다."(LS 205) 그렇지만 아동에게, 이것은 결국 그들 자신이 어머니를 거세했다는 믿음으로 화한다. 더 평이하게 다시 말하자면, 아동이 이 이미지 안에 투여한 모든 것에도 불구하고, 또 이 이미지를 둘러싼 모든 경로 속에서, 어머니는 아동의 방대한 심리-극에 의해, 또 아동이 ─ 그들이 아는 한 ─ 분열증적 위치에서 가한 무서운 폭력에 대해 보정하고자 하는 이 영웅적 시도에 의해 외견상 동요되지 않으면서 틀에 박힌 일상생활을 영위하는 사람으로 여전히 남아 있다.

더구나, 아동에게 아버지에 관련한 결과는 그에 못지않게 위중하다. 팔루스는 상층으로 물러난 좋은 대상으로 가장하는 아버지의 이미지이다. 아동의 의도는 상층 ─ 아동의 경험 속에서 아버지가 점유해온 유일한 위치(아버지는 언제나 이미 "담배를 피우려 바깥에 나가" 있었다 ─ 으로부터 아버지를 도로 끌어내고자 팔루스를 사용하는 것이다. 문제는, 만약 아동이 팔루스를 갖고 있고, 이제 실로 팔루스를 통해 좋은 대상과 동일시까지 하고 있다면, 그들은 아버지를 강탈함으로써만 그렇게 할 수 있었을 것이라는 점이다. 달리 말해서, 아동이 동일시하는 팔루스는 아버지를 그들이 상상하고 동일시한 바의 아버지로 만드는 바로 그것이다. 팔루스를 자기 것으로 끌어들일 때, 아동은 부지불식간에 아버지로서의 아버지에게 본질적이었던 것을 빼앗아버렸다. 아동의 경험에서 이것은 결국 살인과 다름없는 것이 되며, 비극적으로 아동은 "아버지를 도로 가져오기를 바람에 의해서, 아버지를 배반하고 살해했다."(LS 205) 아동은, ― 상층으로 물러난 좋은 대상과 동일시된 ― 아버지를 도로 유인하고자 할 때, 대신에 팔루스를 갖고서 그레그Greg라고 불리는 시간제 전기 기사를 가까스로 소환할 따름이다.

아동의 거세 및 의미로의 접근

이제, 예비적인 의미에서 아동은 최초에 전혀 거세되어 있지 않고, 대신에 거세하는 자castrator와 살해하는 자murderer이다. 그렇지만 사실 아동이 이 모든 것을 통해 실제로 깨닫기 시작하고 있는 문제는 현실 세계는 시뮬라크르, 아이돌들(=아이콘들), 이미지들의 모음곡이라는 그들의 모음곡보다 더 크다는 점이다. 아동의 최초기는 결국은 그들의 경험 내부에서 트롱프 뢰유trompe l'oeil[12]로 그려진 졸렬한 디오라마diorama[13]가 되고 마는, 천국과 지옥 사이에서 발생하는 우주적 드라마이다. 팔루스가 아동들이 ― 자신의 동일시를 기초로 하여 ― 그러리라고 생각한 어떠한 것도 성취할 수 없었다는 사실은, 팔루스가 전혀 존재하지 않는다는 사실, 팔루스가 결코 존재하지 않았다는 사실, 그리고 그들이 결코 팔루스가 되지 못할 것이고 혹은 팔루스를 갖지 못할 것이라는 사실과 그들이 타협을 보는 일의 시작이다. 따라서 어머니의 거세가 아동 자신의 거세의 이면이듯이, 아버지의 살해는 아동 자신의 죽음, 즉 아동의 극심한 유아기 나르시시즘 야망의 죽음의 이면이다. 실재적 결과는 "모든 이미지들의 소멸이다."(LS

12. 실물인 줄 착각하도록 만든 그림이나 디자인.
13. 작은 입체 모형의 실경(實景).

그래서 우리가 방금 보아온 것은, 사실상, 오이디푸스 콤플렉스에 대한 들뢰즈 자신의 견해이다. 이 견해는 프로이트, 클라인, 또는 라캉을 엄격히 따르고 있는 것은 아니지만, 세 가지 모든 관점에서 친숙한 종착점에 도달한다. 하지만 들뢰즈 그 자신은 아직 끝나지 않았다. 『의미의 논리』의 발생적 설명은 오이디푸스 콤플렉스의 이러한 해결이 왜 아동에게 의미의 장으로 접근하는 길을 제공하는지, 또 나아가 이 동일한 해결이 또한 어떻게 사변적 사유의 가능성을 해명하는 이유가 되는지 설명해냈을 때 완결될 뿐이다. 우리는 이 점을 차례대로 고찰할 것이다.

정신분석학에 대한 어리석은 비판들은 종종 다음과 같은 종류의 당혹스러운 제스처로 시작되고 또 끝난다. 즉, 우리가 논해온 아동은 자신의 손에 실재적real 피가 묻어 있지 않다. 아버지는 실재적으로really 살해당하지 않았고, 어머니는 실재적으로 거세되지 않았다. 하지만 ─ 심적 현상들, 사유, 환상이라는 ─ 이러한 실재reality의 본성이 바로 문제가 되는 것이다. 그렇다면 이러하다. 즉, 어떤 의미에서 거세는 실재적 사건인가? 운이 좋게도, 우리는 이미 대답을 작성할 자료들을 갖고 있다. 오이디푸스 콤플렉스에 연루된 거세나 살해의 사건은 신체들에 관련되어 있지만, 사건으로서 거세나 살해는 물질적 원인으로서가 아니라, 비물체적 부대물로서 신체들에 관련되어 있다.

어떠한 아동이든 아동이 취하는 최초의 두 행위act는 "걷는 것"이라든가 "'다다Dada' 하고 말하는 것"이 아니다. 이 행위들은 어떤 면에서도 의미를 가지는 작용들actions이 아니라, 자극에 대한 반작용들reactions이다 ─ 그래서 또한 시뮬라크르와 상상적인 동일시를 한다는, 그리고 이어서 아이돌과 상상적인 동일시를 한다는 더 복잡한 반작용들이 있는 것이다. 이 두 행위의 원인은 아동 바깥에서, 가령 어머니가 현존하는 곳에서 발견된다. 그리고 이 두 행위의 결과들은 이어서 어머니와 아동이 현실화하고자 하는 비물체적 부대물들이다. 하지만 아동이 이 결과들과 맺는 관계는 엄격히 말해 능동적 행위자agent로서가 아니라 수동적 행위자patient로서 맺는 관계이다. 아동의 최초의 두 행위는 걷는 것이든가 말하는 것이 아니라 "거세함"과 "살해함"이다.

더 정확히 말해, 우리는 두 종류의 작용action을 구별할 필요가 있다. 첫 번째 작용은 의도된 보정 작용이다. 이 작용은 아버지와 어머니의 신체에 관련된 것이다. 의도된 작용으로서 이 작용은 또한 전체로서의(=온전함으로서의) 아동 신체의 능력들을 표현한다고 들뢰즈는 언급한다. 두 번째 작용은 성취된 거세 작용이다. 이 작용은 "생산된 것이지 의도된 것이 아니다."(LS 208) 이 작용은 더 이상 신체와 관련해서가 아니라, 사건들의 표면과 관련해서 생산된 것이다. 이 모든 것에서 주목할 만한 것은 첫째로, 아동의 행위자성agency은, 행위자성 일반에서처럼, 의도된 신체적 결과outcome와 생산된 비물체적 결과effect로 쪼개져 있다는 사실이다. 하지만 둘째로, 이 그 자신을 쪼갬에 힘입어 아동은 두 번째 권역, 곧 의미-사건의 권역으로 접근하는 길을 얻었다. 따라서 우리는 우리가 찾고 있었던 지점 ─ 소음의 아동 신체가 어떻게 이러한 소음에다 의미를 제공할 수 있는 존재의 권역으로 접근하는 길을 얻을 수 있는가에 대한 설명 ─ 에 도달한다.

이제, 아동이 의미의 차원에 접근하는 길을 소유한다는 것은 그들이 곧바로 모든 것의 주인이라는 점을 뜻하지 않는다. 그것이 뜻하는 것은 이제 의미로 접근하는 길이 확립되었으므로 (또 이 길이 유지되는 한), 아동이 표현할 수 있는 모든 의미에 아무런 제한이 없다는 점이다. 발생적 관점에서 볼 때, 이 과정은 최초의 행위들과 그 결과가 아동에 의해 점차적으로 탐구되는 점진적인 과정이다. 이는 컴퓨터 바이러스가 한 단말기에서 시작되어 링크에서 링크로 이동하여, 한 특수한 방식으로 거대한 네트워크를 형성하는 방식과 다소 유사한 면이 있다.

그건 그렇고, 우리는 이제 들뢰즈가 왜 "정신분석학은 사건들의 학문이다"(LS 211)라고 주장하는가 알 수 있는 위치에 와 있다. 이는 전혀 신체들 및 신체들의 혼합체들에 관한 것이 아니라 — 가령, 어떤 분석가는 여러분이 실제로 누구와 동침하는지 그다지 개의하지 않을 것이다 —, 단지 여러분의 환영들 주위에 응축되어 있는 무형의 그물망incorporeal matrix을 구성하는 사건들에 관한 것이다. "정신분석학이 살해–근친상간–거세라는 장대한 삼개조를 갖고서 말하는 것이, […] 순수 사건들에 관한 것이 아니라면 무엇이란 말인가?"(LS 211) 분석가가 정말로 관심을 가지는 유일한 물음은 "여러분의 의사–원인은 무엇인가?"이다. 그러므로 다른 모든 조건들이 그대로라면, 정신분석학은 칼데아의 점성술의 진정한 후계자이다.

환영

잠시 멈추고 들뢰즈의 관심의 범위가 의미심장하게 좁아졌다는 점에 주목하자. 우리는 더 이상 "나무가 푸르게 되다the tree greens"가 이 신체–사건 맞짝 개념을 보편적으로 상징한다고 생각할 수 없다. 이는 새로운 요소, 인간 주체성이 도입되었기 때문이다. 실로, 『의미의 논리』에서 제시된 발생적 설명은 실은 어떻게 어떤 종류의 신체가 대부분의 신체에 대하여 성립하는 것과 다른, 의미와의 관계를 전개하는가에 관한 이야기이다. 그것은 인간 신체가 어떻게 인간의 말에 표현적 능력을 부여하는 비물체적 표면으로 접근하는 길을 얻는가에 관한 이야기이다. 캐럴이 행하는 "곱셈구구표multiplication table와 식탁dinner table"(LS 64) 간의 구분은 물론 신체적 심층과 형이상학적 표면 간의 구분이다. 하지만 편pun 그 자체는 의미에 관여하는 우리 인간의 능력 때문에 가능할 따름이다.

이 점을 인지하는 일이 실로 중요하다. 그러나 들뢰즈는 인간중심주의 사상가가 아니며, 그가 상세하게 서술해온 설명은 인간 주체성을, 스피노자가 "지배 안의 지배"(*Ethics*, III Pref)라고 부르는 것으로 제시하려는 시도가 결코 아니다. 무엇보다도 들뢰즈는, 인간 실존은 심층의 신체들의 유희에로 환원될 수 없지만, 그렇다고 해서 인간 주체성이 자연 혹은 의미를 무제한적으로 지배하는 것을 뜻하지는 않는다고 주장하고 싶어 한다. 그러므로 그가 발생적 설명을 최종 단계들로 진입시키고자 사용하려는 중심 개념 곧 환영phantasm은 개인적인 것도 아니고, 의식적 사유와 동일시될 수 있는 것도 아니고, 전통적 의미에서의 자유 의지를 소유하지도 않는 인간 주체성의 환상vision이라는 점이 중요하다.

클라인을 간략하게 소묘할 때 우리는 이미 환영phantasm 개념을 마주친 바 있다. 클라인에게, 환상phantasy은 프로이트가 최초의 과정, 즉 우리의 무의식적 사유 과정들이라 부른 것을 가리키는 용어이다. 그렇지만, 환상의 기능에 관해 주목할 만한 것은 환상이 직접적으로 상징들의 사용에 관여한다는 점이다. 환상은 최초에 선–언어적이고 선–개념적이지만 ― 그래서 클라인은 어린 아동들을 분석할 때 그들이 장난감을 갖고서 노는 일에 역점을 둔다 ―, 그것은 유의미한 말을 사용할 수 있는 능력으로 발전한다. 더 정확히 말하자면, 환상은 단순히 자극에 대한 반응이 아니라, 내가 내 경험에 능동적으로 의미를 부여할 수 있는 수단으로 발전하는 것이다. 클라인에게, 이것은 결코 작은 일이 아니다. 클라인이 지적하듯이, 세계가 나의 투여에 따라서 조직되게 되는 것은 오직 사물들에다 상징적 의미를 부여함으로써이다. "상징은 모든 승화와 모든 재능의 토대이다. 사물들, 활동들, 관심들이 리비도적 환상들의 주제가 되는 것은 바로 상징적 동등화를 경유해서이다."(Klein, "The Importance of Symbol–Formation", 220) 그래서 우리는 클라인의 경우 상징들은 이중 기능을 소유한다는 점을 알 수 있다. 즉, 상징들은 주체에게 환상들을 현출시키는 수단을 제공하며, 이렇게 해서 상호 주체적인 관계에 들어가지만, 동시에 이 환상들을 현실 세계의 지칭된 대상들에 부착시키는 기능을 한다.

하지만 들뢰즈는 또한 이 맥락에서 환영이 훨씬 더 중심적인 역할을 하는 문헌학자, 작가, 예술가인 피에르 클로소프스키Pierre Klossowski를 소환하고 싶어 한다. 들뢰즈는 클로소프스키의 문학 작품들, 그리고『의미의 논리』와 같은 해에 간행되어 들뢰즈 그 자신에게 헌정된『니체와 악순환 Nietzsche and the Vicious Circle』에서 정점을 이루는, 니체에 관한 유명한 텍스트들을 모두 인용한다.

클로소프스키의 사유는 세 가지 핵심 관념을 둘러싸고 전개된다. 첫째로, (1) 충동들의 상호 작용, 무의식적이고 비합리적인 역동성들이 있다. 내가 나 자신을 자주적인 능동적 행위자로서 의식하는 것은 이 사실에 대한 불가피한 오인에서 온다. 이제, (2) 환영은 이 충동들의 교차점에서 생산된 결과이다. 환영은 이 충동들의 무의식적 응결점이다. 환영들은 생과 사유에 심오한 매력 ─ 클로소프스키는 종종 환영들을 강박적이라고 말한다 ─ 을 행사한다. 세 번째 개념은 (3) 시뮬라크르이다.『의미의 논리』에 나오는, 들뢰즈의 같은 이름의 개념과 달리, 클로소프스키의 시뮬라크르는 모든 의도적으로 선택된 표상의 환영이다. 아마도 이 관계에 대한 가장 훌륭한 클로소프스키의 정의는『니체와 악순환』에 붙인 대니얼 스미스Daniel Smith 의 서문에 인용된 정의이다. "시뮬라크르는, 그 모방적 의미에서, 소통 불가능하고 재현 불가능한 어떤 것 그 자체의 현실화, 즉 강박적 제약 속에 있는 환영의 현실화이다."(Klossowski, La ressemblance, 76) 그렇다면, 최선의 경우 "시뮬라크르는 환영의 산물이 아니라, 환영의 능숙한 재생산이다."(Nietzshe, 133) 최악의 경우, 시뮬라크르는 위장dissemblance 외의 아무것도 결과로서 가져오지 않는다. 매우 종종, 결국 우리는 조직화하는 마력 있는 힘을 억누르는, 환영과 맺는 어떤 종류의 규범화된 관계를 확립하게 된다 ─ 그리고 인습적인 언어 사용은 이러한 관계가 행해지는 주된 방식이다.

클로소프스키가 드는 주요 예는 니체의 영원회귀이다. 만약 우리가 영원회귀를 하나의 학설 혹은 개념적 주장으로 간주함으로써 시작한다면, 우리는 완전히 핵심을 놓칠 것이라고 클로스프스키는 말한다. 영원회귀는 무엇보다도 일종의 체험lived experience이다. 1881년 8월 그날, 실스-마리아 Sils-Maria의 실바플라나 호수Lake Silvaplana 근처 숲속을 거닐 때 (1) 충동들의 어떤 복합적인 흐름이 프리드리히 니체라는 인격 안에서 융합되었다. "영원회귀는, 그 시초에, 재현이 아니었고, 또 엄격히 말해, 공준이 아니었 다. 영원회귀는 체험되는 사실lived fact이었으며, 사유로서 그것은 돌연한 사유였다."(Nietzsche, 72) 이 교차점에서, (2) 영원회귀의 환영, 즉 그 지점부 터 계속해서 니체의 사유가 그 주위를 맴돌 강박적 이미지가 생산되었다. 니체는 물론 어떤 학설 형성물이나 또는 (3) 그의 노트나 간행된 저술들에 명시적으로 포함되어 있는, 이 이미지의 시뮬라크르들을 전개하려 노력하 곤 했다.

이 비교를 통한 발언들은 두 설명(=클라인의 설명과 클로스프스키의 설명)으로부터 이끌어내는 동안 이 두 설명 사이 어딘가에 놓이는, 「제30계 열: 환영」과 「제31계열: 사유」에서 행하는 들뢰즈 자신의 도전적 설명을 조명하는 데 유용하다. 이 장들에서 들뢰즈는 환영에 관한 그의 설명을 거세의 결과에 연결시킨다. 아동의 생은 이제 심층, 상층, 신체적 표면의 다양한 심적 대상들과 관련해서 자신들이 처해 있는 상황이 아니라, 사건들 의 장 전체와 관련해서 자신들이 놓여 있는 위치에 의해 영향을 받는다. 아동들은 표면 위의 어떤 위치를 가진다 — 하지만 이 위치의 본성은 무엇인가?

신체로서, 나는 인과 관계들에 관여하는 특수한 일단의 다른 신체들로 구성되어 있다. 하지만 우리가 사건의 본성을 논했을 때 본 바와 같이, 내 신체의 구조는 특수한 사건들이 작동하게 되는 정도 — 사건들의 특수 한 중요도 혹은 중요성 — 에 영향을 미친다. 이제 우리는 더 정확하게 볼 수 있는 위치에 와 있다. 즉, 나의 환영은 의미의 장에서 내 신체의 대리인이다. 푸코가 통찰력 있게 말하듯이, "환영들은 […] 신체의 물질성을 위상화한다."(Foucault, "*Theatrum Philosophicum*", 347) 그리고 만약 앞에서 논한 것을 우리가 다이어그램으로 재생한다면, 우리는 이제 이 "*X*"는 사실 영향을 받은 신체의 위치를 가리키는 것이 아니라, 환영의 위치를 가리킨다는 것을 알 수 있게 된다. 환영 주위에서 조직되는 바의 사건들의 구조는 환영의 결과이지, 신체 그 자체의 결과가 아니다.

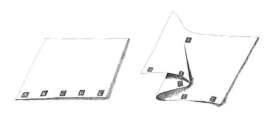

이 점을 말하는 다른 방식은, 환영 그 자체는 사건들의 장 전체를 표현하고, 각 사건은 그 자체의 특수한 관점에서 특정한 중요도나 중요성을 띠며, "각 사건은 환영 속에서 특이점들의 가변적인 결합을 재현한다"(LS 215)고 말하는 것이다. 따라서 환영은 망원경과 같다. 어떤 망원경의 렌즈들은 특수한 관점로부터 빛을 이 망원경의 다른 끝에 모으며, (가령) 밤하늘을 향해 열려 있는 조리개로부터 빛을 굴절시킨다. 또 다른 망원경, 심지어 가까운 위치에 있는 망원경은, 정확히 같은 방식으로는 아니라 할지라도, 같은 천체 현상으로부터 빛을 모은다 ─ 그리고 같은 것이 렌즈가 다르게 장착되어 있는 망원경에 적용될 것이다. 이제, 우주의 특수한 "재현" 그 자체가 또한 빛으로 구성되어 있다는 점을 주목하자. 이 재현은 별들의 이질적 상태를 보존하고 동시에 특정한 관점에서 이 상태들을 응축하는 별의 방사의 시각적 스펙트럼의 매우 특수한 회집이다. 라이프니츠는 그가 "각 단순한 실체는 우주의 영구적인 살아 있는 거울이다"(*Monadology*, §56)라고 썼을 때 유사한 맥락에서 이미 이 은유를 사용한 바 있다. 이것은 또한 환영의 핵심 특질이다. 즉, 이 장 내에서 응축 혹은 공명의 장소로서 기능하는 동안, 환영은 사건과 같은 권역에 속한다(환영은 비물체적이며, 신체들 간의 인과 관계의 결과이다, 등등).

환영과 자아

이제까지 우리는 "환영은 표면 현상이라는 점", 사건들의 장 전체를 대표한다는 점, 그리고 신체의 비물체적 대리자라는 점을 보았다. 하지만 환영의 도래에 영향을 받는 세 번째 대상 곧 자아가 존재한다.

어떤 의미에서 자아는 동적 발생의 모든 시점에 등장한다. 분열증적 위치에서, 자아는 기관 없는 신체와 동일시되는데, 다른 부분대상들에 대한 이 기관 없는 신체의 무관심은 환영이 최초의 나르시시즘을 특징으로 삼는 것을 허용한다. 우울증적 위치에서, 자아는 자신이 어떤 측면에 처하게 되든 간에 시달리는, 심층과 상층 간의 갈등의 대상이 된다. 성기 단계에서, 자아는 곧바로 팔루스와 동일시되는데, 초기 시점들의 드라마로부터 벗어나는 자아의 새로운 자유를 감안하면 자아의 나르시시즘은 이해하기 어렵지 않다. 이제, 이 나르시스적 자아는 거세에 의해 돌이킬 수 없게 산산조각 나는 것이 사실이지만, 들뢰즈에게 이것은 최종적인 발언이 아니다. 한편으로, 순진무구한 치유자와 조정자가 될 수 있는 능력에 대한 아동의 믿음은 영원히 파괴된다. 사건에 관한 들뢰즈의 설명에 의하면, 아동은 일어나는 것이나 혹은 일어나는 것이 의미하게 될지도 모르는 것의 주인이 결코 아니라는 점을 깨닫게 되었다. 이는 (다시 한번 애쉬베리를 인용하면) 그들이 언제나 이미 사건의 전임 대통령이라는 점을 파악하는 문제이다.

그렇지만 다른 한편으로, 우리는 이 재앙이 가능하게 하는 것, 즉 의미로 향하는 접근, 그리고 이것과 상관관계가 있는 환영의 도래를 잊어서는 안 된다. 실로, 들뢰즈에게 "환영은, 적절하게 말하면, 자신의 기원을,

나르시스적 상처와 더불어, 오직 두 번째 나르시시즘에서만 발견한다."(LS 216) 그렇다면 환영은 자아의 계승자, 이 물체적 상처에서 나오는 비물체적 구조이다. 자아는 "환영 그 자체의 사건과 융합된다."(LS 213) 하지만 이것은 내가 누구인가에 대하여, 나는 나 자신을 누구로 여기는가에 대하여 무엇을 의미하는가? 앨리스는 이에 대한 대답이 쉽지 않다는 점을 알고 있었다.

애벌레와 앨리스는 잠시 말없이 서로를 바라보았다. 마침내 애벌레는 입에서 물담뱃대를 떼고서 나른하고 졸린 목소리로 앨리스에게 말을 건넸다.

애벌레가 말했다. "너는 누구니?"

이것은 대화를 북돋우려고 운을 떼는 말이 아니었다. 앨리스는 좀 부끄러워하며 대답했다. "나 — 나는 잘 모르겠어요, 선생님, 지금은요 — 나는 오늘 아침 일어났을 때 적어도 내가 누구**였다**는 것은 알고 있지만, 그 후 몇 번은 변한 게 틀림없다고 생각해요."

애벌레가 단호하게 말했다. "그게 무슨 뜻이지?" "너 자신에 대해 설명해봐라!"

앨리스가 말했다. "나는 나 자신에 대해 설명할 수 없어요. 죄송해요, 선생님. 알다시피, 나는 나 자신이 아니기 때문이에요." (Carroll, *Alice in Wonderland*, 39)

앞에서, 앨리스^{X}는 앨리스들의 계열의 총체성을 대신하는 일종의 플레이스홀더로 제안되었다. 이제 우리는 앨리스^{X}가 무한정한 계열을 지시하는 것이 아니라 앨리스의 환영을 지시한다는 점을 알 수 있다. 『의미의 논리』에서 행하는 발생적 설명의 결말은 나는 실로 나 자신이 아니라는 점이다 — 나는 내 신체 구조의 무게가 실리며, 모든 사건들의 공명을 본성으로 하는 "환영의 과정"(LS 226)이다. 달리 말해서, 나는 누구인가는 분명 내 신체적 실재와 관련이 있다. 결국, 나의 신체는 나에 대해 **실존하는**exist 모든 것이다. 하지만 존속하는subsist 것이 신체적 부분들의 이러한 회집을 갖고서 다른 모든 신체적 회집들에 비해 특이한 어떤 것을 만드는 것이다. 의미-사건의 장은 익명적이며, 물질적 혼합체로서의 내 신체는 도처에 존재한다. 자아는 사회적 인습과 문법에 의해 통합되는 오직 "분열된 자아dissolved ego"일 뿐이다. 진정으로 나의 **자기**self인 것은, 비록 그 이름이 이 자기에게 어떠한 호의도 베풀지 않을지라도, 나의 환영이다. 즉, 사건들의 장이 내 실존의 역사에 특유한 방식으로 배열되는 그 특이한 장소이다.

네 번째 발생적 시점: 사유와 의미

우리는 이제 이 과정의 마지막 시점에 도달한다. 요약해보자. 아동은 의미로 접근하는 길을 얻었다. 말하자면, 신체의 소음들이 이제 사건들을 표현하는 과정에 휘말려 있다. 즉, 의미를 가지는 말이 존재한다. 이어서, 이 지점부터 계속해서 아동에게 일어나는 것은 우리가 전부터 친숙해 있는 두 권역 안에서 또 그 사이에서 발생한다. 한편으로, 사건들은 신체의 심층 안의 다양한 혼합체들의 부대물들이다. 다른 한편으로, 사건들은 비물체적 표면 위의 다른 모든 사건들과 관련하여 환영의 상대적 "위치loca-tion"에 영향을 미친다.

이 구조적으로 완결된 **심층/비물체적 표면** 체제를 감안할 때, 최초의 신체적 표면은 어떻게 되는가? 들뢰즈는 첫 번째 표면에서 두 번째 표면 — 프로이트가 최초로 주제화한 탈성화desexualisation — 으로 향하는 이행에 수반되는 특유한 과정을 강조한다.

성애와 탈성화

앞에서 우리는, 프로이트에 따르면 마음의 모든 구조적 변화는 그 리비도가 재투여되기 전에, 실존하는 투여들은 철수되어야 함을 요구한다는 점을 본 바 있다. 나아가, 그는 어떤 부분의 투여되지 않은 "전치 가능하고 무관심한 에너지"(Freud, *The Ego and the Id*, 44)가 마음에서 작동한다는 점을 인지하고 있었다. 이는 탈성화가 (초자아와 같은) 새로운 작인들의 형성에 선행할 뿐만 아니라, 더 일반적으로는 전제되는 것으로 보인다고 말하는 것이다. "만약 더 넓은 의미에서의 사유–과정들이 이 전치들 가운데 포함된다면, 그렇다면 사유의 활동은 또한 성애적 동기의 힘들을 승화하는 것으로부터 제공받는다"(Freud, *The Ego and Id*, 45).

들뢰즈는, 승화라는 용어에 대한 프로이트의 사용법을 수용하면서까지, 거세에서 일어나는 일을 기술하고자 이 설명을 사용한다. 철수된 주요한 투여는 팔루스 그 자체에 대한 투여이다. 이 탈성화된 에너지는, 환영을 통해, 마찬가지로 중립적인 비물체적 표면에 재투여된다. 그래서 우리는 이제 거세는 따라서 다음을 포함한다고 말할 수 있다. 1) 어떤 (보정) 행위들을 수행하고자 하는 의도, 2) 다른, 의도되지 않은 행위들의 성취, 3) 팔루스에 대한 투여를 포기함과 이와 상관관계에 있는 탈성화, 4) 이 새롭게 탈성화된 에너지를 의미의 표면에서 전개함.

이 약간의 논증이, 어쩌면 놀랄지도 모르겠지만, 『의미의 논리』에서 행하는 모든 발생적 설명이 그 주위를 맴도는 핵심 장치이다. 들뢰즈가 말하는 바와 같이, "만약 거세가 나르시스적 리비도를 탈성화된 에너지로 변형시키지 않았다면", "어떠한 '출구'도"(LS 218) 없었을 것이다. 이 변형이 없다면, 사건의 형이상학적 표면으로 향하는 통로가 없을 것이다. 물론, 들뢰즈가 인지하는 바와 같이, 이 모든 것은 역설적인 것으로 남아 있다. 거세는 두 번째 표면을 구성하면서 **동시에** 그 둘(=거세와 두 번째 표면)을 가르는 행위이다. 달리 말해서, 사건으로서의 거세는 자신이 사건으로서 존속할subsist 바로 그 권역을 생기게 해야 한다. 이는 독특한 주장인데, 특히, 이 주장이 ─ 사건 "푸르게 됨"이 나무의 부대물로서 존속하는 ─ 비물체적 표면 일반은 각 유아의 거세에 의존한다는 점을 의미하는 것으로 보이기 때문에 그러하다.

만약 이제 이러한 관점에서 환영으로 향한다면, 우리는 이 역설적 상황이 자아내는 일부 우려를 적어도 덜어낼 수 있을 것이다. 태어나기 이전부터, 아동은 함축된 의미─사건들이었다. 아동의 생의 의미는 아동 그 자신이 인과적 능동자이기 전에 의사─인과성의 관계 속에 충분히 휘말려 있었다. 실로, 이 지점까지, 사건의 관점에서 볼 때 아동은 부모들과 공통되는 점보다는 "푸르게 되는" 나무와 공통되는 점을 더 많이 갖고 있었다. 하지만 아동들의 환영은 ─ 우리가 본 바와 같이 ─ 아동의 최초의, 의도되지 않은 행위들에 의해 생산된다. 리비도적인 경제적 관점에서 볼 때 우리는, 환영은 거세를 통해서 방출된 탈성화된 에너지로 이루어진다고 말할 수 있다.

내가 의미의 장으로 향한 접근이라는 개념을 반복해서 소환한 것은 바로 이러한 이유 때문이다. 거세 콤플렉스는 아동에게 의미로 향한 접근을 제공하지만, 환영은 표면의 아동에 대하여 유지되는 그것이다. 환영은 무엇보다도 사건들의 장 전체의 모호성을 "살해함"과 "거세함"이라는 "핵 콤플렉스nuclear complex" 주변에다 강박적으로 조직한 그것이다. 모든 인간들은, 비록 그들의 환영이 사건들과 관련하여 다른 사건들을 나타내게 되는 방식들이 다를지라도, 또 그들이 사건들을 표현하는 방식들이 다를지라도, 이 핵을 공유한다.

그래서 그것은, 성별은 말할 나위도 없고, 조직된 신체를 어디에 남기는가? 여기에 핵심적인 대문이 있다. "멜라니 클라인은 증후와 승화 사이에, 덜 성공적인 승화의 경우들에 상응하는 중간 계열이 틀림없이 존재한다고 언급한다. 하지만 성애 전체는, 당연히, '덜 성공적인' 승화이다."(LS 224) 달리 말해서, 성기 단계를 통한 이행과, 팔루스의 이미지를 통한 신체, 이것이 필요하다. 하지만 문제의 그 승화 ― 의미 표면의 획득 ― 는 이 시점moment에 혹은 이 시점에 의해 성취되지 않는다. 성취되는 것은, 거세는 아동의 신체를 위한, 무엇보다도 결과 혹은 사건이라는 점을 마음에 간직하고 있는 한, 성인 성애의 기본적인 요소들의 형성이다. 물론 여기에 어떤 정신분석학적 모델들, 즉 오이디푸스 콤플렉스의 해결과 관련된 승화를 자아와 같은 생물물리학적 권역에 위치시키는 (프로이트의 것과 같은) 모델, 혹은 거세의 생산적인 성격을 보지 못하는 (라캉의 것과 같지 않은) 모델에 대한 암묵적인 비난이 존재한다. 하지만 이것을 넘어, 들뢰즈의 주안점은 성애 그 자체, 그리고 오이디푸스 콤플렉스의 전체 성기기적 상황은 그 자체로는 아무것도 의미하지 않고 또 아무것도 설명하지 않는다는 점이다. 성애는, 이 단계의 사건들이 의미의 표면에서 다시 수용되는 한에서만, 차후 생의 조직 요인으로서 의미와 장소를 얻는다. 그리고, 더 일반적으로는, 이런 이유로 들뢰즈는 말에 생기를 불어넣으며 성애에 명백히 나타나는 의미를 소급적으로 구성된 "공―의미co-sense"(LS 233)로 기술한다.

의미와 사유

이것은 우리를 『의미의 논리』가 꾀하는 발생적 기획의 최종 시점으로 이끄는데, 이 최종 시점은 사유의 본성과 관련이 있다. 주요 논점은 의미로 향한 주체의 접근은 또한 사유로 향한 접근이기도 하다고 직접적으로 표명될 수 있다. 하지만 우리는 말과 사유는 의미로 향한 접근에 의해 가능하게 되는 두 인간 능력들이지만, 본성상 다르다는 점을 덧붙여야 한다.

우리는 환영 ― 나르시시즘 이후의 자기 ― 이 일종의 열려진 자아라는 점을 방금 보았다. 거세를 통한 이행은 사건들이 사유를 통해 이행하도록 자기가 갈라져 열리는cracking-open, 일종의 구멍내기trepanning를 초래한다. 우리의 신체적 소음들이 우리 자신 및 다른 사람들에게 유의미할 수 있는 것은 의미-사건들과 이렇게 접촉하기 때문이다. 이어서, 언어 사용이 의미를 표현하거나 혹은 현실화한다. 언어 사용은 모든 인과적 상호 작용들이 수반하는 신체적 관계와는 다른, 사건들과 맺는 새로운 종류의 신체적 관계를 수반한다. 사유 또한 비물체적이고, 인과 외적인extra-causal 사건들의 장을 수반하지만, ― 여기에 핵심 논점이 있는데 ― 현실화를 수반하지는 않는다. 신체들은 비물체적 부대물들로서의 사건들을 표현한다. 말은 의미-사건을 표현하기 때문에 유의미하다. 하지만 사유는 전적으로 비물체적 표면에서 일어난다. 사유함은 사건들에 관여하지만, 사건들이 현실화되는 한에서가 아니라, 자신의 방식을 유지하며 어떠한 현재 순간으로도 환원 불가능한 한에서 그러하다.

하지만 여기서 들뢰즈는 사유함에 대해 어떤 종류의 생각을 하고 있는 것일까? "사유하는 자가 지나가는 강박적인 길"을 언급할 때 들뢰즈는 무엇을 의미하는 것일까? "그것은 인과성의 문제가 아니라, 지리학과 위상학의 문제인 것일까?"(LS 220) 여기서, 클로소프스키의 환영 개념이 다시 유용하게 된다. 사유하는 자는 환영이며, 클로소프스키에게 환영은 본성상 강박적이다. 환영은 고정fixation의 장소를 이룬다. 혹은 "사유들"을 가지는 나의 모든 일상적 자기가 순환하는 비물체적 회로의 중심 장소를 이룬다. 언어의 일상적 사용은, 자신에 관한 한, 환영의 중심성을 모호하게 하기 위해, 또 두 번째 나르시시즘의 자아 ― 합리적 결정자, 그리고 양심적이고 자유주의적인 소비자 ― 를 복귀시키기 위해 기능한다.

들뢰즈는 마음속에 이와 관련된 논점을 품고 있다. 즉, 우리는 내가 한 개인으로서 ― 광범위한 배열의 인과적 네트워크에 참여하고 있고, 자신을 문법적 "나"와 동일시하는 습관적이고 신체적인 존재로서 ― 가지

는 "사유들thoughts"과, 환영의 과정을 구별하지 않으면 안 된다. 사유함
그 자체thinking as such인 것은 후자이다. 즉, 사건들의 장 안에 있는 나의
특이점 주위로 정향되어 있는 사건들 간의 응축과 공명이다. 그리고 실로,
이것은 그가 같은 페이지 조금 뒤에서 말하는 것이다. 즉, "환영은 뇌의
장의 분극화를 위한 […] 기계이다."(LS 220) 내가 나인 개인으로서 가지는
사유들은 환영의 강박적인 사유에 의해 확립되고 (새로운 사건들을 따라
서) 재확립된 이전 집합의 성향들에서 결과한다 — 나인 것보다 더 나인
타자가 나 안에서 사유한다.

요약

들뢰즈가 『의미의 논리』에서 개진한 가장 놀라운 정의들 중 하나는
이렇다. 즉, "성의 변용metamorphosis of sex이 바로 사유이다."(LS 220) 사유가
심리 발생psychogenesis의 운동에 의해 가능하게 된다는 점을 감안하면,
사유가 성에 무관심하고, 성과 본성상 다른데도, 우리는 들뢰즈가 왜
이런 주장을 하고자 했는지 알 수 있다. 그렇지만, 의미의 의도적인 현출인
말 그 자체에도 같은 것이 적용되지 않는가? 한편으로, 그렇다. 성애는
말로 가는 도상의 중간 시점이기 때문이다. 이 관점에서 볼 때, "성애는
언어가 지나간 길을 보이면서, 하지만 극히 산란하게 하는 매우 많은
아동기 기억들처럼 언어가 계속해서 충격을 가하고 삭제하는 길을 보이면
서, 수증기나 먼지처럼 암시로서 존재한다."(LS 242)

하지만 다른 한편으로, 말과 성, 즉 말하는 신체는 오직 늘 소급적인
의미, 사유와 환영을 전제하는 의미를 얻을 뿐이다. 우리 생의 의미들이
아무리 극심하게 성에 휘말려 있는 것으로 보일지라도, 그것들은 성으로
환원될 수 없고 또 성을 초과해 있을 수도 없다. 이 관점에서 보면, 들뢰즈가
탁월한 문구로 말하듯이, "또한 성적인 것이 아닌 의미를 가지는 것은
아무것도 없다."(LSL 233) 그는 또한 이렇게 말할 수 있었을 것이다. "성적인

것이 아닐 의미를 가지는 것은 아무것도 없다." 하지만 의미 그 자체의 표면은 비물체적이고, 현실화에 무관심한데, 사유가 독점적으로 작동하는 것은 바로 이 수준에서이다. 결국, 사유하는 자는 신체화된 말하는 자가 아니라, 강박적인 사유를 가지는 비물체적인 환영이다.

이 모든 부분들을 합하면, 발생적 궤적은 다음과 같은 간단명료한 방식으로 요약될 수 있다.

위치	차원	대상(들)	언어
분열증적	심층	시뮬라크르: 박해하는 부분대상들; 기관 없는 신체	하부-의미(심층 신체의 소음들)
우울증적	상층	아이콘: 좋은 대상	음성적 전-의미
성도착적	통합된 신체적 표면	팔루스를 포함하는 이미지들	말
거세. 능동자로서의 환영			
이념적	형이상학적 표면	사유	무/의미

사건의 윤리학

엔느의 제3전투에서 독일군은 5월 27일 오후 파리를 향해 진격할 때, 바일리 마을을— 대포로 파괴한 후— 지나갔다. 이 마을에는 조에 부스케Joë Bosquet라는 이름의 21세 신병이 있었는데, 독일군 총탄을 맞고 척추가 끊어지고 말았다. 그는 53세가 되는 1950년에 사망할 때까지, 끊임없는 통증 속에서, 늘 침대를 떠나지 못하고 하반신이 마비된 상태로 살았다. 부스케에게 이 전투의 사건은 여생 동안 지속되었다. 그렇지만 그는 이렇게 쓸 수 있었다. "나의 부상은 내 앞에 실제로 존재했다. 나는 이 부상을 구현하려 태어났다." 그리고 또 이렇게 썼다. "그대의 불운들을 껴안는 사람이 되어라. 불운의 완전함과 탁월함을 구현하는 법을 배워라"(LS

148, 149). 이 긍정의 역설은 『의미의 논리』에서 말하는 들뢰즈의 사건의 윤리학 한복판에 있다. 결국, 이 윤리학은 이 책의 세 번째와 마지막 주요한 가닥을 구성한다.

스토아 윤리학

지금까지, 우리는 들뢰즈가 그의 사건 이론을 위해, 또 이와 밀접하게 관련된 그의 언어 이론을 위해, 스토아학파에 의지하고 있음을 보아왔다. 하지만 들뢰즈는 또한, 지나가듯 윤리학의 문제에 의지하는 것이긴 하지만, 마지막으로 한 번 더 스토아학파에 의지하게 된다.

스토아 윤리학의 매우 광대한 테제는 잘 알려져 있다. 즉, 자연에 맞게 행위하라. 자연의 과정은 변하고자 하는 여러분의 힘을 넘어서 있으니, 또 자연에 저항하고자 하는 시도는 여러분을 불행하게 만들 것이니 자연에 맞게 행위하라. 들뢰즈는 이 주장을 매우 넓은 의미에서 수용하는 것이 분명하지만, 그가 『의미의 논리』에서 윤리학에 관해 쓰고 있는 것과, 스토아학파가 말한 것 간의 연관을 살펴보기 위하여, 우리는 좀 더 가까이 스토아학파에 다가갈 필요가 있다. 에픽테투스Epictetus는 우리의 안내자가 될 수 있다. "여러분이 원하는 대로 사건들을 일어나게 하려고 애쓰지 말라. 대신에 사건들이 일어나는 대로 사건들이 일어나기를 원하라." (Handbook, §8) 한편으로, 이 경구는 전통적인 자연주의적인 용어나, 혹은 스피노자가 『윤리학』에서 사용하는 용어로 번역될 수 있을 것이다. 즉, 자연은 그 자체의 일단의 규칙들을 따르며, 우리는 자연의 일부이다. 이 규칙들에 대항해서 싸운다면 이는 불행을 가져올 따름이다. 하지만 『의미의 논리』에서 들뢰즈는 윤리학을 이런 의미의 자연과 관련을 짓기를 그다지 원하지 않는데, 이는 사건들이 신체적 원인들의 총체로서 간주된 자연의 규칙들을 따르지 않기 때문이다. 우리가 "스토아 윤리학은 사건과 관련이 있고, 사건 그 자체를 원하는 데 있다는 것을, 즉 사건이 일어나는 한에서 일어나는 것을 원하는 데 있다는 것을 읽을 때, 우리는 주장 그 자체가 아니라 이 주장이 스토아학파에 귀속될 수 있는 정도에 대하여 약간 조심하지 않으면 안 된다."(LS 143) 사실, 들뢰즈는 그가 스토아 언어철학을 사용하는 것과 많이 같은 방식으로 스토아 윤리학을 사용하곤 한다 ― 그는 비물체적 사건 이론을 가장 중요한 테제로 간주하고, 이어서 스토아학파가 윤리학에 관해 말하는 내용을 다시 이 이론에 맞춘다. 그리고 더 나아가, 그는 스토아 윤리학을 그 자신의 설명을 위한 지평으로서 매우 분명하게 위치시킨다. "스토아주의로부터 아직 얼마나 더 많이 배워야 하는가 ….."(LS 158)

이 스토아학파로부터 영감을 받은 윤리학은 세 가지 주요 주장, 즉 각각 사건의 긍정, 사건의 반-현실화, 그리고 니체를 따라 들뢰즈가 "위대한 건강"(LS 161)이라 부르는 것을 둘러싸고 전개된다. 이 세 가지 논점들을 논해 가는 동안, 우리는 또한 잠시 멈춰서 한 특수한 사건, 즉 죽음의 사건의 중요성을 숙고할 것이다.

사건의 긍정

이 중 첫 번째 논점은 단도직입적이고, 엄격하고, 절대적이다. 들뢰즈는 일단의 정교한 윤리적 격률을 제시하는 데에는 관심이 없다. 칸트에게 있어서 그러한 것처럼, 모든 것은 한 단일한 점을 둘러싸고 전개된다. 부스케는 들뢰즈가 드는 전형적인 예이다. "나의 부상은 내 앞에 실제로 존재했다. 나는 이 부상을 구현하려 태어났다". […] "그대의 불운들을 껴안는 사람이 되거라. 불운의 완전함과 탁월함을 구현하는 법을 배워라."(LS 148, 149) 들뢰즈에 관한 한, 이것은 "윤리학"이라는 이름에 부응하는 온전한 척도이다. "우리에게 일어나는 일에 어울리게 되는 것, 이 이상 아무것도 말할 수 없고, 이 이상 아무것도 말하게 되는 일이 영원히 없을 것이다."(LS 149)

들뢰즈가 부스케에게 보내는 찬탄, 그리고 이 놀라운 능력에 느끼는 경탄은 여기에 매우 분명하게 나타나 있다. 하지만 들뢰즈의 이러한 찬탄과 경탄은 그가 사건을 긍정하지 못하는 정도를 알아차림과 균형에 놓이게 된다. 따라서 그는 다음과 같은 진단을 내놓는다.

> 윤리학은 전혀 말이 되지 않거나, 아니면 우리에게 일어나는 일에 어울리지 않게 되지 않는 것이 윤리학이 의미하는 것이어서 이 이외에는 말할 만한 것이 없다. 이와 반대로, 일어나는 일을 무엇이든 부당하고 부적당한 것으로 파악하는 것(일어나는 일은 언제나 다른 어떤 사람의 잘못이다)은 우리의 상처들을 혐오스러운 것으로 만드는 것 — 진정한 원한ressentiment, 사건의 원한(LS 149) — 이다.

근본적으로 사건에 대한 오직 두 가지 반응이 있을 뿐이다. 나는 사건들을 긍정함으로써 반응하거나, 아니면 이 사건이 왜 하필 나에게 일어나는가 하며 사건들에 원한을 품는다. 나는 긍정에서 원한이나 비난으로 향한다. 이 두 선택지는 각각 시간적 정향을 함축한다는 점에 우선 주목하도록 하자. 사건의 긍정은 미래로 정향되어 있다 — 사건을 긍정함으로써, 나는 사건이 나에 대하여 만드는 것, 나를 위하여 가능하게 만드는 것을 긍정한다. 사건으로 향한 원한은 직접적 과거, 즉 사건이 나에게 행해지기 이전의 시간과 결부되어 있다.

반–현실화

들뢰즈의 입장은 단도직입적으로 말해 운명론적이고, 더 안 좋게 말해 통속적인 것으로 보인다. 우리가 아무것도 할 수 없는 것을 긍정하는 데에는 어떤 가치가 있는가? 만약 부스케의 부상이 불가피하고 운명이라면, 긍정과 체념, 긍정과 원한ressentiment 간에 중요한 차이가 있을 수 있는가?

이러한 이의 제기에 반대하는 첫 번째 주장은 본성상 존재론적이다. 들뢰즈의 입장을 운명론이라 하며 비난하는 것은 부스케의 부상당함wounding과 부상wound 그 자체를 혼동하는 것이다. 사건들은, 설사 실제로 일어나는 것과 분리 불가능하더라도, 신체적 자연의 수준에서의 인과적 "실사건들happenings"로 환원될 수는 없다. 들뢰즈가 언급하듯이, 이는 "사건은 실제로 일어나는 것(실사건accident)이 아니라, 실제로 일어나는 것 내부에 있으며, 순수하게 표현된 것이다"(LS 149)를 말하는 것이다. 중요한 것은 "아동기에 우리에게 실제로 일어나는 것이 아니라, 실제로 일어난 것 내부에 있었던 것이다."(Jack Gilbert, *Refusing Heaven*, 75) 그러므로 부스케는 산산이 부서진 척추 그 자체를 긍정하는 것이 아니라, 미래로 열려 있는 의미를 가지는 그의 망가진 신체가 표현하는 사건을 긍정한다.

두 번째 주장이 이로부터 따라 나온다. 이 또한 존재론적이며, 사건 그 자체의 본성과 관련이 있다. 우리가 본 바와 같이, 사건의 특수한 현실화는 결코 소진되는 법이 없다. 사건은 언제나 한 방식 이상으로 현실화되고, 언제나 한 사물 이상을 의미하며, 그리고 언제나 새롭게 상이한 방식으로 현실화될 수 있다. 이것이 사건의 시간성을 식별할 때 들뢰즈가 펴는 논점이다. 즉, 사건은 아이온Aion에 속하기에, 언제나 이미 지나간 것이고 언제나 아직 오지 않은 것이다. 들뢰즈의 입장을 운명론이라 하며 비난하는 자는 사건은 언제나 미래로 열려 있다는 점을, 사건은 현재에 존재하는 것 이상일 수 있다는 점을 잊는다. 사건은 언제나 "다시 시작하는 좋은 날"인 것이다.

하지만 이제, 설사 이 두 주장이 인정된다 하더라도, 이 주장들이 들뢰즈의 윤리학적 제안과 어떤 관계가 있는가? 요컨대, 사건이 다르게 현실화되는 데에 열려 있다는 사실은 우리가 사건과 맺는 관계를 변경할 여지를 우리에게 부여한다. 부스케의 부상은 사건이 현실화되는 한 방식이지만, 그러나 그의 시심poetry은 또 다른 것이다. 들뢰즈는 이 변경 작업을 반-현실화counter-actualisation라고 부른다. 반-현실화의 특징은 기투projection에, 즉 어떠한 주어진 현실화도 넘어서며 사건을 긍정하는 의지의 행위에 있다. 반-현실화는 "실제로 일어나는 것을 원하는 의지를 내는 것이 아니라, 실제로 일어나는 것 안의 어떤 것을 원하는 의지를 내는 것이다."(LS 149) 들뢰즈는— 우리가 위에서 다룬 바 있는— 니체의 질병이라는 좋은 예를 드는데, 평생 동안 폐 질환을 앓았던 들뢰즈 그 자신에게서도 이 예를 보는 일은 어렵지 않다. 니체가 여전히 작업을 할 수 있었을 때, 질병은 그에게 자신의 철학을 전개하게 하는 독특한 시점을 제공했다. 니체는 질병을 그 자체로 긍정했다. 들뢰즈는 『이 사람을 보라*Ecce Homo*』를 인용한다. "병든 자의 관점으로부터 더 건강한 개념들과 가치들을 향해 보는 것, 또 역으로 부유한 삶의 충만함과 자신감으로부터 퇴폐 본능의 은밀한 작업장들을 내려다보는 것, 이것이 내가 매우 오랫동안 연습해온 것, 나의 진정한 경험이었다. 만약 내가 무언가의 주인이 되었다면, 그것은 이 점에 대한 것이었다."("Why I am so wise", §1) 그러한 물리적 고통을 야기하는 신체적 현실화의 사건이 무엇이든 간에, 니체는 그것을 원함을 품을 만한 궁지로 간주하지 않았다. 대신에, 그는 이 사건에도 불구하고가 아니라 이 사건 때문에 하는 식으로 그는 그 질병 안에서, 그를 살게 해주고 일하게 해주는 무언가를 발견하고 긍정했다. 들뢰즈는 이렇게 말한다. "사건의 영원한 진리는 사건이 또한 살 안에 새겨지는 한에서만 파악된다. 하지만 제한하고, 이동시키고, 변모시키는 반-현실화에 의해 매번 이 고통스러운 현실화를 배가하지 않으면 안 된다."(LS 161)

반-현실화의 실천적인 실재성을 전달하려고 노력할 때, 들뢰즈는 배우가 지니는 특징을 활용한다. 배우가 역을 연기하는 데에는 대사, 그리고 플롯의 구조를 외우는 일이 요구되지만, 대본에 제시되어 있지 않거나 혹은 감독이나 희곡 작가의 요구에 한정되지 않은 방식으로 역을 연기해야만 성공할 수 있다. 역을 연기하기 위해서는, 배우는 가령 햄릿 안에서 금융 중개업자나 어부, 또는 철학자에 가까운 어떤 것을 발견할 정도로 "다르게 역을 연기해야" 한다. 이것이, 들뢰즈가 "연기되는 역은 결코 등장인물의 역이 아니다. 그것은 주제(복합 주제 혹은 의미)이다"(LS 150) 라고 쓸 때 그가 말하고자 하는 것이다. 그는 또한, 배우는 연기의 현재 순간이 접혀진 형태로 연극 전체를 담고 있을 만큼, 연극에서 이미 일어난 모든 것을 앞으로 운반하면서, 아직 일어나지 않은 것을 예기하고 있다고 언급한다. 같은 방식으로, 하나의 사건을 반–현실화할 때마다 ― 다르게 연기할 때마다, 사건과 관련하여 다르게 살아가는 방식을 그려낼 때마다 ―, 나는 사건이 하나의 현재 사태에 의해 결코 포획될 수 없다는 사실에 의지한다.

이제, 들뢰즈는 반–현실화를 일회성 대처로 이해하지 않는다. 여기서 우리는 사실 윤리학을 다루고 있는 것이지, 폭풍과 폭동에만 알맞은 비상대책 계획안을 다루고 있는 것이 아니다. 달리 말해서, 사건의 윤리학은 윤리적 **정위**定位; orientation이다. 이것은 우리가 이미 본 바가 있는 사건의 또 다른 특질, 즉 사건의 상호–표현적인 성격 때문에 필연적으로 사실이다. 엄격히 말해, 하나의 사건을 긍정하는 것은 가능하지 않다. 왜냐하면, 하나의 사건을 긍정하는 것은 일시에 모든 사건들을 긍정하는 것, 인간 존재의 궁극적 성격을 긍정하는 것이기 때문이다. 이 점이 사실일 수밖에 없는 이 이상의 이유가 또한 존재하는데, 이는 환영의 본성과 관련이 있다. 나는 누구인가 할 때 나는 고정된 존재자가 아니어서, 사물들이 이로부터 일어나는 것도 아니고, 조각가가 한 덩어리의 대리석에다 작업하는 것처럼 사건들이 바깥으로부터 들어와서 이를 변경하는 것도 아니다. 그렇기는커녕 나는 사건들의 장을 마주 대하여vis-à-vis 내 환영에 특수한 위치를 부여함으로써 모든 사건들을 표현하는 신체이다. 달리 말해서, 사건의 윤리학이 갖는 특징은 내 존재의 환영적 성격에 대한 긍정을 계속 진행하는 데에 있다. 역으로, 원한을 품은 정위는 사건들의 유입, 그리고 사건들이 최초에 우리 안에서 현실화되는 방식에 내가 단순히 내맡길 수 있거나 혹은 내맡기는 것을 조직하는 방법을 — 마치 사건들이 적대적인 생물학적 존재들인 양 — 거부하려는 시도를 수반할 것이다.

들뢰즈는 이 논쟁적인 서술의 궤적을 다음과 같은 명백히 신탁적이고 시적인 용어로 요약한다.

> 우리에게 일어나는 것에 어울리게 되는 것, 따라서 사건을 원하는 의지를 내고 사건을 방출하는 것, 우리 자신의 사건들의 아이들이 되는 것, 다시 태어나고 또다시 태어나는 것, 우리의 세속적camal 탄생과 결별하는 것, 이 이상 아무것도 말할 수 없고, 이 이상 아무것도 말하게 되는 일이 영원히 없을 것이다. 왜냐하면, 이 작업 그 자체는 사건의 아이들의 산물에 지나지 않기 때문이다. (LS 149-50)

따라서, 마찬가지로 놀라운 한 문구에서, 들뢰즈는 "아모르 파티Amor fati는 자유로운 사람들의 투쟁과 함께하는 것이다"(LS 149)라고 쓰고 있다. 이 투쟁은 신체들의 투쟁, 물질적 투쟁이다. 그러나 만약 사건들의 긍정이 아니라면, 또 우리 생에 있는 사건들의 의미의 다수성과 개방성이 아니라면, 이 투쟁은 무언가를 위한 투쟁이 되지 못한다.

이런 면에서 들뢰즈는 점성술에 대한 스토아학파의 해석을 옹호한다(LS 171). 점성술은 물리학을 신체에 외삽한 것이 아니며, 스토아 현자는 분장용 화장품grease paint 안의 맥스웰의 도깨비[14]가 아니다. 그렇기는커녕, 의사–원인의 예술, 혹은 주어진 신체를 위한 비물체적 사건들의 상호–함축

---

14. Maxwell's demon. 한 구획에서 다른 한 구획으로 개개의 분자가 이동하는 일을 그 속도에 따라 허용하거나 방해하는 것으로 생각되는, 임의의 작은 질량을 가진 가상적인 물체.

의 본성을 예지豫知하려는 시도이다. 따라서 현자는 소금쟁이 종, 즉 표면 장력의 감도에 따라 움직이며, 사건들의 비물체적 표면을 가로질러 가는 곤충을 닮았다.

죽음에 관한 간주곡

중요도가 측정할 수 없을 만큼 높고 실로 절대적인 지점에서 이 사건의 윤리학을 파악할 필요가 있는 것은, 들뢰즈 그 자신을 따르면, 바로 이 지점에서이다. 쟁점이 되고 있는 것은 죽음의 사건이다. 이 점에 관한 들뢰즈 자신의 열정적인 외침을 먼저 기록해보자. 즉, "우리에게 주어진 건강보다 더 나은 죽음."(LS 160) 그는 이 말로 먼저, 건강이라고 불리는 것은 이름이 잘못 붙여져 있다는 것을 의미한다. 예를 들어, 오늘날 몸매 가꾸기에 열광하는 것은 건강에 몰두하는 것이 전혀 아니라, 들뢰즈가 알코올 중독에서 발견하는 것과 똑같은 구조를 가진다. 즉, 몸매 가꾸기에 열광하는 것은 시간을 동결시키고 현재를 경화시키는 일이어서, 이념화된 과거가 현재 안에서 수정 같은 결정체처럼, 호박 속의 화석 파리처럼 나타난다. 몸매 가꾸기에 열광하는 것은 미래를 부인하는 보존 행위, 더 자세히 말해, 또 다른 과거로 집착하는 보존 행위(체육관에 한 번 더 갈 기회, 여러분의 고등학교 때의 몸매를 유지하는 것)이다. 대신에, 들뢰즈에게 윤리학의 버팀목은 니체가 "위대한 건강the great Health"이라고 부르는 것인데, 이는 긍정적인 반-현실화 그 자체의 실행을 본성으로 한다.

죽음 그 자체의 사건은 『의미의 논리』에서 중요한 순간을 이룬다. 들뢰즈는 모리스 블랑쇼Maurice Blanchot를 따라 한 개인의 소멸을 넘어서는 방식으로 죽음에 관해 사유한다. 다음은 이에 대한 핵심 대문이다.

죽음은 나와 나의 신체와 맺는 극단적이고 한정적인 관계이며, 나에

게 근거하고 있지만, 또한 그것은 나와 아무 관계도 없다. 죽음은 비물체
적이고 부정사적이고, 비인격적이며, 오직 그 자체에 근거할 뿐이다.
한편으로, 실현되고 성취되는 사건의 일부가 존재한다. 다른 한편으로,
"성취를 실현할 수 없는 사건의 그 일부"가 존재한다. 따라서 현실화와
반-현실화와 같은, 두 가지 성취가 존재한다. 죽음과 죽음의 상처가
단지 다른 사건들 중의 사건들이 아니라는 것은 바로 이런 방식에서이다.
모든 사건은 죽음과 같다. 이중적이고 비인격적이다. (LS 151-2)

스토아와 에피쿠로스학파의 철학자들은 죽음을 다루는 것으로 잘 알려
져 있는데 이는 당연한 일이다. 만약 소크라테스가 죽음은 걱정할 것이
없다는 점을 알아냈기 때문이 아니라(Epictetus, *Handbooks*, §5), 죽음은
자연 질서의 일부이며, 아무튼 죽음은 우리에게 아무것도 아니기 때문이라
면, 죽음은 엄격한 무관심의 문제로 계속 남아 있어야 할 것이다. 왜냐하면,
우리가 존재할 때 죽음은 아직 현존하지 않고, 죽음이 현존할 때 우리는
존재하지 않기 때문이다(Epicurus, "Letter to Menoeceus", 29). 그렇지만
들뢰즈가 펴고 있는 주장은 이 주장들보다 더 나아간다. 그것은 나는
내 죽음을 경험할 수 없다는 것일 뿐만 아니라, 하나의 사건으로서, 죽음
그 자체는 본성상 소진 불가능하다는 점이다. 모든 사건들과 마찬가지로,
죽음 그 자체는 모든 주어진 사례에서 우연히 현실화되는 방식을 넘어
언제나 다른 방식들로 현실화될 수 있다— 블랑쇼가 "내 죽음의 순간"이
라고 부르는 것은 언제나 이미 지나간 것이고, 언제나 아직 오지 않은
사건의 소진 불가능한 순간이다.
하지만 이것을 넘어, 죽음에 대한 들뢰즈의 언급은 더 일반적인 목적을
가진다. 에피쿠로스가 인지했듯이, 죽음의 공포는 편히 살아가는 삶에
대한 가장 가공할 도전 중의 하나이다. 여기서 윤리학적 문제는 내가
소멸하는 현실적 순간에 관련된 것이 아니라, 내가 소멸하기 전 나의

생 전체와 관련된 것이다. 나의 전 생이 끝없는 죽기, 곧 **죽지 않음**undeath
― 들뢰즈가 원한ressentiment이란 말로 기술하는 ― 에 바쳐질지도 모르는
매우 사실적인 가능성이 존재한다. 이것이 유령 같은 좀비가 그토록 무서울
수 있는 이유인가? 죽기 전에, 나는 내 주위의 세계에 독을 뿌리면서,
기를 죽이는, 독을 품은 늘 같은 태도로 죽음 사건을 거듭해서 현실화했을지
도 모른다.

그렇다면 관건이 되는 것은 나 자신의 죽음 사건의 긍정과 반―현실화이
다. 비록 가능한 가장 맑은 빛 속에서 성패의 갈림이 놓여 있긴 하지만,
이미 상세히 서술된 반―현실화에 대한 설명이 이 경우에 적용된다. 내
죽음 사건을 긍정함으로써, 나는 이것 이상을 행한다 ― 내 실존의 최종성
을 긍정하고, 모든 사건들을 덤으로 긍정한다. 하지만 이것은 **변화 그
자체**의 긍정 이외에 무엇을 의미하는가? 들뢰즈가 말하듯이, 만약 모든
사건이 죽음과 같다면, 이는 단지 모든 사건이 비인격적이고, 초연한
측면을 가져서가 아니라, 현재 사태의 죽음이고 또 다른 사태의 탄생이기
때문이다. 죽음과 변화와 사건이 통합되는 이 극단적인 지점에서, 들뢰즈가
요구하는 긍정의 진정한 본성이 명백해진다 ― 그것은 억제되지 않는
창조성 속에서 모든 사건들이 약속하는 변형의 긍정, 말하자면 **생명의**
긍정이다. 이것은 다음과 같은 대문이 의미하는 바이다.

> 만약 사건을 원하는 의지를 내는 것이, 무엇보다도 우선, 사건을
> 먹여 살리는 불과 같이 사건의 영원한 진리를 방출하는 것이라면,
> 이것은 전쟁이 전쟁에 반대하여 벌어지는 지점에, 부상이 살아 있는
> 흔적 및 모든 부상들의 흉터일 지점에, 그 자체를 향해 돌아선 죽음이
> 모든 죽음들에 반대하여 원해질 지점에 도달할 것이다. (LS 149)

들뢰즈는 이 맥락에서 다시 한번 부스케를 인용하며, 우리가 "역병,

폭정, 가장 무서운 전쟁에다 헛되이 세력을 떨친 희극적 가능성을 부여할'
수 있는 놀라운 발언을 소환한다(LS 151). 역병, 폭정, 전쟁, 이 사례들은
"재앙적" 사건, 하나의 확정적인 의미를 지닌 사건의 어떤 특정한 개념을
예화한다. 폭군은 자신의 이름과 자신의 의미를 확정적으로 또 지워지지
않게 역사에 표시하기를 원한다. 즉, 역사를 자신의 규칙의 이야기로
만들기를 원한다. 엔느의 제3전투의 건축가, 에리히 루덴도르프 장군은
한 단일한 기념비적인 전투에서 전쟁에 승리하거나 패배한다는 사상을
신봉했다. 사건의 희극적 측면, 그리고 들뢰즈에게 반-현실화가 익살스러
운 이유는 한 사건이 현실화되는 단일한 방식이 존재하지 않는다는 사실
때문이다. 누구든 한 단어, 한 행위, 한 삶의 의미를 단 한 사물로 환원할
수 없다 ─ 그들의 진지함에도 불구하고, 폭군들은 오직 늘 광대들였을
뿐이다. 과거의 전제군주들은 셸리Shelley의 「오지만디아스Ozymandias」의
구슬픈 반-성인전counter-hagiography을 요구하지 않는다 ─ 그들의 삶과
저작은 언제나 이미 우스개이다.

우리는 이제 들뢰즈의 사건의 윤리학이 왜 **자살의 반대쪽**을 이루는지
알 수 있는 위치에 와 있다. 다시 블랑쇼에 의지하면서, 들뢰즈는 자살의
행위는 이 사건의 두 절반 ─ 이념성과 신체적 현실화 ─ 이 신체 쪽에서,
말하자면, 일치하도록 만드는 시도라는 점을 지적한다. 달리 말해서, 자살
은 내 쪽에서 내 삶의 의미를 **명확히** 말하고자 하는 시도이다. 역으로, 사건으
로서의 죽음의 긍정과 반-현실화는 죽음의 신체적 현실화보다는 죽음의
최종적 성격에 가치를 부여하는 것을 요구하며, 결국 이는, 우리가 그토록
간절하게 우리의 삶들이 하나의 의미를 갖기를 원할 때조차도, 우리의
삶들이 우리가 피할 수 없는 것만을 가지는 것으로 보일 때조차도, 우리의
삶들은 하나의 의미를 갖지 않는다는 사실을 수용한다는 것을 의미한다.
나아가, 삶의 하나의 의미가 존재하는 것이 아니라, 우리 각각이 산다는
것이 의미하는 것에는 우발적인 변형들의 진행 중인 계열이 있을 뿐이다.

부스케는 한때 우리는 죽음과 영구적인 협동 속에서 삶을 산다고 썼다. 여기서 죽음은 사건 그 자체로서, 익명적인 변형의 불가피성으로서 변장하고 나타난다.

그렇다면 우리는 이번에는 충분히 일반성의 면에서 파악된, 사건에 대한 이 두 대안적인 대응과 더불어, 우리가 시작한 곳으로 다시 돌아온다. 한편으로, 우리는 "…이면 좋을 텐데" 하며 각 새로운 사건 속에서 언제나 원한을 위한 기회들만을 발견하면서, 우리 자신을 위해서 우리가 선택하는 현재와 과거에 부착되어 남아 있을 수 있다. 매우 아이러니하지만, 이것은 우리 자신을 어떤 고정된 상태와 동일시하는 것 외에는 아무것도 하지 않는 것이며, 이렇게 하여 물질적 의미의 죽음과 동일시하는 것이다. 다른 한편으로, 우리는 죽음의 사건을 긍정하고 반-현실화할 수 있다. "죽음을 다른 방식으로 연주하는" 것이 가능하게 되는 것은, 즉 죽음의 다른, 이념적, 얼굴 — 변형의 불가피성 — 을 적극적인 어떤 것으로서 반-현실화하는 것은 오직 죽음을 하나의 사건으로 긍정함으로써이다. 비록 이것이 필연적으로, 어느 특정한 날에, 또 어느 특정한 시간에 나의 죽음일 그 변형을 긍정하는 것이라 할지라도 말이다.

건강

반-현실화의 작업은 『의미의 논리』에 나오는 들뢰즈의 사건의 윤리학을 이루는 최초의 긍정적 요소를 이룬다. 하지만 난해한 물음, 즉 주목할 만한 「제22계열: 자기Porcelain와 화산」에서 다루어지는 물음이 남아 있다. 물음은 다음과 같다. 윤리학은 반-현실화를 통하여 사건, 그리고 대사건Event 그 자체를 긍정하는 일을 수반한다. 그것은 비물체적 표면의 윤리학이다. 하지만 이 윤리적 실천은 결과로서 신체에 일어나는 것과 어떤 종류의 관계를 가져야 하는가? 들뢰즈가 쓰고 있듯이, 신체와 사건 간의 구분을 이론화하는 일은 어렵지 않지만, 참으로, 우리 자신의 신체적 실존 중

얼마나 많은 것을 우리는 이 긍정의 작업 속에서 기꺼이 걸어야 하는가? 놀랍도록 연속되는 다음과 같은 물음들을 고찰해보자.

> 자 그렇다면, 해안에 남아 있으면서 우리는 부스케의 부상, 피츠제럴드와 로우리의 알코올 중독, 니체와 아르토의 광기에 관해 계속해서 말할 수 있는가? 우리는 이 주제에 말을 해줄 수 있는 전문가가 될 수 있는가? 우리는 무언가에 맞아 쓰러진 사람들이 지나치게 스스로를 학대하지 않기만을 바랄 수 있는가? 우리는 기부금을 모집해서 잡지의 특별호들을 만들어낼 수 있는가? 아니면, 우리는 금crack을 확장할 만큼 충분하게, 그러나 그것을 돌이킬 수 없을 정도로 심화할 만큼 충분하지는 않게 — 약간 알코올 중독이거나, 약간 광기가 있거나, 약간 자살을 꾀하거나, 약간 게릴라적이거나 — 조금 더 나아가서 직접 보아야 하는가? 우리가 어디로 향하든, 모든 것은 음울해 보인다. 우리는 어떻게 해안에 머물지 않고서 표면에 머물러 있을 수 있는가? 우리는 어떻게 표면 및 모든 표면 조직을 구함으로써, 언어와 삶을 포함하여, 우리 자신을 구하는가? 어떻게 이 정치학은 존재하며, 이 온전한 게릴라 전투가 달성될 수 있는가? (LS 157-8)

이 물음 — 그리고 대대로 내려오는 인간 고통의 울부짖음, 그리고 재발하는 폭력의 악취 — 앞에서 어떻게 "추상적인 사상가", 그리고 이 사상가는 물론이고, 좋은 삶에 대한 서양 철학의 호사적인 관심의 전 저작들이 "우스꽝스럽지 않을"(LS 156) 수 있겠는가? 이 물음의 무게를 느끼지 않을, 아르토의 마지막 공연 후 앙드레 지드가 느꼈던 것과 유사한 어떤 것을 느끼지 않을 학구적인 철학자는 결코 존재하지 않는다. "우리는 평안함이 타협으로 이루어져 있는 어떤 세계 안의 우리 집들로 다시 돌아가게 되어 부끄러움을 느꼈다."(Caldart, "Tête-à-tête", 17)

아무리 중요하더라도, 이렇게 실현하는 일은 이 물음에 거의 대답하지 못한다. 그리고, 처음에는, 들뢰즈도 또한 대답하리라고 보이지 않는다. 이 숨이 차도록 연속되는 문장을 제기하고 나서, 그는 우리가 위에서 다룬 바 있는 알코올 중독에 대한 긴 논의로 이동한다. 몇 페이지 뒤에서, 그는 갑작스럽게 이 물음으로 돌아가, 놀랍고 명백한 대답을 제기한다. 반-현실화를 긍정할 때 우리는 얼마나 많은 것을 걸어야 하는가? 모든 것이다.

> 만약 우리가 왜 건강이 충족되지 않는가, 왜 금crack이 바람직한가 하고 묻는다면, 이는 아마도 사유는 오직 금에 의해서만, 또 금의 가장자리들에서만 일어나기 때문일 것이고, 인간에게 있어서 좋고 훌륭한 모든 것은, 자신들을 파괴할 준비가 되어 있는 사람들 속에서, 금을 통해서 들어가고 또 나오기 때문일 것이다 — 우리에게 주어진 건강보다 더 좋은 죽음. (LS 160)

우리는 여기서 『의미의 논리』의 비애의 중심점, 즉 삶과 죽음이 신체에 걸려 있는, 모든 주제들이 함께 공명하는 지점에 도달한다. 이 텍스트는 들뢰즈를 그토록 감동시킨 베르크Berg의 오페라 『보체크Wozzeck』의 제1막에 나오는 마리아의 외침, "살려주세요Helfe!"와 유사하다.

들뢰즈에 따르면, 반-현실화 개념은 이 개념이 들뢰즈 학술 대회에서 패널을 위한 이념, 규범적 이상, 또는 주제 훨씬 이상의 것이 되지 않는다면, 그 자체만으로는 충분하지 않다. "사건의 영원한 진리는 사건이 또한 살에 새겨지는 한에서만 파악된다."(LS 161) 분명, 윤리학은 사건의 긍정과 관련되어 있지만, 우리의 신체와 신체의 변형, 우리의 바로 그 자기들이 걸려 있지 않는 한, 여전히 탁상공론적인 것으로 남아 있게 된다 — 그러므로 비웃음을 살 만하고, 수치스럽고, 그리고 반-현실화를 "일어날 수 있었던

것"(LS 161)에 관한 반사실적[15] 희망 속에서 실행하는 일로 취급할 만큼
나쁜 것으로 남아 있게 된다.

---

15. counterfactual. 어떤 문장의 조건절이 사실과 정반대를 서술하는 것. 가령 "만약 내가
    너를 사랑했더라면(if I had loved you)." 등과 같은 것.

질 들뢰즈의 저작들

Deleuze, Gilles, 'Quest–ce que fonder?', https://www.webdeleuze.com/textes/218, last accessed 7 April 2019.

———. *Nietzsche and Philosophy*, trans. Hugh Tomlinson, New York: Columbia University Press, 1983. *Nietzsche et la philosophie*, Paris: Presses Universitaires de France, 1962.

———. *Bergsonism*, trans. Hugh Tomlinson and Barbara Habberjam, New York: Zone Books, 1988. *Le Bergsonisme*, Paris: Presses Universitaires de France, 1966.

———. *Difference and Repetition*, trans. Paul Patton, New York: Columbia University Press, 1994. *Différence et Répétition*, Paris: Presses Universitaires de France, 1968.

———. *The Logic of Sense*, trans. Mark Lester with Charles Stivale,, ed. Constantin Boundas, New York: Columbia University Press, 1990. *Logique du sens*, Paris: Editions du Minuit, 1969.

———. *Kant's Critical Philosophy*, trans. Hugh Tomlinson and Barbara Habberjam, London: Althone Press, 1983.

———. *Masochism*, trans. Jean McNeil, New York: Zone Books, 1989.

———. *Empiricism and Subjectivity*, trans. Constantin Boundas, New York: Columbia University Press, 1991. *Empirisme et subjectivité*, Paris: Presses Universitaires de France, 1953.

———. *Negotiations*, trans. Martin Joughin, New York: Columbia University Press, 1995.

Pourparlers, Paris: Minuit, 1990.

——. *Proust and Signs, The Complete Text*, trans. Richard Howard. Minneapolis: University of Minnesota Press, 2000. *Proust et les signes*, Paris: Presses Universitaires de France, Paris, 1973.

——. *L'Ile Deserte et Autres Textes: textes et entretiens 1953–1974*, ed. David Lapoujade, Paris, Les Editions de Minuit, 2002.

——. *Deux Régimes de Fous: textes et entretiens 1975–95*, ed. David Lapoujade, Paris: Minuit, 2003.

——. *Lettres et autres textes*, ed. David Lapoujade, Paris: Minuit, 2015.

인용된 다른 저작들

Aetius, 'Causation and Fate', in *The Hellenistic Philosophers*, Volume I , ed. and trans. AA. Long, A. A. and D. N Sedley, 1987, Cambridge: Cambridge University Press, 336.

American Psychiatric Association, *Diagnostic and Statistical Manuel of Mental Disorders*, fifth edition. Arlington, VA: American Psychiatric Publishing, 2018.

Aristotle, Categories, in Barnes, Jonathan (ed.) *The Complete Works of Aristotle: The Revised Oxford Translation*, Volume I , Princeton: Princeton University Press, 1984.

——. *Nicomachean Ethics*, trans. and ed. Roger Crisp, Cambridge: Cambridge University Press, 2004.

——. *Physics*, ed. David Bostock, trans. Robin Waterfield, Oxford: Oxford University Press, 2008.

Artaud, Antonin, *Antonin Artaud, Selected Writings*, ed. Susan Sontag, Berkeley: University of California Press, 1988.

Ashberry, John, *Three Books*, New York: Penguin, 1993.

Beckett, Samuel, *Proust*, New York: Grove Press, 1957.

Beiser, Friedrich, *The Fate of Reason: German Philosophy from Kant to Fichte*, Cambridge.

487

MA.: Harvard University Press, 1987.

Berkeley, George, *De Motu and The Analyst*, ed. and trans. Douglas M. Jesseph, Dordrecht: Springer, 1992.

Bergson, Henri, *Mind—Energy*, trans. H. Wildon Carr. Westport, Conn.: Greenwood Press, 1920.

——. *Matter and Memory*, trans. Nancy Margaret Paul and W. Scott Palmer, Mineola: Dover, 2004.

——. *Creative Mind*, trans. Mabelle L. Andison, Mineola: Dover, 2007.

——. 'Good Sense and Classical Studies'. In *Bergson: Key Writings*. Ed. Keith Ansell Pearson and John Mullarkey. London: Continuum, 2002, 345-53.

——. 'The Possible and the Real'. In *Bergson: Key Writings*. Ed. Keith Ansell Pearson and John Mullarkey. London: Continuum, 2002, 223-32.

——. *The Two Sources of Religion and Morality*, trans. R. Ashley Audra and C. Brereton, Notre Dame, University of Notre Dame Press, 1977.

Bonilla-Silva, Eduardo, *Racism without Racists*, Maryland: Rowman & Littlefield, 2018.

Borges, Jorge Luis, 'John Wilkins' Analytical Language'. In *Selected Non—Fictions*, ed. and trans. Eliot Weinberger, New York: Viking, 1999, 229-232.

Caldart, Elizabeth, '"Tête-à-tête avec Antonin Artaud:" On the Communicability of the Void', *Critical Theory and Social Justice Journal of Undergraduate Research* 5, 2015, 7-22.

Carroll, Lewis, *Through the Looking—Glass*, Mineola, NY: Dover, 1999.

——. *The Hunting of the Snark: An Agony in Eight Fits*, Plattsburg, NY: Tundra, 2012.

——. *Alice's Adventures in Wonderland*, New York: W.W. Norton, 2015,

Calvino, Italo, *Invisible Cities*, trans. William Weaver, London: Vintage, 1997.

Cohn, Ruby, *From Desire to Godot: Pocket Theater of Postwar Paris*, Berkeley: University of California Press, 1987.

Cowley, Robert, 'The Ludendorff Offensive', in *The Reader's Companion to Military*

History, ed. Robert Cowley and Geoffrey Parker(Boston: Houghton Mifflin, 1996), 274.

Descartes, Rene, *Meditations on First Philosophy, with Selections from the Objections and Replies*. Trans. and Ed. John Cottingham. Cambridge: Cambridge University Press, 1996.

———. *Discourse on the Method for Conducting One's Reason Well and Seeking Truth in the Sciences*. New York: Hackett, 1998.

Duns Scotus, John, 'Concerning Metaphysics', in Wolter, Allan, ed. and trans., *Philosophical Writings*, Indianapolis and Cambridge: Hackett Publishing Company, 1987.

Epictetus, *The Handbook*, trans. Nicholas White, Indianapolis: Hackett, 1983.

Epicurus, 'Letter to Menoeceus,' in *The Epicurus Reader: Selected Writings and Testimonia*, ed. and trans. Brad Inwood, New York: Hackett, 1994, 28-31.

Foucault, Michel, 'Friendship as a way of life', in *Ethics*. Essential Works of Foucault, vol. I , ed. Paul Rabinow, trans. Robert Hurley, New York: The New Press, 1997, 135-40.

———. *The History of Madness*, ed. Jean Khalfa, trans. Jonathan Murphy and Jean Khalfa. London: Routledge, 2006.

———. 'Un plaisir si simple', *Gai Pied* I (1979), I ; 10.

———. '*Theatrum Philosophicum*,' in *Aesthetics, Method, and Epistemology. Essential Works of Foucault*, vol.2, ed. James Faubion, trans. Robert Hurley, New York: The New Press, 1998, 343-68.

Freud, Sigmund, *Beyond the Pleasure Principle*, vol. 18, *The Standard Edition of the Complete Psychological Works of Sigmund Freud*, trans. and ed. James Strachery, London: The Hogarth Press, 1994.

———. 'The Dissolution of the Oedipus Complex', in *The Standard Edition of the Complete Psychological Works of Sigmund Freud*, vol. 21, trans. and ed. James Strachery, London: The Hogarth Press, 1961, 171-80.

————. *The Ego and the Id and Other Works*, in *The Standard Edition of the Complete Psychological Works of Sigmund Freud*, vol. 19, trans. and ed. James Strachery, London: The Hogarth Press, 1961.

————. *The Interpretatation of Dreams*, trans. and ed. James Strachery, New York: Basic Books, 2010.

————. 'On Narcissism: An Introduction', in *Papers on Metapsychology, The Standard Edition of the Complete Psychological Works of Sigmund Freud*, vol. 14, trans. and ed. James Strachery, London: The Hogarth Press, 1994, 73-103.

————. 'Negation', *The Ego and the Id and Other Works*, in *The Standard Edition of the Complete Psychological Works of Sigmund Freud*, vol. 19, trans. and ed. James Strachery, London: The Hogarth Press, 1994, 233-40.

————. 'Repression', in *Paper on Metapsychology, The Standard Edition of the Complete Psychological Works of Sigmund Freud*, vol 14. trans. and ed. James Strachery, London: The Hogarth Press, 1994, 146-57.

————. 'Three Essays on the Theory of Sexuality', *The Standard Edition of the Complete Psychological Works of Sigmund Freud*, vol. 7, trans. and ed. James Strachery, London: The Hogarth Press, 1994, 123-246.

Gilbert, Jack, *Refusing Heaven*, New York: Alfred A. Knopf, 2005.

Hegel, GWF, *The Encyclopedia Logic*, trans. TF Geraets, WA Suchting, and HS Harris, Indianapolis: Hackett, 1991.

————. *The Science of Logic*, trans. and ed. George Di Giovanni, Cambridge: Cambridge University Press, 2010.

Heidegger, Martin, *Being and Time*, trans. John Macquarie and Edward Robinson, Oxford: Blackwell, 1998.

Hölderlin, Friedrich, 'Remarks on Oedipus', in *Essays and Letters on Theory*, trans. Thomas Pfau, Albany: State University of New York Press, 1988, 101-108.

Hume, David, *An Enquiry concerning Human Understanding*, ed. Tom L. Beauchamp,

Oxford: Oxford University Press, 2006.

——. 'On Suicide', *Selected Essays*, ed. Stephen Copley, Oxford: Oxford University Press, 1993, 315-24.

——. *A Treatise of Human Nature*, ed. David Fate Norton and Mary J. Norton, Oxford: Oxford University Press, 2011.

Jones, Graham, *Difference and Determination: Prolegomena concerning Deleuze's Early Metaphysic*, PhD thesis, 2002.

Kant, Immanuel, *Critique of Pure Reason*, trans. and ed. Paul Guyer and Allen Wood, Cambridge: Cambridge University Press, 1998.

——. *Critique of the Power of Judgment*, ed. Paul Guyer, trans. Paul Guyer and Eric Matthews, Cambridge: Cambridge University Press, 2000.

——. *Critique of Practical Reason*, trans. Werner Pluhar, Indianapolis: Hackett Publishing Company, 2002.

——. *Anthropology from a Pragmatic Point of View*, trans. Robert B. Louden, Cambridge: Cambridge University Press, 2006.

Klee, Paul, *On Modern Art*, trans. Paul Findlay, London: Faber and Faber, 1967.

Klein, Melanie, 'The Importance of Symbol-Formation in the Development of the Ego', *International Journal of Psycho–Analysis* 11 (1930), 24-39.

Klossowski, Pierre, *La Ressemblance*, Marseille: André Dimanche, 1984.

——. *Nietzsche and the Vicious Circle*, trans. Daniel W. smith, London: Atholone, 1997.

Lacan, Jacques, *The Seminar of Jacques Lacan, Book VII: The Ethics of Psychoanalysis 1959–1960*, trans. Dennis Porter, ed. Jacque-Alain Miller, New York: Norton, 1992.

——. *Le* Séminaire *Livre XVI: D'un Autre à l'autre*, Paris: Seuil, 2006.

——. *Seminar of Jacques Lacan, Book XIV: The Logic of Phantasy 1966–1967*, trans. Cormac Gallagher, http://www.lacaninireland. com/web/wp-content/up-loads/2010/06/ THE-SEMINAR-OF-JACQUE-LACAN-X V (XIV).pdf

Leibniz, GWF, 'Preface to the New Essays', in Ariew, Roger and Daniel Garber, ed. and trans. *Philosophical Essays*, London: Hackett, 1989, 291-306.

——. 'A NEW System of Nature and Communication of Substances, and of the Union of the Soul and Body', in Ariew, Roger and Daniel Garber, ed. and trans. *Philosophical Essays*, London: Hackett, 1989, 138-47.

——. 'The Principles of Philosophy, or, The Monadology', in Ariew, Roger and Daniel Garber, ed. and trans. *Philosophical Essays*, London: Hackett, 1989, 213-224.

Lyotard, Jean-François, 'Endurance and the Profession', in *Political Writings*, trans. Bill Readings with Kevin Paul Geiman, London: UCL Press, 1993, 70-76.

Maimon, Solomon, *Essay on Transcedental Philosophy*, trans. Nick Midgley, Henry Somers-Hall, Alistair Welchman and Merten Reglitz, London: Continuum, 2010.

Nietzsche, Friedrich, *Twilight of the idols, or, How to philosophize with a hammer*, trans. Duncan Large, Oxford: Oxford University Press, 1998.

——. *The Gay Science*, ed. Bernard Williams, trans. Josephine Nauckhoff, Cambridge: Cambridge University Press, 2001.

——. *Beyond Good and Evil*, ed. Rolf-Peter Horstmann and Judith Norman, trans. Judith Norman, Cambridge: Cambridge University Press, 2002.

——. *Ecce Homo. How to Become What You Are*, trans. Duncan Large, Oxford: Oxford University Press, 2007.

——. *On the Genealogy of Morality*, ed. Keith Ansell-Pearson, trans. Carol Diethe, Cambridge: Cambridge University Press, 2007.

Patterson, Don, *The Book of Shadows*, London: Picador, 2005.

——. *Landing Light*, London: Faber, 2005.

Plato, *Phaedo*, in *Complete Works*, ed. John M. Cooper and D.S. Hutchisnon, trans. G.M.A. Gruber, Indianapolis: Hackett, 1997, 49-100.

——. *Philebus*, in *Complete works*, ed. John M. Cooper and D.S. Hutchisnon, trans. Dorothea Frede, Indianapolis: Hackett, 1997, 398-456.

Proust, Marcel, *In Search of Lost Time: Sodom and Gommorah*, vol. 4, trans. C.K. Scott Moncreiff and Terence Kilmartin, revised D.J. Enright, New York: Random House, 1999.

——. *In Search of Lost Time: Swann's way*, vol. 1, trans. C.K. Scott Moncreiff and Terence Kilmartin, revised D.J. Enright, New York: Random House, 2003.

Rosset, Clément, *Faits divers*, Paris: PUF, 2013.

Russell, Bertrnad, *The Philosophy of Leibniz*, London: Routledge, 2005.

Ruyer, Raymond, *La genèse des formes vivantes*, Paris: Flammarion, 1958.

Sade, Maquis de, *Justine, or the Misfortunes of Virtue*, trans. John Phillips, Oxford: Oxford University Press, 2013.

Sixtus Empiricus, 'Causation and Fate', in *The Hellenistic Philosophers*, volume I, ed. and trans. AA. Long, A. A. and D.N. Sedley, 1987, Cambridge: Cambrdge University Press, 333.

Shuttuck, Roger, *The Innocent Eye*, New York: Farrah Straus Giroux, 1984.

Spinoza, Benedict, *Ethics*, in *The Collected Works of Spinoza*, vol. I, ed. and trans. Edwin Curley, Princeton: Princeton University Press, 1985, 408-620.

Stoppard, Tom, *Rosencrantz and Guildenstern are Dead*(50th Anniversary Edition), New York: Grove Press, 2017.

Tranströmer, Tomas, 'Track', in *Selected Poems*, ed. Robert Hass, trans. Robert Bly, Hopewell, NJ: The Ecco Press, 1987, 35.

후기

매주 심사숙고한 덕분에 두서너 권의 책들이 이렇게 쓰여졌다. 지평이 불확실하게 소묘되어 있었다. 그대는 2년, 3년, 4년 동안 이리로 저리로 전진해 왔다. 때로 몇 안 되는 분석들이 논문들로 이미 간행된 바 있다. 그럼에도, 그대는 그 모든 시도들을 모아, 책으로 간행하고 있다. 그런 책을 출판한다는 것은 오직 한 가지 것, 즉 그대는 이러한 접근법, 이러한 지평, 이러한 톤, 이러한 독해들에 진저리가 났다는 것을 의미할 뿐이다. 물론 메모들, 그리고 심지어 이미 쓰여진 부분들이 있기에 그대가 이 책을 쓰는 일, 즉 거의 모든 것을 다시 생각하는 일이 거기로부터 벗어날 수 있는 것은 아니다. 하지만 그대는 끝내고자 이 일을 행하고 있다. 그대를 행복하게 만드는 것은, 이 책에 대해 가지는 행복감을 그대에게 주는 것은, 그대가 이 작업을 마쳤다는 것이리라. 가르치는 일이 연구하는 일 그 자체만큼이나 끝이 없긴 하지만. (Jean–François, Lyotard, "Endurance and the Profession")

옮긴이 후기

『질 들뢰즈의 저작 I: 1953~1969』(2020)는 저자 존 로페Jon Roffe가 질 들뢰즈의 저작이라는 이름으로 저술하는 두 권의 책 중 첫 번째 책이다. 이 책에서 저자는 질 들뢰즈Gilles Deleuze(1925~1995)의 최초 저작『경험론과 주체성』에서(1953)『의미의 논리』(1969)에 이르기까지 여덟 권의 책들을 쉽고 적절한 예를 들어가며 깔끔하게 요약해내고 있다. 저자가 한 점 군더더기 없이 이처럼 깔끔하게 요약해낼 수 있었던 것은 아마도 그가 들뢰즈의 저작 전체를 명료하게 볼 수 있는 시야를 얻었기 때문일 것이다. 또, 이와 더불어 저자는 각 저작에서 펼쳐지는 들뢰즈의 깊은 사유를 꿰뚫어 보고 있다. 이런 능력은『들뢰즈의 경험론과 주체성』이라는 탁월한 저서를 낼 정도로 들뢰즈를 깊이 연구한 데서, 나아가 들뢰즈 이외에도 시몽동, 라캉, 데리다, 바디우 같은 현대의 유수한 철학자들을 연구해온 데서 나오는 것일 터이다. 저자는『들뢰즈 철학의 계보』,『들뢰즈 철학의 계보 II』의 편저자이기도 한데, 이 주목할 만한 책들에는 38인의 철학자, 수학자, 생물학자, 문학가 등을 다루는 논문들이 수록되어 있다. 이렇게 각 부문의 출중한 저자들을 선정해서 논문을 맡기고 또 직접 논문을 써서 들뢰즈 사상의 모든 부문을 총괄적으로 파악하려는 태도를 보아도, 로페의 학문적 폭과 역량이 높고 넓다는 것을 알 수 있다.

이 책『질 들뢰즈의 저작 I: 1953~1969』에서 우리는 1)『경험론과 주체성』(1953), 2)『니체와 철학』(1962), 3)『칸트의 비판철학』(1963), 4)『베르그손주의』(1966), 5)『냉담함과 잔인함』(1967), 6)『프루스트와 기호들』(1964), 7)『차이와 반복』(1968), 8)『의미의 논리』(1969) 등 들뢰즈의 저작들을 만날 수 있다. 이 중 들뢰즈의 주저라고 알려져 있는『차이와 반복』과『의미의 논리』의 장은 각각 단행본으로 내도 될 정도의 길이를 갖추고 있다. 그런데도 이 책들을 들뢰즈의 저작이라는 이름 아래 다른 저서와 한데 묶어낸 것은 아마도, 한 권의 책에서 각 개별적 저서의 차이를 명료하게 드러내 보여주려 했기 때문일 것이다. 보통 들뢰즈 입문서들은 들뢰즈의 모든 저작들을 몇 개의 개념, 혹은 몇 개의 부문에 편중해서 포괄적으로 소개하는 경향이 있다. 그러나 들뢰즈를 이렇게 편중해서 포괄적으로 파악하는 것은 각 주제에 나타나는 들뢰즈 사유의 독창성을 놓칠 수 있다. 저자는 우리가 들뢰즈를 편중하여 파악하지 않도록 들뢰즈의 저작 한 권 한 권 세세하게 독해하며 우리를 들뢰즈의 깊고 넓은 사유로 인도하고 있다. 저자의 이 책을 읽는 동안 우리는 저자 덕분에 책 한 권 한 권에 나타난 들뢰즈의 사유에 몰입하고 있는 자신의 모습들을 발견하게 될 것이다.

나는 이 책을 통해 무엇보다, 주체가 주어진 것으로부터 구성되어 나온다는 점(『경험론과 주체성』), 충동들은 위계가 있고 다른 충동들을 지배하여 힘을 쟁취하려고 한다는 점(『니체와 철학』), 세계의 총체성과 같은 이성의 이념은 문제적이라는 점(『칸트의 비판철학』), 과거는 현재와 동시에 존재한다는 점, 흥분과 반응 두 운동 사이에서 두뇌는 간격을 확립한다는 점(『베르그손주의』), 사디즘과 마조히즘은 사도마조히즘이라는 용어로 묶어 이해될 수 있는 것이 아니라는 점, 사디즘은 제도와 아이러니, 마조히즘은 계약과 유머을 나타낸다는 점(『냉담함과 잔인함』), 본질에는 특이성, 공통성, 계열, 집단이라는 네 가지 수준이 있다는 점, 이에 따라 재획득된 시간, 재발견된 시간, 잃어버린 시간, 허비된 시간이라는 네 가지 시간이 있다는 점(『프루스트와 기호들』), 사물 자체는 미분적이고 발생적이라는 점, 시간은 첫 번째 수동적 종합인 습관의 종합에서 구성되기 시작한다는 점(『차이와 반복』), 사건은 결코 소진되는 법이 없다는 점, 반-현실화야말로 "위대한 건강"이라는 점, 아기의 옹알거림에서 의미를 갖는 음성이 탄생하기까지 일련의 정신분석학의 과정을 거쳐야 한다는 점(『의미의 논리』) 등을 더 분명히 알게 되었다.

또, 『냉담함과 잔인함』, 『차이와 반복』, 『의미의 논리』에 나오는 정신분석에 관한 논의는 내가 사디즘과 마조히즘, 시간의 세 가지 종합, 의미의 동적 발생 등을 파악하는 데 큰 도움이 되었다. 프로이트, 멜라니 클라인, 라캉 등의 정신분석을 어떻게 차이를 주며 이해할 것인가도 늘 나한테 어려운 과제였는데 이 책을 통해 나는 이 위대한 정신분석학자들과 교류할 수 있는 길을 얻게 되었다. 또, 나는 저자 덕분에 들뢰즈가 임상의는 아니지만 라캉과 같은 정신분석의가 찬탄할 정도로 정신분석을 깊이 이해하는 철학자라는 사실도 알게 되었다. 들뢰즈는 저들의 정신분석을 기반으로 새로운 정신분석을 창안해냈다고 해도 지나친 말이 아닐 것이다.

문학을 공부하는 이들은 『비평적인 것과 진단적인 것』과 같은 문학에 관한 들뢰즈의 저서들을, 영화를 공부하는 이들은 두 권의 『시네마』와 같은 영화에 관한 들뢰즈의 저서들을, 미술을 공부하는 이들은 『프란시스 베이컨: 감각의 논리』와 같은 예술철학에 관한 들뢰즈의 저서들을, 정치와 경제와 사회를 공부하는 이들은 『안티-오이디푸스』, 『천 개의 고원』이라는 두 권의 '자본주의와 분열증' 같은 정치철학에 관한 들뢰즈의 저서들을 읽고자 할 것이다. 그러나 나는 들뢰즈를 공부하는 이들이 들뢰즈의 어떤 저작을 읽든, 『차이와 반복』의 틀을 이루는 중심 개념, 즉 탈근거, 근거, 토대 개념 ─ 이 셋은 불교의 공성이기도 하다 ─ 을 눈여겨보아야 한다고 조심스럽게 말하고 싶다. 그리고 이 견지를 굳건하게 하려면, 또 일이관지하려면 들뢰즈의 모든 저작을 독파해야 한다고 말하고 싶다. 이 점에서 나는 이 책이 우리에게 단순한 입문서에 그치지 않고 불교의 공성을 현대적 시각에서 돌파해 가는 들뢰즈의 모든 사유를 관통할 수 있는 전문서의 역할을 하게 될 것이라고 믿는다.

번역어에 대해 말해둘 것이 있다. 우선 "occurrence", "happening", "accident". 이 용어들이 이 책에 "실사건" 혹은 "현사건"으로 번역되어 있는 것을 보고 의아하게 생각하는 분들이 있을 것이다. 저자 로페는 이 세 용어를 동의어로 보고, "사건"으로 번역되는 "event"와 대비해서 사용하고 있다. "event" 곧 "사건"과 구별하기 위해 나는 이 용어들 앞에 "현실적" 혹은 "실제적"을 의미하는 "실" 혹은 "현" 자를 붙여, "실사건" 혹은 "현사건"이라는 용어를 만들었다. 이 중 "accident"는 보통 사전적 의미의 "사고"로 번역되는 것 같다. 그러나 "accident"가 이렇게 번역되면 "현실 속에서 실제로 일어나는 것what is occurred"이라는, "event"와 대비되는 "accident"의 중요한 의미를 놓치기 쉽다. 들뢰즈의 "event"와 "accident"의 관계가 그릇되게 이해되고 비틀려 더 어렵게 이해되는 것도 이런 번역과 무관하지 않은 것 같다. "accident"는 교통사고와 같은 "사고"에 대해서만 쓰일 수 있는 말이 아니다. 밥을 먹는 일, 책을 읽는 일, 길을 걷는 일, 사람을 만나는 일 등등도 모두 현실적 사건 곧 실사건이다.

다음에 "signification". 이 용어는 내 다른 번역서 후기에서 "함의작용"으로 번역해 쓰겠다고 언급한 바 있다. 명제의 세 차원은 알다시피 "designation(지시작용)", "manifestation(현시작용)", 그리고 이 "signification(함의작용)"이다. 가령 내가 눈앞에 있는 이 꽃을 보고 "이것은 장미꽃이다" 하고 언표할 때, 이 세 가지 작용이 일어난다. 이 꽃이라는 대상을 지칭하는 작용이 "designation(denotation)", 장미꽃이라고 주장하는 내 신념(믿음)을 현시하는 작용이 "manifestation", 이 꽃을 장미꽃이라는 개념 안에 포섭시키는 작용이 "signification"이다. 간단히 말해, "designation"은 대상을, "manifestation"은 주체의 신념과 욕구를, "signification"은 개념을 나타내는 작용이라고 말할 수 있다. "signification"은 그동안 의미작용, 기호작용, 기표작용 등으로 번역되어 왔는데, 이 중 기표나 기호로 번역하게 되면, 그 개념작용을 충분히 표현할 수 없을 뿐만 아니라, "기표되다", "기호되다" 등 수동형으로 만들어 쓸 수 없는 단점이 있다. 의미작용은 "의미되다"라는 수동형으로 만들어 쓸 수 있는 장점은 있으나, "의미sense"와 구별될 수 없는 결정적인 약점이 있다. 그래서 나는 "signification"을 한자 뜻 그대로 볼 때 "다른 뜻을 포함한다"는 뜻이 담겨 있는 함의작용으로 번역했다. "함의작용"에는 무엇보다 "한 개념이 다른 개념에 포섭된다"는 개념의 기본적인 뜻을 담을 수 있는 장점이 있고, 또 "함의되다"라는 수동형으로 만들어 쓸 수 있는 이점도 있다.

"accident"를 "실사건"이라는 용어를 만들어 이 말로 번역하고, "signification"을 "함의작용"으로 번역하자는 내 제안은 엉킨 들뢰즈 철학 공부를 풀어가는 데 도움이 될 것이다. 이 용어들을 올바르게 이해하고 있어야 의미/사건을 올바르게 이해하는 단초를 얻을 수 있기 때문이다. 의미/사건을 이해하는 일은 들뢰즈 철학을 올바르게 이해하기 위해서도 매우 중요하지만, 불교의 화엄이나 선, 천태를 이해하기 위해서도 더할 나위 없이 중요하다. 더 좋은 번역어를 제시하면, 그 번역어를 따르겠지만, 현재 나로서는 이 이외의 다른 번역어는 떠오르지 않는다.

이 책에는 영어를 독특하게 구사하는 대목들이 많아 역자인 나는 이런 대목들을 번역하는 데 무척 어려움을 겪었다. 들뢰즈에 대한 이해도를 높이는 명쾌한 대목들이 나에게 안기는 큰 기쁨을 얻지 못했다면, 도중에 몇 번이나 그만두고자 하는 마음을 이겨내지 못했을 것이다. 곧 나오리라 생각되는, 『의미의 논리』 뒤에 나오는 들뢰즈의 저작들을 다루는 『질 들뢰즈의 저작 II』를 절대 번역하지 않겠다고 결심했을 정도니까, 이 책을 번역하는 나의 어려움은 결코 작지 않았던 것 같다. (그러나 이 책 번역의 질에 대한 책임은 전적으로 역자인 나에게 있다!) 아무튼, 이제 몇 번에 걸쳐 교정을 보고 나서 처음부터 끝까지 다시 쭉 읽어보니, 들뢰즈의 개별적인 저작들을 파악하는 데에, 나아가 들뢰즈의 사상 전체를 독파하는 데에 이만한 책이 있을까 싶다. 저자 존 로페에게 이제는 즐거운 마음으로 칭찬을 보내지 않을 수 없다. 조기조 대표님의 권유도 있고 하니, 단단히 마음먹고 『질 들뢰즈의 저작 II』도 번역할 준비를 해야겠다.

아직 덜 다듬어진 내 원고를 읽으며 출판사의 여러분들도, 로페의 독특한 영어 구사에 내가 어려움을 겪었듯, 내 어눌한 번역에 어려움을 겪었을지도 모르겠다. 이런저런 부담을 이겨내고 이 책이 좋은 책이 되도록 애써 주신 도서출판 b의 여러분들께 진심으로 감사의 말씀을 드린다.

2023년 7월 23일
수조산 박 인 성

질 들뢰즈의 저작 I : 1953~1969

초판 1쇄 발행 | 2023년 8월 24일

지은이 존 로페 | 옮긴이 박인성 | 펴낸이 조기조
펴낸곳 도서출판 b | 등록 2003년 2월 24일 제2006-000054호
주 소 08772 서울특별시 관악구 난곡로 288 남진빌딩 302호
전 화 02-6293-7070(대) | 팩시밀리 02-6293-8080
이메일 bbooks@naver.com | 홈페이지 b-book.co.kr

ISBN 979-11-92986-10-4 93160
값 30,000원